全国中小学教师教育技术能力培训试用教材配套用书

中小学教育技术装备管理与应用手册

高星火　主编

北京师范大学出版集团
BEIJING NORMAL UNIVERSITY PUBLISHING GROUP
北京师范大学出版社

图书在版编目(CIP)数据

中小学教育技术装备管理与应用手册／高星火主编．—北京：北京师范大学出版社，2011.5（2012.2重印）
ISBN 978-7-303-12176-2

Ⅰ．①中…　Ⅱ．①高…　Ⅲ．①中小学－教学设备－设备管理－手册②中小学－教学设备－应用－课堂教学－手册
Ⅳ．①G637.6-62②G634.421-62

中国版本图书馆CIP数据核字(2011)第032492号

出版发行：北京师范大学出版社 www.bnup.com.cn
北京新街口外大街19号
邮政编码：100875
印　　刷：北京京师印务有限公司
经　　销：全国新华书店
开　　本：184 mm × 260 mm
印　　张：22.25
字　　数：511千字
版　　次：2011年5月第1版
印　　次：2012年3月第2次印刷
定　　价：45.00元

策划编辑：周光明　　责任编辑：周光明
美术编辑：高　霞　　装帧设计：华鲁印联
责任校对：李　菡　　责任印制：孙文凯

《中小学教育技术装备管理与应用手册》编委会

序

21世纪人类社会开始进入信息时代，科学技术的飞速发展促进了社会政治经济和思想观念的巨大变革，也引发了教育全面深层次的改革。当前，我国社会主义现代化建设进入新的发展阶段，教育现代化成为教育改革和发展的战略目标。

推进教育现代化，首先要教育观念现代化，要以现代化教育的理念和科学发展观念指导教育改革；要以创新精神推进素质教育的实施，推进新的基础教育课程改革；同时，还应以教育技术装备的现代化来保障教育改革和发展目标的实现。

现代教育技术是现代教育发展的基本条件，由现代教育技术装备形成的现代教育技术环境是教育现代化目标实现的物质基础；加快教育信息化进程是国家中长期教育发展和改革规划纲要目标实现的重要保障措施。

我国的基础教育装备工作经过“普九”工程的实施，取得了巨大的成绩。但是，教育技术装备的现代化水平还远远不能适应教育现代化的要求。特别是经济发展相对滞后的地区，中小学的教育技术装备还不能满足新课改的需要，教育信息化水平还不高，教育技术装备管理水平急需提高，特别是优质教育资源的开发和应用是教改中亟待加强的领域。

在教育装备工作实践和教育技术研究过程中，一些基层教育技术装备管理人员和中小学教师对教育技术在中小学教学中的应用，教育技术装备的建设和管理，教育技术科研、教研工作做了积极的探索，编写了这部《中小学教育技术装备管理与应用手册》。它从中小学教育装备管理工作和教育技术应用的角度，为中小学教育技术装备工作和教学改革提供了参考资料和工具书。它对提高中小学教师和教学管理人员的教育技术理论素养、教育技术应用水平、教育装备管理水平提供了有益的帮助，它也将对中小学教育技术的教学研究起到促进作用。

当然，这本“手册”，只是基层教育装备管理人员和一些中小学一线教师的教育技术粗浅的学习研究成果，它更多的是想为中小学教育技术装备工作、管理工作和教育技术应用实践提供方便的学习材料，希望这本书在教育教学实践中能够得到充实和提高。

胡□□

2010年12月

编者的话

教育现代化的基础是教育技术装备的现代化。教育技术装备作为教育发展改革保障工作的重要部分，在教育改革中占有重要地位。特别是教育信息化建设更是国家中长期教育发展和改革目标实现的重要保障措施。

在中小学教育教学改革中，教育技术装备管理工作不仅是学校教育技术装备的建设、配置和管理，更重要的是教育技术在教学中的开发和应用。因此，中小学教育装备管理工作人员和学校教师，深入学习教育理论和教育技术理论，掌握现代教育教学技术，善于在教学实践中充分利用教学资源，运用现代教育技术，改革教学方式，提高教学质量，全面实施素质教育，就显得尤为重要。

为了便于中小学教学管理人员、教育技术装备管理人员、教学辅助人员、一线教师更好地运用现代教育技术，改革教学方法，提高教学质量，特组织部分基层教育技术装备管理人员，教学研究人员和骨干教师编写了《中小学教育技术装备管理与应用手册》。这本“手册”介绍了教育技术理论和教育技术装备工作法规，介绍了教育技术装备管理部门的工作职责和任务，介绍了教育技术装备工作程序和教育设备质量检验的方法，介绍了教育技术装备标准和教育技术设施管理的相关规定，介绍了中小学教育技术在教学中应用的方法，汇集了教育技术运用的课型分析和课例介绍，简要介绍了现代教育技术设备和相应软件制作技能，专门论述了教育技术科研教研。这些内容立足于为中小学教育教学实践服务，着眼于教育技术理论和教学应用实际结合，目的是为一线教师和管理人员提供学习方便。

这本书在编写过程中，力求围绕目前我国中小学教育技术工作的实际，从理论上突出科学性，理念上注重先进性，内容上体现实用性，整体上强调服务性。从中小学教育技术工作方针政策、管理任务、装备配置、管理制度、教学应用、科研策略等全方位、多角度体现教育技术工作政策法规体系，构建中小学教育技术工作管理体系、应用体系和科研体系。但愿此书能对我国中小学教育技术工作的科学化、规范化建设起到积极的促进作用，也但愿此书的出版能够起到抛砖引玉的作用。

由于本手册编写时间短、执笔人员多、且均为一线教师、教育技术工作管理人员和教研人员，加之编写水平所限，书中可能存在错误和疏漏及信息局限，竭诚欢迎读者批评指正。

本手册的编写参考和引用了有关文件、资料和一些教育技术书刊的内容，为了节省篇幅，书中不一一注明出处，在此一并表示感谢。

编者

2010 年 12 月

目录

理论法规篇

一、教育技术理论概述

1. 教育技术的基本概念

教育技术是20世纪60年代开始出现的一个专业术语。广义地理解，它是指人类在教育活动中所采用的一切技术手段的总和。一般分为两大类：一是有形教育技术，也称为物化形态的教育技术，实际是各种教育媒体的使用技术。包括从使用黑板、粉笔、书本、挂图、模型、教学仪器等传统教具到应用幻灯、投影、广播、电影、电视、摄像、录音、计算机、网络、卫星通讯等近现代教育设备及对应的教学软件所形成的各种技术，它们是人类实现教育活动目标的物质基础；二是无形教育技术，也称为智能形态的教育技术，实质上是指在教育实践中总结出来的用以指导教育技术应用的方法、手段、策略，它们为教育技术的实践应用提供理论指导和解决问题的策略及方法。有形教育技术和无形教育技术是相互影响、相互作用和有机统一地作用于教育活动的技术手段。

教育技术是随着人类社会的进化、教育的发展、科学技术新成果的不断涌现而发展的。因此，人们对教育技术的认识也是不断深化的。从最初"口耳之术"等教育技术的萌芽到近代直观教具在教学中应用的直观教育技术发展；再到现代媒体技术广泛应用于教育活动的系统教育技术阶段，人类对教育技术的认识不断深化，使其成为一个独立的科学概念和专门术语。1994年，美国教育传播与技术协会(简称AECT)对教育技术给出了确切的定义，并得到了全世界教育技术界的广泛认同。其定义是：教育技术是为了促进学习，对学习过程和教学资源进行设计、开发、利用、管理和评价的理论与实践。这一定义主要还是以传统教具等教学手段和视听媒体作为辅助手段或传播手段的常规教学方式，而以多媒体明确规定了教育技术的目的、对象、领域、主要特点及每个领域的具体研究内容，是对教育技术的科学认识和精辟概述。

上述定义说明：运用教育技术的根本目的是为了促进学习者的学习，追求教育的最优化；教育技术研究对象是学习者的认知过程和教学资源(教学环境、教学媒体、教学模式)的最佳匹配；教育技术的核心是用系统方法设计、组织和评价教学过程；研究范围是学习资源和学习过程的设计、开发、利用、管理和评价。教育技术的理论指导和在教学中的应用，可以指导教师和学生实施有效的教学活动，提高教学效率。所以说，教育技术主要是理论与实践相结合的综合性教学技术。

我国对教育技术的认识兴起于20世纪30年代，当时定名为"电化教育"，至今仍在使用。它的涵义是：根据教育理论，运用现代教育媒体，有目的地传递教育信息，充分发挥多种感官功能，以实现教育最优化活动。电化教育的重点放在发展新的教育媒体，研究教育最优化问题。而教育技术则是从整体上研究教育最优化问题。所以，现代教育技术的研究已成为主流趋势。目前，我国现代教育技术的研究既包括对现代教育媒体的研究，更包括对现代教育媒体在教育、教学中的应用研究。

中小学校教育技术应用主要是在教学中的应用。我国正在实施的基础教育课程改革是教学领域的深层次变革。这项改革工程把培养面向现代化、面向世界、面向未来的人才作为根本目标；强调教学过程是学生自主学习的过程，改变学习方式(教学方式），建立和形成发挥学生主体性学习方式，学会学习是改革的核心任务；大力推进教育技术在教学中的普遍应用，逐步实现教学内容呈现方式、学生学习方式、教师教学方式和师生互动方式的变革，为学生提供丰富多彩的教育环境和有力的学习工具是改革的重要内容。

当前，中小学校教育技术在教学中的应用，主要是计算机技术应用的教学方式成为主要发展趋势，推进教育技术现代化成为教育改革的制高点。

2. 教育技术的发展轨迹

人类历史是教育发展史，也是教育技术演进史。历史上科技革命和教育变革，推动了教育技术的进步，引发了教学技术的创新。可见，从教育发展的历史可以清晰显现出教育技术发展的轨迹。

教育技术发展大致可以分成传统教育技术和现代教育技术两大发展阶段。传统教育技术经过了漫长的历史发展，至今仍是学校教学的基本教育技术。人类原始的教育活动是由于需要向下一代或他人传授生活经验和生产技能而产生的。人的口、耳、手等器官就成为最初的教育工具，教育者通过口述、伴以动作和实物展示；受教育者通过耳闻和动作模仿实现信息传递，这就是教育技术的萌芽。随着人类开始探求一种具有共同性和持久效能的媒体活动，经过漫长的发展积累，产生了口头语言，形成了口耳相传这一最基本的教育技术。

口头语言传输信息受到时间和空间限制，既不能远传，又不能保留，信息传递功能受到限制，于是人类逐渐创造了文字。经过相当长时间改进和完善，人们将初始的记号和形象图画加以简化，规定了规则，并把语音、语义与之联系，构成音、形、义三者统一的表达符号，这就是逐渐成熟的文字。文字的传播和保存是需要载体的，从甲骨、竹片、布帛等书写费力、携带不便、价钱昂贵、难以推广使用的文字载体到造纸和印刷术的发明产生的书籍，解决了复制和广泛传播等难题，文字有了理想载体。可以说，语言文字技术的应用成就了教育的一大革命，也为教育发展创造了条件。使人类社会开始有了专门从事教育的教师，专门组织教育活动的学校，专为教育编印的教科书，从而形成了传统教育的技术基础。

教育活动主要是教学活动，教学活动要通过一定的组织形式进行。古代学校主要是个别教学；而近代资本主义工商业的发展和科技革命，需要扩大教育对象，增加教学内容，缩短教育期限，个别教学难以适应社会需要，班级授课制应运而生，其教育思想理论和教育制度、方法逐渐完善，形成了传统教育体系。班级授课制实行统一教学要求、统一使用教材，教材内容增加了自然科学知识，学生接受的是间接经验，教学媒体仅靠语言文字完成抽象的信息传递，难以使学生理解和掌握，因而，直观教具开始获得开发和使用，如黑板、图表、模型、实物、教学仪器、早期的音像媒体，这些教学手段的使用，形成了直观教育技术，完善了传统教育理论体系。

现代教育技术是相对于传统教育技术而提出来的，是在现代教育理论逐步建立和现代科学技术飞速发展的推动下，在教育教学应用中发展起来的。现代教育技术兴起于19世纪末20世纪初美国应用新媒体技术开展的视听教育，这种教育模式是在教学中逐步使用了照相、幻灯、投影、电影、录音、广播等视听媒体技术，编制了大量与视听设备配套的音像教材（幻灯片、录音带等）来辅助教学，这种教学方式充分发挥学生的视听感官功能，有目标地传递教学信息，极大地提高了教学效果。随后，视听教学又向视听传播教学发展，语言实验室、电视教学、教学机器、多媒体综合技术、计算机辅助教学、网络教学等相继在教学中得到应用，使现代教育媒体技术得到空前发展，媒体成为教学传播过程中的基本要素，形成了依靠教学资源促进学习，借助视听媒体辅助教学的现代教学模式。

现代教育技术发展的另外两个领域是程序教学和系统技术。现代社会需要全面发展、个性鲜明、善于学习的人才，现代技术条件下的个别化教学，即是一种适合学习者个别需要和特点的教学，这种教学就是20世纪50年代兴起的程序教学，这种教学最初运用教学机器或程序课本，现在发展到计算机辅助教学。计算机在教育教学中的应用，不仅改变了人们获取、处理、使用信息的方式，也将改变人们的传统学习模式，引发了深层次的教育革命。

自然科学与社会科学的相互渗透，是现代科学发展的新趋势。教育是一个复杂的系统，媒体只是教育系统中的一个要素，媒体技术解决不了教育的全部问题，因而，系统论方法成为现代教育技术的主要研究方法，教育技术从单一媒体特性研究转向了对媒体系统开发及教育过程的整体研究。

从历史发展来看，经过上述媒体技术、程序教学、系统技术三个领域的发展，最终形成了一个整体，即现代教育技术。

3. 现代教育技术的理论基础

教育技术是为了促进学习，获得最优化的教学效果，而在教育活动中所采取的教学媒体传播技术和指导教育技术应用的策略方法。所以，它的理论基础是学习理论、教学理论和传播理论。

在教育技术理论体系中，学习理论是处于核心地位的。教育技术必须根据科学的学习理论进行学习过程和学习资源的设计、开发、利用、管理和评价，才能促进学习者最优化学习。学习理论是探究人类学习活动的本质及其规律的理论。学习是人类的基本实践活动。通过学习，人类自身得到发展。现代社会是知识经济时代，信息化的社会，所以现代社会是终身学习型社会，现代人的学习目标是学会求知、学会做事、学会共同生活、学会生存。所以，学校教育的目标是面向全体施教，使学生全面发展，具有学习能力、创新能力和实践能力。

教育的目标主要靠教学来完成，而教学过程实质是学生的学习过程，是使外在的知识、技能内化为学生自身心理结构的过程。完成高效能的学习，必须使学生愿学，才能激发学习兴趣，激发学习潜能，培养学生良好的学习心理；还要使学生自学，自主地创造性地学习，培养思维能力，在理解的基础上掌握知识，探索知识；更要使学生会学，掌握学习方法，具有自我求知的终身学习能力。特别是现代信息化时代的到来，现代教育技术环境正催生着学习革命，现代教育技术理论，必须遵从学习理论，在教学过程的设计中，要以学习者为中心，帮助学生完成自我建构知识的过程，使学生实现自主学习、合作学习、探究学习，从而促进学生学习。

在教育技术理论体系中，教学理论是处于主体地位的。教育活动的中心是教学活动，教育技术应用的主渠道在课堂教学中。教育技术的目的是促进学习，实现教学最优化，那就必须要遵循教学的客观规律，解决教学中的问题。所以，教学理论是教育技术理论的主体基础理论。

教学理论是研究教学客观规律的科学，研究范围涉及教学思想、基本原理、教学内容、教学方法和教学手段等各个方面，随着社会发展和科学进步，教学理论也实现了从传统教学理论向现代教学理论的快速发展。现代教学观认为：教学是教师教和学生学的统一，统一的实质是交往，教学过程就是师生交往、互通信息的过程，也是积极互动、共同发展的过程。在这个过程中，师生的角色都发生了根本转变，教师由课程计划执行者转变为课程建构者，由教学管理者转变为学生发展的指导者和合作者，由裁判学生成绩的法官变为学生成长的促进者，教师的教学行为由传统知识的传播者成为学生学习的参与者、引导者和合作者；由传统教学的支配者、控制者成为学生学习的组织者、促进者和指导者；由静态的课本知识占有者成为动态知识技能的研究者；而学生的学习方式由被动接受式学习变为自主性学习，从要求学会变为要求会学，注重探究式学习、合作式学习、研究性学习。所以教育技术理论正是以教学理论为主体而形成的，是主要研究为学生创设信息化的现代教育技术环境，运用现代教育技术手段完成学习任务的理论。

在教育技术理论体系中，传播理论是基础性的理论。按照信息论的观点，教育是一种信息传播活动，信息传播有其内在的规律和理论，所以，教育过程中教育信息的传播，不但要遵从教学规律，同时也要符合信息传播的规律。

传播理论是研究人类传播行为和传播规律的学问。传播是指传播者借助一定的媒体或形式将信息传递给接受者，以影响接受者行为或达到信息交流和信息共享的行为或过程。教育传播是由教育的组织者和实施者按照教育的目的和要求，选择适当的教育信息内容，通过有效传递信息内容的传播媒介，把教育信息传递给学习者的过程。学校课堂教学中，教师使用各种教学媒体，传递教学信息，组织学生学习，是教育传播活动；社会学习中，学习组织者利用广播、电视、网络传递学习内容，组织学习者学习，同样是教育传播活动。

教育传播较之一般信息传播有其特殊性：首先，教育传播主要是教学过程中教学信息的传播，教学过程中教学双方的信息传播是互动的，教和学双方要进行信息反馈；其次，信息传播要借助于符号实现沟通，传递的信息是经过设计的标准教学内容；再次，信息流程具有三向性：教师向学生传递，学生把学的情况反馈给教师，教师对学生评价再反馈给学生；最后，传播中有情感作用，教学中除了有知识、技能的信息传递，还有情感的传递。

教育信息传播的内容有言语符号，也有图像等非言语符号。在教育活动中常用的信息传播方式有视听教育传播、广播电视教育传播、远程网络教育传播等。在学校课堂教学中，传播方式主要是：(1)辅助式，即教师在教学中借助多种媒体技术辅助教师讲解；(2)直接式，学生直接通过教学媒体，在教师的组织下学习；(3)循环式，学生向现代教学媒体学习，通过教师作出反馈。总之，传播理论是教育技术的基础理论。

综上所述，教育传播理论从信息传播角度分析教学过程，研究学习规律，因而在教学设计中，研究学习内容，分析学习者情况，对教学媒体进行选择和改进，组织教学评价，才能使教学活动达到最优化。

可见，上述学习理论、教学理论、传播理论，这三个理论共同构成了教育技术理论的基础。

4. 教学技术应用的基本思想和方法

学校教育活动的中心是教学活动，主渠道是课堂教学。所以，教育技术的主体技术是应用于教学中的教学技术。

教学技术的功能是分析和解决教学过程中的问题。其基本思想是以学习者为中心，以教与学的理论作指导，依靠各种教学资源，运用系统方法分析和确定教学过程中所要解决的问题，然后针对问题设计，开发教学过程的模型，寻找解决问题的策略和手段及方法，最后通过评价其效果推广使用，从而获得有效优化的教学效果。

以学习者为中心的含义是说教学过程是学习者的学习过程，学习者的学习状态和需求是教学技术关注的中心。要根据学习者的实际，运用相应的教学技术，要根据学生的学习效果判断教学技术运用是否有成效，要根据学习者的情况，制定教学目标和确定教学策略。运用系统方法的含义是说要用系统科学的思想和方法来分析处理教学过程的问题，要整体地分析教学过程中各个要素的相互关系和各自情况，设计开发理想的教学模式和采取恰当的教学策略。依靠教学资源的含义是说在教育技术中解决教学问题的主要形式是借助教学资源，学习者与教学资源相互作用实现教学目标。教学技术就是依靠开发和使用教学资源来提高学习质量的。上述三点的整合运用是教育技术在教学中运用的正确指导思想。

教学技术解决教学问题的基本方法是系统方法。即把所要解决的教学问题看作一个系统，从总体出发，在系统与要素、各要素之间、系统与环境的相互作用中揭示和处理研究对象的性质和规律。用系统方法解决教学问题，分析确定问题，明确目标；选择和设计解决问题的方案；确定解决问题的策略和手段；按照方案运行解决问题；评价实施的效果，根据反馈矫正实施方案。

根据上述的基本思想和方法，现代教育技术解决教学问题形成的教学模式主要是：以学生为学习主体，以信息技术作为认知工具，在教师主导下，在现代教育技术环境中，学生自主探究式学习，达到自我发展。现代教育技术的教学应用形成了电化教学、视听教学、多媒体教学、计算机辅助教学、网络教学等。

5. 现代教育技术在教育改革中的地位

历史上每一次教育革命都伴随着新教育技术的诞生，教育技术的发展也促进了教育的重大变革，特别是现代教育技术的应用，加速了教育现代化的进程。

21 世纪人类社会由工业社会进入信息社会，科学技术的高速发展促进了社会政治经济和思想观念的巨大变革，同时也引起教育的全面变革。当前，我国正在全面推进的素质教育，全面实施的基础教育课程改革，大力发展的现代教育技术工程，正是伴随着现代科技发展而产生的现代教育技术，是推进教育深层次变革的具体体现。

现代教育技术是现代教育发展的基本条件。现代教育是与现代社会经济发展、科学技术发展、思想文化发展相适应的教育。我国正在实施的素质教育正是面向 21 世纪的现代教育。这种教育的性质是全体性教育、全面性教育、基础性教育、个性发展的教育。其特点：一是时间长，强调终身教育；二是空间广，强调发展各级各类教育；三是效率高，强调发展学生自主创新学习能力；四是质量好，强调培养面向未来的多层次多样化有实践能力的人才。

这种现代化的教育是传统教育的思想、机制难以适应的。必须实施全面的改革，其中教育技术的现代化是改革的制高点。伴随着教育改革的深入，现代教育技术得到了广泛的应用，远程教育、广播电视教育、网络教育等的发展为学习型终身教育社会形成创造了条件，系统技术、传播技术和现代媒体技术在学校的广泛应用和信息技术教育环境的形成为教育现代化创造了基本条件。

现代教育技术是推行现代教学改革的基础。现代教育除了宏观上要更新教育观念，改革教育机制外，更主要的是深化教学领域的改革，改革旧的教学模式和教学技术。传统教育的教学过程是由教师、学生、教育内容三要素组成。随着信息时代教育内容复杂化和信息技术发展，现代教学过程必须增加教育技术为第四要素。教育技术的参与，改变了教学过程的模式，改革了分析和处理教学问题的思路，可以开发更有效的教学资源，设计更优化的教学过程，从而获得更有效的教学效果。教育技术的参与，还引起了课堂各要素的变化，它使学生的学习方式发生了变化，电脑的使用和资源网络化的技术环境，使学生由被动接受式学习转变为自主创新式学习和合作学习。现代教育技术还改变了学生的思维过程，使学生学会思考、学会学习，创造性学习。教育技术的参与，还改变了教师的角色和责任，教师由教学的管理者和单纯知识传授者，变为学生学习的技术助理、合作者和帮助者；教师要变教学生学会为教学生会学。

总之，在现代教育技术环境中，教育改革得以实现，并向深层次推进。

二、现代教育技术简介

1. 教育系统技术

教育系统技术是用系统方法分析、解决教育问题的技术。系统方法就是用系统理论的观点、方法，研究、分析、处理、解决教育系统的各种问题。解决的方式是对教育系统做整体性分析，从系统组成的各要素之间的关系和相互作用中发现系统的规律性，从而指明解决复杂系统问题的一般步骤、程序和方法。这种方法所采取的步骤：一是系统地阐述所要解决问题的目标、背景、约束条件和假设；二是调研、收集与问题有关的事实、资源和数据，分析各种可能性，提出各种可供选择的方案；三是对这些方案作出分析，选出最优方案；四是具体设计出最优方案的系统；五是分析预期结果并进行矫正，以期达到理想设计；六是运用和推广。

教育系统是为达到一定的教育目的，实现一定的教育教学功能的教育组织形式整体。它包括学校教育系统、社会成人教育系统、校外少儿教育系统等教育类别，也包含高等教育、中等教育、初等教育、学前教育等各层次教育系统。作为一个教育机构和一个教育团体或其内部的某一项工作都可以成为一个子系统。在系统内部作为一种有控制的信息传递过程，它包含有教育目的、教育内容、教育方法、教育活动、教育媒体、教育设施、教育环境、学生、教师、教学管理人员等各种要素。这些要素相互独立、相互联系、相互作用而构成有机整体。为了教育目标的实现，就要使相应教育系统有效运转，那就必须用系统技术去解决系统内各要素的关系和存在的问题，实现系统目标。

教育系统技术宏观上是指教育系统的规划、设计和管理的技术。教育系统规划是运用系统分析方法，对教育系统各项活动建立动态模型，以保证其正常发展的规划过程。由于教育系统的发展受制于它内部和外部的各种因素，教育系统规划就要找出这些制约因素，分析各种制约因素，做出其发展的动态模型，以保证教育系统的最优发展。规划的程序一般是：先确立控制目标，再找出制约因素，而后分析这些因素，做出动态模型。教育规划一般有教育发展规划、课程规划、教师队伍建设规划、教育装备发展规划、教育经费投入计划等。对于教育教学的某一项工作系统，同样存在系统规划问题。如教学计划等，也需要用系统技术去解决。

教育系统设计是在分析社会需要的基础上确立系统的目标，建立达到目标的策略方案、试行方案、评价试行结果并修正方案的一整套原理和方法。系统设计的内容包括目标设计、功能设计、要素设计和结构设计。系统设计的工作程序是：制订计划，确立目标；具体设计，根据目标和调查结果进行；系统开发，发挥系统要素作用，实现系统功能；系统检查，调整目标或系统行为；系统评价，以检查结果进行评价；调整改进，根据评价调整目标或行为；更新对策，制定新的对策。

教育系统管理是实现教育系统功能，发挥其要素作用的过程。其内容包括时间管理、任务管理、人员管理、成本管理、信息管理等。教育系统管理的程序是：计划，确定管理工作目标，明确工作任务、项目、标准、方法、措施、进度等；实行，根据计划协调关系，完成任务，实现目标；检查，根据计划，检查进展情况，保证目标完成；改进，根据检查结果，调整目标和标准，改进工作，完成任务。

教育系统的规划、设计和管理技术在教育实践中的广泛应用，使教育事业得到高速、高效发展，教育管理得到有效改进，教育质量得到持续提高。系统方法还对教育技术领域在20世纪70年代以后实现观念转变和范畴扩展起了关键性的作用，对教育技术理论体系的形成和发展产生了重大影响，对教育技术现代化的实践起到了重大的指导作用。

2. 教学设计技术

教育系统技术微观上是指课程开发和教学设计技术，即运用系统方法来探讨和解决教育活动中相对微观的教学问题的技术。对基础教育学校来说，主要是教学工作，所以这里主要介绍教学设计技术。

从系统论的观点来看，教学本身是一个系统，同时也是学校整体工作系统的子系统。教学系统有不同类别的学校和学科课程系统，也有不同层次的系统，一个学程、一个教学单元、一次教学活动等。教学设计的原理和方法可用于大至课程计划，小至一节课的教学方案。所以，对学科教学的教学设计是由教师完成的对教学过程的设计。

教学设计是连接教育教学理论和教育技术的纽带，是将现代教学理论、学习理论的最新研究成果转化为教育教学生产力的中介。一般来说，课程标准和教材的开发解决教什么的问题，而教学设计技术要解决怎么教的问题。教学设计对于优化教学过程、提高教学效率有最直接的作用。

具体来说，教学设计就是在系统理论的指导下，在对教学系统中的各种要素(教师、学生、教学目标、教学内容、教学媒体、教学环境等)进行科学分析的基础上，运用现代教学理论、学习理论，设计规划学习过程的程序、策略、学习内容的呈现方式、学习结果的评价标准，实现教学最优化过程的系统研究方法，是现代教育技术中的核心技术。

对某一学科来说，教学设计的层次，可分为学年、学期、单元、章节、课时的教学设计。但不论哪一层次，教学设计的基本内容都是：①教学内容分析，制定本部分内容的教学目标；②学生的学习能力水平分析(知识基础、学习情感、学习习惯等)，学生差异分析(知识基础、学习方法、学习态度等)；③教学目标的设立和阐述(知识、技能、学习策略等)；④教学程序结构设计(教学内容次序、构建知识结构、设计思维问题、能力训练主线、学习活动安排、选择教学手段、教学媒体、课件选择、运用设计)；⑤教学效果评价设计(设计针对性测验、调查等)；⑥补偿性教学设计(通过反馈信息，进行矫正和补偿教学设计)。

教学设计必须遵循的基本原则是：①整体性和系统性原则。要立足整体，使整体和部分高度统一，部分设计要服从总系统目标，达到整体优化。②以先进理论为指导的原则。教学设计必须以现代教学理论为指导，体现学习过程、心理认知规律，遵循能力训练规律。③以学生发展为着眼点原则。现代教学的着眼点是使学生通过学习得到自身发展，激发学习兴趣，提高学习能力。④方便学习的原则。要针对学生的学习实际，面向全体施教，注重学生差异，设计合适的教学模式、教学方法、教学媒体。

当前，基础教育正在实施课程改革，现代教育技术环境逐渐形成，教学设计更应吸收新的教学理念，充分使用信息技术工具，充分体现交互性教学策略，创新教学设计技术。

3. 教育传播技术

教育是一种特殊的认知活动，同时也是一种信息传播活动。所以，教育过程既应符合人类的认知规律，也应符合信息的传播规律。

教育传播技术就是教育部门或教育者按照教育目标选定教育内容，通过最有效的传播媒体，把知识、技能、思想意识等信息内容，传送给特定教育对象的技术。教育传播技术的核心不是研究媒体技术，而是研究运用传播规律最优化完成教育传播过程的技术。教育传播技术的目标是有效使用传播方法和传播媒体，以开发学习者潜力。教育传播过程中有四个要素，即教育者、教育内容、传播手段、学习者。教育传播技术的作用就是在传播规律的基础上，改善传播过程中这四个要素的功能条件及其相互作用关系，从技术角度追求教育传播过程的最优化。

教育传播系统与其他传播系统相比有其特殊性。第一，在教育传播过程中，教学双方的信息是互动的，教师向学生传递信息，学生学的信息要反馈给教师；第二，教育信息交流要借助符号实现沟通，这种符号是双方都能接受的；第三，传播信息的流程有三向性，教师向学生传播教授的信息，学生接受信息后将学习的情况信息要反馈给教师，教师得到反馈信息后对其学习结果的评价又反馈给学生；第四，教育传播中不仅交流认知信息，还伴随着情感信息的交流。

教育传播的方式随着媒体技术的发展而发展。最基本的传播方式是语言文字符号和非语言文字符号，信息传播的效果主要靠教师的课堂讲授技巧。如教师课堂教学中的教学语言艺术和体态语言艺术及黑板书写艺术等直接决定了教师的教学效果，同时也是最常用的基本教学手段。随着科技发展使音像符号作为信息传播手段在教学实践中广泛应用，使教育传播发展到视听传播阶段。这种传播技术的应用，使学生在学习过程中视觉听觉并用，协同发挥语词信息和音像信息作用，多种感觉学习，多种教具并用。因此，现代媒体的逐步介入，有效地提高了传播的效果和效率。

采用视听媒体等现代媒体传播手段进行教学，需要根据教学目标，针对教材恰当地选择媒体，不能追求形式，不能为用视听媒体而用。选择媒体的原则是目的明确、针对性强、经济合理、安排有序、反馈及时可靠。使用现代媒体技术进行教学信息传播时，更要注意形象和语词结合、视听和思考结合、趣味性和科学性结合。

现代传播技术在教育活动中的应用，使教育形式在时空上延伸，产生了革命性的变化。如远程教育的诞生，一个教师可以远距离面对无数学生进行教学。远程教育需要的是远距离传播系统，如广播电视、卫星电视、计算机网络系统等传播媒体系统，是由教育管理部门、教材播放部门、教学面授辅导部门、学习终端设备共同组成，组织安排教育教学活动。

现代传播技术在教学中的广泛应用，使媒体成为教学过程的基本要素，产生了依靠教学资源促进有效教学的新教学模式。

4. 教育媒体技术

教育系统技术、教学设计技术、教育传播技术是从宏观的角度提高教育效果和效率的技术，而作为教育系统的组成部分和教育传播的必要要素的教育媒体，其应用技术是教育技术中更为具体、更为实际的应用性技术和操作系统。所以说，教育媒体技术是教育技术中最为广泛、最为深入的主要技术和实践操作性技术。

教育媒体技术是在教育过程中承载和传递教育信息的技术手段。特别是现代教育媒体技术能使施教者通过多种电子媒体传递教育信息，使学习者通过广泛的渠道获得更大范围的学习资源，极大地提高学习效率。但是，媒体技术不是万能的，对于特定的教育目标或教育任务来说，媒体技术的应用，关键在于教育过程中媒体的优化选择和组合及恰当的应用。

在教育教学活动中使用的媒体可以分为三类：一是常规传统媒体。如教材等印刷材料、教学板、图片、模型、实物、教学仪器等教具；二是电子传播媒体、视听媒体。如幻灯、投影、扩音、唱片、录音、录像、电影、电视及相应片件；三是计算机教育媒体，如多媒体教育系统、计算机辅助教育系统、计算机网络教育系统等。

这些教育媒体的特性是：①存储性。可以记录存储信息资料，需要时可以再现展示。②表现性。具有表现事物的空间、时间和运动特征的能力。③重复性。教育媒体及软件可重复使用。④组合性。各种媒体可以组合使用。⑤工具性。它由教师编制支配，辅助教师教学。⑥能动性。在特定时空条件下，可以离开人的活动，独立起作用。

教育媒体的功能主要体现在三个方面：一是呈示刺激，向学习者提供各类各形式教学信息；二是唤起反应，使学生对接受的信息刺激做出反应；三是控制学习过程，使学生的学习不断趋近教学目标。

在教学中使用媒体技术的要点是针对特定的教育目标、任务、内容、对象和环境，选择适宜的媒体，制作和使用相应的软件，以满足教育教学需要。选择媒体的原则：一要依据教学目标，选择合适媒体，传递相关教学信息；二要依据教学内容，选择不同的媒体；三要依据教学对象，选择易于接受的媒体；四要依据教学条件，因地制宜安排使用；五要依据媒体的特性，发挥相应的教学功能。

现代教育媒体是智能性的媒体，教学中还需要编制相应的软件、课件，称之为软件开发。它是指把教学设计方案转化为物理形式的过程。教学软件包括文字教材、音像教材、视听软件、计算机软件、网络教学软件等。软件制作要包括设计、制作和发送功能。在教学中制作的课件应该可以提供信息、帮助学生形成概念、启迪思维，增强记忆，激发情感，培养技能。编制中要遵从教育性、科学性、技术性、艺术性、经济性的原则。合理使用教学媒体技术，有利于教学标准化、规范化；有利于形成生动有趣的教学氛围；有利于提高教学效率和质量；有利于实现教学模式的革新；有利于提高教师教学能力。

教育媒体技术发展过程是从传统常规教育媒体技术向现代教育媒体技术发展的过程。传统常规教育媒体在相当长历史时期中的应用发展，至今仍是学校课堂教学的主要教学手段。运用这些手段的技能是教师的基本教学技艺，而且这些技艺仍在不断地改进和提高。相对于传统常规教育媒体技术而提出的现代教育媒体技术，是运用现代电子传播媒体于教学过程，实现教学目标，完成学习任务，传递教学信息的教学技术，它由硬件和软件相互联系，共同作用，成为教学技术手段，在教育优化过程中起到重要作用。

三、教育技术装备政策法规

1. 国家相关法规的概述

法规，是法律、法令、条例、规则、章程等的总称。对于我国中小学教育技术装备及应用工作的法规，是指通过立法程序，把国家对中小学教育技术装备工作的政策，以法律形式固定下来。主要包括：(1)国家有关法规中对中小学教育技术装备及应用的规定；(2)国家及地方政府和教育行政部门对中小学教育技术装备及应用工作单独制定的法律、法令、条例、规则、章程、制度等规范性文件。这些都是进行教育技术装备工作必须遵循的总则和依据。

法规，具有方向性、目标性、指导性、权威性、强制性，是进行任何一项工作的法则。

所谓方向性，是指前进的目标。任何一项法律或规定，都体现了它的方向性。如《国家中长期教育改革和发展规划纲要(2010—2020)》，就战略目标、战略主题、发展任务、改革方向等多个方面、多个层次提出了今后十年我国教育改革和发展的方向。

所谓目标性，是指想要达到的工作目的或标准。如原国家教委颁布的《中小学校电化教育规程》，就从教育技术的角度，阐述了电化教育在中小学教育教学工作中的作用，规定了中小学开展电化教育的机构与职能、经费与设备、教材与资料、管理与领导等各个方面的目标和任务。这些就是中小学进行教育技术工作的阶段性目标任务。

所谓指导性，就是指点引导。法规的指导性，是指上级部门以法律、规定等形式，对下级部门、单位的工作进行指导。因此，任何一项法律或规定，都会提出目标任务、实施方法、步骤措施等具体意见，以指导下属单位的工作。如教育部《中小学教师信息技术培训指导意见》，明确规定了培训对象、目标要求、具体内容、组织领导等方面的内容，对中小学教师进行信息技术培训工作进行指导。

所谓权威性，就是具有不可更改的作用。因此，法律、法规是规范工作决策、行为、步骤、内容等方面的依据，它具有权威性，任何下级单位和个人都不得随意改变。

所谓强制性，是指具有强迫、必须完成所规定的任务的约束作用。因此，任何法律、法令、规则、章程都具有强制性。执行者必须按照法规的要求，不折不扣地执行。

法规，它还具有决策作用、管理作用和规范作用。中小学教育技术装备及应用的相关法规，是国家和各级地方人民政府以及教育行政部门实现中小学教育技术装备及应用工作目标的有力工具。它主要对下列问题作出了规定：中小学教育技术装备及应用工作的目标任务，实施措施，管理机制，设施配备，场所设置，教学应用，经费使用等。这些规定，是国家及地方政府对中小学教育技术工作的决策、管理和规范，是各级各类中小学进行教育技术装备工作和教师进行相关教育教学活动的依据。

中小学教育技术装备法规，按照行政级别分类，可分为国家法规和地方性法规；按照涵盖范围分类，可分为综合性法规和单项性法规；按照时间跨度分类，可分为长期性法规和临时性规定。

近年来，随着我国教育事业不断向现代化进程发展，国家以及地方政府和教育行政部门，对教育技术装备和教育技术应用等各项工作提出了明确规定，制定了相应法规。特别是《国家中长期教育改革和发展规划纲要(2010—2020)》，单列章节，对加快教育信息化进程等工作提出了明确要求，使教育技术装备及应用工作有了更加明确的法律依据和更长远的目标。在国家关于中小学教育技术法规、政策带动下，省、市、县各级政府和教育行政部门也相应制定了不断完善与国家中小学教育技术法规配套的规定，使中小学教育技术法规逐渐形成了全国相对统一又具有地方特色的法规体系。

在目前我国的教育技术法规中，既有就教育技术整体工作的综合性法规，也有就教育技术某一个方面的单项法规。《中华人民共和国教育法》、《国家中长期教育改革和发展规划纲要(2010—2020)》、《中华人民共和国义务教育法》、《中华人民共和国教师法》等国家法律都对中小学教育技术装备及应用有关事项作出了整体性法律规定。依据这些法律，教育部及地方各级政府和教育行政部门制定了与之相配套的各种单项性法律、规定，如教育部的《中小学信息技术课程指导纲要(试行)》、《关于进一步加强中小学教育技术装备工作的意见》、《中小学图书馆(室)规程》等。同时，各省、市、县相应制定了与之相配套的有关规定。

国家及地方政府和教育行政部门所制定的中小学教育技术装备及应用法规中，有的属于长期性法令，是我们进行教育技术装备和应用工作的方向、目标、长期任务，如《中华人民共和国教育法》、《国家中长期教育改革和发展规划纲要(2010—2020)》、《中华人民共和国义务教育法》、《中华人民共和国教师法》等，对于中小学教育技术装备及应用工作来说，是方向，是纲领，是长期任务。而有的地方性规定，则是就某一项工作作出的规定，它具有具体的任务，具有操作性，这一项工作结束后，它就失去了效力，因此它只是临时性具有约束力的规定。

2. 国家法规的有关规定

对于中小学教育技术工作，《中华人民共和国教育法》、《中华人民共和国义务教育法》、《中华人民共和国教师法》、《国家中长期教育改革和发展规划纲要(2010—2020)》等法规，都作出了明确规定，为我们进行中小学教育技术装备和教育技术应用提供了法律依据。

《中华人民共和国教育法》第六十四条规定："地方各级人民政府及其有关行政部门必须把学校的基本建设纳入城乡建设规划，统筹安排学校的基本建设用地及所需物资，按照国家有关规定实行优先、优惠政策。"这里的"所需物资"，其中包括教育技术方面的物资。第六十五条规定："各级人民政府对教科书及教学用图书资料的出版发行，对教学仪器、设备的生产和供应，对用于学校教育教学和科学研究的图书资料、教学仪器、设备的进口，按照国家有关规定实行优先、优惠政策。"第六十六条规定："县级以上人民政府应当发展卫星电视教育和其他现代化教学手段，有关行政部门应当优先安排，给予扶持。""国家鼓励学校及其他教育机构推广运用现代化教学手段。"

《国家中长期教育改革和发展规划纲要(2010—2020)》第十九章，以"加快教育信息化进程"为题，用三个条目对教育技术工作提出了具体要求。第五十九条指出："加快教育信息基础设施建设。信息技术对教育发展具有革命性影响，必须予以高度重视。把教育信息化纳入国家信息化发展整体战略，超前部署教育信息网络。到2020年，基本建成覆盖城乡各级各类学校的教育信息化体系，促进教育内容、教学手段和方法现代化。充分利用优质资源和先进技术，创新运行机制和管理模式，整合现有资源，构建先进、高效、实用的数字化教育基础设施。加快终端设施普及，推进数字化校园建设，实现多种方式接入互联网。重点加强农村学校信息基础建设，缩小城乡数字化差距。加快中国教育和科研计算机网、中国教育卫星宽带传输网升级换代。制定教育信息化基本标准，促进信息系统互联互通。"第六十条指出："加强优质教育资源的开发与应用。加强网络教学资源体系建设。引进国际优质数字化教学资源。开发网络学习课程。建立数字图书馆和虚拟实验室。建立开放灵活的教育资源公共服务平台，促进优质教育资源的普及共享。创新网络教学模式，开展高质量高水平的远程学历教育。继续推进农村中小学远程教育，使农村和边远地区师生能够享受优质的教育资源。""强化信息技术应用。提高教师应用信息技术水平，更新教学观念，改进教学方法，提高教学效果。鼓励学生利用信息手段主动学习、自主学习，增强运用信息技术分析解决问题的能力。加快全民信息技术普及和应用。"第六十一条指出："构建国家教育管理信息系统。制定学校基础信息管理要求，加快学校管理信息化进程，促进学校管理标准化、规范化。推进政府教育管理信息化，积累基础资料，掌握总体状况，加强动态监测，提高管理效率。整合各级各类教育管理资源，搭建国家教育管理公共服务平台，为宏观决策提供科学依据，为公众提供公共教育信息，不断提高教育管理现代化水平。"

《中华人民共和国义务教育法》确定的工作方针中指出：把促进教育公平作为国家基本教育政策。教育公平是社会公平的重要基础。教育公平的关键是机会公平，基本要求是保障公民依法享有受教育的权利，重点是促进义务教育均衡发展和扶持困难群体，根本措施是合理配置教育资源，向农村地区、边远贫困地区和民族地区倾斜，加快缩小教育差距。教育公平的主要责任在政府，全社会要共同促进教育公平。第六条指出："国务院和县级以上地方人民政府应当合理配置教育资源，促进义务教育均衡发展，改善薄弱学校的办学条件，并采取措施，保障农村地区、民族地区实施义务教育，保障家庭经济困难的和残疾的适龄儿童、少年接受义务教育。"这里所说的"教育资源"，同样涵盖中小学教育技术。

《中华人民共和国教师法》第九条指出："为保障教师完成教育教学任务，各级人民政府、教育行政部门、有关部门、学校和其他教育机构应当履行下列职责：(一)提供符合国家安全标准的教育教学设施和设备；(二)提供必需的图书、资料及其他教育教学用品……"

教育部在《面向21世纪教育振兴行动计划》中指出："加快中小学信息化教育的步伐，是实现基础教育跨跃式发展的关键。"

所有这些法律、政策、规定，从不同层面指出了中小学教育技术在义务教育中的作用以及教育技术工作的方向目标、任务要求。

首先，我们可以看到，教育技术在教育工作中有着重要的作用："信息技术对教育发展具有革命性影响"，"加快中小学信息化教育的步伐，是实现基础教育跨跃式发展的关键。"这些论述告诉我们，教育技术的配备和应用对中小学教育工作发展的影响程度和重要作用。

其次，我们可以看到，国家对中小学教育技术工作发展的目标任务：一是建成教育信息体系；二是建设数字化校园；三是构建先进、高效、实用的数字化教育基础设施；四是加强网络教学资源体系建设；五是开发网络学习课程；六是教育资源共享；七是强化信息技术应用；八是加快学校管理信息化进程；九是推进政府教育管理信息化；十是整合各级各类教育管理资源。

再次，我们可以看到，国家对教育技术工作的重视程度和采取的过硬措施：一是超前部署；二是优先发展；三是政策优惠。

为了使国家有关法规得到有效贯彻落实，教育部及各级教育行政部门对中小学教育技术装备和应用工作作出了相应规定，具体分解任务，细化办法，以保证国家大政方针得到落实。如教育部《关于进一步加强中小学教育技术装备工作的意见》、《关于在中小学普及信息技术教育的通知》、《关于在中小学实施"校校通"工程的通知》、《中小学信息技术课程指导纲要》、《中小学教师教育技术能力标准》等文件，以具体规范中小学教育技术工作。

3. 公用经费有关政策

为了强化中小学教育技术装备工作，中央及地方有关部门对教育经费开支作出了明确规定。财政部、教育部印发的《农村中小学公用经费支出管理暂行办法》中，将教育技术装备开支列入了公用经费开支范围。教育部颁发的《中小学电化教育规程》单列章节，对教育技术装备开支作出了明确规定：第四章"经费与设备"中的第十三条：中小学校开展电化教育要有必要的经费保证，各级政府和教育行政部门要逐年增加对中小学电化教育经费的投入。学校应确定一定的经费比例开展电化教育。第十四条：电化教育的设备是开展电化教育的基础。学校要按照地方教育行政部门制定的有关中小学校电化教育教学仪器设备配备目录，根据教学的实际需要，统筹配备电化教育设备。要加强电化教育设备、设施的维护和管理，提高利用率。第十五条：学校电化教育设备、设施是为教育教学服务的，不得挪作他用。

教育部在《加强推进教师教育信息化培训》的意见中指出，应采取国家、地方和学校三结合的多渠道经费筹措体制。国家教育信息化建设专项经费投入将主要用于对教师教育信息化有重要影响的重大项目的支持以及中西部欠发达地区的教师教育信息化建设项目。

这些规定，不仅使教育技术装备经费支出列入了教育经费范围，而且使教育技术装备开支得到了保证。

附：财政部、教育部《农村中小学公用经费支出管理暂行办法》。

农村中小学公用经费支出管理暂行办法

第一条　为规范和加强农村中小学公用经费支出管理，提高资金使用效益，根据《国务院关于深化农村义务教育经费保障机制改革的通知》(国发[2005]43号)精神，制定本办法。

第二条　本办法所称农村中小学是指农村(含县镇)公办义务教育阶段学校。

第三条　农村中小学公用经费是指保证农村中小学正常运转、在教学活动和后勤服务等方面开支的费用。

公用经费开支范围包括：教学业务与管理、教师培训、实验实习、文体活动、水电、取暖、交通差旅、邮电、仪器设备及图书资料等购置，房屋、建筑物及仪器设备的日常维修维护等。不得用于人员经费、基本建设投资、偿还债务等方面的开支。

教师培训费按照学校年度公用经费预算总额的5%安排，用于教师按照学校年度培训计划参加培训所需的差旅费、伙食补助费、资料费和住宿费等开支。

第四条　地方各级财政、教育部门分配农村中小学公用经费，应主要依据在校学生人数，同时又要兼顾不同规模学校运转的实际情况，适当向办学条件薄弱的学校倾斜，保证较小规模学校和教学点的基本需求。

第五条　农村中小学要按照轻重缓急、统筹兼顾的原则安排使用公用经费，既要保证开展日常教育教学活动所需的基本开支，又要适当安排促进学生全面发展所需的活动经费开支。

第六条　农村中小学校应当按照规定，制定本校公用经费内部管理办法，细化支出范围与标准，加强实物消耗核算，建立规范的经费、实物等管理程序，厉行节约，提高经费使用效益。

农村中小学校要建立物品采购登记台账，建立、健全物品验收、进出库、保管、领用制度，明确责任，严格管理。

第七条　农村中小学学校购置仪器设备、教学办公用品及图书资料等，符合政府采购条件的，原则上实行政府采购，并编制政府采购预算，统一纳入农村中小学预算。按照《政府采购法》的规定，由县级有关部门组织政府采购。

县级有关部门要将批准的公用经费物品采购计划书面通知到各有关学校；向学校提供物品时，须同时向学校提供物品清单，包括物品的种类、数量、型号、单价、供货单位等内容。

第八条　农村中小学要将公用经费使用情况定期在校内外公布，接受师生和群众的监督。

第九条　各级财政、教育行政部门要严格管理，加强监督，定期组织检查，对不按规定使用公用经费的，要依法严肃查处，并追究相关单位和人员的责任。

第十条 各省、自治区、直辖市财政、教育部门应根据本办法，结合本地实际情况制定实施细则，并报财政部、教育部备案。

第十一条 本办法发布之日起实施。

第十二条 本办法由财政部、教育部负责解释。

4. 教育技术装备工作的意见

对于中小学教育技术装备工作，教育部以及各级教育行政部门出台了具体意见，作出了相应规定。

教育部于2004年制定的《关于进一步加强中小学教育技术装备工作的意见》，就中小学教育技术装备工作的重要作用、目标任务、原则措施、标准要求、队伍建设等方面提出了明确要求：

(1)加强中小学教育技术装备的重要作用：教育技术装备作为教育改革和发展的物质基础，为实践教学和教育手段现代化提供了重要的物资、技术保证，为推进素质教育做出了贡献。进一步加强和做好中小学教育技术装备工作是当前各级教育行政部门进一步落实科教兴国战略，贯彻全国教育工作会议精神，实施《中共中央国务院关于深化教育改革全面推进素质教育的决定》和《面向21世纪教育振兴行动计划》，深化教育改革，全面推进素质教育的一项重要任务，是培养21世纪具有创新精神和实践能力的一代新人的重要条件保障。

(2)中小学教育技术装备的目标任务：一是要面对新形势、新情况，教育技术装备工作要以推进素质教育和教育现代化为中心开展工作，加强实践教学，为深化教育改革，全面提高教育质量服务。各地教育技术装备机构要认真抓好教育装备的研制、生产、供应和学校各类功能教室的配备、管理、使用等方面的管理与指导工作，要加强实验普及县工作，加快推进实验县的普及。已完成“普九”和“普实”的地区要继续做好巩固和提高工作，提高教育装备的标准。要配合有关部门进一步加强实验教学工作，完善和加强实验操作考查，提高学生动手实践能力。在完善和提高理科仪器配备的基础上，各地应从实际出发，建设语言、劳技、计算机等专用功能教室及图书馆(室)，配备文科和音、体、美等学科的装备设施。有条件的还应配备多媒体网络系统等现代化教育技术装备。鼓励学校之间互通有无，资源共享，学校设施可以向社会开放，以进一步提高教育设备的使用效益。二是要抓好现代化教育技术装备的规划、配备和管理工作，大力提高教育技术手段的现代化水平和教育信息化程度。随着计算机、多媒体和网络技术的发展，以计算机为核心的现代化教育技术装备在学校将得到广泛应用。各级教育技术装备部门在充分利用现有教育资源搞好多样化的电化教育的同时，要高度重视和规划管理好本地区学校的计算机应用工作，加强经济实用型终端平台系统和校园网或局域网的建设。对校园信息网络建设工作，要拟订统一标准，保证与国家信息网络的互联和地区局域网站的交互功能。避免一哄而上，各行其是，造成浪费。

(3)中小学教育技术装备的标准要求是：一是要进一步加大投入，确保教育技术装备经费的逐年增长和使用效益。在提高教育投入总量的基础上，应同时加大教育装备经费的投入，并相对集中，统一管理、使用。对大宗教育装备的订购，条件具备的地区教育装备部门可进行招标采购的试点探索，在总结经验的基础上，建立起完善的运行机制和有效的监督保证措施，使有限经费发挥最大效益。二是改革教育图书配备、管理工作。学校图书的配备、管理及图书馆建设是教育装备工作的重要内容之一，各地教育技术装备管理职能部门要重视学校图书的供应、配备和图书馆建设管理工作。切实把好图书配备的质量关，改善图书馆藏书结构，提高藏书质量。各地教育装备部门要采取积极的态度，了解中小学的需求，积极引导出版界出版适应基础教育需要的图书，把教育图书的配备管理工作提高到新水平。三是加强学具的管理工作。目前，学具市场比较混乱，一些产品良莠不齐，质次价高，增加了学生负担。因此，整顿、规范学具市场是当务之急。各地教育技术装备部门要加强管理，做好指导和规范学具的鉴定、生产、配备工作，并逐步探索建立学生用品的有效管理机制。四是强调教学仪器设备行业是教育产业的重要组成部分。随着社会经济的发展和现代化水平的提高，学校对教育技术装备的需求以及教育、教学和学生对教育物资及其服务的需求将日趋旺盛。教育技术装备部门要根据这一发展趋势，从实践和理论上认真探讨，进一步促进教育技术装备行业的产业化，使教育技术装备工作成为教育产业的重要支柱之一。五是指出各级教学仪器设备行业协会是行业性中介组织，多年来为教育行政部门和教学仪器设备行业的企事业单位做了大量的工作和服务，取得了广泛的赞誉，今后应再接再厉，争取新贡献。各级教育行政部门要继续加强对所属教学仪器设备行业协会的联系与指导，要认真解决协会人员、经费问题，充分发挥好协会的桥梁和纽带作用。

(4)加强中小学教育技术装备的原则措施是：各级教育行政部门要进一步解放思想，转变观念，提高对教育技术装备工作的地位、作用和任务的认识，进一步理顺教育技术装备的管理体制，切实转变职能，落实好规划、规范、协调、指导、供配、服务和监督的职能。在机构改革中，以有利于教育事业的改革和发展，有利于教育技术装备工作健康持续发展为出发点，加强对这项工作的领导和管理，加强教育技术装备管理机构的建设。

(5)加强教育技术装备队伍的建设。随着实验设备的不断更新换代，现代化技术装备的大量配备，教育装备技术水平愈来愈高。各级教育行政部门要充分重视教育技术装备队伍的培训提高工作，解决培训工作所面临的困难和问题。同时要注意解决这支队伍的建设及存在的职称、待遇等问题，进一步调动队伍的积极性。努力建设一支具有良好政治业务素质、结构合理、相对稳定的教育技术装备管理队伍和教师队伍。

为了保证中小学教育技术装备工作，各级地方教育行政部门根据教育部《关于进一步加强中小学教育技术装备工作的意见》，制定了相配套的实施意见。例如河北省教育厅，曾先后制定了《中小学教育信息资源配备标准》、《中小学校园网建设标准》、《计算机教室建设标准》、《多媒体教室建设标准》、《语音教室建设标准》，从建设项目、建设要求、标准依据等多个方面对教育技术装备工作提出了要求。

5. 教育技术装备质量管理的规定

为了更好地落实国家有关中小学教育技术装备的工作法规，加强中小学教育技术装备工作，各级教育行政部门就教育技术装备的质量作出了明确规定，为保证教育技术装备工作的质量提供了法律依据。

早在2005年，河北省教育厅就“关于加强教育技术装备质量管理工作”发出的通知，对全省教育技术装备工作作出了规范性要求。这个通知，明确提出规范教育技术装备工作的目的是："为了进一步加强我省中小学教育技术装备工作，提高学校建设标准化水平，推进基础教育均衡发展，为实施基础教育课程改革和全面提高教育教学质量提供物质和技术保障"。其具体要求共有三个方面：

一是进一步强化质量意识。

通知指出：教育技术装备作为教育改革和发展的物质基础和技术手段，为学校开展实验教学和实现教育手段现代化提供了重要保证，是实现办学条件标准化和全面提高教育教学质量的必备条件。当前，随着课程改革的深入实施和各级政府对教育投入的不断增加，各级各类中小学校对教育技术装备的采购数量和金额日益加大。但同时也应看到，一些单位和个人由于缺乏实施集中采购的经验，在招标采购过程中，片面追求低价格，忽视产品的性能价格比和质量检验环节，使采购到的教育技术装备产生了质量不合格现象，进而严重影响了学校实验教学工作的正常开展。对此，各市、县(市、区)教育局要引起足够重视。要以强烈的事业心和高度的责任感，进一步强化质量意识，大力规范教育技术装备招标采购工作，切实保证教育技术装备招标采购质量。

二是规范教育技术装备采购过程。

通知要求：各市、县(市、区)教育局要认真贯彻落实《中华人民共和国政府采购法》、《中华人民共和国招标投标法》、《河北省政府采购管理暂行办法》有关精神和《河北省教育技术装备装备质量监督及产品检验工作若干规定》，认真规范各级招标采购教育技术装备的各个环节和过程。特别是要针对质量检验这一薄弱环节，着力予以加强。当前，为确保集中采购的教育技术装备质量，各地应重点抓好以下几个环节：(1)各市教育局要加强对所辖县(市、区)实施教育技术装备集中采购的指导。县级教育部门需要采购大宗教育技术装备，要及时上报市教育局教育技术装备部门并备案。市教育局教育技术装备部门要派出精干人员，协助县级教育部门做好制订采购计划、编制标书、审查投标厂商的资质、质量检验等工作。(2)市教育局教育技术装备部门要协助县级教育部门搞好所需产品的市场调查。对所需采购设备的产地、质量、规格、性能、价格等进行全面了解，制定真实可靠的采购预算，严禁劣质教学仪器设备(含图书)进入学校。投标产品(含图书)应该是中国教学仪器设备行业协会推荐的产品或《河北省教育技术装备指导目录》推荐的产品，同时符合《河北省教育技术装备装备质量监督及产品检验工作若干规定》(冀教备[2001]14号)第十二条、第十三条要求之规定。招标时要对投标商提供的样品进行检验，判定合格后按程序予以封存，以备成交后与到货产品的整体质量进行比对。(3)合理确定投标单位的资质。根据我国教学仪器设备生产和管理的情况，投标单位应满足以下条件：一是具备合法的工商营业执照、税务登记证、法人代表资格，并有良好信誉(以上资质均应以原件证书为准进行验证)。校园网、计算机教室、多媒体教室等现代化教学设备的承建商应该是经教育部或河北省教育厅审查推荐资质的单位。二是其投标产品应具备省级以上权威部门出具的质量检验及认证合格的有效证件和生产经营许可证，或产品生产企业授予的经销代理权证书。(4)按照有关法律所规定的程序，规范采购过程，确保公开、公正、公平，排除一切干扰，使集中采购活动在阳光下进行。(5)强化质量验收。省、市两级装备机构应进一步健全和完善教育技术装备质量检测手段和能力，指导县级教学仪器站和学校严把质量关，并直接为各级教育技术装备招标采购活动提供质量检测服务。要按照技术标准和技术标书具体要求，严格进行检测。对不合格的教学仪器设备，一律予以退货。(6)各级各类学校不得自行采购大宗教学仪器设备(含图书)，其采购计划须报上级教育技术主管部门审核，进行招标采购。

三是建立质量管理责任制。

通知强调：各市、县(市、区)教育局要建立教育技术装备质量管理责任制，要确定一名主要领导负责此项工作，有关部门要明确责任，密切配合。在加强对采购环节质量监管的同时，还要加强对已经采购并投入使用的教育技术装备的质量检查，以确保教育教学的正常开展和广大师生的人身安全。省教育厅在普及九年义务教育等项工作的督导评估中，将把教育技术装备的质量作为督导内容之一，重点进行检查。对于出现质量问题，并造成严重后果的，要坚决予以查处。

6. 教育技术教学的有关要求

中小学校教育技术的应用，是在教育教学过程中，运用投影、幻灯、录像、广播、电影、电视、计算机等现代教育技术，传递教育信息，并对这一过程进行设计、研究和管理的一种教育形式；是促进学校教育教学改革、提高教育教学质量的有效途径和方法；是实现教育现代化的重要内容。各类中小学校要从实际出发，坚持因地制宜、讲求实效、逐步提高的原则，开展教育技术应用工作，并要充分发挥各种电教媒体在教育教学中的作用，注重教学应用与研究。

为了强化这项工作，教育部和地方教育行政部门都对中小学教育技术的应用作出了具体规定。教育部于21世纪初就制定了《中小学电化教育规程》，各级教育行政部门也制定了相应的实施细则。这些规程和细则要求各级政府和教育行政部门要积极创造条件，扶持中小学校开展电化教育，将中小学校电化教育工作列入当地教育事业的发展规划。这些规程和细则，对中小学教育技术的机构设置及机构职能、人员配备及编制待遇、教材选择及教学内容、教学管理及加强领导等各个方面作出了明确规定。

在机构设置及机构职责方面，要求"中小学校要建立专门机构或指定有关部门负责电化教育。其名称可根据学校的规模称为电化教育室(中心)或电化教育组，规模较小的中小学校也可在教学管理部门设专人或兼职人员负责此项工作。""要在学校的统一管理下，与校内各相关部门相互配合，完成电化教育工作。"明确中小学教育技术应用机构的主要职责是：(1)拟定学校电化教育工作计划，协调学校各部门开展电化教育工作，并承担其中一部分教学任务。(2)收集、购置、编制、管理电化教育教材和资料。(3)维护、管理电化教育器材、设备、设施。(4)组织教师参加电化教育的基本知识和技能培训。(5)组织并参与电化教育的实验研究。

在人员配备及编制待遇方面，要求：(1)"中小学校电化教育机构的负责人要有较高的政治素质，熟悉电教业务，有较强的教学管理能力，一般要具有中小学一级以上专业技术职务。电化教育机构的负责人、电教专兼职人员要保持相对稳定。"(2)"中小学校电化教育机构的专职人员是教学人员，必须具备教师资格，熟悉教学业务，掌握电化教育的知识、技能和技巧，""电化教育专职人员要组织、指导学科教师开展电化教学。""中小学校要聘请优秀教师作为电化教育机构的兼职人员开展工作，教师担任电教机构的工作、编制电教教材、资料、承担电教课题实验研究，应计算为教学工作量。优秀的电教教材、电教研究成果，与相应的科研、教学研究成果同等对待。教师开展电化教学的实绩，要作为考核教师的一项内容。”(3)“学科教师要增强现代教育意识，学习并掌握电化教育的基本知识和技能；积极采用现代教学手段，开展电化教学；研究电教教材教法；开展电教课题实验研究，不断提高科学研究水平，多出成果，多出精品；总结电化教学经验，提高教学质量和效率。”(4)电化教育专职人员“享受中小学教师的待遇。”“专业技术职务按国家规定评聘。在评审与聘任时，要充分考虑电化教育工作的性质和特点。”

在教材选择和教学内容方面，确定“电教教材包括幻灯、投影教材、录音、录像教材、计算机教学软件等”。要求：(1)开展电化教育的中小学校要加强电教教材建设，并将其纳入教材建设计划。要保证有足够的经费用于配备电教教材，做到电教教材的配备要与电教设备建设同步发展，其投资比例要逐步达到 1∶1。(2) 中小学校应根据教学的需要，从中央和省级教育行政部门编制印发的教学用书目录中合理选择配备全国或地方通用的电教教材，有条件的学校可根据实际需要自行编制补充性电教教材供学校教学使用。(3) 为进一步加强全省中小学校电教教材的管理，凡进入我省(河北省)中小学校的电教教材，必须经省电教教材审定委员会审定批准，未经审定的电教教材不得进入学校。各级电化教育主管部门要认真做好电教教材使用的管理、检查、监督工作。(4) 中小学校电教教材、资料的编辑、出版不得违反《著作权法》，中小学校不得使用有害青少年身心健康的、非法的音像制品。

在教学管理及加强领导方面，要求：(1)“地方各级教育行政部门主管本地区的中小学校电化教育工作，制定本地区实施细则。”(2)“地方各级电教馆是当地中小学电化教育的教材(资料)中心、研究中心、人员培训和技术服务中心。教育行政部门应加强对中小学校电化教育工作的管理与指导。”(3)“中小学校要认真贯彻落实上级关于电化教育的各项方针、政策，加强对电化教育工作的领导，将其纳入学校整体工作之中，并要有一名校级领导主管电化教育工作。”(4)“中小学校要重视对学科教师开展电化教育的基本知识和技能的培训，有计划地组织不同层次、不同形式、不同内容的教师培训活动，推动学校电化教育工作广泛深入地开展。”

为了规范中小学教育技术应用，教育部还制定了《中小学信息技术课程指导纲要(试行)》。这个《纲要》规定了中小学教育技术应用的课程任务和教学目标、教学内容和课时安排以及教学评价。

课程任务和教学目标为：中小学信息技术课程的主要任务是：培养学生对信息技术的兴趣和意识，让学生了解和掌握信息技术基本知识和技能，了解信息技术的发展及其应用对人类日常生活和科学技术的深刻影响。通过信息技术课程使学生具有获取信息、传输信息、处理信息和应用信息的能力，教育学生正确认识和理解与信息技术相关的文化、伦理和社会等问题，负责任地使用信息技术；培养学生良好的信息素养，把信息技术作为支持终身学习和合作学习的手段，为适应信息社会的学习、工作和生活打下必要的基础。

教学内容和课时安排，要求信息技术课程的设置要考虑学生心智发展水平和不同年龄阶段的知识经验和情感需求。小学、初中和高中阶段的教学内容安排要有各自明确的目标，要体现出各阶段的侧重点，要注意培养学生利用信息技术对其他课程进行学习和探讨的能力。努力创造条件，积极利用信息技术开展各类学科教学，注重培养学生的创新精神和实践能力。各学段的教学目标是：（一）小学阶段：(1)了解信息技术的应用环境及信息的一些表现形式。(2)建立对计算机的感性认识，了解信息技术在日常生活中的应用，培养学生学习、使用计算机的兴趣和意识。(3)在使用信息技术时学会与他人合作，学会使用与年龄发展相符的多媒体资源进行学习。(4)能够在他人的帮助下使用通讯远距离获取信息、与他人沟通，开展直接和独立的学习，发展个人的爱好和兴趣。(5)知道应负责任地使用信息技术系统及软件，养成良好的计算机使用习惯和责任意识。（二）初中阶段：(1)增强学生的信息意识，了解信息技术的发展变化及其对工作和社会的影响。(2)初步了解计算机基本工作原理，学会使用与学习和实际生活直接相关的工具和软件。(3)学会应用多媒体工具、相关设备和技术资源来支持其他课程的学习，能够与他人协作或独立解决与课程相关的问题，完成各种任务。(4)在他人帮助下学会评价和识别电子信息来源的真实性、准确性和相关性。(5)树立正确的知识产权意识，能够遵照法律和道德行为负责任地使用信息技术。（三）高中阶段：(1)使学生具有较强的信息意识，较深入地了解信息技术的发展变化及其对工作、社会的影响。(2)了解计算机基本工作原理及网络的基本知识。能够熟练地使用网上信息资源，学会获取、传输、处理、应用信息的基本方法。(3)掌握运用信息技术学习其他课程的方法。(4)培养学生选择和使用信息技术工具进行自主学习、探讨的能力，以及在实际生活中应用的能力。(5)了解程序设计的基本思想，培养逻辑思维能力。(6)通过与他人协作，熟练运用信息技术编辑、综合、制作和传播信息及创造性地制作多媒体作品。(7)能够判断电子信息资源的真实性、准确性和相关性。(8)树立正确的科学态度，自觉地按照法律和道德行为使用信息技术，进行与信息有关的活动。

在教学内容的安排上，并且充分考虑到我国地域差别和经济发展的实际，规定“中小学信息技术课程教学内容目前要以计算机和网络技术为主，分为基本模块和拓展模块，各地区可根据教学目标和当地的实际情况在两类模块中选取适当的教学内容。”具体课时安排为：小学阶段信息技术课程，一般不少于 68 学时；初中阶段信息技术课程，一般不少于 68 学时；高中阶段信息技术课程，一般为 70～140 学时，上机课时应不少于总学时的 70%。

教学评价方面，要求：(1)教学评价必须以教学目标为依据，本着对发展学生个性和创造精神有利的原则进行。(2)教学评价要重视教学效果的及时反馈，评价的方式要灵活多样，要鼓励学生创新，主要采取考查学生实际操作或评价学生作品的方式。(3)中学要将信息技术课程列入毕业考试科目。考试实行等级制。有条件的地方可以由教育部门组织信息技术的等级考试的试点工作。在条件成熟时，也可考虑作为普通高校招生考试的科目。

附：课程教学内容安排。

中小学信息技术课程教学内容安排

一、小学

模块一　信息技术初步

(1)了解信息技术基本工具的作用，如计算机、雷达、电视、电话等。

(2)了解计算机各个部件的作用，掌握键盘和鼠标器的基本操作。

(3)认识多媒体，了解计算机在其他学科学习中的一些应用。

(4)认识信息技术相关的文化、道德和责任。

模块二　操作系统简单介绍

(1)汉字输入。(2)掌握操作系统的简单使用。(3)学会对文件和文件夹(目录)的基本操作。

模块三　用计算机画画

(1)绘图工具的使用。(2)图形的制作。(3)图形的着色。(4)图形的修改、复制、组合等处理。

模块四　用计算机作文

(1)文字处理的基本操作。(2)文章的编辑、排版和保存。

模块五　网络的简单应用

(1)学会用浏览器收集材料。(2)学会使用电子邮件。

模块六　用计算机制作多媒体作品

(1)多媒体作品的简单介绍。(2)多媒体作品的编辑。(3)多媒体作品的展示。

二、初中

模块一　信息技术简介

(1)信息与信息社会。(2)信息技术应用初步。(3)信息技术发展趋势。(4)信息技术相关的文化、道德和法律问题。(5)计算机在信息社会中的地位和作用。(6)计算机的基本结构和软件简介。

模块二　操作系统简介

(1)汉字输入。(2)操作系统的基本概念和发展。(3)用户界面的基本概念和操作。(4)文件和文件夹(目录)的组织结构及基本操作。(5)操作系统的简单工作原理。

模块三　文字处理的基本方法

(1)文本的编辑、修改。(2)版式的设计。

模块四　用计算机处理数据

(1)电子表格的基本知识。(2)表格数据的输入和编辑。(3)数据的表格处理。(4)数据图表的创建。

模块五　网络基础及其应用

(1)网络的基本概念。(2)因特网及其提供的信息服务。(3)因特网上信息的搜索、浏览及下载。(4)电子邮件的使用。(5)网页制作。

模块六　用计算机制作多媒体作品

(1)多媒体介绍。(2)多媒体作品文字的编辑。(3)作品中各种媒体资料的使用。(4)作品的组织和展示。

模块七　计算机系统的硬件和软件

(1)数据在计算机中的表示。(2)计算机硬件及基本工作原理。(3)计算机的软件系统。(4)计算机安全。(5)计算机使用的道德规范。(6)计算机的过去、现在和未来。

三、高中

模块一 信息技术基础

(1)信息与信息处理。(2)信息技术的应用。(3)信息技术发展展望。(4)计算机与信息技术。(5)信息技术相关的文化、道德和法律问题。(6)计算机系统的基本结构。

模块二 操作系统简介

(1)操作系统的概念和发展。(2)汉字的输入。(3)用户界面的基本概念和操作。(4)文件、文件夹(目录)的组织结构及基本操作。(5)系统中软、硬件资源的管理和维护。(6)操作系统的简单工作原理。

模块三 文字处理的基本方法

(1)文本的编辑。(2)其他对象的插入。(3)特殊效果的处理。(4)版式设计。

模块四 网络基础及其应用

(1)网络通信基础。(2)因特网及其提供的信息服务。(3)因特网上信息的搜索、浏览和下载。(4)电子邮件的使用。(5)因特网其他应用。(6)网页制作。

模块五 数据库初步

(1)数据库基本概念。(2)数据库的操作环境及其操作。(3)数据的组织与利用。

模块六 程序设计方法

(1)问题的算法表示。(2)算法的程序实现。(3)程序设计思想和方法。

模块七 用计算机制作多媒体作品

(1)多媒体制作工具及其特点。(2)各类媒体资料的处理与使用。(3)多媒体作品的制作。(4)多媒体作品的发布。

模块八 计算机硬件结构及软件系统

(1)信息的数字化表示。(2)计算机的硬件及基本工作原理。(3)软件系统简介。(4)计算机的安全。(5)计算机使用道德规范。(6)计算机的过去、现在和未来。

7. 教师教育技术能力标准

中小学教育技术的应用，必须依靠教师。教师的教育技术能力，直接决定中小学教育技术工作的质量。因此，提高中小学教师的教育技术能力，是提高中小学教育技术工作质量的关键。为了提高中小学教师教育技术能力水平，促进教师专业能力发展，教育部根据《中华人民共和国教师法》和《中小学教师继续教育规定》有关精神，制定了《中小学教师教育技术能力标准(试行)》，以强化对中小学教学人员、中小学管理人员、中小学技术支持人员教育技术能力的培训与考核。其具体内容为：

教学人员教育技术能力标准。

教学人员教育技术能力考核标准共有四个部分，包括意识与态度、知识与技能、应用与创新、社会责任。其主要内容及要求是：

(一)意识与态度。

1. 重要性的认识。

(1)能够认识到教育技术的有效应用对于优化教学过程、促进教育改革和实施国家课程标准的重要作用。

(2)能够认识到教育技术能力是教师专业素质的必要组成部分。

(3)能够认识到教育技术的有效应用对于优化教学过程、培养创新型人才的重要作用。

2. 应用意识。

(1)具有在教学中应用教育技术的意识。

(2)具有在教学中开展信息技术与课程整合、进行教学改革研究的意识。

(3)具有运用教育技术不断丰富学习资源的意识。

(4)具有关注新技术发展并尝试将新技术应用于教学的意识。

3. 评价与反思。

(1)具有对教学资源的利用进行评价与反思的意识。

(2)具有对教学过程进行评价与反思的意识。

(3)具有对教学效果与效率进行评价与反思的意识。

4. 终身学习。

(1)具有不断学习新知识和新技术以完善自身素质结构的意识与态度。

(2)具有利用教育技术进行终身学习以实现专业发展与个人发展的意识与态度。

(二)知识与技能。

1. 基本知识。

(1)了解教育技术基本概念。

(2)理解教育技术的主要理论基础。

(3) 掌握教育技术理论的基本内容。

(4)了解基本的教育技术研究方法。

2. 基本技能。

(1)掌握信息检索、加工与利用的方法。

(2)掌握常见教学媒体选择与开发的方法。

(3)掌握教学系统设计的一般方法。

(4)掌握教学资源管理、教学过程管理和项目管理的方法。

(5) 掌握教学媒体、教学资源、教学过程与教学效果的评价方法。

(三) 应用与创新。

1. 教学设计与实施。

(1)能够正确地描述教学目标、分析教学内容，并能根据学生特点和教学条件设计有效的教学活动。

(2)积极开展信息技术与课程的整合，探索信息技术与课程整合的有效途径。

(3)能为学生提供各种运用技术进行实践的机会，并进行有针对性的指导。

(4)能应用技术开展对学生的评价和对教学过程的评价。

2. 教学支持与管理。

(1)能够收集、甄别、整合、应用与学科相关的教学资源以优化教学环境。

(2)能在教学中对教学资源进行有效管理。

(3)能在教学中对学习活动进行有效管理。

(4)能在教学中对教学过程进行有效管理。

3. 科研与发展。

(1)能结合学科教学进行教育技术应用的研究。

(2)能针对学科教学中教育技术应用的效果进行研究。

(3)能充分利用信息技术学习业务知识，发展自身的业务能力。

4. 合作与交流。

(1)能利用技术与学生就学习进行交流。

(2)能利用技术与家长就学生情况进行交流。

(3)能利用技术与同事在教学和科研方面广泛开展合作与交流。

(4)能利用技术与教育管理人员就教育管理工作进行沟通。

(5)能利用技术与技术人员在教学资源的设计、选择与开发等方面进行合作与交流。

(6)能利用技术与学科专家、教育技术专家就教育技术的应用进行交流与合作。

(四)社会责任。

1. 公平利用努力使不同性别、不同经济状况的学生在学习资源的利用上享有均等的机会。

2. 有效应用努力使不同背景、不同性格和能力的学生均能利用学习资源得到良好发展。

3. 健康使用促进学生正确地使用学习资源，以营造良好的学习环境。

4. 规范行为能向学生示范并传授与技术利用有关的法律、法规知识和伦理道德观念。

管理人员教育技术能力标准。

管理人员教育技术能力标准共有三个方面，包括：意识与态度、知识与技能、应用与创新。

(一)意识与态度。

1. 重要性的认识。

(1)能够认识到教育技术的有效应用对于推进教育信息化、促进教育改革和实施国家课程标准的重要作用。

(2)能够认识到教育技术能力是教师专业素质的必要组成部分。

(3)能够认识到教育技术的有效应用对于优化教学过程、培养创新型人才的重要作用。

2. 应用意识。

(1)具有推动在管理中应用教育技术的意识。

(2)具有推动在教学中开展信息技术与课程整合、促进教育教学改革研究的意识。

(3)具有支持教师运用教育技术不断丰富学习资源的意识。

(4)具有密切关注新技术的价值并不断挖掘其教育应用潜力的意识。

3. 评价与反思。

(1)具有促进对教学资源的利用进行评价与反思的意识。

(2)具有促进对教学过程进行评价与反思的意识。

(3)具有促进对教学效果与效率进行评价与反思的意识。

(4)具有对教学管理的效果进行评价与反思的意识。

4. 终身学习。

(1)具有不断学习新知识和新技术以提高自身管理水平的意识与态度。

(2)具有利用教育技术进行终身学习以实现管理能力与个人素质不断提高的意识与态度。

(3)具有利用教育技术为教师创造终身学习环境的意识与态度。

(二)知识与技能。

1. 基本知识。

(1)了解教育思想、观念和教育技术的发展趋势。

(2)了解教育技术的基本概念和应用范畴。

(3)了解教育技术的基本理论。

(4)掌握绩效技术、知识管理和课程开发的基本知识。

2. 基本技能。

(1)掌握信息检索、加工与利用的方法。

(2)掌握资源管理、过程管理和项目管理的方法。

(3)掌握教学媒体、教学资源、教学过程与教学效果的评价方法。

(4)掌握课程规划、设计、开发、实施与评价的方法。

(三)应用与创新。

1. 决策与规划。

(1)制定并实施教育技术应用计划以及应用技术来促进教育教学改革的条例与法规。

(2)能够根据地区特点和实际教育状况，宏观调配学习资源，规划和设计教育系统。

(3)能够有效应用信息技术和统计数据辅助决策过程。

2. 组织与运用。

(1)能组织与协调各种资源，保证教育技术应用计划的贯彻和执行。

(2)能组织与协调各种资源，促进信息化学习环境的创建。

(3)能组织与协调各种资源，支持信息化的教学活动。

(4)能运用技术辅助教学组织和教学实施。

技术人员教育技术能力标准。

技术人员教育技术能力标准有四个方面，包括：意识与态度、知识与技能、应用与创新、社会责任。

(一)意识与态度。

1. 重要性的认识。

(1)能够认识到教育技术的有效应用对于推进教育信息化、促进教育改革和实施国家课程标准的重要作用。

(2)能够认识到教育技术应用能力是教师专业素质的重要组成部分。

(3)能够认识到教育技术的有效应用对于优化教学过程、培养创新型人才的重要作用。

2. 应用意识。

(1)具有研究与推进信息技术与课程整合的意识。

(2)具有利用技术不断优化学习资源和学习环境的意识。

(3)具有积极辅助与支持教学人员和管理人员应用教育技术的意识。

(4)具有不断尝试应用新技术并探索其应用潜力的意识。

3. 评价与反思。

(1)具有对技术及应用方案进行选择和评价的意识。

(2)具有对技术开发进行评价与反思的意识。

(3)具有对技术支持进行评价与反思的意识。

(4)具有对教学资源管理进行评价与反思的意识。

4. 终身学习。

(1)具有积极学习新知识与新技术以提高业务水平的意识。

(2)具有利用教育技术进行终身学习以不断提高个人素质的意识。

(二)知识与技能。

1. 基本知识。

(1)了解教育思想、观念和技术的发展趋势。

(2)了解教育技术的基本概念和应用范畴。

(3)掌握现代教学媒体特别是计算机与网络通信的原理与应用。

2. 基本技能。

(1)掌握信息检索、加工与利用的方法。

(2)了解教学系统设计与开发的方法。

(3)掌握教学媒体的设计与开发的技术。

(4)掌握教学媒体的维护与管理的方法。

(5)掌握学习资源维护与管理的方法。

(6)掌握对教学媒体、学习资源的评价方法。

(三)应用与创新。

1. 设计与开发。

(1)参与本单位教育信息化建设方案的整体规划与设计。

(2)能够设计与开发本单位的信息化学习环境。

(3)能够收集、整理已有学习资源并设计与开发符合教学需要的学习资源。

2. 应用与管理。

(1)能够为教学人员的教学和科研工作提供技术支持与服务。

(2)能够为管理人员的管理和评估工作提供技术支持与服务。

(3)能够对学习资源与学习环境的使用进行有效的管理与维护。

3. 评估与发展。

(1)能够对学习资源和学习环境的开发与应用效果进行评估，并提出发展建议。

(2)能够对自身的技术服务和管理工作进行评估，并反省自身的技术服务和业务水平。

(3)能够参与本校教师教育技术应用效果的评估工作，并提出发展建议。

(4)能够参与制定本校教师教育技术培训方案并实施。

4. 合作与交流

(1)能利用技术与教师就教育技术在教学中的应用效果进行交流。

(2)能利用技术与管理人员进行交流。

(3)能利用技术与学生及家长进行交流。

(4)能利用技术与同行及技术专家进行交流。

(四)社会责任。

1. 公平利用。

能够通过有效的统筹安排保障所有的教师和学生均能利用学习资源得到良好发展。

2. 有效应用。

(1)能不断加强信息资源的管理。

(2)能不断提高教育技术应用的有效性。

3. 安全使用。

(1)努力提高技术应用环境的信息安全。

(2)能为教师和学生提供安全、可靠的技术服务。

4. 规范行为。

(1)努力加强技术环境下信息资源的规范管理。

(2)努力规范技术应用的行为和方式。

8. 教育技术教师培训工作意见

为了强化中小学教师的教育技术能力，教育部于2002年就“推进教师教育信息化建设”发文，提出了对教师进行教育技术培训的具体意见。

“培训意见”强调了推进教师教育信息化的重要性和紧迫性，指出：“信息化是当今世界发展潮流，是国家社会发展的趋势，信息化水平已成为衡量一个国家现代化水平和综合国力的重要指标。积极推进国家信息化是我国国民经济和社会发展的重要战略举措。提高国民的信息素养，培养信息化人才是国家信息化建设的根本，教育信息化是国家信息化建设的重要基础。教师教育信息化既是教育信息化重要组成部分，又是推动教育信息化建设的重要力量。”同时指出：“信息化已经引起中小学的教育思想、观念、内容、方法等方面发生深刻变革。要实现信息技术在中小学逐步普及和应用，建设一支数量足够、质量合格的具有较高信息素养的中小学师资队伍是关键。目前，我国以现有师范院校为主体的教师教育机构，存在着信息基础设施和资源建设薄弱，现代信息技术和教育技术在教育教学中尚未普及，在教师教育还不能广泛应用现代远程教育和网络教育手段等方面的问题，难以适应中小学信息技术教育发展的需要。因此，教师教育必须加快信息化进程，加大信息化建设力度，为全面提高中小学教师的信息素养奠定坚实的基础。”

“培训意见”还就教师教育信息化建设的指导思想、原则、发展目标和措施作了详细阐述。并确定了教师教育信息化建设的措施：一是加快教师教育信息基础设施建设。

二是加快教师教育信息资源建设。三是加强师范院校信息技术和教育技术等专业建设，培养、培训适应普及信息技术教育需要的中小学教师。四是强调以科学研究为先导，积极探索和构建现代信息技术环境下教师教育教学与教学管理新模式。五是要求要加强领导、管理和评估。

“培训意见”强调教师教育技术培训，要坚持统筹规划，突出重点；坚持资源共享，协同发展；坚持探索创新，注重应用；坚持政府引导，因地制宜。

“培训意见”确定的培训对象是：《中小学教师继续教育规定》所列的全体中小学教师。培训目标和要求是：了解信息技术在现代社会特别是教育领域中的地位与作用，树立应用信息技术进行教学改革的意识；掌握信息技术应用的基础知识和操作技能，初步具备将信息技术和信息资源用于教育教学中的能力；建立科学的、基于信息技术的现代教育思想和观念，初步掌握信息技术新知识的能力。培训具体目标与内容是：分为初级培训和高级培训。初级培训包括信息技术基础知识、操作系统、文字处理、信息技术在教学中的应用、因特网基础五个培训模块。参考课时 32～53 课时。高级培训包括文稿演示、电子表格、网页制作、多媒体作品制作四个培训模块。参考课时为 40～56 课时。一般地区中小学教师要接受初级培训，有条件地区的中小学教师和中青年骨干教师要接受高级培训。

管理运行篇

一、教育技术工作的职能机构

1. 市、县(区)教育技术工作管理机构

市、县(区)教育技术装备管理站是市、县(区)教育行政部门设置的承担中小学教育技术装备与管理工作的事业机构。各级教育技术装备管理站，在当地教育行政部门的领导下进行工作，并且接受上级教育技术装备管理职能机构在业务上的指导。

(1)教育技术装备管理站的工作职责。

各级教育技术装备管理站，是各级教育行政部门就本级范围内教育技术装备与管理工作的职能部门，其工作职责主要包括：一是以马列主义、毛泽东思想和邓小平理论以及科学发展观为指导，用先进的教育思想、教育理论，立足当地实际，立足提高教育技术装备和应用水平，面向本区域及所属中小学校，开展教育技术装备管理及应用工作。二是依据国家及上级教育行政部门的相关法律、法规，就本区域中小学教育技术装备及应用工作进行调研，提出教育技术装备及应用工作的方案、意见、建议，为教育行政部门决策提供服务。履行其对教育技术装备及应用工作的规划、规范、协调、指导、供配、服务和监督的职能。三是从当地实际出发，开展教育技术装备管理和应用研究，并依据国家和上级部门颁布的教育技术装备标准，组织实施本区域中小学教育技术设施及相应教育装备的建配。努力体现教育技术装备和应用工作的先进性，不断提高本区域中小学教育技术装备和应用工作的水平。四是依据上级有关部门就教育技术工作提出的科研任务，制定本地区教育技术装备和应用的科研工作的发展规划和实施意见，做好教育技术装备和应用工作科研课题的申报、管理及成果的推广工作。五是开展对实验室、图书室、其他功能教室的教学应用研究，以充分发挥教育技术设备在教学中的作用。六是组织现代教育技术的推介、培训、技术指导与服务和应用工作。对区域内中小学教育技术装备方案进行审查，监督采购过程，规范采购行为，进行产品质量检验。七是注重教育发展形势的研究，按照教育发展所需研发教育技术装备设备，使教育技术装备保持其先进水平。八是注重经验总结，及时组织经验交流，推广先进经验，促进教育技术水平得到均衡发展。九是对下级教育技术管理部门以及中小学校的教育技术装备和应用工作进行指导、评估、检查，以保证上级相关政策、规定得到落实。十是对所辖区域教育技术设备、中小学校专用教室进行安全检查，杜绝出现安全事故。

(2)教育技术装备管理站的工作制度。

中小学教育技术装备和应用工作，应该依据一定的制度进行管理。制度，是一个组织中的成员应该共同遵守的、按一定程序办事的规程或行动准则，对于规范工作行为、工作程序有着重要作用：一是规范工作目标任务和工作职责；二是规范工作程序和工作行为；三是规范考核内容和考核标准；四是强化目标管理和质量管理；五是对工作起到激励作用和推动作用。

制定教育技术装备和应用工作的制度，应该基本包括工作方针、工作职责、工作目标、工作任务、工作程序、工作考核等项内容。

2. 学校教育技术工作职能机构

中小学校都应设置教育技术工作职能机构。

目前，根据地域现实状况和学校规模大小，中小学校所设置的教育技术职能机构有所不同：一是规模比较大的学校，设置了专门的职能机构，负责本校教育技术管理工作；二是规模比较小的学校，由教导处配置专职教育技术管理人员，负责教育技术管理工作。但其工作任务、职责是相同的。

学校教育技术工作职能机构具有以下工作职能：一是管理职能；二是培训职能；三是科研职能。具体任务是：

管理职能：负责制定本校教育技术装备工作规划；管理学校教育技术设备；管理学校各种专用教室；对学校教育技术设备及专用教室进行安全检查，及时修理、更换，排除不安全因素；指导教师在教学中正确使用各种器械、仪器设备；管理本校教育技术工作档案。

培训职能：组织教育技术政策法规教育；进行教育技术应用的常规培训；对青年教师特别是新上岗教师的教育技术应用的技能培训。

科研职能：确定学校教育技术工作的科研任务；组织学校教育技术科研课题的申报、实施；研究实施教育技术工作的理论、方法；及时总结本校教师的先进经验，并进行推广，同时要及时吸收外地的先进经验，并组织学习和推广；研究学校教育技术工作中亟待解决的问题，并组织教师进行专题攻关。

有条件的学校，还可以设置与教学研究组平行的教育技术教学研究组。

3. 教育技术工作管理人员

(1)教育技术工作管理人员应具备的素质。

从事教育技术工作管理的人员，必须具备良好的思想素质，扎实的理论知识，较强的综合能力。

良好的思想素质，基本包括：热爱事业的思想，求真务实的态度，严肃认真的作风，谦虚谨慎的品质，开拓创新的精神，诚实协作的意识。

扎实的理论知识，基本包括：教育技术工作的常规知识，教育理论学的基本知识，教育社会学的基本知识，教育技术学的基本知识，教育信息论的基本知识，教育统计学的基本知识，教育发展观的基本知识，教育方法论的基本知识，教育管理学的基本知识，教育技术设备性能、使用、保养、维修的基本知识。

较强的综合能力，基本包括：对教育环境的观察能力，对教育技术的鉴别能力，对器械配置的应用能力，对教育信息的接受能力，对语言文字的表述能力。

(2)教育技术工作管理人员的工作职责。

从宏观上讲，教育技术工作管理人员有六大职责：一是设备配置；二是设施管理；三是应用研究；四是应用指导；五是督查评估；六是服务教学。

附：张家口市制定的教育技术工作管理人员工作职责

各级教育技术装备管理人员职责

一、制定区域内中小学实验室工作和教育技术装备发展规划、计划，并组织实施。

二、负责区域内教育系统教学仪器设备(包括常规教学仪器、现代化教学设备、音乐、体育、美术、卫生、图书、学具等教学用品)的集中采购，依法规范采购行为，加强质量管理。

三、组织区域内中小学开展自制教具活动，评选和推广自制教具的优秀成果。

四、开展实验(实践)教学活动，并进行评估验收；开展实验课题研究；组织、指导区域内教育技术管理机构及各学校搞好实验教学考试与考核工作。

五、对区域内中小学计算机教室、校园网、多媒体教室、语音室承建单位进行资质认证，并组织对区域内中小学计算机教室、校园网、多媒体教室、语音室的评估验收。

六、组织开展区域内中小学实验教师、计算机和网络管理员教师、图书馆(室)管理教师及装备系统工作人员的岗位培训工作。

七、配合市、县(区)督导部门对市、县(区)、学校进行年度政府教育督导评估。

八、负责新仪器、新设备的推介工作，促进区域内各级各类学校教育技术装备发展的现代化。

二、教育技术工作的行政管理

1. 管理的任务

教育技术工作的行政管理，其任务主要包括：教育技术工作的发展规划；教育技术装备的产品推介；教育技术设施采购的监督；教育技术产品质量的检验；教育技术工作的业务指导；教育技术工作的检查评估；教育技术工作的总结交流。

(1)教育技术装备发展规划。

教育技术工作的发展规划，是对本地区或本单位教育技术装备及应用工作在若干年内的全局性的战略部署，可以包括制定教育技术发展规划的指导思想、发展远景和总目标、工作任务、工作思路和具体措施等，以及划分实现设想的阶段和步骤，可以说是一种粗线条的长远计划。

制定教育技术装备发展规划要有科学的预见性，必须事先经过周密的调查和计算，充分研究有关的历史经验、发展规律和现有的教育技术装备状况与条件，并且依据上级教育行政部门和职能部门的相关政策规定，围绕教育整体发展趋势，充分考虑长远目标的导向性和实现目标的可行性。因此，应该遵循以下原则：

一要依据相关政策。任何一个历史时期，中央和地方各级教育行政部门和职能部门，都会根据社会、经济、政治以及教育工作整体发展的需要，对教育技术工作提出具体的任务和要求。这些任务和要求，都要通过法规等文件形式形成政策。这些政策，对教育技术工作提出明确任务和具体要求，这是进行教育技术装备和应用的主要依据。那么，在制定教育技术工作规划时，就必须依据国家和地方政府及教育行政部门的相关政策，确定工作方向、目标任务、方法步骤，保证所制定的规划不偏离国家的大政方针。

二要依据教育理论。教育理论的形成，是经过长期研究、实践、创新活动而逐渐形成、发展和完善的，对于指导教育技术工作起着重要作用。在制定教育技术工作规划时，准确把握教育理论的原理，确定教育技术工作的目标，具有重要的指导作用。

三要注重当地实际。我国地域广阔，经济和教育发展均不平衡，每个地区、每所学校，受到诸方面因素的制约，有着不同的实际情况。因此，制定教育技术工作规划，应该根据当地的实际情况、存在的实际问题，实事求是地确定目标任务、工作步骤。

四要注重整体联系。中小学教育技术工作，是一项联系比较紧密、系统性很强的工程。因此，制定教育技术规划，应该从整体目标出发，注重其客观事实的联系和发展，在内容上环环紧扣、相互联系，在方法上前后贯通、有机联系。

五要注重集思广益。在制定规划的过程中，需要收集与掌握大量的可靠材料，充分听取有关专家和专业人员的意见，共同研究讨论、集思广益，经过反复论证，多种方案比较、选择。

六要规范文字表述。制定规划，文字表述要清楚、肯定，具体要求要明确具体，行文格式要准确规范，语言叙述要精练概括。

(2)教育技术装备的推介。

教育技术装备的推介，是利用信息传播媒体、产品展示活动等多种途径向需求方(如中小学校)重点推广介绍教育技术装备的最新技术和产品的形式，其目的是使优质教育资源在教育教学中得到充分使用。

推介产品可以包括：

一是各种适用于基础教育、职业教育、高等教育的教育技术装备、仪器和材料：如教学仪器及成套设备，实验室与教室专用器具，图书馆设备，教学用标本模型、教具，教学用品印刷及复印设备，教育图书教材，教学资源光盘，优秀教学课件，学校办公用具，学生公寓用品，学校体育用品设施，特殊教育设备仪器等。

二是IT信息技术设备及软件：包括校园网络平台，学校管理系统，教学辅助支持系统，多媒体技术、网络计算机和各类终端，微机房UPS系统及环境控制设备，计算机会议系统及网络电视，数据处理终端，语音识别系统，信息安全技术，学生数码影音产品，个人电脑及外设备类编程开发及应用软件等。

三是电化教学及影音视频设备：包括视听多媒体技术，投影设备，音频设备，电子白板、胶片，大屏幕显示及附属设备，电化教育设备，教学与测试软件，打印复印设备，投影机、投影幕、录播及视频会议系统，多媒体课件，数字图书馆设备，数字化校园、校园广播系统等。

四是远距离教育设备：包括卫星多媒体传输平台，终端接收系统，远程教育直播教室，电视播控系统，中继及测试设备，视听媒体、语言实验室，幻灯机，视频展示台，远程电化教育设备。

五是实验室仪器、设备与材料：包括显微设备，玻璃仪器，测试仪器，校准仪器，探测器及信号感测器，分析仪器，控制装置，操作员界面，记录器及显示装置，医疗器械，生化实验仪器，生物实验及生命科学研究仪器设备等。

(3)教育技术装备应用视导。

教育技术装备应用视导即是对中小学教育技术装备工作进行检查指导。检查指导过程中，要依据相关法规及本区域教育技术工作整体工作规划任务要求，对所视导单位的教育技术工作情况进行整体了解，并善于肯定成绩，总结经验，同时要善于发现问题，并予以明确告诫，督促纠正，同时要指明下一步的工作方向。

教育技术装备应用视导包括检查中小学专用室(理化生实验室、图书、计算机、体育、音乐、美术、卫生等)的建设、管理、使用和信息化建设、农村远程教育设施运行情况等。

(4)教育技术工作检查评价。

教育技术工作检查评价是按照相关标准对某一地区或某一学校教育技术装备工作进行检查，并给予评价性结论。可分为综合性评价和单项工作评价。综合性评价是对一个区域或学校教育技术工作整体性评价，如“普九”、“普实”检查评估等。单项工作评价即是对教育技术工作中某一项工作的评价。在具体操作中，两种形式应该根据检查评估的目的，相互联系，突出重点，有所侧重。

《河北省人民政府关于建立对县级人民政府教育工作督导评估制度的通知》(冀政[2005]52号)明确规定，从2005年开始，省人民政府对县级人民政府教育工作进行全面督导评估。根据国家和河北省对义务教育的有关要求，义务教育工作是对县级政府教育工作督导评估的重点，对义务教育阶段的督导评估主要检查五个方面的工作。一是推进学校标准化建设情况。二是提高学校装备水平情况。要进一步加强常规教学设施装备工作，发挥好常规设施在日常教学中的作用。中小学常规设施努力向一类标准过渡。三是以实施远程教育工程为契机，积极加强“四室一网”即微机室、语音室、多媒体教室、电子备课室和校园网建设，以信息化带动现代化。四是全面加强师资队伍建设情况。五是控辍保学情况。其中对学校教育技术装备水平的督导主要是对中小学实验室及各类功能室、实验教学、现代信息技术装备与应用等方面工作情况的督导检查。其中，重点对仪器上架管理，实验、图书、计算机室等管理软件平台应用，实验教学开展等情况进行督查。这些规定，明确提出了教育技术工作在教育督导评估中的重要地位。

(5)教育技术装备工作交流总结。

教育技术装备工作交流总结是对本地区或本单位某一时间段教育技术装备工作进行总结交流，对先进的经验和做法在本辖区内进行推广，从而起到“相互交流、相互学习、共同提高”的作用。

2. 管理的原则

教育技术装备和应用，有其独特的特点和规律。因此，对教育技术工作进行管理，必须按其自身的特点和规律，遵循以下原则：

一是整体性原则。所谓整体性原则，就是把教育技术工作作为一个整体，在管理过程中，从实现整体目标出发，把机构、人员、设备、信息、经费、时间等要素有机地组合起来，充分发挥部门之间各个层次、各种因素的整体功能，以达到最佳的管理效果。这样，就应该做到：(1)建立完整的系统结构。这个系统结构包含四个方面：一是教育技术工作的整体目标任务；二是管理教育技术工作的规章制度；三是从事教育技术工作的机构、人员的工作职责；四是进行教育技术工作的方法措施。建立这样的系统结构，对于教育技术工作管理的各个环节、运作程序具有重要作用。(2)树立明确的全局观念。教育技术装备工作，在一个区域内，必须服从国家、省、市教育技术工作的整体规划和目标任务。但是，各地、各校又有其具体情况。这样，就需要各级教育行政部门和各类中小学校，在工作方向上从整体目标出发，服从和服务于整体目标的需要，在工作方法上合理谋划，通过努力，发挥最大能量，为实现整体目标贡献力量，以保证实现整体目标的最佳效果。

二是方向性原则。教育技术工作的管理，是一种有目的的活动，必然具有方向性。这个方向，就是国家对教育技术工作提出的目标和任务。坚持教育技术工作的方向性，应该做到：制定规划、确定目标任务，必须符合国家的政策法规；教育技术工作运行，必须符合教育科学规律；设施配备必须具有超前意识；应用意图必须是为提高教育教学质量服务。

三是科学性原则。教育技术工作本身就是一门科学，那么，对它的管理就必须坚持科学性原则。主要包括：确定目标要注重科学性；内容定位要体现科学性；方法措施要突出科学性；运作过程要强调科学性。

四是程序性原则。所谓程序性，就是要在教育技术管理工作中，抓住主要环节，实行程序控制，做到科学有序。教育技术装备工作，其基本程序应该是制定规划、具体实施、结果评估、总结提高四个阶段。因此，对教育技术工作的管理，由制定规划为开端，以调节控制过程为重点，通过结果评估进行验证，进行总结提高。这些程序环环紧扣，缺一不可。

五是规范性原则。规范性原则是教育技术管理工作本质特点的反映，主要体现在：工作程序要规范；工作态度要规范；规章制度要规范。这就要求，要按照教育技术工作的特殊规律，以科学态度为准则，建立、健全规范可行的规章制度，以规范教育技术管理工作。

六是时效性原则。时效性原则要求，从时间上分析，看在同样的时限内所产生的效果，或是从一样的效果中看所用的时间；从人力消耗上分析，以人力消耗和实际效果进行比较，判断效果高低；从财力消耗上分析，以投资与效果比例分析判断效果高低。

3. 管理的过程

教育技术工作的管理，是根据教育技术工作的目标任务，有组织、有计划的工作过程，具有自身发展的规律。这个过程，是一个完整的系统。这个系统，就是对教育技术工作运行中的各个环节进行调节、监控。整个调节、监控的过程，就是管理的过程。

(1)对计划的管理。

对教育技术工作的管理，要从制订计划的目标、内容的实际意义和实施的可能性上进行判断：第一，要论证目标和内容选择的科学性、政策性、创新性，考虑其是否符合国家的政策要求，是否符合教育装备及应用工作本身发展的规律，是否具有促进教育技术工作发展的价值。第二，要论证其可行性，考虑管理能力是否达到了预期目标，包括人力基本条件是否具备，经费是否给予保障，措施是否有效。第三，论证教育技术装备内容的时效作用，看其在全局工作中所处位置。

(2)对过程的监控。

在教育技术工作管理中，对工作过程的监控，应该包含两层意思，一是检查监督；二是调节服务。

检查监督，主要是对教育技术工作过程进行监督检查，以保证其按照所定的规划、计划步骤实施，达到预期效果。检查监督的方法和内容大体包括：看工作内容是否紧贴规划、计划的目标；看工作过程是否按照规划、计划所规定的进度进行；看人员配备及其能力发挥的程度；看经费的使用是否合理。

调节服务，主要是根据工作过程中出现的新特点、新问题进行调节，对原计划进行补充修订。同时，根据工作过程出现的问题，给予指导，帮助解决实际问题，达到推动教育技术工作发展的目的。

(3)对结果的评价。

教育技术装备及应用工作成果，只有经过实践的验证和权威机构的鉴定评价才能获得认可。对结果的评价，应该主要体现在三个方面：一是鉴定其结果是否符合规划、计划的要求，是否完成了预期任务。二是鉴定装备及应用的效果，设备使用程度，是否发挥了其应有作用。三是鉴定应用的价值，是否达到了为教育教学工作服务的目的，是否促进了学校各项工作的发展。

4. 管理的方法

方法，是指解决问题的手段和程序。教育技术工作管理的方法，是教育技术工作管理运行过程中所采取的手段、措施和方式。大体有以下几种：

(1)政策管理。运用国家的法律法规来指导、约束、规范教育技术工作，是对教育技术工作管理的重要手段。其中包括：一是围绕政策内容，确定教育技术工作的方向、目标、任务，指导教育技术装备及应用工作；二是依据政策规定，确定管理方法、运行程序；三是体现政策原则，确定管理手段、服务措施。

(2)行政管理。教育技术工作的行政管理，是指依靠行政组织的权威，运用行政手段进行管理的方法。行政管理具有权威性、强制性、稳定性、垂直性、实用性。行政管理主要包括三个方面的内容：一是统一目标任务；二是制定管理制度；三是规范程序要求。

(3)计划管理。在教育技术工作管理中，运用计划管理的方法，就是把教育技术工作的目标任务、方法措施、效果要求，通过精心设计，制订出明确的计划，以此调节控制实施过程。运用计划管理手段，一定要注意计划的连续性、整体性、长期性。

(4)经济管理。所谓经济管理，是指利用经济调节的杠杆作用，按照区域内所属单位、学校的工作实效给予奖励的原则，对教育技术工作进行管理的方法。经济管理手段，具有有偿性、间接性、平等性的特点。在运行中，要体现高质量原则、公正性原则，做到导向明确，公正评选，注重质量，好中奖优。

(5)档案管理。档案管理是教育技术工作管理的基础性工作。是指在教育技术装备及应用过程中，按照有关规定，收集、整理和保存的具有真实历史记录的文字材料。主要包括：教育技术装备财产，教育技术工作所需器械，教育技术工作的规划、计划、总结，设备修理、更换记录，易耗物品消耗记录，所有设备使用记录，教育技术工作需要记录的各种文字、报表等。

教育技术工作档案的管理，有收集、鉴别、整理、保管、利用五个基本环节。对档案的建设，必须有一定措施予以保证：一要充分认识档案管理的重要作用，增强档案管理意识，形成主动性、自觉性。二要建立、健全严格的档案管理制度，对档案管理的各个环节作出明确规定。

(6)制度管理。在教育技术工作管理中，制定必要的规章制度，借助规章制度规范工作程序，约束工作行为，是管理工作的重要手段。就教育技术工作的制度而言，应该有：设施配备管理制度，设备应用管理制度，管理人员工作制度，专用教室管理制度，物品损坏赔偿制度，队伍建设培训制度，档案记录管理制度，考核评价评审制度，评选表彰奖励制度。

附 1：张家口市宣化县教育局《现代教育技术工作规程》。

宣化县乡镇总校部
现代教育技术工作规程

第一章　总　则

第一条　为充分发挥乡镇总校部在现代教育技术工作中的作用，加强全县现代教育技术工作管理，提高全县中小学教育现代化水平，制定本规程。

第二条　现代教育技术工作是指围绕投影、幻灯、录音、电视，特别是计算机等教育技术手段应用而开展的硬件装备软件配备、应用培训、应用研究等工作的合称。

第三条　乡镇现代教育技术工作的总要求是：有组织、有计划、有投入、有实效地开展现代教育技术工作，以教育信息化带动教育现代化。

第四条　乡镇现代教育技术工作的业务主管部门是县文教局电化教育馆。

第二章　机构与人员

第五条　乡镇总校部设立现代教育技术领导小组和现代教育技术教研组。

乡镇现代教育技术领导小组由总校长、乡镇中学校长、乡镇中心小学校长组成。

乡镇现代教育技术教研组由如下人员组成：乡镇总校部现代教育技术教研员 1 名，中学网络管理员、信息技术教师各 1 名，小学网络管理员、信息技术教师各 1 名，共 5 名人员。

第六条　中学以校为单位，小学以学区或几个学区为单位设立现代教育技术领导小组和现代教育技术教研组。

中小学现代教育技术领导小组由学校校长、教导主任、总务主任组成。

中小学现代教育技术教研组是学科教研组，由现代教育技术专门管理人员、现代教育技术装备专用教室(微机室、语音室、多媒体室、校园网等)管理人员和信息技术课教师及部分学科教师组成。

第七条　乡镇总校部现代教育技术教研组、中小学现代教育技术教研组人员应热爱现代教育技术工作，具有现代教育技术知识和技能，有现代教育技术方面学术成果，有一定的组织能力。

第三章　职　责

第八条　乡镇总校部现代教育技术领导小组职责：

1. 贯彻国家现代教育技术方面的政策、法规。

2. 建立乡镇总校部、中小学的现代教育技术机构。

3. 制订本乡镇现代教育技术工作规划、计划，开展现代教育技术工作。

4. 加强各级(含乡镇级)现代教育技术实验学校建设，提高中小学教育现代化水平。

5. 督促乡镇总校部现代教育技术教研组、中小学现代教育技术领导小组，搞好学期现代教育技术工作总结，推广课题研究成果和学术成果。

第九条　乡镇现代教育技术教研组职责：

1. 组织管理本乡镇中小学现代教育技术课题研究工作，做好有关选题、课题研究过程指导和结题工作。

2. 组织本乡镇中小学制订学年教育信息资源建设计划，在本乡镇交流教育信息资源，实现本乡镇内优秀资源共享。

3. 搞好本乡镇的现代教育技术培训工作，实现"人一机"协调发展。

4. 培养信息技术课骨干教师和学科整合骨干教师。

第十条　中小学现代教育技术领导小组职责：

1. 贯彻落实国家现代教育技术方面的政策、法规。

2. 制订学校现代教育技术工作规划(硬件、软件、培训、课题研究)和计划，充分发挥本校现代教育技术装备效益，提高本校教育现代化水平。

3. 搞好现代教育技术硬件建设和教育信息资源建设。

第十一条　中小学现代教育技术教研组职责：

1. 组织管理本校现代教育技术课题研究工作和现代教育技术学术成果征集工作。

2. 在广泛征求教师意见基础上，编制学校教育信息资源建设计划草案，上报学校现代教育技术领导小组。

3. 搞好学校的现代教育技术培训工作，提高全体教师的现代教育技术应用能力。

4. 培养学校的信息技术课骨干教师和学科整合课骨干教师。

第四章　经费和条件

第十二条　12个教学班以上的中小学校应单独设立现代教育技术教研组办公室，并逐步配备微机、摄编系统、卫星电视接收系统，并与Internet联网。

第十三条　乡镇总校部、学校现代教育技术教研组征订一定的现代教育技术刊物，如《中国电化教育》、《中小学电教》、《中小学电脑报》等。

第十四条　学校创造条件，为学校现代教育技术教研组安排一定的外出培训学习机会，并拨付一定的自学经费和办公经费。

第五章　常规管理活动

第十五条　乡镇总校部现代教育技术领导小组常规管理活动：

1. 学年初召开乡镇总校部现代教育技术计划工作会议和全乡镇中小学校长参加的现代教育技术工作计划会议。

2. 每学期末召开1次学校现代教育技术工作汇报会。

3. 每学期至少召开1次乡镇总校部现代教育技术教研组汇报会，听取教研组成员工作汇报和建议。

4. 每人每年听现代教育技术课不少于20节。

第十六条　乡镇现代教育技术教研组常规管理活动：

1. 每学期至少1次课题研究检查指导活动。掌握每一课题研究进度情况，解决课题研究中的问题。

2. 学年末检查各中小学教育信息资源建设计划落实情况。

3. 每学年1次(一般安排在第二学期)全乡镇现代教育技术观摩课活动。

4. 每学年1次(一般安排在第二学期)现代教育技术研讨会。

5. 每学年1次(一般安排在第一学期)现代教育技术汇报课活动。全乡镇至少四分之一教师参加。

6. 每学年1次(一般安排在第一学期)现代教育技术学术成果(课、案、件、片)征集活动。

7. 搞好乡镇总校部现代教育技术工作档案管理，做到专柜存放。

第十七条　中小学现代教育技术领导小组和现代教育技术教研组配合乡镇现代教育技术领导小组和现代教育技术教研组开展工作。

第六章　附　则

第十八条　国办学校、社会力量办学单位开展现代教育技术工作参照本规程执行。

第十九条　本规程自2004年3月1日起执行。

附2：宣化县中小学现代教育技术工作归档范围表。

<table>
<tr><th rowspan="2">序号</th><th rowspan="2" colspan="2">二级类目</th><th colspan="2">基本归档范围</th></tr>
<tr><th>长期(50年)</th><th>短期(15年)</th></tr>
<tr><td>1</td><td colspan="2">现代教育技术文件类</td><td>上级、本级文件(通知、决定、条例等)</td><td></td></tr>
<tr><td>2</td><td colspan="2">现代教育技术计划总结类</td><td>上级、本级计划、总结、规划及计划、总结、规划背景材料，现代教育技术领导小组名单，现代教育技术教研组名单</td><td></td></tr>
<tr><td>3</td><td colspan="2">现代教育技术综合报表类</td><td>各类报表、专用教室业务人员统计表(微机教师、网管员、骨干教师等)</td><td></td></tr>
<tr><td rowspan="2">4</td><td rowspan="2">现代教育技术工作成果类</td><td>信息技术课</td><td>信息技术课考试成绩表(盘)、信息技术示范课材料</td><td>信息技术课教学进度表、信息技术课学生上机记录、信息技术课教师上课记录、信息技术课课外活动小组活动材料(名单、活动记录、成果)</td></tr>
<tr><td>现代教育技术条件</td><td>微机室、多媒体教室竣工文档(软硬件资料、工程档案)</td><td>现代教育技术专业用房平面图及相应配套设备登记表、教学仪器设备维修保养记录(微机室、多媒体教室、校园网)，应用软件登记表、系统软件登记表</td></tr>
</table>

续表

<table>
<tr><th rowspan="2">序号</th><th rowspan="2" colspan="2">二级类目</th><th colspan="2">基本归档范围</th></tr>
<tr><th>长期(50 年)</th><th>短期(15 年)</th></tr>
<tr><td>4</td><td>现代教育技术工作成果类</td><td>现代教育技术实践</td><td>课题研究材料(一题一档)、外出培训考察材料(活动通知、记录、总结)、校本培训材料(计划、安排、活动记录、讲义、考核试卷、成绩表)、师生现代教育技术方面学术成果(课、案、片、件)及其证书复印件，个人、集体荣誉证书复印件</td><td>班级现代教育技术应用统计表(电教两率统计)，多媒体教室上课记录，教师电子备课室上机记录，校园网运行日志，学期电教骨干教师统计表，现代教育技术汇报课、公开课材料，现代教育技术研讨活动材料，现代教育技术学术成果评比活动材料</td></tr>
</table>

注：本类档案在现代教育技术办公室或教务处存放。本档案一级类目为现代教育技术工作。

三、教育技术装备工程管理

1. 教育技术装备的工程立项

教育技术装备工程是学校自身装备软、硬件设备过程的总称，可分为教具、学具、器材、设施、场所、管理系统等。其中，房产、场地设施称为不动产装备，器械、管理系统等设施称为可动产装备。

教育技术装备作为教育改革和发展的物质基础，其所装备的每一件物品无不影响着学校每一位学生在校的学习和以后的生活。它既在学生的日常学习中发挥着重要作用，为实践教学和教育手段现代化提供了重要的物资、技术保证，为推进教育教学发展做出了贡献，又关系到每一位学生在学校的人身安全。加强和规范教育技术装备管理是当前各级政府及教育部门的重中之重，是关系到学生未来健康成长的重要保障条件。

教育装备工程的立项关系到教育资源整合与教育资金使用的合理性，合理的立项可以节约资金，促进教育教学的发展。立项不合理会造成教育资金浪费，甚至会影响教育教学发展进程。因此，教育技术装备的各项工程建设，必须按照相关程序进行立项，经过审查批准后，方可开始建设。

工程立项的基本程序为：一是进行前期调查，根据本单位教育技术装备规划和目前现状，调查了解需要增加的设备，经过集体研究，确定为需要实施的工程，列为立项项目，并进行项目论证。二是填写项目立项申请书，并附详细需求、项目设计标准及技术解决方案，向主管部门提出申请。三是由主管部门进行项目可行性审查并获通过后，提交审批部门进行技术审查并获得批准。

立项申请书的内容大体包括：(1)项目名称；(2)项目建设目的、任务；(3)计划进度；(4)当前状况分析，包括师生人数、现有设备状况等方面内容；(5)项目预期效益；(6)主要技术指标；(7)预计项目所需资金及资金来源；(8)立项单位及法人签字(加盖公章)。

不动产装备的立项，除以上程序外，需进行项目的前期策划，包括：项目构思、情况调查、提出目标设计、建立目标系统、目标系统优化、项目审查、可行性研究、项目决策等。并需办理以下审批：一是由当地相关部门办理工程项目的计划批文；二是办理工程项目的报建手续，领取工程项目建设证；三是办理建设用地许可证和土地证；四是办理规划过程建设许可证和施工许可证；五是相关部门规定需办理的其他项目。

2. 教育装备工程招投标工作

教育装备工程招投标，是在市场经济条件下进行教育技术设施装备或基础设施工程建设项目的发包与承包，以及服务项目的采购与提供时所采取的一种交易方式，是教育技术装备工程实施过程的重要环节。教育装备工程的招投标作为政府招投标的一种，其形式和政府招投标是一致的。

其分为公开招投标和邀请招投标两种形式。

公开招投标，是指招标人以招标公告的方式邀请不特定的法人或者其他组织投标。公开招标的投标人(单位)不少于3家。

邀请招投标，是指招标人以投标邀请书的方式邀请特定的法人或者其他组织投标。邀请招标的投标人不少于3家。

我国在建筑领域实践中还有一种较为广泛的招标方式，被称为“议标”，是发包人和承包商之间通过一对一谈判而最终达到目的的一种方式。

进行招标投标活动原则是：公开、公平、公正和诚实信用。

投标人：招标公告或者投标邀请书发出后，那些响应招标并购买招标文件，参加投标的潜在投标人称为投标人。这些投标人必须是法人或者法律允许的组织。

1999年8月30日，第九届全国人民代表大会常务委员会第十一次会议通过《中华人民共和国招投标法》，并于2000年1月1日起施行。该法的颁布实施，对规范招标投标行为，维护工程建设市场秩序，保护国家利益、社会公共利益和招标投标人的合法权益，对提高工程质量、降低工程造价和提高投资效益具有重要意义。

教育装备工程招投标具体程序如下：

一是由项目业主提出项目公开招标申请。招标人向相关部门提出的工程项目招标书面申请，所需以下资料：(1)招标申请书；(2)批文(政府或相关主管部门批示)；(3)建设工程用地规划红线(用于学校的基建工程的建设)；(4)项目资金落实情况。

如改变招标方式，须报请项目审批部门或地方人民政府核准。

二是发布招标信息公告并接受投标单位报名。(1)招标人通过当地或者高一级建设工程交易中心发出招标公告。公告内容包括：项目业主、项目概况(建设规模、内容、批准文号)，对投标人的资质、项目经理资质、业绩要求，报名期限，核准单位等(须核备)；(2)接受符合条件的投标人报名。如第一次公告报名的投标人少于三家，可延长报名时间或再次发布招标公告。投标人仍不足三家，由项目单位提交申请报告变更招标方式，改为邀请招标，采取竞价方式、询价方式。报名投标人为三家以上时，对报名投标人进行资格预审。资格预审小组在报名的投标单位中选定符合条件具有投标资格的投标人。如采用资格预审方式，资格预审文件由招投标行政监督部门核备。预审后投标人不够三家，可延长报名时间或再次发布招标公告。

三是编制招标文件(由项目业主委托的招标代理负责)。

招标人编写招标文件并由招投标行政监督部门核备，省市重点工程由同级重点建设招投标办公室核备，其他工程由行业部门招标投标办公室核备。主要核备内容：(1)招标文件内容是否有虚假陈述；(2)招投标期限是否达到法定期限(不少于 20 日历天)；(3)招标文件是否存在违反法律、法规的限制性、歧视性条款；(4)评标办法是否符合国家七部委《评标委员会和评标方法暂行规定》。

四是招标文件发放。(1)招标人向符合条件的投标人发出招标函和招标文件。(2)预备会，招标人举行招标预备会，向投标人澄清招标文件的内容并书面答复投标人提出的疑问。

五是投标、开标、评标(招投标行政监督部门监督，公证处现场公证)。(1)投标：投标人按招标文件投标截止时间前将投标文件送达指定地点。(2)开标：标书开启前由公证部门校验投标单位相关证书、资质(营业执照、资质证书、授权委托书、被授权代表身份证等)，检查标书是否密封完好。招标代理当众按后送达先开启的顺序当众开启投标书，并宣读投标主要内容，由投标人现场签字确认。(3)评标：设立评标委员会，评标委员会由招标人负责组建，评标委员会成员名单一般应于开标前确定。根据国家七部委《评标委员会和评标方法暂行规定》要求，评标委员会由招标人或其委托的招标代理机构熟悉相关业务的代表，以及有关技术、经济等方面的专家组成，成员人数为五人以上单数。其中有关技术、经济等方面的专家不得少于成员总数的三分之二，有关技术、经济等方面的专家应在评标专家库中随机抽取。

依法组建的评标委员会根据招标文件中的评标方法对投标文件在商务、技术、资信三方面进行综合评审，并推荐综合得分最高的前两名为中标候选人。

六是确定中标单位。招标人按照国家七部委《评标委员会和评标方法暂行规定》，根据评标结果确定得分最高的投标人为中标单位。

中标单位公示三天。

七是发出中标通知书。招标人发出招投标行政监督部门核备的中标通知书。

在中标通知书发出之后，还应和中标人达成以下协议：(1)协助中标人解决供电、供水事宜；(2)分析合同要求和对合同的解释，合同中相关项目的具体实施问题，使合同具有可行性。主要包括：发包人和承包商各自的责任、权利，合同价格、计价方法、补偿条件、工期要求，双方违约责任及问题的处理方法。

教育技术软件的装备，在发布招标信息时，还应具体提示招标清单，包括所购物品名称、规格及型号、数量及质量要求、资质要求、采购方式、谈判方式及地点等。县(区)教育技术装备工程的招投标过程，一般要由市级教育技术装备职能部门全程监督进行。

3. 教育装备质量监督和产品检验

教育技术装备质量监督和产品检验，两者是相互制约和相互论证的。教育装备的质量监督主要分两个方面：一是教育技术设备、教学仪器和其他设备，由学校自行或通过直属部门等主渠道进行装备的，对采购过程进行监督，或者对使用过程中出现或将要出现问题时进行监督控制。二是学校通过政府的采购部门进行招投标采购时，在采购前对参加投标的企业资质和产品进行监督，并对采购过程进行监督。教育装备的产品检验，是在产品到位后但是未使用前，为了保证产品质量，保证学校教学工作能够对产品正常使用，保证师生的安全，对产品进行的全面或抽样检测。

(1)教育技术装备质量监督。

教育技术装备质量的监督，最主要的有两种形式，一是由政府部门实施的“行政监督”；二是教育技术工作职能部门进行的过程监督。教育装备质量监督可以避免教育装备产品抽样检验后在使用的过程中出现或将要出现质量问题不方便解决的不足。

“行政监督”主要是按行政区域分级负责的宏观质量监督。这种监督的目的是为了维护市场经济秩序，保护消费者利益，提升产品质量，推进科技进步。当前它的主要工作形态就是实施质量监督抽查制度。这是根据《产品质量法》第十五条规定：“国家对产品质量实行以抽查为主要方式的监督检查制度，对可能危及人身、财产安全的产品，影响国计民生的重要工业产品以及消费者、有关组织反映有质量问题的产品进行抽查”的要求而定的。即法律授予相关政府职能部门对生产、流通领域的某些重要产品质量实施一种具有监督性质的质量检查制度。它既是一项强制的行政措施，又是一项有效规范市场经济秩序的震慑手段。

由教育技术工作职能部门进行的过程监督，是对教育技术产品采购过程的微观监督。主要是依据有关产品采购方面的法规，对采购过程的全程监督。主要内容包括：有关采购法律、法规、政策的执行情况；采购项目及其资金预算、实施计划、采购程序、采购合同执行情况；采购项目、采购标准、采购结果及其他采购信息的公布情况；采购档案、文件的建立和保存情况；投标单位的资质、产品性能及相关部门对产品的认定情况。

(2)教育技术装备产品检验。

产品检验主要是指用工具、仪器或其他分析方法检查各种原材料、半成品、成品是否符合特定的技术标准、规格的工作过程，对产品或工序过程中的实体，进行度量、测量、检查和实验分析，并将结果与规定值进行比较和确定是否合格所进行的活动。教育技术装备产品检验包括对成品(如常规仪器、计算机、图书等)的检验，又包括对工序过程中的实体(如正在建设中的实验室、多媒体教室、通用技术室等)进行度量、测量、检查和实验分析。它可以是全面的检验(如高端的电子产品、较昂贵的仪器设备等)，也可以是抽样检验(如大规模的实验器材的订购、学校课桌椅等)。教育技术装备产品检验一般先对产品自身的合格证书等相关文本资料进行检验，资料齐全并合格后由采购方组织相关人员进行检验，检验完成后，不论合格与否，都要出具相关检验报告。产品检测报告如体现产品有质量问题，由采购方与供应方进行交涉。工程类的产品检验(如实验室、微机室等)，在过程性检验检测报告中，体现工程质量有问题时，应立即通知采购方，由采购方勒令供应方立即进行补救或停工。教育技术装备产品检验是避免教育技术装备质量监督中对产品质量出现大面积问题的重要环节。

附：河北省教育技术装备质量监督及产品检验工作的若干规定。

河北省教育技术装备质量监督及产品检验工作的若干规定

第一条　根据《中华人民共和国标准化法》、《中华人民共和国产品质量法》和《国家教委对加强教学仪器质量管理的意见》，为加强我省教育技术装备质量监督和产品检验工作，逐步实现质量监督检查工作的科学化、规范化和制度化，特制定本规定。

第二条　教育技术装备包括：各级各类学校的各学科的仪器、设备、物资、材料和器具、图书等。

第三条　各级教育行政部门要高度重视教育技术装备的质量管理、监督和检验工作，把质量监督和产品检验工作纳入主要工作日程，为开展质量检验工作积极创造条件，不断提高教育技术装备质量监督和产品检验工作水平。

第四条　省级教育技术装备部门要确保教育技术装备质量监督及产品检验工作的公正性、科学性、权威性，严格掌握教学仪器质量技术标准，提高产品质量，加强流通环节的管理，防止不合格产品流入学校，提高教育技术装备经费的使用效益，确保实践教学的顺利进行以及师生的人身安全。

第五条　各市教育技术装备部门要建好教育技术装备检测室，配备必要的检测设备，建立技术安全制度，并配备专业技术人员。

第六条　质量检验人员必须严格执行国家有关产品质量方面的政策和法规以及技术标准，正确使用检测仪器，以科学的态度、严谨的操作完成各项产品的质检工作，出具详实、准确的检测数据及检测技术报告。

第七条　质量检验人员要经常保持检测仪器设备齐全完好，计量准确。对计量器具按规定周期进行维护、校验，取得检定合格证。

第八条　要设立检测仪器设备账。做到定期清点，账物相符，妥善保存各种材料及使用说明书，维护保养及修理情况及时归档。

第九条　质量检测记录单、报告单要准确完整，受检品种不低于90%，抽检率每批次不低于2%。

第十条　对数量多、价值较高、技术要求严格的仪器设备中如有检测手段不能检测的项目，应委托有关技术监督检测部门检验。

第十一条　新产品鉴定办法仍按原国家教委印发的《教学仪器设备新产品新技术鉴定办法》执行。

第十二条　省内教学仪器生产厂生产的教学仪器产品，必须通过省教育厅的产品鉴定，经教育部备案同意后，方可进入我省教育市场。

第十三条　省外产品须在省教育技术装备管理处备案，列入《河北省教育技术装备指导目录》，方可进入我省市场。

第十四条　河北省教育技术装备管理处每年印发《河北省教育技术装备指导目录》(以下简称《目录》)。各级装备部门应选用省《目录》推荐的产品，不得擅自选用《目录》以外的产品。各市、县不再制定同类目录。

第十五条　各学校由于不熟悉教育技术装备的技术标准，不具备测试手段，不允许自行采购。其所需教学仪器设备，省、市、县教育技术装备部门集中购置。

第十六条　省、市、县教育技术装备部门负责对各级各类学校使用教育技术装备的情况进行质量跟踪检查，对未按本规定执行的，一经发现，严肃处理。

第十七条　此规定自印发之日起执行。

4. 教育技术装备的安装和工程监理

教育技术装备的安装是指教学仪器和设备在使用前进行检验、组装、调试及验收等一系列工作的过程。

工程监理是指具有相关资质的监理单位受建设单位(项目法人)的委托，依据国家批准的工程项目建设文件、有关工程建设的法律、法规和工程建设监理合同及其他工程建设合同，代替建设单位对承建单位的工程建设实施监控的一种专业化服务活动。施工阶段的监理工作简单的说就是："四控"、"两管"、"一协调"。"四控"是：(1)投资控制；(2)建设工期控制；(3)工程质量控制；(4)工程安全控制。"两管"是合同管理及信息管理。"一协调"是全面地组织甲、乙及第三方的协调。

监理工作主要内容：(1) 组建监理办公室或监理工作小组。由发包方或采购方任命并书面授权，按监理投标文件的要求组建项目监理部门，安排人员。(2)召开监理工作准备会，组织监理人员学习监理人员岗位责任制度及监理人员工作守则。(3)熟悉施工图纸、监理委托合同和建设工程施工合同。(4)编制工程项目监理规划及监理实施细则。(5)开展施工准备阶段的监理工作。(6) 组织并参与设计技术交底与图纸会审，做好记录负责编写会审纪要。(7) 协助采购方做好开工准备工作，督促施工单位施工准备工作的进行，编写开工报告。(8)审查施工单位的施工组织设计、施工技术方案和各项施工计划，包括队伍进场计划、施工设备材料进场计划，各类施工进度计划。监督计划实施，及时向采购方提供项目建设的有关信息，以供决策。(9)参加第一次工地会并进行施工监理交底。(10)核查开工条件，批准工程动工。(11)开工进场后建立监理日志，记录每天的工程进度和事件。(12)材料进场的检验工作，对不符合标书和合同的设备、器材、材料及零部件，先停止与之相关项目后和施工方进行核对，核对确认后向监理领导小组汇报并通知采购方，三方经协商后作出书面报告并由采购方和施工方负责人签章。

在监理过程中，如果在工程中发现问题须要对工程进行改动，要及时向采购方和施工方提出，经双方同意后由双方负责人签订补充合同或协议。

工程完成后，依据施工方提交的工程完工报告、自检报告、验收申请等向采购方提出工程验收申请并附工程监理日志。

验收合格后，写出工程监理总结。工程验收不合格，根据验收小组的验收报告向验收小组和采购人提供书面相关报告，并由三方对工程的后续工作进行安排。

在教育技术软件装配过程中，监理工作职责还应该包括：(1)监督测试的全部过程；(2)对照招标要求检验实物的规格性能；(3)检验仪器设备的使用效果。

5. 教育技术设备的运行维护

教育技术设备的运行维护，主要是指教育教学仪器、设备及软件在使用的过程中(包括使用前、使用中、使用后)对其进行常规的或针对性的检验、保养和维修。

(1)教育技术设备维护项目的分类。

设备的维护可分使用前、使用中、使用后或周期性四种情况。使用前维护就是确认设备是否具备使用的条件。使用中维护是确认装备运行时的状态、参数是否良好。使用后维护就是在工作结束后对装备状态、参数进行检验。周期性维护是指设备在一定时间内不使用，定期对设备进行的检查和维护工作。

(2)教育技术设备维护的内容。

教育技术设备维护的内容主要是严格遵守设备操作相关规定，经常注意设备的运行状况，按规定定期对装备进行清洁、润滑、紧固、调整、防腐等维护作业。专用仪器设备的维护主要由设备的操作人员来承担，公用设施、设备的预防维护由单位指定人员或科室承担。在日常工作中，设备操作人员和设备维修人员应进行下列检查工作：

一是能否达到教育教学或校园内相应的使用规格要求。

二是能否满足教育教学及学生日常使用的质量要求。

三是在操作或运行中是否正常可靠，是否有潜在的不安全因素。

四是运行中是否有异常现象发生。

五是有无降低装备寿命等隐患。

通过设备操作人员的注意和检查，可以及时发现并消除设备隐患，防止设备发生故障而引发突发性事故。针对检查中发现的问题，及时提出修理或改进意见。

(3)教育技术设备维护的日常工作。

一是调整。对设备机械上局部零部件进行小的调整，确保装备日常的使用。

二是保养。按规定添加和更换润滑油、设备清洁、更换易损件，对使用充电电池的需要定期充电等。

三是运行维修。指不影响或对设备影响很小的运行时的维修。

四是定期检修。有计划的定期检修，包括设备小修、中修和大修。

五是临时检修。计划外的意外损坏修理，在设备发生突发故障或意外事故后不得不进行的检修。

(4)教育技术设备维护的重点。

设备维护的主要目的是使设备经常保持整齐、清洁、安全，以保证设备的使用性能和延长修理间隔期。

(5)教育技术设备维护的程序。

设备操作人员必须严格遵守设备清洁、维护保养，谁操作或谁管理谁负责的岗位负责制，做到每件设备都由操作人员专人维护保养。并填写相关记录。如需送到单位以外维修点进行维修的，必须在填好记录的同时需征得主管领导的批示及同意，维修完毕后认真做好维修记录，如无法修理要及时消账，并向领导汇报。同时要及时申请采购。

以上是装备运行维护的简略程序，在日常使用中可根据设备的不同，适当对其进行修改，并在使用过程中得以不断完善。

装备设施篇

一、中小学实验室

1. 中小学实验室工作概述

在长期的教育教学实践活动中，人们越来越清楚地认识到了实验室工作的重要性。实验室是学校办学的基本条件之一，是保证实施课程标准、培养学生初步的科学实验能力、生产实践技能和开展科技活动的场所。中小学实验室工作，是教学工作的重要组成部分，是教育技术工作的重要组成部分，是反映学校教学及管理水平的一项重要标志。实验室建设是教育技术工作的重要任务。

中小学实验室工作是指实验室的建、配、管、用、研、培六个方面。“建”、“配”、“管”是前提，是中小学教育技术装备工作的主要内容之一；“研”、“培”是手段，是中小学教育技术工作的重要环节；关键是“用”，即搞好实验教学，这是培养学生初步的科学实验能力、生产实践技能的主要渠道。实验教学活动，是通过演示、分组实验，开展课外观察，学生动脑想一想、动手做一做等实验活动，进行科学探究，培养学生的创新能力和创新精神，更好地完成中小学教育教学任务，实现中小学教育工作的培养目标。

中小学实验室建设，主要包括实验室用房和配套用房建设，实验仪器的配置、管理、使用、维护保养，实验室工作过程的监控、评价，这是中小学教育技术工作的重要任务之一。

2. 中小学实验室建设

中小学实验室建设，不仅要建立实验(功能)室，还须设置配套的仪器室、准备室、仪器橱、危险品柜和实验桌、凳等，还必须配备防火、防盗等安全设施。

(1)实验室基本用房建设。

中小学实验室用房建设的相关标准和规范要求：原国家计委于 1986 年就制定了《中小学校建筑设计规范》(国标 GBJ99－86)；原国家建设部、国家计划委员会和国家教育委员会于 1996 年又联合制定了《农村普通中小学校建设标准》(建标[1996]640 号)；教育部又于 2006 年制定了《中小学理科实验室建设规范》(教基[2006]16 号)。这些标准和规范，是进行教育装备的主要依据。在具体实施中应该注意：

一是实验室的科学布局，应该做到科学合理。化学实验室宜设在实验楼的第一层，便于有害气体排出室外。物理实验室宜设在实验楼的中部楼层。生物实验室宜设在较高的楼层，因具备较好的采光条件，便于进行观察实验。

二是实验室的数量及面积，应该充足、够用。高级中学(完全中学)实验室间数：四轨制学校为理、化各 2 间，生物 1 间。多于四轨的学校按四轨的倍数增加各室套数。实验室面积：物理、化学、生物实验室使用面积不小于 $96m^2$，或生均使用面积不小于 $1.92m^2$。仪器室间数：四轨制学校为理、化、生各 1 间，多于四轨的学校，按照四轨的倍数增加各室套数。仪器室使用面积：高中 $\geq 60m^2$/间，初中 $42m^2$/间，小学 $\geq 43m^2$/间。初级中学(九年制学校)实验室面积：均应 $\geq 96m^2$/间($1.8\ m^2$/生)(规划建议面积不小于 $1.92m^2$/生)。仪器室、准备室面积：均应 $\geq 42m^2$/间。

(2)实验室配套设施建设。

一是供电：实验室内应安装配电盘，实验用电与照明用电应分路设计、分别控制。电路应安装自动断电保护器，有可靠的接地措施。物理、化学实验室供电到桌，宜采用不小于6A、220V的多用插座(电源插座不宜安装在桌面上)。采用通风到桌的化学实验室，应单独设置动力电源，独立控制。小学科学实验室供电到演示台、准备台(不必供电到学生实验桌)。实验室的配电线路容量应留有余地。

二是供水：化学、生物实验室供水到桌，应设有高位水嘴。化学实验室应设置开口向上的冲洗、急救水嘴。物理、小学自然科学实验室供水到室(不必供水到学生实验桌)。实验室用水水槽应为带箅子、回流式、方形、均深水槽。

三是通风换气：化学实验室、准备室、药品室(库)应有强制换气设施，一般可在靠外墙安装换气扇。物理、生物、小学科学等室采用自然通风。

四是照明、采光、遮光：实验台面、课桌面、阅览室桌面的平均照度应不低于300lx。实验室、教室的采光电灯管都应垂直于教学黑板安装，防止产生眩光，影响学生观察黑板。用显微镜做生物观察实验时，应有充足的光源。实验室应有遮光窗帘。

五是根据不同学科实验需求，化学和生物实验室应配置废液收集桶(收集的废液必须经过无害化处理以后方能排入下水道或集中倒掉)。

(3)实验室配套设备建设标准。

①实验台、凳。

实验台、凳的尺寸及质量：演示台、准备台尺寸不小于1800mm×700mm(小学1400mm×700mm)。实验台生均面积不小于600mm×500mm(小学550mm×500mm)。

实验台台面要平整，应符合相应材质的力学性能和理化性能要求。化学实验台应满足耐酸碱腐蚀、防污染要求。

供电供水到桌的实验台应将实验台固定在地面。

实验台前沿应设高约50mm的围板，延伸到两侧的围板长应不大于200mm。

实验室宜使用比较耐用的圆形升降式凳子。

实验台的摆放应合理：第一排实验台的前沿与黑板的水平距离不应小于2500mm，边座的学生与黑板远端形成的水平视角不应小于30度。最后一排实验台的后沿距后墙不应小于1200mm，与黑板水平距离不应大于11000mm(小学实验室应不大于9500mm)。双人单侧操作实验台，两实验台之间的距离不小于600mm，中间纵向走道的距离不小于600mm，两边靠墙纵向走道的距离不小于500mm。四人双侧操作时，两实验台之间的距离不应小于1300mm；中间纵向走道的距离不应小于1300mm，两边靠墙纵向走道的距离不小于1200mm。

②仪器柜。

仪器柜子的摆放要横竖成行，大小、高低排列有序。柜子应与窗户垂直放置，既有利于通风、采光，又可避免强光直射。行与行之间留出1000～1200mm的通道，便于手推车通过。

仪器柜的数量基本要求是：保证应该入柜的仪器能够入柜存放。完全中学及高级中学要求仪器柜≥60个；初级中学要求仪器柜≥40个；小学要求仪器柜≥10个。

③电教设备。

一是教学电视机：观看距离以座椅前缘至电视屏幕垂直面间水平距离为电视机屏幕尺寸的4～11倍为宜；观看的水平斜视角不宜大于45°，仰角不宜大于30°。

二是教学屏幕：屏幕下沿距讲台面不应低于1100mm，屏幕的宽度宜为屏幕垂直面至最后一排座椅距离的1/6。

三是计算机：实验员室应设置管理用计算机，对教学仪器设备的品种、数量、台账等有关实验教学的信息实行计算机管理，也可与学校局域网链接，便于信息查询和全方位管理。

四是信息接口：实验室应有1～2个信息接口(电话线接口、宽带网络接口)。

(4)实验室的环境布置。

实验室环境属于校园文化的重要组成部分，应很好地利用室内外文化，熏陶和感染学生，使其形成团结协作、积极进取、敢于探索、追求真理的人生观和价值观。实验室应将“实验一览表”、“工作计划表”、《学生实验规则》、《实验室安全守则》、课程表等张贴上墙。

实验室应该有本学科的学科特色氛围。两边墙上可张贴标语、本学科的名人画像、名言警句等，后边墙上可根据教学进度张贴规范操作、知识挂图，生物实验室还应适当放置些盆栽花草，可养几条小鱼、放置些花草等，以示温馨和富有生命活力。

3. 中小学理科教学仪器设备

中小学理科教学仪器，要根据市级以上教育技术装备管理部门的相关要求配备。实验教学仪器的配备标准：按照国家最新颁发的一类标准进行配备(农村初中和村级小学可按二类以上的标准配备)，学生分组实验按二人一组数量配备，演示实验仪器和分组实验仪器，中学按5～6个平行班配备一套，小学按4个平行班配备一套。

(1)行业标准要求：

普通中小学理科实验室装备建设的基本要求，包括“功能与要求”、“面积与间数”、“建筑要求”、“环境要求”、“固定设施”、“布置”和“实验室设备”7个方面。具体要求见《河北省普通高中实验室建设规范(试行)》、《初中理科教学仪器配备标准》和《小学数学科学教学仪器配备标准》。

(2)演示仪器：应按照《配备标准》规定的品种、数量配齐、配足，演示仪器配备2组以上。

(3)分组仪器：分组仪器配备25组以上，中心小学以上的学校，按2人一组配备，农村完全小学可按4人一组配备。

中学每4个平行班配备1套实验室及仪器设备。

小学每2个平行班配备1套实验室及仪器设备。

附：河北省中小学实验室建设方案(试行)。

河北省中小学实验室建设方案(试行)
编制说明

一、制定依据：

中华人民共和国教育行业标准《中小学理科实验室装备规范》。

二、指导方针：

1. 实验室和功能室的建设，应满足学科教学的要求，有完善的设施、设备，有配套的教学仪器，有行之有效的管理制度。

2. 实验室的建设，应顺应信息时代的发展，符合现代教育的特点，有利于各种媒体信息的传播、收集和运用，实现资源共享。

3. 实验室的建设，应适应素质教育和课程改革的要求，有利于探索教学的新模式，有利于创设体验科学探究过程，培养创新能力的教学环境，有利于学生主动实践、学习和个性化教育。

4. 实验室的建设，应体现整合教育资源，营造浓郁的学科氛围，形成良好的育人环境。

5. 实验室的建设，应科学、合理，注重环境保护，保证安全卫生，建设绿色实验室，有利于师生身心健康。

三、适用范围：

本方案适用于普通中小学理科实验室的装备建设。其中，九年制学校和完全中学在本标准中没有单列。在实际执行中，九年制学校可根据学校规模参照本标准小学和初中的相关内容综合考虑；完全中学可参照本标准的中学部分内容综合考虑。

四、分类：

普通中小学理科实验室装备建设的要求分为两类，即“基本要求”和“规划建议”。“基本要求”是学校实验室装备建设应达到的最低要求，“规划建议”是在达到“基本要求”的基础上，对有较高实验室装备能力的地区和学校提出的要求。

各地可以根据实际情况，创建更有利于培养学生创新精神和实践能力的实验室，满足基础教育课程改革对实验教学的要求。

五、相关说明：

1. 中学按每班 50 人设计，学校规模大于 48 个班(16 个平行班)的，以本标准中 48 个班的数据指标为基准，学校规模每增加 12 个班(4 个平行班)时，理、化、生实验室及其附属用房各增加一套。学校规模小于 12 个班的可参照表中 4～7 个平行班的数据指标执行。

2. 小学按每班 45 人设计，学校规模大于 48 个班(8 个平行班)的，以本标准中 48 个班的数据指标为基准，学校规模每增加 12 个班(2 个平行班)时，科学教室及其附属用房各增加一套。学校规模小于 12 个班的可参照表中 2～3 个平行班的数据指标执行。

3. 实验室和功能室的建设，必须坚持先规划设计后建设的原则。规划应有一定的前瞻性，设计方案应便于分步建设；改建、扩建时要因地制宜，充分利用已有的设施和设备。

河北省普通高中实验室建设规范(试行)

项目				功能 / 标准	4～7个平行班	8～11个平行班	12～15个平行班	16个平行班	功能和要求
实验人员	配备数量			基本要求	3				不包括兼职人员
				规划建议	5				
	任职条件			基本要求	a)本科以上学历；b)取得省教育厅颁发的岗位合格证书；c)中教一级以上职称。具备条件之一即可				
实验用房	实验室/探究实验室	物理	个数	基本要求	1～2	2～3	3～5	4～5	a)能够满足实验教学要求，方便学生熟悉并接触一些实验仪器设备，学习掌握基本实验技能；b)应努力创造条件，便于学生查阅相关资料，制定实验计划和设计实验方案，进行探究性学习和学科实验活动；c)规模小于6个平行班的高中学校至少配备5个实验室。示范性高中应按较高标准配备
				规划建议	2～3	3～4	4～6	4～6	
			面积	要求	使用面积不小于96m²或生均使用面积不小于1.92 m²				
		化学	个数	基本要求	1～2	2～3	3～5	4～5	
				规划建议	2～3	3～4	4～6	4～6	
			面积	要求	使用面积不小于96m²或生均使用面积不小于1.92 m²				
		生物	个数	基本要求	1～2	2～3	3～5	4～5	
				规划建议	2～3	3～4	4～6	4～6	
			面积	要求	使用面积不小于96m²或生均使用面积不小于1.92 m²				
		通用技术	个数	要求	不少于2个			不少于3个	
			面积	要求	使用面积不小于96m²或生均使用面积不小于1.92 m²				
	仪器室		个数	基本要求	各1	各2～3	各2～3	各2～3	存放实验仪器等
			面积	基本要求	不小于60m²				
				规划建议	不小于60m²				
	通用技术器材室		个数	要求	不少于1个	不少于2个			存放通用技术器材
			面积	要求	不小于30m²				

续表

<table>
<tr><td colspan="4" rowspan="2">功能 / 轨制 / 标准 / 项目</td><td colspan="4">轨制</td><td rowspan="2">功能和要求</td></tr>
<tr><td>4～7个平行班</td><td>8～11个平行班</td><td>12～15个平行班</td><td>16个平行班</td></tr>
<tr><td rowspan="14">实验用房</td><td rowspan="3">准备室</td><td>个数</td><td>基本要求</td><td>各1</td><td>各1</td><td>各2</td><td>各2</td><td rowspan="3">a)用于进行实验的准备和简单的仪器维修；
b)应邻近所属实验室</td></tr>
<tr><td rowspan="2">面积</td><td>基本要求</td><td colspan="4">不小于 24 m²</td></tr>
<tr><td>规划建议</td><td colspan="4">不小于 28 m²</td></tr>
<tr><td rowspan="2">实验员室</td><td>个数</td><td>基本要求</td><td>各1</td><td>各1</td><td>各1</td><td>各1</td><td rowspan="2">a)用于实验员办公；
b)可与准备室合并使用，不能与药品室合并使用</td></tr>
<tr><td>面积</td><td>基本要求</td><td colspan="4">人均使用面积不小于 6 m²</td></tr>
<tr><td rowspan="2">药品室</td><td>个数</td><td>基本要求</td><td colspan="4">化学、生物各1</td><td rowspan="2">a)用于存放实验药品；
b)可与准备室合并使用，应采取防潮、通风等措施；
c)6轨及6轨以下的学校生物药品室和化学药品室可合用</td></tr>
<tr><td>面积</td><td>基本要求</td><td colspan="4">不小于 23m²</td></tr>
<tr><td rowspan="2">危险药品室（化）</td><td>个数</td><td>规划建议</td><td>1</td><td>1</td><td>1</td><td>1</td><td rowspan="2">a)用于存放危险实验药品；
b)条件不具备的可采用危险药品柜；
c)应采取防潮、通风及必需的安全措施。危险品室(柜)双锁、双人管理</td></tr>
<tr><td>面积</td><td>规划建议</td><td colspan="4">不小于 8m²</td></tr>
<tr><td rowspan="2">培养室（生）</td><td>个数</td><td>规划建议</td><td>1</td><td>1</td><td>1</td><td>1</td><td rowspan="2">a)用于进行组织培养等；
b)朝阳方向，通风良好</td></tr>
<tr><td>面积</td><td>规划建议</td><td colspan="4">不小于 43m²</td></tr>
<tr><td>生物园地</td><td>个数</td><td>基本要求</td><td>1</td><td>1</td><td>1</td><td>1</td><td>a)用于进行种植、饲养等；
b)南方地区可结合校园绿化在校园空地、楼顶布置设计，北方地区宜设计在暖房里，亦可室内外结合布置</td></tr>
<tr><td rowspan="2">建筑要求</td><td colspan="2">地面</td><td colspan="5">各室与走廊的地面不宜设台阶。地面应防尘、易清洁、耐磨、防滑，化学实验室的地面应耐酸碱腐蚀。化学实验室、化学准备室和生物实验室的地面应设地漏</td></tr>
<tr><td colspan="2">门窗</td><td colspan="5">应根据人流安全疏散的要求设置后门，门洞的宽度不应小于1200mm，门扇上宜设观察窗，门框上部设采光通风窗。实验室的窗台适宜高度900～1000mm，实验室的窗间墙宽度不应大于1200mm。门窗开启后不应影响室内空间的使用和走廊通行的便利与安全</td></tr>
</table>

续表

项目			功能/轨制/标准	轨制：4～7个平行班	8～11个平行班	12～15个平行班	16个平行班	功能和要求
实验用房	建筑要求	综合布线系统						室内有水源、电源的应设总控制阀。实验室内电源插座与照明用电应分路设计、分别控制。新建实验室应预留综合布线系统的竖向贯通井道及设备位置；采用通风到桌的化学实验室，应单独设置三相动力电源，独立控制
		用电负荷						实验室的配电线路和负荷容量应留有余地，以满足不断采用现代化教学手段及教学设备逐步增多的需要
	环境要求	采光	基本要求					应保证实验室教学用房的最佳建筑朝向，避免室内直射阳光。主要采光面应位于学生座位左侧。生物准备室应至少有一个向阳的窗户，存放生物标本的仪器室宜为北向布置
		照明	基本要求					1. 实验台面的平均照度应符合 GB 50034 的有关要求，不低于 300lx，其照度均匀度不低于 0.7； 2. 灯具悬挂高度距实验台面不应低于 1700mm，不宜用裸灯
			规划建议					1. 书写宜设局部照明，书写版面的平均照度应符合 GB 50034 的有关要求，不低于 500lx，照度均匀度不低于 0.7； 2. 实验台上若设计局部照明，前排灯不应对后排学生视线产生直接眩光
		遮光	基本要求					窗户可装窗帘。做光学实验用的实验室应设遮光通风帘
		温度	基本要求					室内设计温度应符合 GB 5701 的有关要求宜在 16℃～28℃。寒冷和炎热地区应因地制宜地设置暖和降温设施
		通风换气	基本要求					1. 实验室、准备室的换气次数应符合 GB 17226 的有关要求不低于 4 次/h，宜采取各种有组织的自然通风措施，使室内二氧化碳浓度低于 1.5‰； 2. 必要时还应采取强制置换室内污染空气的措施：采用排风扇时，排风扇应设在外墙靠地面处。风扇的中心距地面不应小于 300mm。风扇洞口靠室外的一面应设挡风措施；室内的一面应设防护罩
			规划建议					若采用排风到桌（化学）装置时，风速应连续可调，各风罩洞口风速应基本一致，最大风速下可实现换气次数不低于 10 次/h
		环保	基本要求					1. 室内环境噪声不大于 65dB； 2. 新建、改建、扩建实验室及附属用房时，甲醛、苯、氡等有害气体和放射性污染应符合相关标准中的限量值； 3. 实验废液应收集并进行委托处理，经处理后方可排放。排放应达到国家废水综合排放水质标准
		安全	基本要求					各室应备有效的消防设施。每个化学实验室应设置一个事故急救冲洗水嘴和急救箱。急救箱中的药品应注意及时更换
固定设施	书写板		基本要求					书写板下沿与讲台面的距离宜为 1000～1100mm
	讲台		基本要求					两端与书写板竖直边缘下延的水平距离不应小于 200mm，宽度不应小于 650mm，高度宜为 200mm

续表

项目		标准	4~7个平行班	8~11个平行班	12~15个平行班	16个平行班	功能和要求
固定设施	电源	基本要求	实验室电气线路应采用防火要求的暗敷配线方式,安装自动断电保护器,应有可靠的接地措施				
	水源	基本要求	各室应设给排水设施,宜设水槽和拖把池,排水口应有水封装置				
	气源	规划建议	可根据需要设置气源,并应有一定的安全措施				
	通讯	规划建议	可根据实际情况设一处或多处网络接口				
	教学电视	规划建议	实验室内设置电视机时,应符合GB 8772的有关要求。观看距离以座椅前缘至电视屏幕垂直面间水平距离为电视机屏幕尺寸的4~11倍为宜。观看的水平斜视角不宜超过45°,仰角不宜超过30°				
	教学屏幕	规划建议	实验室安装屏幕时,屏幕下沿距讲台面不应低于1100mm,屏幕的宽度宜为屏幕垂直面至最后一排座椅距离的1/6				
实验室设备	实验台	基本要求	实验台生均有效操作面积不小于600mm×500mm。外观应平整、无明显缝隙,若采用封边处理的,封边条不应有脱胶、鼓泡,应有良好的稳定性。实验台前沿可设高约50mm的围板,延伸到两侧的围板长应不大于200mm。铺设有管线到台的实验室,实验台与地面应采取固定措施				
	演示台	基本要求	尺寸不小于(L×D)1800mm×700mm。外观应平整、无明显缝隙,若采用封边处理的,封边条不应有脱胶、鼓泡,应有良好的稳定性				
	准备台	基本要求	尺寸不小于(L×D)1800mm×700mm。外观应平整、无明显缝隙,若采用封边处理的,封边条不应有脱胶、鼓泡,应有良好的稳定性				
	台面材料	基本要求	应符合相应材质的力学性能和理化性能要求。其中化学台耐腐蚀、耐污染等要求应符合相应标准的要求				
	仪器柜	基本要求	数量、规格及内部格局应根据实际情况设计。其中,柜中搁板位置应可调节,对于存放较重仪器的搁板宜做承重加强处理				
	药品柜	基本要求	数量、规格及内部格局应根据实际情况设计。柜中搁板宜设计成阶梯式,应设计通风装置;搁板面材应耐酸、耐碱、耐热、阻燃。危险药品柜应防腐,应有必要的安全措施				
	陈列柜	基本要求	数量、规格及内部格局应根据实际情况设计。陈列柜宜设计成透明体,其中,柜中搁板位置应可调节,并应采取防潮、防虫蛀等措施				
	通风柜(化学)	基本要求	通风柜用于产生有害气体实验的准备,柜内宜设给排水装置,但电源插座、照明及煤气开关均不得设在通风柜内				
	资料柜	基本要求	数量、规格及内部格局可根据实际情况设计				
	储物柜	基本要求	数量、规格及内部格局可根据实际情况设计				
	学生凳	基本要求	高度宜可调节,无棱角				

续表

项目		标准	轨制：4～7个平行班	8～11个平行班	12～15个平行班	16个平行班	功能和要求
实验室设备	电源	基本要求					a)演示台、准备台和实验台应有220V交流电源； b)教学电源和学生电源可选用集控电源或分立电源，指标应符合相关标准，充分满足实验教学的需要
	插座	基本要求					交流220V，演示台宜采用电流不小于6A多用插座，演示台、实验台应选用通过国家强制认证的安全插座，设计位置应合理
	水槽及水嘴	基本要求					演示台水槽宽度不小于600mm，实验台水槽宽度不小于400mm；深不小于180mm，排水口应有水封装置，并设高位水嘴。若将水槽置于台面上的，水槽的四周应做密封处理，无脱胶、漏水现象
	废液收集器	基本要求					化学实验室和生物实验室应配置废液收集器。鼓励配备专门的废液处理装置
	工具	基本要求					应配置制作、修理仪器所用的工具及仪器小车、梯子等
	标牌	基本要求					各室标牌齐全，工整美观
	信息传输设备	规划建议					宜配置适当的显示装置和播放设备。 a)信息的传送和显示：信息传送部分可由局域网端口等信息源，计算机等信息查询设备和音、视频电子设备组成，并由终端显示装置来实现。设备的功能和技术指标宜适时选择； b)数据的采集和处理：宜采用现代信息技术对实验进行实时测量、数据处理和结果分析； c)实验资料的查询：装备一套或多套与网络连接的计算机设备，方便查询相关资料，便于师生自主设计实验
	辅助电器	规划建议					根据学科需求配备电冰箱、恒温箱等
	培养室设备	规划建议					宜设置超净工作台、培养架、培养箱、高压灭菌锅、接种环等培养设备
实验室布置		基本要求					a)同一学科的实验室宜布置在同一层面；化学实验室宜设置在一层； b)实验室第一排实验台的前沿与书写板的水平距离不应小于2500mm，边座的学生与书写板远端形成的水平视角不应小于30°。最后一排实验台的后沿距后墙不应小于1200mm；与书写板的水平距离不应大于11000mm； c)实验室两实验台间前后的净距离：双人单侧操作时，不应小于600mm；四人双侧操作时，不应小于1300mm；超过四人双侧操作时，不应小于1500mm； d)实验室中间纵向走道的净距离：双人单侧操作时，不应小于600mm；四人双侧操作时，不应小于900mm； e)实验室实验台端部与墙面(或突出墙面的内壁柱及设备管道)的净距离不应小于550mm； f)学校在进行实验室布置时，应结合学科特点，充分体现科学性、合理性、安全性

河北省初中实验室建设规范(试行)

项目				标准	4～7个平行班	8～11个平行班	12～15个平行班	16个平行班	功能和要求
实验人员	配备数量			基本要求	1				不包括兼职人员
				规划建议	3				
	任职条件			基本要求	a)专科以上学历;b)中教二级以上职称。具备条件之一即可				
实验用房	实验室/探究实验室	物理	个数	基本要求	1	1～3	3～5	4～5	a)能够满足实验教学要求,方便学生熟悉并接触一些实验仪器设备,学习掌握基本实验技能; b)应努力创造条件,便于学生查阅相关资料,制订实验计划和设计实验方案,进行探究性学习和学科实验活动; c)规模小于6个平行班的高中学校至少配备5个实验室。示范性高中应按较高标准配备
				规划建议	2～3	3～4	4～6	4～6	
			面积	要求	使用面积不小于96m²或生均使用面积不小于1.92 m²				
		化学	个数	基本要求	1	1～2	2～3	2～3	
				规划建议	1～2	2～3	3～4	3～4	
			面积	要求	使用面积不小于96m²或生均使用面积不小于1.92 m²				
		生物	个数	基本要求	1	1～3	2～3	2～3	
				规划建议	2～3	3～4	3～4	3～4	
			面积	要求	使用面积不小于96m²或生均使用面积不小于1.92 m²				
	仪器室	个数		基本要求	各1	各1～2	各2	各2～3	存放实验仪器等
		面积		基本要求	不小于42m²				
				规划建议	不小于48m²				
	准备室	个数		基本要求	各1	各1	各2	各2	a)用于进行实验的准备和简单的仪器维修; b)应邻近所属实验室
		面积		基本要求	不小于20m²				
				规划建议	不小于25m²				

续表

项目		标准	功能/轨制	4～7个平行班	8～11个平行班	12～15个平行班	16个平行班	功能和要求
实验用房	实验员室	个数	基本要求	各1	各1	各1	各1	a)用于实验员办公； b)可与准备室合并使用，不能与药品室合并使用
		面积	基本要求	人均使用面积不小于6 m^2				
	药品室	个数	基本要求	化学、生物各1				a)用于存放实验药品； b)可与准备室合并使用，应采取防潮、通风等措施； c)6轨及6轨以下的学校生物药品室和化学药品室可合用
		面积	基本要求	不小于23m^2				
	危险药品室（化）	个数	规划建议	1	1	1	1	a)用于存放危险实验药品； b)条件不具备的可采用危险药品柜； c)应采取防潮、通风及必需的安全措施。危险品室（柜）双锁、双人管理
		面积	规划建议	不小于8m^2				
	培养室（生）	个数	规划建议	1	1	1	1	a)用于进行组织培养等； b)朝阳方向，通风良好
		面积	规划建议	不小于43m^2				
	生物园地	个数	基本要求	1	1	1	1	a)用于进行种植、饲养等； b)南方地区可结合校园绿化在校园空地、楼顶布置设计，北方地区宜设计在暖房里，亦可室内外结合布置
	建筑要求	地面		各室与走廊的地面不宜设台阶。地面应防尘易清洁、耐磨、防滑，化学实验室的地面应耐酸碱腐蚀。化学实验室、化学准备室和生物实验室的地面应设地漏				
		门窗		应根据人流安全疏散的要求设置后门，门洞的宽度不应小于1200mm，门扇上宜设观察窗，门框上部设采光通风窗。实验室的窗台适宜高度900～1000mm，实验室的窗间墙宽度不应大于1200mm。门窗开启后不应影响室内空间的使用和走廊通行的便利与安全				
		综合布线系统		室内有水源、电源的应设总控制阀。实验室内电源插座与照明用电应分路设计、分别控制。新建实验室应预留综合布线系统的竖向贯通井道及设备位置；采用通风到桌的化学实验室，应单独设置三相动力电源，独立控制				
		用电负荷		实验室的配电线路和负荷容量应留有余地，以满足不断采用现代化教学手段及教学设备逐步增多的需要				

续表

<table>
<tr><td colspan="4" rowspan="2">功能
轨制
标准
项目</td><td colspan="4">轨制</td><td rowspan="2">功能和要求</td></tr>
<tr><td>4～7个平行班</td><td>8～11个平行班</td><td>12～15个平行班</td><td>16个平行班</td></tr>
<tr><td rowspan="10">实验用房</td><td rowspan="10">环境要求</td><td>采光</td><td>基本要求</td><td colspan="5">应保证实验室教学用房的最佳建筑朝向，避免室内直射阳光。主要采光面应位于学生座位左侧。生物准备室应至少有一个向阳的窗户，存放生物标本的仪器室宜为北向布置</td></tr>
<tr><td rowspan="2">照明</td><td>基本要求</td><td colspan="5">1. 实验台面的平均照度应符合 GB 50034 的有关要求，不低于 300lx，其照度均匀度不低于 0.7；
2. 灯具悬挂高度距实验台面不应低于 1700mm，不宜用裸灯</td></tr>
<tr><td>规划建议</td><td colspan="5">1. 书写板宜设局部照明，书写板面的平均照度应符合 GB 50034 的有关要求，不低于 500lx，照度均匀度不低于 0.7；
2. 实验台上若设计局部照明，前排灯不应对后排学生视线产生直接眩光</td></tr>
<tr><td>遮光</td><td>基本要求</td><td colspan="5">窗户可装窗帘。做光学实验用的实验室应设遮光通风帘。</td></tr>
<tr><td>温度</td><td>基本要求</td><td colspan="5">室内设计温度应符合 GB 5701 的有关要求，宜在 16℃～28℃。寒冷和炎热地区应因地制宜地设置采暖和降温设施</td></tr>
<tr><td rowspan="2">通风换气</td><td>基本要求</td><td colspan="5">1. 实验室、准备室的换气次数应符合 GB 17226 的有关要求，不低于 4 次/h，宜采取各种有组织的自然通风措施，使室内二氧化碳浓度低于 1.5‰；
2. 必要时还应采取强制置换室内污染空气的措施：采用排风扇时，排风扇应设在外墙靠地面处。风扇的中心距地面不应小于 300mm。风扇洞口靠室外的一面应设挡风措施；室内的一面应设防护罩</td></tr>
<tr><td>规划建议</td><td colspan="5">若采用排风到桌（化学）装置时，风速应连续可调，各风罩洞口风速应基本一致，最大风速下可实现换气次数不低于 10 次/h</td></tr>
<tr><td>环保</td><td>基本要求</td><td colspan="5">1. 室内环境噪声不大于 65dB；
2. 新建、改建、扩建实验室及附属用房时，甲醛、苯、氡等有害气体和放射性污染应符合相关标准中的限量值；
3. 实验废液应收集并进行委托处理，经处理后方可排放。排放应达到国家废水综合排放水质标准</td></tr>
<tr><td>安全</td><td>基本要求</td><td colspan="5">各室应备有效的消防设施。每个化学实验室应设置一个事故急救冲洗水嘴和急救箱。急救箱中的药品应注意及时更换</td></tr>
<tr><td rowspan="6">固定设施</td><td colspan="2">书写板</td><td>基本要求</td><td colspan="5">书写板下沿与讲台面的距离宜为 1000～1100mm</td></tr>
<tr><td colspan="2">讲台</td><td>基本要求</td><td colspan="5">两端与书写板竖直边缘下沿的水平距离不应小于 200mm，宽度不应小于 650mm，高度宜为 200mm</td></tr>
<tr><td colspan="2">电源</td><td>基本要求</td><td colspan="5">实验室电气线路应采用防火要求的暗敷配线方式，安装自动断电保护器，应有可靠的接地措施</td></tr>
<tr><td colspan="2">水源</td><td>基本要求</td><td colspan="5">各室应设给排水设施，宜设水槽和拖把池，排水口应有水封装置</td></tr>
<tr><td colspan="2">气源</td><td>规划建议</td><td colspan="5">可根据需要设置气源，并应有一定的安全措施</td></tr>
<tr><td colspan="2">通讯</td><td>规划建议</td><td colspan="5">可根据实际情况设一处或多处网络接口</td></tr>
</table>

续表

<table>
<tr><td colspan="3">功能 / 轨制 / 标准 / 项目</td><td colspan="4">轨制</td><td rowspan="2">功能和要求</td></tr>
<tr><td></td><td></td><td></td><td>4～7个平行班</td><td>8～11个平行班</td><td>12～15个平行班</td><td>16个平行班</td></tr>
<tr><td rowspan="2">固定设施</td><td>教学电视</td><td>规划建议</td><td colspan="5">实验室内设置电视机时，应符合GB 8772的有关要求。观看距离以座椅前缘至电视屏幕垂直面间水平距离为电视机屏幕尺寸的4～11倍为宜。观看的水平斜视角不宜超过45°，仰角不宜超过30°</td></tr>
<tr><td>教学屏幕</td><td>规划建议</td><td colspan="5">实验室安装屏幕时，屏幕下沿距讲台面不应低于1100mm，屏幕的宽度宜为屏幕垂直面至最后一排座椅距离的1/6</td></tr>
<tr><td rowspan="14">实验室设备</td><td>实验台</td><td>基本要求</td><td colspan="5">实验台生均有效操作面积不小于600mm×500mm。外观应平整、无明显缝隙，若采用封边处理的，封边条不应有脱胶、鼓泡，应有良好的稳定性。实验台前沿可设高约50mm的围板，延伸到两侧的围板长应不大于200mm。铺设有管线到台的实验室，实验台与地面应采取固定措施</td></tr>
<tr><td>演示台</td><td>基本要求</td><td colspan="5">尺寸不小于(L×D)1800mm×700mm。外观应平整、无明显缝隙，若采用封边处理的，封边条不应有脱胶、鼓泡，应有良好的稳定性</td></tr>
<tr><td>准备台</td><td>基本要求</td><td colspan="5">尺寸不小于(L×D)1800mm×700mm。外观应平整、无明显缝隙，若采用封边处理的，封边条不应有脱胶、鼓泡，应有良好的稳定性</td></tr>
<tr><td>台面材料</td><td>基本要求</td><td colspan="5">应符合相应材质的力学性能和理化性能要求。其中化学台耐腐蚀、耐污染等要求应符合相应标准的要求</td></tr>
<tr><td>仪器柜</td><td>基本要求</td><td colspan="5">数量、规格及内部格局应根据实际情况设计。其中，柜中搁板位置应可调节，对于存放较重仪器的搁板宜做承重加强处理</td></tr>
<tr><td>药品柜</td><td>基本要求</td><td colspan="5">数量、规格及内部格局应根据实际情况设计。柜中搁板宜设计成阶梯式，应设计通风装置；搁板面材应耐酸、耐碱、耐热、阻燃。危险药品柜应防腐，应有必要的安全措施</td></tr>
<tr><td>陈列柜</td><td>基本要求</td><td colspan="5">数量、规格及内部格局应根据实际情况设计。陈列柜宜设计成透明体，其中，柜中搁板位置应可调节，并应采取防潮、防虫蛀等措施</td></tr>
<tr><td>通风柜（化学）</td><td>基本要求</td><td colspan="5">通风柜用于产生有害气体实验的准备，柜内宜设给排水装置，但电源插座、照明及煤气开关均不得设在通风柜内</td></tr>
<tr><td>资料柜</td><td>基本要求</td><td colspan="5">数量、规格及内部格局可根据实际情况设计</td></tr>
<tr><td>储物柜</td><td>基本要求</td><td colspan="5">数量、规格及内部格局可根据实际情况设计</td></tr>
<tr><td>学生凳</td><td>基本要求</td><td colspan="5">高度宜可调节，无棱角</td></tr>
<tr><td>电源</td><td>基本要求</td><td colspan="5">a)演示台、准备台和实验台应有220V交流电源；
b)教学电源和学生电源可选用集控电源或分立电源，指标应符合相关标准，充分满足实验教学的需要</td></tr>
<tr><td>插座</td><td>基本要求</td><td colspan="5">交流220V，演示台宜采用电流不小于6A多用插座，演示台、实验台应选用通过国家强制认证的安全插座，设计位置应合理</td></tr>
</table>

续表

项目		标准	4～7个平行班	8～11个平行班	12～15个平行班	16个平行班	功能和要求
实验室设备	水槽及水嘴	基本要求					演示台水槽宽度不小于600mm,实验台水槽宽度不小于400mm;深不小于180mm,排水口应有水封装置,并设高位水嘴。若将水槽置于台面上的,水槽的四周应做密封处理,无脱胶、漏水现象
	废液收集器	基本要求					化学实验室和生物实验室应配置废液收集器。鼓励配备专门的废液处理装置
	工具	基本要求					应配置制作、修理仪器所用的工具及仪器小车、梯子等
	标牌	基本要求					各室标牌齐全,工整美观
	信息传输设备	规划建议					宜配置适当的显示装置和播放设备。 a)信息的传送和显示:信息传送部分可由局域网端口等信息源,计算机等信息查询设备和音、视频电子设备组成,并由终端显示装置来实现。设备的功能和技术指标宜适时选择; b)数据的采集和处理:宜采用现代信息技术对实验进行实时测量、数据处理和结果分析; c)实验资料的查询:装备一套或多套与网络连接的计算机设备,方便查询相关资料,便于师生自主设计实验
	辅助电器	规划建议					根据学科需求配备电冰箱、恒温箱等
	培养室设备	规划建议					宜设置超净工作台、培养架、培养箱、高压灭菌锅、接种环等培养设备
实验室布置		基本要求					a)同一学科的实验室宜布置在同一层面;化学实验室宜设置在一层; b)实验室第一排实验台的前沿与书写板的水平距离不应小于2500mm,边座的学生与书写板远端形成的水平视角不应小于30°。最后一排实验台的后沿距后墙不应小于1200mm;与书写板的水平距离不应大于11000mm; c)实验室两实验台间前后的净距离:双人单侧操作时,不应小于600mm;四人双侧操作时,不应小于1300mm;超过四人双侧操作时,不应小于1500mm; d)实验室中间纵向走道的净距离:双人单侧操作时,不应小于600mm;四人双侧操作时,不应小于900mm; e)实验室实验台端部与墙面(或突出墙面的内壁柱及设备管道)的净距离不应小于550mm; f)学校在进行实验室布置时,应结合学科特点,充分体现科学性、合理性、安全性

河北省小学实验室建设方案(试行)

项目			标准	2～3个平行班	4～5个平行班	6～7个平行班	8个平行班	功能和要求
实验人员	配备数量		基本要求	1名兼职	1名专职			2轨以下完小至少应配备一名专职自然教师兼自然实验教师
	任职条件		基本要求	a)中专以上学历;b)小教三级以上职称。具备条件之一即可				
实验用房	科学教室/科学活动室	个数	基本要求	1	1～2	2～3	3	a)能够满足实验教学要求,为学生创设科学氛围,有利于进行科学探究,体验科学过程,方便开展科学活动; b)应努力为学生自行完成科学信息查询和开展科学实验活动创造条件
			规划建议	1～2	2～3	3～4	4	
		面积	要求	使用面积不小于86m²或生均使用面积不小于1.91 m²				
	仪器室	个数	基本要求	1	1～2	2	2	a)存放实验仪器和实验药品; b)药品柜应采取防潮、通风及安全等措施
		面积	基本要求	不小于43m²				
	实验员室	个数	基本要求	1	1	1	1	实验员办公场所
		面积	基本要求	人均使用面积不小于6m²				
	准备室	个数	基本要求	1	1	2	2	a)进行实验的准备和简单的仪器维修; b)应邻近科学教室和科学活动室
		面积	基本要求	不小于18m²				
			规划建议	不小于23m²				
	培养室	个数	基本要求	1	1	1	1	a)用于进行组织培养等; b)朝阳方向,通风良好
		面积	基本要求	不小于43m²				
	生物园地	个数	基本要求	1	1	1	1	a)进行种植、饲养; b)南方地区可设计在校园空地或楼顶,北方地区宜设计在暖房里,亦可室内外结合布置
	建筑要求	地面		各室与走廊的地面不宜设台阶。地面应防尘、易清洁、耐磨、防滑,应耐酸碱腐蚀;应设地漏				
		门窗		应根据人流安全疏散的要求设置后门,门洞的宽度不应小于1200mm,门扇上宜设观察窗,门框上部设采光通风窗。科学教室的窗台适宜高度800～900mm,科学教室的窗间墙宽度不应大于1200mm。门窗开启后不应影响室内空间的使用和走廊通行的便利与安全				
		综合布线系统		室内有水源、电源的应设总控制阀。科学教室内电源插座与照明用电应分路设计、分别控制。新建科学教室应预留综合布线系统的竖向贯通井道及设备位置				
		用电负荷		科学教室用电负荷的设计应兼顾现代化教学设备及仪器设备增多的需要				

续表

<table>
<tr><th colspan="4" rowspan="2">功能 / 轨制 / 标准 / 项目</th><th colspan="4">轨制</th><th rowspan="2">功能和要求</th></tr>
<tr><th>2～3个平行班</th><th>4～5个平行班</th><th>6～7个平行班</th><th>8个平行班</th></tr>
<tr><td rowspan="9">实验用房</td><td rowspan="9">环境要求</td><td>采光</td><td>基本要求</td><td colspan="5">应保证科学教室教学用房的最佳建筑朝向，避免室内直射阳光。主要采光面应位于学生座位左侧。准备室应至少有一个向阳的窗户，存放生物标本的仪器室宜为北向布置</td></tr>
<tr><td rowspan="2">照明</td><td>基本要求</td><td colspan="5">1. 实验台面的平均照度应符合 GB 50034 的有关要求，不低于 300lx，其照度均匀度符合 GB 5700 的要求，不应低于 0.7；
2. 灯具悬挂高度距实验验台面不应低于 1700mm，不宜用裸灯</td></tr>
<tr><td>规划建议</td><td colspan="5">1. 书写板宜设局部照明，书写板面的平均照度应符合 GB 50034 的有关要求，不低于 500lx，照度均匀度不低于 0.7；
2. 实验台上若设计局部照明，前排灯不应对后排学生视线产生直接眩光</td></tr>
<tr><td>遮光</td><td>基本要求</td><td colspan="5">窗户可装窗帘</td></tr>
<tr><td>温度</td><td>基本要求</td><td colspan="5">室内设计温度应符合 GB 5701 的有关要求，宜在 16℃～28℃。寒冷和炎热地区应因地制宜地设置采暖和降温设施</td></tr>
<tr><td rowspan="2">通风换气</td><td>基本要求</td><td colspan="5">科学教室、准备室的换气次数应符合 GB/T 17226 的有关要求，不低于 3 次/h，宜采取有各种组织的自然通风措施，使室内二氧化碳浓度低于 1.5‰</td></tr>
<tr><td>规划建议</td><td colspan="5">必要时还应采取强制置换室内污染空气的措施：采用排风扇，排风扇应设在外墙靠地面处。风扇的中心距地面不应小于 300mm。风扇洞口靠室外的一面应设挡风措施；室内的一面应设护罩</td></tr>
<tr><td>环保</td><td>基本要求</td><td colspan="5">1. 室内环境噪声不大于 65dB；
2. 新建、改建、扩建科学教室及附属用房时，甲醛、苯、氡等有害气体和放射性污染应符合相关标准中的限量值</td></tr>
<tr><td>安全</td><td>基本要求</td><td colspan="5">各室应备有效的消防设施</td></tr>
<tr><td rowspan="8">固定设施</td><td colspan="2">书写板</td><td>基本要求</td><td colspan="5">书写板下沿与讲台面的垂直距离宜为 850～1000mm</td></tr>
<tr><td colspan="2">讲台</td><td>基本要求</td><td colspan="5">两端与书写板竖直边缘下延长线的水平距离不应小于 200mm，宽度不应小于 650mm，高度宜为 200mm</td></tr>
<tr><td colspan="2">电源</td><td>基本要求</td><td colspan="5">科学教室电气线路应采用防火要求的暗敷配线方式，安装自动断电保护器，应有可靠的接地措施</td></tr>
<tr><td colspan="2">水源</td><td>基本要求</td><td colspan="5">各室应设给排水设施，宜设水槽和拖把池，排水口应有水封装置</td></tr>
<tr><td colspan="2">气源</td><td>规划建议</td><td colspan="5">可根据需要设置气源，并应有一定的安全措施</td></tr>
<tr><td colspan="2">通讯</td><td>规划建议</td><td colspan="5">可根据实际情况设一处或多处网络接口</td></tr>
<tr><td colspan="2">教学电视</td><td>规划建议</td><td colspan="5">科学教室内设置电视机时，应符合 GB 8772 的有关要求。观看距离以座椅前缘至电视屏幕垂直面间水平距离为电视机屏幕尺寸的 4～11 倍为宜。观看的水平斜视角不宜超过 45°，仰角不宜超过 30°</td></tr>
<tr><td colspan="2">教学屏幕</td><td>规划建议</td><td colspan="5">科学教室内安装屏幕时，屏幕下沿距讲台面不应低于 1000mm，屏幕的宽度宜为屏幕垂直面至最后一排座椅距离的 1/6</td></tr>
</table>

续表

项目	标准	轨制	2～3个平行班	4～5个平行班	6～7个平行班	8个平行班	功能和要求
实验室设备	实验台	基本要求					实验台生均有效操作面积不小于550mm×500mm。外观应平整、无明显缝隙，若采用封边处理的，封边条不应有脱胶、鼓泡。实验台应有良好的稳定性。前沿可设高约50mm的围板，延伸到两侧的围板长应不大于150mm。铺设有管线到桌的实验室，实验台与地面间应采取固定措施
	演示台	基本要求					尺寸不小于(L×D)1400mm×700mm，外观应平整、无明显缝隙，若采用封边处理的，封边条不应有脱胶、鼓泡。应有良好的稳定性
	准备台	基本要求					尺寸不小于(L×D)1400mm×700mm，外观应平整、无明显缝隙，若采用封边处理的，封边条不应有脱胶、鼓泡。应有良好的稳定性
	台面材料	基本要求					应符合相应材质的力学性能和理化性能要求。耐腐蚀、耐污染等要求应符合相应标准的要求
	仪器柜	基本要求					数量、规格及内部格局可根据实际情况设计。其中，柜中搁板位置应可调节，对于存放较重仪器的搁板宜做承重加强处理
	陈列柜	基本要求					数量、规格及内部格局可根据实际情况设计。陈列柜宜设计成透明体，并应采取防潮、防虫蛀等措施
	资料柜	基本要求					数量、规格及内部格局可根据实际情况设计
	储物柜	基本要求					数量、规格及内部格局可根据实际情况设计
	学生凳	基本要求					高度宜可调节，无棱角
	电源	基本要求					a)演示台、准备台应有220V交流电源； b)教学电源和学生电源可选用集控电源和分流电源，负荷应能充分满足实验教学的需要
	插座	基本要求					交流220V，演示台宜采用电源不小于3A，通过国家强制认证的安全插座，设计位置应合理
	水槽	基本要求					水槽置于台面上的，水槽的四周应做密封处理，无脱胶、漏水现象，排水口应有水封装置
	工具	基本要求					制作、修理仪器所用的工具及仪器小车、梯子等
	信息传输设备	规划建议					宜配置适当的显示装置和播放设备。 a) 信息传送和显示：信息传送部分可由局域网端口等信息源，计算机等信息查询设备和音、视频电子设备组成，并由终端显示装置来实现。设备的功能和技术指标宜适时选择； b) 实验资料的查询：装备一套或多套与网络相连接的计算机设备，方便查询相关资料，便于师生自主设计实验
	辅助电器	规划建议					根据学科需求配备电冰箱、恒温箱等
	培养室设备	规划建议					宜设置超净工作台、培养架、培养箱、高压灭菌锅、接种环等培养设备

续表

项目 \ 标准 \ 轨制 \ 功能		2～3个平行班	4～5个平行班	6～7个平行班	8个平行班	功能和要求
实验室布置	基本要求	a) 科学教室及辅助用房宜布置在同一层面； b) 科学教室第一排实验台的前沿与书写板的水平距离不应小于2500mm，边座的学生与书写板远端形成的水平视角不应小于30°。最后一排实验台的后沿与书写板的水平距离不应大于9500mm； c) 科学教室实验台端部与墙面(或突出墙面的内壁柱及设备管道)的净距离不应小于550mm； 学校在进行科学教室布置时，应结合学科特点，充分体现科学性、合理性、安全性				

附：河北省普通高中通用技术设计室、实验室建设装备规范(试行)。

河北省普通高中通用技术设计室、实验室建设装备规范(试行)

本《规范》依据教育部《普通高中课程方案(实验)》和《普通高中技术课程标准(实验)》制定。

通用技术实验室可分为通用技术设计室和通用技术实验室。是为学生开辟了解材料的性质和加工方法、学习加工工艺、学会一般工具的使用、完成设计的过程，以提高学生实际动手能力和解决实际技术问题的能力的实验场所。通用技术实验室装备既要重视规范化和标准化，也要注意不能搞统一化，学校可以根据特色发展的要求自主选择，学校通用技术实验室装备以实用为主，不可一味追求豪华、先进，以免造成不必要的浪费。

配置数量按每班50人的标准计算。学校应根据实际情况以满足通用技术课程教学需要为原则。

教学设备、器材的配置分为必配和选配，学校可根据实际需要配备。

消耗性材料是保证教学实验活动顺利进行的重要条件，学校应根据教学需要及时配备和补充。

一、通用技术室设置指标表

通用技术室设置指标表

名称	每间使用面积(m^2)	配套间数(按平行班数配置)		
		12个班以下(含)	13～18班	19～24班
		间数	间数	间数
一、通用技术设计室	≥96	1	2	3
二、通用技术实验室	≥96	1	2	3
三、工具材料室	≥30	1	1～2	2～3

续表

名称	每间使用面积(m^2)	配套间数(按平行班数配置)		
		12个班以下(含)	13～18班	19～24班
		间 数	间 数	间 数
四、办公室	≥18	1	1	1

说明：1. 学校规模大于24个班的，以24个班的数据为基准，学校规模每增加6个平行班时相关功能室应相应增加。

2. 规模较大的学校需要设置多个功能教室时，可以考虑利用现有的常规理化生实验室共同规划设置，以避免重复配备，造成浪费。

3. 有条件的学校可以按照教学需要，设置"技术探究室"和"作品展示室"。为开展通用技术实践活动创造更加丰富的物质条件。

二、通用技术设计室、通用技术实验室建设规范

(一)位置：实验室应保证最佳建筑朝向，室内避免直射阳光，主要采光面应位于学生座位的左侧。金属制品和木制品制作实验室应在底层，应与其他教室保持一定距离。

(二)实验室平面设计要求(金属制品和木制品制作实验室可不受此限制)：第一排实验桌前沿与黑板的水平距离不小于2500mm，边坐的学生与黑板远端的水平视角不小于30°；最后一排实验桌的后沿距后墙不小于1200mm，与黑板的水平距离不大于11000mm。

(三)地面：各室与走廊的地面不宜设台阶，地面易清洁、耐磨、防滑。

(四)照明：采用自然光及辅助照明。实验室照明灯具的数量、功率、布置方式和悬挂高度必须满足平均照度的要求。灯具悬挂高度距实验台面不应低于1700mm，不得用裸灯。实验台面的平均照度不应低于300lx。书写板平均照度不低于500lx，书写板的照度均匀度不低于0.7，室内无可见眩光。窗户应安装窗帘，避免室内阳光直射。

(五)通风条件：采用自然通风，必要时采用排气扇强制排风。

(六)环保：教室内部装饰应选用环保型材料，室内环境噪声应低于55分贝，金属制品和木制品制作实验室可高于此标准。新建、改建、扩建实验室及附属用房时，甲醛、苯、氡等有害气体和放射性污染应符合相关标准中的限量值。对于在学生活动中可能产生较多垃圾的实验室，要配置足够的垃圾桶，垃圾应分类收集。

(七)温度：室内温度应在4℃至30℃之间。有条件的学校，室内可安装空调，温度宜控制在16℃～28℃。

(八)供水：不少于一处水源。供水指标：供水水压不低于2×10^5Pa。

(九)综合布线：应按有关技术规范敷设强、弱电线。强电电源插座与照明用电应分路设计、分别控制，用电负荷应留有余量，并安装漏电、过载和触电保护器，有可靠的接地保护措施。弱电应考虑冗余，在合适位置配备足够的网络信息接口。

(十)安全：实验室应配备有效的防火、防盗、防潮等设施设备和外伤急救箱，急救箱中的药品应注意及时更换。应加强对工具、仪器和设备等的安全管理，加强对师生的安全教育，增强安全意识，确保师生人身安全。

三、通用技术室装备标准

本标准按照《高中通用技术教学仪器配备标准》和通用技术实验室和设计室功能要求，确定了《高中通用技术实验室教学仪器配备目录》和《高中通用技术设计室教学仪器配备目录》。其中《高中通用技术教学仪器配备标准》中有一部分暂时未列入上述两个目录。有条件的学校可根据校本需求，适时选用。

4. 中小学理科实验室管理

中小学理科实验室的规范、科学管理，是教育技术工作的主要内容之一，是顺利开展实验教学的有力保证和必要前提，实验室管理工作主要包括以下基本内容：

(1)教学仪器的科学存放。

教学仪器的存放要遵循科学、规范、安全、美观、方便、成套的原则，一般要求按照《配备标准》中教学仪器的顺序分类排列摆放，即按照《配备标准》规定的类别分类，做到定室、定柜、定位。

各种仪器和各类药品、器皿编号后应储放在固定的仪器橱和药品橱里，按类分别放置，不能混为一处。常用仪器和不常用的仪器应分别存放，常用仪器要放在容易取放的地方，以拿取方便为原则。放置教学仪器，要使用四种标签：分类标签、柜号标签、柜目标签和仪器标签。

一是对于常规教学仪器的存放，具体要求有：

①按配备目录配齐，按配备目录编号，并加序号，成套仪器编号统一、配件要齐全，完好率在95%以上(易损、易耗的玻璃仪器不用编号)。

②仪器全部按配备目录分类，科学规范摆放，全部入橱。橱内所放仪器必须是完好无损，取出能用。

③仪器存放要本着上轻下重、整齐美观的原则，做到防潮、防压、防冻、防晒、防磁、防霉、防震、防锈蚀、防虫蛀，保持室内及仪器表面无尘土，干净、清洁。

④仪器、药品分开存放，金属仪器远离药品。

⑤危险品、贵重仪器设专柜保管。

⑥特殊形体仪器入专橱。

⑦自制教具单独存放保管。

⑧试剂瓶标签正确(高中：有名称、分子式、浓度；初中：有名称、分子式、酸要注明浓度)，标签表面涂蜡，防腐、无污染。试剂瓶口要干净，无残液，滴管内无液体。

⑨药品标签要完整，有防腐层。

⑩仪器橱内放置怕潮湿的药品时要放干燥剂，防止化学药品潮解挥发。

⑪分组试剂瓶放托盘内。

⑫特殊形体玻璃仪器放专用架上(专用架要自制)。

⑬有活塞的玻璃仪器，不用时，磨口涂凡士林或垫纸条。

⑭无塞的玻璃仪器，用后洗净倒置，使水流出。

⑮保持酒精灯灯捻、灯芯完好，酒精适量。

⑯保持天平托盘完好，有保护胶垫，游码能游动，砝码、镊子不丢失。化学分组实验用的天平为100克量程。

⑰温度计斜放(要求水银、酒精柱无断线)。

⑱入橱的仪器可根据便于使用、便于管理、便于摆放等实际情况除去包装或不除去包装。

二是对于特殊物品，如化学药品的存放和管理，应该按照其特殊性进行保存管理。

初中化学实验室的药品可将一般药品、易变质药品和危险药品根据各自的性质妥然储存，做到科学，安全，取用方便。

一般化学药品可按物质的分类规律，将有机物、无机物和危险品分橱存放。初中阶段有机物使用较少，可适当分类集中存放。无机物可按单质、氧化物、酸、碱、盐(盐类较多时，可以按照酸根分为卤化物、硫酸盐、硝酸盐、碳酸盐)、指示剂和其他的顺序存放在仪器橱的上窗，其余同类多余试剂，放在同橱的下窗，便于上窗的药品用完后及时添加。从方便、实用的角度考虑，可将存放的顺序作必要的变换。例如，按物质的分类规律和实验室的药品数量，酸和碱要放在上窗的上层和中层，其他类药品放在下层。但是，从实用角度考虑，初中阶段其他类药品使用次数少，腐蚀性弱，而酸碱类药品使用频繁，腐蚀性强，可以适当变换位置，将碱、酸放在中下层，其他类药品放在上层。

对于易变质试剂的存放，应该采取特殊措施。化学药品在储存过程中常因保管不当而变质，必须根据药品的不同性质，分别采取相应的措施妥然保存。一般有以下几种保存方法：

①密封保存。挥发性物质(如硝酸、盐酸)，以及低沸点有机物(如乙醚、甲醛、丙酮、四氯化碳、乙醇、氯仿、苯)，易升华的碘晶体，必须严密紧盖塞子，且不要和氨水放在一起。此外，易吸湿药品(氢氧化钠、无水醋酸钠、无水氯化钙、无水酒精、浓硫酸、氧化钙)、易风化药品(明矾、绿矾、碳酸钠晶体)、易氧化药品(硫酸亚铁)和易碳酸化药品(氢氧化钠、氧化镁、氧化钙)也都要密封紧盖。

②保存在特殊的溶剂中。白磷在空气中能自燃，且有毒，应保存在盛水的塑料瓶中，金属钠则应保存在煤油中，都应与酸、醇、氧化剂隔离，分别存放在底面铺砂的安全橱的毒品和易爆品窗内。

③用棕色瓶盛放和安放在阴凉处。光照和受热易变质的药品，如浓硝酸、硝酸银、氯化汞、双氧水、氯仿和甲醛等，都要用棕色瓶盛装，并存放在阴凉处。

三是对于危险药品的储存，必须要有安全措施。

化学仪器室必须有存放危险药品的专用安全橱，用来存放易爆、易燃、强氧化剂和毒品，有条件的学校还应把强腐蚀性的试剂存放在腐蚀品专用橱内。初中常用的危险品有遇水或空气自燃的金属钠和白磷；易燃液体有二硫化碳、汽油、乙醚、丙酮、苯、乙酸乙酯；易燃固体有红磷、硫磺、镁带和萘；强氧化剂有氯酸钾、硝酸钾、高锰酸钾和重铬酸钾；毒品有铅盐、汞盐和钡盐等重金属盐类和白磷。

危险品储存时，应注意以下几点：①易燃液体、易燃固体应与氧化剂、酸类、易爆炸试剂隔开存放。②强氧化剂应与还原剂、有机物、易燃物、酸类隔开存放。③安全橱应备两把锁，由两人同时开启，才能取用。此外还得符合公安局、派出所有关规定。

(2)教学仪器的维护、保养。

维护、保养教学仪器是实验室管理人员的一项重要工作职责，也是保证实验教学正常开展，保证实验教学质量的基础工作，要做到定期整理、定期检查、定期维护。

要建立保管制度。对于各种仪器、器械和药品等应建立借出领用记录，普通药品使用了一部分后，瓶口都应用蜡封口，防止受潮变质。定期检查维修仪器。主要要求有：

一是对常用仪器要及时洗涤。

化学实验经常使用各种玻璃仪器，而这些仪器是否干净，常影响到实验结果的准确性。因此，仪器的洗涤是实验室工作中的一个重要环节。洗涤玻璃仪器的方法，应根据实验的要求、污物的性质和沾污的程度来选用。一般说来，附着在仪器上的污物既有可溶性物质，也有尘土和其他不溶性物质，还有油污和有机物。针对这些情况，可以分别采用下列方法进行洗涤：

①用水洗刷。可以洗去可溶性物质，又可使附着在仪器上的尘土和其他不溶性物质脱落下来。

②用去污粉或合成洗涤剂刷洗。由于去污粉中含有碳酸钠，它和合成洗涤剂一样，都能够除去仪器上的油污。经过去污粉或合成洗涤剂洗刷过的仪器，要多用自来水冲洗，以除去附着在仪器上的白土、细沙或洗涤剂。

③用专门配制的洗液处理。有些仪器，如滴定管、移液管、漏斗管颈等，如果黏附着化学污物，特别是油腻物质，用普通的洗涤剂难以去除，要用特别的洗涤液进行处理。使用洗液前，应先用水刷洗仪器，尽量除去其中的污物，倒掉仪器内残存的水，以免水把洗液冲稀。已经洗净的仪器，不能用布或纸擦拭，因为布或纸的纤维会留在器壁上沾污仪器。

④用特殊办法。氢气、木炭粉和一氧化碳还原氧化铜等实验后，试管壁常沉积着一层红色的铜，很难清洗。可向有铜迹的试管注入少量饱和氢氧化钠溶液，用酒精灯煮沸约 2 分钟，红色铜迹很快从试管壁上脱落下来，再用清水洗净即可。其原理是：被还原出来的红色的铜在加热时渗透到玻璃表层里，而氢氧化钠对玻璃表面弱腐蚀，致使扩散在玻璃浅表面的铜自行脱落。

二是实验仪器要保持干燥。

常用的仪器干燥方法有烤干、晾干和用有机溶剂干燥三种。一般情况下用晾干法，急用时用烤干法和有机溶剂干燥法。

①烤干。烧杯或蒸发皿可以放在石棉网上用小火烤干。试管可以直接用小火烤干。操作时，试管要略微倾斜，管口向下，并不断地来回移动试管，烤到不见水珠后将管口朝下，赶尽水汽。

②晾干。洗净的仪器可放置在干燥处自然晾干。

③用有机溶剂干燥。带有刻度的计量仪器不能用加热的方法进行干燥，因为它会影响仪器的精密度。可以加一些易挥发的有机溶剂(最常用的是酒精或酒精与丙酮按体积 1∶1 的混合物)到已洗净的仪器中去，倾斜并转动仪器，使器壁上的水与这些有机溶剂互相溶解混合。

三是非玻璃仪器、模型、标本的保管。

教学仪器中的金属部件、金属制作的工具，如解剖器械、果树枝剪器械等应定期涂抹凡士林以防生锈。有些仪器设备应定期加机油，使之滑润。

电子仪器还应定期检查和使用，防止长期不用而受潮，防止镜头等发霉。

对于模型、标本等，要根据其质地情况进行保管。有些模型是用石膏、纸浆制作，不宜用湿布擦拭。除要经常保持清洁外，如果有灰尘时，应用鸡毛掸拂拭，或用排笔扫除，如在深凹处，可用橡皮洗耳球吹去灰尘，保持清洁干净。

定期检查维修标本、模型和仪器等。对干制标本和浸制标本应分开存放，不能按动物标本、植物标本来分类存放，如把腊叶标本，剥制的鸟类、哺乳类标本放入同一橱内。要放入适量卫生球或樟脑精，橱内应放生石灰，橱柜要密封，以防虫蛀。定期检查，每年应晒霉一次。对浸制的动、植物标本应另放一橱，瓶口要用凡士林或石蜡封口，防止浸液大量蒸发散失。对需补充药液的应及时注加，防止干涸而损坏标本。

四是显微镜的保养。

拿取显微镜时必须右手握镜臂，左手托镜座，手贴胸前，以防碰撞和零件(如目镜等)跌落。显微镜应放在实验桌近中央的位置，不能过分倾斜镜臂，以防倾斜落地。如果物镜或目镜不清洁时，必须用擦镜纸擦拭，切忌用手指、纱布、吸水纸等擦镜头。不要随意取下目镜，以免灰尘落到镜筒内。含有水分较多的临时装片，不能倾斜观察，切忌水、酒精或其他药品、染料等损坏镜台或镜头。

实验前和实验完毕后，应用软纱布擦拭金属部分，用擦镜纸擦拭光学部件。使用完毕后，使显微镜直立，物镜不要与载物台孔相对，适当下降镜筒，关闭光阑，下降聚光器，直立反光镜，放回镜箱或用罩罩好。防止受潮和强烈光照。

每年夏天应将显微镜擦拭一次，以防因天气潮湿造成镜头发霉。擦拭之后，镜箱内放入一小包无水氯化钙，保持镜子干净。

五是载玻片和盖玻片的擦拭方法。

清洁好的载玻片和盖玻片，需要用软布（如清洁的脱脂纱布）拭干。其方法是擦拭载玻片时，左手拇指和食指夹着其短边的边缘，右手拇指和食指持清洁的纱布沿长边往返，在上下两面同时轻轻擦拭。擦拭盖玻片时，持相对两边擦拭后，还须持着另外两边（转 90°角）。

(3)化学实验室的安全措施。

在化学实验室中，经常要接触到容易燃烧的物质、强氧化剂和有毒物质，管理不善或操作失误，容易引起火灾、爆炸或中毒事故，要有严格的安全措施，加强预防。

一是防火措施。

①实验室内必须准备适当的消防器材，如沙箱(无上盖，侧面白漆红字写“防火沙箱”，容积 350mm×250mm×150mm，沙包用报纸包)、铁铲、皮管和灭火器。

②实验室内不要保存大量易燃物品，少量的也要加塞密封，远离火源、电源和热源，置阴凉处。

③实验室内不能乱丢烟蒂和火柴梗，养成良好的安全操作习惯。

④恒温箱中，熔化解剂盘中的石蜡要仔细检查解剖盘焊接处是否脱焊，恒温箱温度不能调得过高，以免熔化的石蜡漏入恒温箱的底板，引起火灾。

二是中毒预防措施。

①一切瓶装试剂都要有标签，有毒试剂应在标签上注明“有毒”或“剧毒”字样。

②剧毒药品必须专柜加锁存放，两人以上共同保管。

③严禁口尝试剂，严禁直接用鼻子对着瓶口吸气。

④做有毒气体的实验，在无通风橱设备情况下，人应该在上风处，实验用品应及时放在室外排空。

⑤严禁食具和仪器互相代用，离开实验室前要认真洗手。

⑥严禁在实验操作时吸烟或饮水吃食。

三是机械损伤、烧伤和烫伤的预防。

①切割后的玻璃管或玻璃棒截断面，使用前一定要熔烧圆滑；玻璃插入皮管或橡皮塞孔，要正确选择皮管的口径和钻孔器的口径，然后用水浸湿皮管或橡皮塞孔隙的内部，将玻璃轻轻转动，慢慢插入，切忌用力过猛；玻璃碎片散落在实验桌或地上时，要随时仔细清理干净。

②启开瓶盖时，切忌脸孔或身子俯在瓶口上方；稀释浓硫酸时，必须在烧杯等耐热容器中进行，边用玻璃棒不断搅拌，边将浓硫酸慢慢注入水中，不得在量筒等不耐热器皿中稀释；取用遇水要发热、易燃和强腐蚀性固体药品，如钠、黄磷、生石灰等，必须用镊子或药匙取用。黄磷必须在水下切割，并及时将不用部分放回储瓶中，散落碎片必须马上处理好。

③实验室内应常备一个急救箱，里面放常用急救药品(红药水、碘酒、饱和碳酸钠溶液、紫药水、消炎粉、纱布、绷带、棉花、橡皮胶、剪刀和10%的高锰酸钾溶液)。

四是防盗措施。

防盗设施良好，平房或楼房一层有铁护栏、防盗门，以防物品被盗，对社会产生不良后果。

5. 实验教学的管理

实验室的建设、仪器的配备和管理都是为实验教学服务的，实验教学的管理是落脚点、是重头戏，同样是学校教育技术工作的主要内容，必须深入细致，抓好抓实，抓出成效来。由于实验教学是一个系统的综合工程，涉及面广，难度较大。因此，必须做到：

(1)制订实验计划。实验计划包括两个方面，一是每学期开始时，都应制订详细的实验计划。根据一个学期的学科教学计划，认真排出每一实验的周次。特别是分组实验计划，最好在开学一周内完成。二是制订采购计划。根据任课教师的实验计划，制订好一学期的采购计划，交教导处审批后，由总务处根据实验先后购买好必需的实验用品，以保证实验教学任务的顺利完成。

其管理的方法，一般分为制度管理和目标管理。

制度管理，是指通过制定制度的方式，规范实验教学的行为，以保证实验教学的质量。这些内容，可参照本节后面所附实验室管理的规章制度。

目标管理，是指根据课程标准规定的教学内容，将实验教学内容进行整理，列出实验课题，说明实验类型，明确所使用的仪器、材料，以规范实验内容。下面简举人教版化学课程九年级下册实验内容的具体实验要求简要说明。

初中化学九年级下册(人教版)实验课题：

单元	序号	实验课题	实验类型		所用主要仪器、材料
			演示实验	分组探究	
第八单元 金属和金属材料	1	合金与纯金属硬度的比较	√		黄铜片、铜片、焊锡、锡
	2	金属活动性顺序		√	试管、镁条、锌粒、铁钉、铜片、铜丝、铝丝、稀盐酸、稀硫酸、硫酸铜溶液、硝酸银溶液、硫酸铝溶液、砂纸

续表

单　元	序号	实 验 课 题	实验类型		所用主要仪器、材料
			演示实验	分组探究	
第八单元 金属和金属材料	3	一氧化碳还原氧化铁	√		玻璃管、单孔胶塞、导气管、试管、酒精灯、铁丝网罩、一氧化碳、氧化铁、澄清的石灰水、火柴、磁铁
	4	金属的腐蚀和防护	√		试管、试管夹、酒精灯、铁钉、植物油、氯化钙、蒸馏水、火柴、棉花、胶塞
第九单元 溶液	5	蔗糖溶解	√		烧杯、玻璃棒、药匙、蔗糖、水
	6	碘、高锰酸钾在不同溶剂中的溶解	√		试管、药匙、碘、高锰酸钾、汽油、水
	7	水和乙醇的互溶	√		试管、药匙、滴管、乙醇、高锰酸钾、水
	8	验证洗涤剂的乳化作用	√		试管、植物油、洗涤剂、水
	9	溶解时的吸热和放热现象	√		药匙、烧杯、温度计、玻璃棒、氯化钠、硝酸铵、氢氧化钠、水
	10	物质能不能无限制的溶解在一定量的水中	√		药匙、烧杯、玻璃棒、天平、砝码、酒精灯、石棉网、氯化钠、硝酸钾、火柴
	11	配制三种不同浓度的硫酸铜溶液	√		试管、药匙、硫酸铜、水
	12	配制两种溶质质量分数不同的氯化钠溶液	√		烧杯、药匙、托盘天平、砝码、氯化钠、水、白纸
	13	配制溶质质量分数一定的溶液	√		药匙、烧杯、量筒、玻璃棒、试剂瓶、托盘天平、砝码、氯化钠、水、白纸
第十单元 酸和碱	14	酸碱和指示剂的反应	√		试管架、试管、盐酸、氢氧化钠溶液、食醋、石灰水、酚酞溶液、石蕊溶液
	15	植物花朵的汁液在不同溶液中的颜色变化		√	研钵、盐酸、氢氧化钠溶液、食醋、石灰水、酒精、纱布、水、植物花瓣、玻璃棒

续表

单元	序号	实验课题	实验类型		所用主要仪器、材料
			演示实验	分组探究	
第十单元 酸和碱	16	观察盐酸、硫酸	√		盐酸、硫酸
	17	浓硫酸的特性	√		玻璃棒、浓硫酸、白纸、木棍
	18	浓硫酸的稀释	√		烧杯、玻璃棒、浓硫酸、水
	19	浓硫酸稀释的错误操作	√		锥形瓶、分液漏斗、双孔胶塞、浓硫酸、水
	20	酸的化学性质		√	试管、点滴板、镊子、稀盐酸、稀硫酸、酚酞溶液、石蕊溶液、生锈铁钉
	21	氢氧化钠的物理性质	√		表面皿、药匙、试管、氢氧化钠、水
	22	氢氧化钠的腐蚀性	√		烧杯、镊子、氢氧化钠溶液、鸡爪、瓷盘
	23	生石灰与水的反应	√		蒸发皿、镊子、生石灰、水
	24	碱的化学性质		√	点滴板、氢氧化钠溶液、氢氧化钙溶液、酚酞溶液、石蕊溶液、胶头滴管
	25	试验物质的导电性	√		导电装置、盐酸、硫酸、氢氧化钠溶液、氢氧化钙溶液、蒸馏水、乙醇
	26	中和反应		√	量筒、滴管、烧杯、玻璃棒、玻璃片、酒精灯、盐酸、氢氧化钠溶液、酚酞溶液、铁架台、铁夹、火柴
	27	用pH试纸测定一些液体pH		√	玻璃片、比色卡、pH试纸、稀硫酸、稀盐酸、氢氧化钠溶液、玻璃棒、试管
	28	溶液酸碱度对头发的影响	√		小烧杯、稀盐酸、氢氧化钠溶液、头发
第十一单元 盐 化肥	29	粗盐提纯		√	铁架台、铁圈、漏斗、烧杯、玻璃棒、胶头滴管、天平、砝码、量筒、蒸发皿、酒精灯、粗盐、水、滤纸、火柴、石棉网

续表

单　元	序号	实验课题	实验类型		所用主要仪器、材料
			演示实验	分组探究	
第十一单元 盐　化肥	30	碳酸钠、碳酸氢钠与盐酸的反应	√		带铁夹的铁架台、试管、带胶塞的导气管、药匙、碳酸钠、碳酸氢钠、稀盐酸、澄清的石灰水
	31	碳酸钠溶液与石灰水的反应	√		试管、胶头滴管、碳酸钠溶液、澄清的石灰水
	32	探究初步区分氮肥、磷肥和钾肥的方法	√		烧杯、药匙、研钵、三脚架、酒精灯、铁片、熟石灰、碳酸氢铵、氯化铵、磷矿粉、过磷酸钙、硫酸钾、氯化钾
第十二单元 化学与生活	33	验证塑料的热固性和热塑性	√		试管、试管夹、酒精灯、聚乙烯塑料、火柴
	34	验证保鲜膜的保鲜能力	√		试管或烧杯、报纸、保鲜膜和皮筋
	35	辨认棉毛制品	√		棉线、毛线、酒精灯、火柴、镊子

(选自河北省张家口市教育技术装备管理站2010年3月20日下发的规范要求)。

(2)实验的准备和管理。

①实验准备。

无论是分组实验还是演示实验，接到任课教师的通知单后，先准备仪器和药品，再进行预演，出现问题及时找原因，掉换试剂或仪器，效果不理想时改用别的办法再试验，直到成功。实验改进后及时记录存在的问题及改进的办法，并将改进及时告诉任课教师。

②实验管理。

一是分组实验的管理，要认真做好分组实验前的准备和实验后的检查工作。先将仪器和药品有规律地陈列在实验桌上，再将仪器和药品卡片，按实验桌上的排列顺序吸附在磁性黑板上，供学生实验后复位时对照。实验结束后，要求学生根据磁性黑板上的仪器陈列标准进行自查，再由小组长进行检查，并打好实验仪器复位的分数交给老师。这样，就为第二个班级的学生提供了良好的实验环境，缩短了整理的时间，提高了实验的质量，养成了良好的实验习惯。

二是演示实验的管理。为提高演示实验的质量可以从以下几个方面对其进行管理：

药品管理。及时配制演示试剂，更改不能用试剂，根据实验教学需要新配尚无的试剂。留心演示实验准备和预演过程中存在的药品质量问题，并及时记录，向仪器站反映，供以后再购时向采购单位提出意见，加以改进。

改进实验，提高演示实验的成功率和可见度。根据任课教师对准备的演示实验的意见、要求和建议，结合预演时存在的问题，寻找解决问题的办法，及时加以改进。

把好的效果和失败的教训记录下来，作为进一步研究的基础。因为有的实验需要多次，甚至多年的反复研究(如化学学科木炭还原氧化铜、晶体的制备等实验就分别花去了十年和三年的时间)，才能获得较理想的效果。

自制教具，增加可见度，努力提高实验教学质量。有的实验按照原来的方法去做，可见度较小，例如试管实验，水电解实验等，无法使全班同学都看清楚，就得自制一些教具。例如，例像装置、水电解投影器等，把实验的现象通过例像装置将现象放大20倍，效果较为理想。有的实验，如氢、氧混合气体点燃，实验后会发生巨大的声音，对教师的继续上课和学生的继续听课将带来负面影响，如改用氢氧混合气体吹出的肥皂泡进行点燃，只要控制肥皂泡的量就能得到合适的爆鸣声音，克服存在的问题。又如酒精和水混合后体积减少这一实验，用量筒、大小不同的试管进行试验，就连实验者都看不清楚，又怎能使学生看清呢?改用自制的酒精和水混合实验器实验，就可看到混合前后相差约1厘米，现象较明显。

(3)注重实验教师与任课教师的关系。正确处理好实验教师与任课教师之间的关系，有利于实验教学的顺利开展，有利于实验室各项规章制度的执行和落实，必须予以重视。实验教师的一切工作都是为实验教学服务的，是为任课教师和全体学生服务的。凡是实验教学中教和学需要的实验设备，都应该认真、及时、仔细地做好充分的准备。

6. 实验室的档案管理

(1)实验室档案的组成。实验室档案主要由以下部分组成。

一是仪器设备档案：通常指《教学仪器、设备总账》和《教学仪器、设备明细账》、《消耗品账》、《自制教具专用账》及其相关单据(入库和报耗)、危险药品领用(归还)登记表。

二是技术档案：通常指所配置各种仪器设备随机技术资料及说明书、合格证、电路图、安装图等有关资料，要装订成册，归档管理，以备使用；教学仪器、设备报废、损失(调出)登记表、教学仪器设备维修、保养记录单、教学仪器设备说明书索引。

三是实验室工作人员档案：通常指反映学校实验教学管理机构、实验室管理人员、实验教学任课教师基本情况的资料，如实验教学进度表、实验通知、实验原始情况记录单、实验课开出率统计表、领导听实验课记录表、自制教具与课外科技小组活动记录、实验操作考核记录、专用教室(实验室)业务人员统计表、专用教室(实验室)工作大事记等。

四是实验教学经费的投入及其使用的有关记录资料，如教学仪器、设备购置计划申请表等。

五是管理档案：主要包括各学科演示、分组实验一览表、通知单，开出情况登记表、统计表等(学生实验报告可保留3～5份)、实验操作考核的工作计划、成绩记录、工作总结、开展实验教学研究工作的资料、开展自制教具、小制作等活动的资料、教师根据自己的实践经验自行设计的有关实验教学的其他表格和资料等。

(2)档案管理的程序。

一是分类：按照档案资料的内容进行分类。

二是整理：按照一定的顺序整理资料。

三是编目：对每一册卷宗编写目录。

四是装订：将整理好的档案按顺序装订成册，装入档案盒。

五是编写档案盒名称。有关实验室档案资料由实验室根据账册和资料如实填写，由学校相关领导和实验室负责人共同负责核对和汇总，经学校分管领导审阅后盖章上报。

7. 实验室的账目管理

实验室的账目，可分为教学仪器总账、教学仪器分类账、教学仪器明细账、教学仪器消耗品账等类别。

(1)教学仪器总账。

教学仪器总账是全面、总括、连续地反映全部教学仪器设备来源、数量及金额增长、减少和结存情况的账目。是教学仪器的登记账。教学仪器总账包括年月日、凭证编号、摘要、增加、减少等六栏。教学仪器总账根据发票、调拨单等原始凭证，按到货时间先后流水入账，应在收到原始凭证后10天内记入总账。

教学仪器总账的填写方法：

"年月日"栏：购进时填写购货发票上的时间，核减时，填写核减时间。

"凭证编号"栏：购进时填写记账凭证或购货发票编号，核减时不填此栏。

"摘要"栏：依学科填写教学仪器变动原因(购进、废、失、调)，如填"购进物理仪器"。教学仪器购进相应填写"增加"栏、"结存"栏。"教学仪器""废失调"相应填写"减少"和"结存"栏。每学期末根据《教学仪器报废损失调出登记表》，依学科总括填写教学仪器"减少"情况，如填"报废损失调出物理仪器"。

"结存"栏：有"增加"额或"减少"额均应填写"结存"栏。

(2)教学仪器分类账。

教学仪器分类账是根据教育部对教学仪器现行的分类来反映学校各学科教学仪器设备类别总和、增减、结存账目情况的账目。一般初中、小学不使用分类账。该账目反映科别、类别、品名、规格型号、产地、数量、金额情况，应按类别设立账目册。这是教学仪器的类别登记账，如"1通用仪器类教学仪器设备分类账"。分类账目由教务处或实验教研组指定专人负责并填写建册。应在收到原始凭证、总账单据后七天内入账。本账是在登记总账的基础上，对教学仪器的依类别分学科的品种登记。主要仪器类别为：0计量仪器类；1通用仪器类；2专用仪器类；3模型类；4标本类；5挂图类；6玻璃仪器类；7药品试剂类；8实验材料及工具类。本账每类账册的学科顺序仿照《中学理科教学仪器配备目录》中的学科顺序。在登记某类别教学仪器品种时，依调拨单(货单)的顺序登记"增加"额，依《教学仪器设备报废损失调出登记表》上的先后顺序登记"减少"额。

教学仪器分类账的填写方法：

"科别"栏：填学科类别。

"类别"栏：填仪器类别，如填"1通用仪器类"。

"总页分第页"栏：填写连续的同类别各账册的总分页码。如填"2专用仪器类教学仪器设备分类账"的"总102页分第2页"。

"序号"栏：按学科为单位填自然流水号。

“到货日期”栏：同总账日期，即依发票时间。

“仪器编号”栏：按照教学仪器实际编号顺序(一般为上级相关部门规定的配备目录)填写该仪器编号。

“减少”栏：学年末，凭《教学仪器报废损失调出登记表》依类别分学科按品种登记教学仪器的减少数量、金额。

“结存”栏：有“增加”额、“减少”额均要填写“结存”额。

(3)教学仪器明细账。

教学仪器明细账是反映同一学科、同一类别、同一物品的不同到货时间、规格型号、产地、数量、金额及其存放地点的账目，实验室管理人员应在收到调拨单等原始凭证和总账单据后7天内入账。按一物一页，同一名称不同规格型号的一个规格型号一页，成册存档。每册不超过100页，品种多可设若干分册。本账是教学仪器的品种登记账。在登记教学仪器总账、分类账后，根据《中学理科教学仪器配备目录》的教学仪器排序为顺序登记。本账以教学仪器调拨单(货单)为凭据登记“增加”额，以学年末《教学仪器设备报废损失调出登记表》为依据登记“减少”额。

教学仪器明细账的填写方法：

“仪放地点”栏：存放该仪器的仪器室，实验室名称。

“室”栏：填写仪器室或实验室代号，如填“2”即为第二“物理仪器室”。

“橱”栏：填写仪器橱橱号。

“日期”栏：依调拨单(货单)上的日期填“增加”额时间，依学年末核减时间填“减少”额时间。

“凭证编号”栏：依调拨单(货单)上的凭证号或记账凭证号填写。有“增加”额编写，核减教学仪器不填此栏。

“产地”栏：查阅仪器说明书或仪器包装等填写教学仪器“增加”额产地。学年末核减该仪器“减少”额，此栏填写教学仪器核减类别(报废、损失、调出)。

“结存”栏：教学仪器的“增加”事项、“减少”事项均要填写此栏，以明确该仪器的现有量。

(4)教学仪器消耗品账。

实验教学过程中，凡实验用消耗材料、药品及购买的有价动植物等，一经领用在实验中消耗而不能归还的，均应填写消耗品账。化学药品一物一页，物理、生物消耗品以流水方式记载结存情况。实验室消耗费用每学年结算一次，为下学年购置计划提供依据。本账每学科每学年一册。

消耗品多是低值易耗品，又是正常消耗，所以为简化账务工作，该物品在总账、分类账、明细账中已有足额记载的，学年末一般不在以上账目中作核减“减少”额记录，只在学年末(或学期末)进行实验用消耗品的补充，以保证学年或学期初消耗品库存量与账目“结存”量相等。

教学仪器消耗品账的填写方法：

“日期”栏填写消耗品消耗时间。一般依《实验通知、实验原始情况记录单》，在每一实验所有班级均做完之后集中登记。

“摘要”栏：填写使用消耗品的实验名称。如填“用电压表测电压分组实验用”。

"物品名称"栏：填消耗品名称。

"结余"栏：填写结存金额数。"增加"栏：填写消耗品的原始库存额或购进额。"减少"栏：填写消耗品的消耗额。化学药品以一物一页记录。实验室负责人应经常检查各类材料、药品的最低库存量，定期向学校领导写出实验消耗费用报告，并及时填报购置计划申请表。

实验室负责人应根据消耗数量在明细账上定期销账，至少每学期一次。

(5)自制教具专用账。

由师生通过自制活动或他人赠送的自制教具、学具、并且已在实验教学中应用，具有保存价值的教具和装置，均应按教学仪器填写自制教具专用账。各实验室设专柜存放自制教具。

自制教具专用账的填写方法："序号"栏：填自然流水号。

(6)管理账目的其他要求：

在每种管理账目的首页都必须放置《教学仪器、设备经管人员交接表》；账目主管人员交接时，应在调离前完成交接手续，并填写本表；交接时必须以账对仪器进行核查，确保账物相符；交接时原则上应将全部外借仪器追回归位，特殊情况暂不能追回的应经相关领导签字批准，一般不准用借条顶实物交接。交接时应有移交人、接管人、监交人三方代表在现场签字存档。

8. 实验室管理表格的使用

(1)实验教学进度表。

用于统计学期内实验教学开展的进度情况。此表由各学科任课教师在每学期初填写，并送交实验室一份，以保证实验教学工作正常开展。存档期限：三学年。

(2)实验通知、实验原始情况记录单。

用于任课教师通知实验教师提前做好实验准备工作；用于记录实验的完成情况，并对实验进行分析或提出改进意见。要求演示实验提前3天，分组实验提前1周填写通知单，并在实验结束后第一时间填写记录单。存档期限：三学年。

(3)中学理科实验课开出率统计表。

用于统计各科实验课开出情况并分析未开实验的原因等。每学年终了实验室负责人负责统计，并将此表交教务处存档备查。存档期限：三学年。

(4)教学仪器设备购置计划申请表。

用于根据实验教学活动开展的需要，提前做好教学仪器设备的购置工作。由实验室负责人在每学年或每学期初做计划时填写，并报学校领导处审批。存档期限：一学年。

(5)教学仪器设备借用登记表。

用于教师或其他人员借用、归还教学仪器时登记使用。教师在本校范围内做实验使用教学仪器时，不需填此表(使用"通知单")。存档期限：长期。

(6)教学仪器设备报废损失调出登记表。

用于对教学仪器、设备报损原因进行分析，并作妥善处理，以保证仪器设备充足完好。实验室负责人每学年填写一次，报学校领导审批后，将待处置仪器集中报废报损，并在仪器账目上进行核销。存档期限：长期。

(7)教学仪器设备维修保养记录单。

用于记录教学仪器、设备的维修、维护、保养等情况。存档期限：一学年。

(8)领导听实验课登记表。

用于记录各级领导听实验课情况。河北省实验教学普及县验收标准要求领导成员每学期听实验课2次以上。存档期限：三学年。

(9)自制教具与课外科技活动小组活动记录。

用于记录师生自制教具、开展自制教具活动的情况和用于记录开展课外科技活动情况。存档期限：三学年。

(10)实验操作考核记录。

用于记录实验考核的情况，积累考核经验。存档期限：三学年。

(11)专用教室(实验室)资料档案目录。

用于记录专用教室(实验室)的所有资料、档案索引。上学年的存档资料装订成册后，将本表格附在其首页，以便于查找。存档期限：长期。

(12)教学仪器设备说明书索引。

用于查找本学科教学仪器设备说明书。将本学科的仪器说明书按配备目录顺序编号装订成册后放入档案盒中。本表格贴于封二处，以便于查询。存档期限：长期。

(13)危险药品使用登记表。

各学科所用危险品统一保管，应设危险品库或危险品专柜，双人双锁保管。每次使用须严格登记，确保安全。存档期限：三年。

(14)专用教室(实验室)业务人员统计表。

用于统计专用教室(实验室)业务人员的学历、职称、培训等情况。此表在教务处存档，便于了解各专业教室业务人员的配备等情况。存档期限：长期。

(15)专用教室(实验室)工作大事记。

用于记载专用教室(实验室)有关的主要工作大事。凡是参加校级以上实践教学工作的各种活动均应填写备查。如作为中考实验操作考试的考场承办本考区的实验能力考核，或承办市县级的实验竞赛等。应置于放取方便处，以便于查阅。存档期限：长期。

9. 实验教学的考核

对实验教学的考核内容，主要包括：

(1)制订实验教学计划。

实验教师要协同任课教师制订学期或学年度实验教学计划，各年级的实验课、第二课堂及课外科技活动的内容、时间要列表张贴，计划排定后要认真贯彻执行，不能随便更改。

实验教师要经常督促，定期检查，保证计划的实施，以提高实验教学的开出率。并认真做好记录，每完成一次，记载一次。每室要有一本教学情况记录薄，随堂记载。

(2)实验课课堂秩序。

学生上实验课时，要把全班学生编成若干实验小组。上课时，各组对号入座，定组定位定仪器。学生做实验时，实验教师要下班辅导，排除仪器故障，处理有关问题。实验完毕由实验小组分工负责，按“三净”(即桌面净、仪器净、地面净)要求清洗、整理好仪器，由组长点交，经实验教师或任课教师验收后方可离去。

(3)实验室的各项记录要准确无误。在实验室管理过程中，各项工作进行情况及结果要如实记录在册。实验室的工作记录一般有：仪器设备账册、演示实验和学生实验记录、实验通知单，仪器设备借、还记录，仪器设备损耗报废和赔偿记录，仪器保养、维修记录，自制教具和改进实验装置记录，开放实验室记录，以及说明书和技术资料、规章制度、清产核资表、实验教学报表等等。实验室的工作记录由实验教师和学生学科代表负责记载，任课教师要积极配合。实验室工作记录应真实，不得弄虚作假。对编造记录，应付检查者，一经查实，应严肃处理。

(4)实验室的开放。中小学的所有实验室都要有计划地对外开放。应允许学生在课外活动时间到实验室自主进行实验活动，实验教师、实验员要指导学生开展自主实验活动，保障实验安全。

(5)实验室工作总结。实验室管理工作要定期总结，一般期末有小结，年终(学年度)有总结。总结要反映实验室一年内主要工作成果、经验及存在问题，并提出改进意见。学期或学年末要将实验教学完成情况及清理盘存后仪器设备变动情况编制清产核资表报学校。

10. 实验室管理制度

规章制度是一种强有力的管理手段，建立、健全规章制度是建设文明、科学、安全的实验基地的必要措施和法制保证。中小学实验室管理工作，应严格执行省、市、区教育行政部门制定的中小学实验室管理制度，学校应按照这些制度对有关人员进行检查、考核，并作为年终总结的依据。

中小学实验室管理制度主要包括：

《实验教师岗位职责》——张贴于准备室。

《实验室管理规则》——张贴于仪器室。

《理科教师(含科学教师)实验教学守则》、《学生实验守则》、《实验室一般性伤害的应急措施》——张贴于实验室。

《危险药品的使用规则》、《化学药品安全保管和使用制度》——张贴于化学药品室。

《关于教学仪器损坏、丢失赔偿的规定》、《仪器设备的报废审批管理制度》——张贴于准备室。

《学校实验室管理的有关规定》——张贴于实验室。

附1：教育部制定的《中小学实验室规程》。

中小学实验室规程

第一章　总　则

第一条　为贯彻党和国家的教育方针，适应全面推进素质教育，深化课程改革，全面提高教学质量的需要，促进义务教育均衡发展，加强实验室建设与管理，为学校教育教学服务，特制定本规程。

第二条　本规程适用于各级政府、企事业单位、社会团体、其他社会组织及公民个人依法举办的全日制普通中小学。

第三条　本规程所指实验室包括：中学理科实验室、通用技术实验室、小学科学(自然)实验室、艺术专用教室、历史地理专用教室、实践活动室和开设其他课程需要的专用教室等。

第四条　实验室是学校基本的办学条件之一，也是重要的课程资源。实验室应成为学校进行素质教育、开展实验教学、综合实践活动、培养学生实践创新能力的重要场所和科学启蒙园地。

第五条　实验室应提供按照国家课程标准规定的实验内容和要求开设实验课的环境和条件，应满足进行课堂演示实验和学生分组实验的要求。

第二章　设置与仪器配备

第六条　实验室建设应执行《中小学实验室装备规范》(教基[2006]16号)，教学仪器设备(包括课程教学中演示实验、分组实验、教学训练和综合实践活动所需要的仪器、设备、工具、教具、材料、用品)的配备应符合国家标准和规范要求。实验室应根据教育部的有关规定和课程标准进行设置，实验室的数量要与学校的规模相适应，保证满足教学需要。高中应设物理、化学、生物实验室，通用技术、艺术等专用教室和开设其他课程需要的专用教室；初中应设物理、化学、生物实验室和开设其他课程需要的专用教室；小学应设科学(自然)实验室或综合实验室和开设其他课程需要的专用教室。

第七条　实验室用房包含实验教学用房、配套用房和附属用房。实验教学用房主要用于师生开展实验教学活动；配套用房主要用于储藏和陈列仪器、设备、试剂、挂图、标本、模型；附属用房主要是准备室、实验室管理员办公室、教具维修室、暗室等。实验教学用房的面积应能够满足分组实验教学的需要并适度冗余，配套用房和附属用房的面积应能够满足仪器设备存放和实验教学准备活动的正常开展。

第八条　实验室应有良好的通风、换气、采光、照明、防火、防潮、防霉等条件，应符合教学的要求。要做到安全、环保，根据需要设置电源、网络接口和给排水管道以及排气、排污、排毒等设施，为实验教学的开展和实验操作考核创造良好的条件。实验室要有相应的实验桌凳，满足学生分组实验的需要。仪器室要有数量充足的仪器柜，按学科分类存放仪器、试剂、标本、模型等。

第九条　学校应根据选用的国家课程、地方课程和校本课程教材的教学需要，采取按国家和地方相关标准选配、定制、自制的方法，配齐配足课程教学中演示实验、分组实验、教学训练和综合实践活动所需要的教学仪器设备。做好教学仪器设备更新工作，逐步提高学校的装备水平。

第十条　教学仪器设备的采购必须遵循国家有关政策法规的规定和教学仪器采购的特点进行。采购的教学仪器设备必须经权威检测机构检测合格，必须符合国家相关标准，严禁不合格产品流入学校。

第十一条　实验室建设和实验教学要有相应的经费保障。地方教育行政部门要加大对中小学实验室建设的投入，教学仪器设备购置费用和实验室日常维护经费以及开展实验教学所必要添置的耗材费用应纳入学校教育公用经费开支范围。

第三章　管理与人员

第十二条　地方各级教育行政部门要加强对实验室建设的领导。制订实验室建设规划、实验室管理和教学规范；做好督导实验教学和考核、评估实验室使用效益等工作。

第十三条　学校要加强对实验室工作的领导和管理。要有一名学校负责人分管学校的实验室工作。对实验室工作应做到有计划、有检查、有总结，经费有落实，及时解决实验室建设和实验教学中遇到的各种问题。有条件的学校要利用课余时间向学生开放实验室。

第十四条　实验室要有科学、规范的管理制度。坚持按制度办事，采取切实有力的措施，保证各项管理制度的落实。

第十五条　实验室要维持科学、文明、安全的实验教学环境。科学制定实验操作程序，要有处理突发情况的各项措施，确保教师和学生的人身安全。

第十六条　实验室管理工作应做到规范化、科学化、现代化。应建立实验室建设档案、管理档案和实验教学档案，对教学仪器设备进行信息化管理，对实验室的“建、配、管、用”进行跟踪记录，提高实验室的综合效益。

第十七条　教学仪器设备应按学科和类别，分室、分柜、定位存放。要根据仪器的不同结构、性能和特点，做好防尘、防潮、防腐蚀、防曝晒、防蛀、防变质、防磁、防压等工作。

第十八条　化学药品要和仪器分开存放，并贴有明显标签。易燃、易爆、剧毒药品，应易地单独放置，要有专人保管，并严格执行领用手续。

第十九条　实验室教学仪器设备要经常处于良好的状态，保证实验教学的正常开展。做好仪器设备的管理、维修、维护、计量标定等工作。电学仪器要定期通电或及时充电，仪器要定期擦拭，化学试剂要经常检查存放情况，生物浸制标本应按要求定期补液。

第二十条　学校对教学仪器设备要建立有关的账册。每学年应对仪器设备进行核查清点，做到账物相符、账账相符，按规定程序做好报损、报废工作，并根据需要及时补充不足的设备和药品。

第二十一条　中小学校应设实验室管理员岗位。实验室管理员应具备相应的专业技能，并具有大专以上学历或具有中级以上相应系列专业技术职务。实验室管理员的编制在学校教职工总编制内解决，可根据从事实验室管理的工作量进行设定。

第二十二条　实验室管理员应纳入教师继续教育培训工作之中，坚持培训上岗制度。地方教育行政部门要制订实验室管理员培训计划，加强对实验室管理员的培训工作，制定实验室管理员工作职责和学校实验室工作考核评估指标体系，并认真组织考核。

第四章　附　则

第二十三条　地方各级教育行政部门要根据本规程，结合本地的实际情况，制定有关的实施细则或补充规定。

第二十四条　本规程自公布之日起施行。

（备注：本文选自教育部于 2009 年 11 月　印发的通知(教基二[2009]11 号))

附 2：河北省教育厅印发的河北省中小学实验室管理九项制度。

理科教师(含自然教师)实验教学守则

一、根据国家教委颁布的教学大纲和教材要求，会同实验教师制订实验教学工作计划。精心设计实验方案，写好实验教案，师生共同努力，认真做好演示实验和上好分组实验课，达到预期的教学效果，完成实验教学任务。

二、根据实验所需的教学仪器和材料，填写《演示实验通知单》和《学生分组实验通知单》，分别提前三天和一周报实验室。全部演示实验和分组实验必须课前预做，为顺利进行课堂教学做好充分准备。

三、进行演示实验时，实验装置要位于全班学生视野内，可见度大，便于学生观察、理解。实验操作正确、规范，实验现象直观、准确，示范效果明显。注意指导学生提高观察实验的能力，培养学生实事求是的严谨科学态度。

四、学生做实验前，教师应向学生讲清实验原理、实验目的、实验方法，指导学生掌握操作要领及注意事项。在学生实验过程中，教师要加强辅导，引导学生认真观察，积极思考，及时发现并纠正学生操作错误，确保实验安全、顺利进行。启发学生用所学的知识分析实验现象，归纳实验结论，如实填写实验记录。实验结束后，要求学生按照“学生实验守则”中的规定，整理器材、药品，洗涤玻璃仪器，搞好清洁卫生，完成实验报告。教师要尊重学生的实验成果，认真批改实验报告。

五、要严格遵守实验操作规程，尤其对有一定危险的实验，教师须镇定自若，操作熟练，动作协调，一丝不苟，严防事故发生，并应加强对学生进行安全教育。

六、要积极开展师生自制教具和课外科技活动，促进理科教学改革，充分调动学生学习的主动性和积极性，努力提高学生素质。

七、努力创造条件，建立、健全实验教学考核体系。在实验教师的配合下，认真做好学生平时、学期和年度的实验操作考核(考试)工作。

八、在实验教学中，运用现代化教学方法和手段优化教学过程，突出教材重点，攻克难点，提高教育教学质量。

实验教师岗位职责

一、热爱本职工作，自觉执行《河北省中小学实验室工作章程》和有关规章制度，努力学习政治理论，刻苦钻研业务，认真做好实验室工作，积极完成实验教学任务，定期向领导汇报实验教学及仪器设备管理等情况。

二、与理科教师共同制订实验教学工作计划。熟悉教材，开全演示实验和学生分组实验，并做好实验记录。

三、熟练掌握教学仪器设备的规格、型号、构造、性能、工作原理和使用方法，熟悉实验材料和药品的性能；负责做好仪器设备的验收、保管、使用、保养、维修和补充更新以及材料、药品的保管、使用、回收、报废和处理等工作，并能及时妥善处理实验室突发事故。

四、努力创造条件，积极开展实验教学研究和师生共同制作教具活动，组织学生开展多种形式的科技活动，发挥实验室的多功能作用，为当地经济建设服务。

五、建立、健全实验室的各项规章制度，建立完整规范的实验室和实验教学管理档案，认真做好各项基础资料的记录、整理和分类保存工作。

六、努力创造条件，配合任课教师健全实验教学考核体系，完成学生平时、学期和年度实验操作考核(考试)工作。

七、制定措施，确保师生安全和身心健康，保护好国家财产，按规定做好处理“三废”(即废液、废气、废渣)工作。

八、不断总结经验，改革管理方法，努力提高实验室工作水平，逐步实现科学化、规范化管理，以适应现代化教育的需要。

学生实验守则

一、分组实验是学生完成学习任务的重要组成部分，是培养学生观察能力、动手能力、分析问题和解决问题的能力，全面实施素质教育的重要手段。每个学生必须高度重视实验课，亲自动手，认真完成每一个分组实验。

二、实验课前，必须认真预习实验内容，明确实验目的和要求，掌握实验的基本原理，设计实验方法和实验步骤，明确注意事项，并认真写好实验预习报告，经教师检查合格后，才能进行实验。

三、进出实验室要保持良好秩序，不准喧哗、打闹，做到“三定”，即：定组、定位、定仪器。

四、实验前，必须认真听取教师讲解实验内容和要求，仔细观察教师的示范操作。实验开始时，首先要检查实验仪器、药品和器材是否齐全，若发现短缺或破损，应立即报告教师，给予补齐或调换。未经许可，不得擅自动用仪器和药品。

五、实验时，必须严格遵守实验室纪律，遵循实验操作规程。同学间要发扬团结友爱、协调一致的精神，认真、规范地完成实验任务。

六、在实验过程中，要积极动手，认真观察，仔细分析实验现象，规范地做好实验原始记录，总结实验现象。重做、补做实验或做规定外的实验，须经教师批准。

七、实验过程中，要注意安全，防止意外事故发生。如出现异常现象，应立即停止实验，及时报告教师，在教师指导下妥善处理。

八、实验后，及时切断电源和火源，清洗有关器皿，整理教学仪器、药品和器材，并按要求摆放整齐。若教学仪器有损坏，须及时报告教师，并按学校有关赔偿规定执行。

九、要爱护实验室里的一切设施和用品，注意节约水、电、药品和实验材料，没有用完的药品、材料，要放到指定的容器或其他地方存放。严禁将实验器材和药品携带出实验室，一旦发现，严肃处理。

十、要保持实验室的清洁卫生。实验产生的废液，须倒入废液桶(缸)里，严禁倒入水槽，其他废物装入污物桶。集中倒入垃圾箱。下课后，要轮流值日。

十一、实验结束后，根据原始记录和实验现象，按教师要求，独立完成实验报告。

实验室管理规则

一、实验室(含仪器室、准备室)是学校进行教育教学的重要场所，要充分发挥其在实验教学、课外科技活动、实验教学研究与培训诸方面的作用，在完成实验教学任务的同时，应发挥其多功能作用，为当地经济建设服务。

二、教学仪器、药品要按照国家统一的配备目录编号(或教材章节)分科、分类、分室，科学、合理地存放。要张贴明显的分类标签、橱目标签，注明编号、名称和数量，每件仪器(每瓶药品)也应标明编号和名称(微型仪器和玻璃器皿除外)。贵重仪器、危险药品(易燃品、易爆品、氧化剂、腐蚀品和毒害品)应设专库(柜)存放。形体特殊的仪器、标本应存放在专用橱内或支架上。自制教具也应像教学仪器一样科学存放，妥善保管。

三、各学科要根据仪器、药品的特点，做好防尘、防腐、防潮、防晒、防震、防压、防磁、防冻等养护工作。保持清洁卫生，做到室内及仪器表面无尘土，达到干净、整齐、美观。

四、实验室应有防火、防盗设施，并定期检查设备是否完好、有效。室内无人时，要切断火源、电源，并关好门窗。

五、要建立、健全科学的教学仪器、药品账目，设仪器设备总账、分类账、明细账、低值、易耗品明细账和自制教具账。严格账目管理制度，做到账目清楚、完整，账账相符，账物相符。新调拨和购进的教学仪器、药品，要及时清点、验收、入账、上橱。对不合格产品，要及时与有关单位联系调换或退货，严把产品质量关。

六、装备符合标准的工作台和维修工具，加强对仪器的定期保养与维护工作，对损坏的教学仪器，应尽快维修，保证仪器的完好率在95%以上。应设立仪器维修与保养记录册，每次维修与保养都要记录在案。对丢失、损坏的教学仪器要及时登记，按有关规定处理。对短缺的仪器设备和消耗品要及时补充，保证实验教学的需要。

七、危险品库(柜)要有专人负责，严格执行双人双锁管理制度。危险品的取用要经主管主任批准、定量取用，登记在册。对储存的危险品，要定期检查，要求包装完好，标签齐备，标志明显。对于废包装和实验中产生的废液、废渣等有毒物质，不得乱扔，要妥善处理，以防发生危险。

八、实验室要建立仪器借还制度，设专门登记册，内容包括：借还的时间、仪器编号、名称、借还数量和完好情况。借用时领取人要签字，归还时实验教师要登记、签字。理科教师因教学需要的仪器、材料等，可由本人到实验室办理借用手续，校内其他人员因工作需要借用仪器，应由教务(导)主任批准签字。外校借用仪器设备用于教学，须持单位介绍信，经主管校长批准签字。教学仪器外借必须按时归还，否则由批准人负责追回。归还的仪器如有损坏，借用人负责将其维修好后再归还，不能修理的，查明原因，按有关赔偿规定处理后，再办理归还手续，并注明处理意见。

九、每学年要全面清理一次教学仪器和药品，将结果上报学校领导。对于消耗的药品、材料，应及时补充。对使用期已满，使用功能基本丧失，无法修复或虽然修复但费用太大(超过价格50%)的仪器设备，应作报废处理。对报废的仪器设备，应由实验室提出申请，经学校鉴定小组审查评议，主管校长在申请书上签字批准生效，并要及时从有关账目中注销。上级主管部门有权对学校多余和长期闲置不用的仪器进行统一调配(有偿或无偿)，并办理有关交接手续，以提高仪器设备利用率和发挥投资效益。

十、做好档案资料管理工作，认真填写实验室日志、实验室技术档案、实验室(课)事故记录，收集、科学存放有关仪器设备的说明书、技术档案、有关实验室工作的文件、杂志及书籍。

十一、保持实验室环境整洁，创设良好的科学环境和气氛。实验室应有科学家画像、格言、实验挂图和实验陈列橱窗，各学科实验室应体现本学科特点。

十二、实验教师工作变动时，必须办理教学仪器和药品的账、物移交手续，经学校领导和交接双方三人签字后方可离岗。

关于教学仪器损坏、丢失赔偿的规定

一、关于学生损坏教学仪器赔偿的规定。

(一)制定赔偿规定的目的。

1. 培养学生严谨、科学的工作作风和爱护公共财物的优良品德。

2. 培养学生认真地按照正确的实验方法和操作规程进行实验的自觉性。

3. 培养学生遵守规章制度的良好行为习惯。

(二)损坏教学仪器的赔偿方法。

1. 凡属实验中正常损耗或由于仪器本身原因造成的损失，由教师填写有关证明和登记表，按有关规定报损。

2. 由于粗心大意、科学作风差而损坏仪器的，酌情按原价的10%～60%赔偿。

3. 由于不按操作规程进行实验，或不遵守纪律，嬉笑打闹，故意损坏仪器的，按原价的100%赔偿；情节严重的，学校还应给予必要的纪律处分。

4. 在实验中如有仪器被损坏，教师要及时登记在册，由实验教师开出单据后，有关学生到校财务室(组)交款，然后将收据交回实验室。赔偿手续应在一周内办完。

5. 实验中弄脏药品，使药品变质；打碎药瓶，使药品受到损失的赔偿办法，按本规定的第 2、第 3 项执行。

二、关于教师损坏、丢失教学仪器赔偿的规定和处理办法。

1. 在教学中正常损耗或因合理原因造成仪器损坏，应及时填写登记表，办理报损手续。单价在 100 元以下的(含 100 元)，由学校领导批准；单价在 100 元以上的或一次性报损(报废)总值超过 1000 元以上的(含 1000 元)，要由上级主管部门批准。学校凭报损单销账。

2. 教学仪器设备被损坏，有关人员必须如实登记，查明原因和直接责任人。教师做实验，因不负责任，粗心大意，违反操作规定而损坏仪器，应严肃批评教育，按原价赔偿。

3. 学校人员借用教学仪器私自用于非教学活动而造成损坏或丢失的，应按原价赔偿；违反实验室管理制度，私自外借或转借他人而造成损坏或丢失的，学校应责令实验教师和借用人员各自赔偿仪器原价的 50%，还要对当事人进行批评教育。

4. 外校损坏借用的教学仪器，要由外校负责修理，修不好的要按原价赔偿。实验室管理不善，因火灾、被盗或腐蚀，造成重大损失的，对直接责任者要酌情处以原价的10%～100%罚款，情节严重的要给予行政处分。

5. 凡属下列情节造成损坏或丢失的，可不作赔偿处理：在使用中属操作方法正确而造成仪器损坏的；在保管中由于仪器使用期限已满而老化，丧失功能的；因自然灾害所造成的仪器损失。

6. 仪器损坏或丢失的赔偿或罚款，一律由实验教师开出单据，由校总务处(财务室)收款，开出收据，将收据交回实验室销账。其款项只能用于添置教学仪器和药品，不得挪作他用。

7. 实验室应设有仪器损坏(丢失)登记册，内容包括仪器名称、编号、单价、损坏或丢失原因、处理意见、责任人和经办人签字及落实情况。

化学实验室安全守则

在中学化学实验中，使用的仪器、装置大部分是容易破碎的玻璃器皿，许多药品都是可燃、易爆、有腐蚀性或有毒的危险品，实验过程中常常需要用明火加热。因此，稍有不慎，就会发生意外事故。所以，师生都必须牢固树立安全、规范操作的思想，遵循安全守则，严肃认真地完成实验。

1. 实验前要认真预习实验内容，熟悉每个实验步骤中的安全操作规定和注意事项。

2. 酒精灯用完后应用灯帽熄灭，切忌用嘴吹灭。点燃的火柴用后应立即熄灭，放进污物瓶里，不得乱扔。

3. 使用氢气时，要严禁烟火。点燃氢气前必须检查氢气的纯度。使用易燃、易爆试剂一定要远离火源。

4. 要注意安全用电，不要用湿手、湿物接触电源，实验结束后应及时切断电源。

5. 加热或倾倒液体时，切勿俯视容器，以防液滴飞溅造成伤害。给试管加热时，切勿将管口对着自己或他人，以免药品喷出伤人。

6. 嗅闻气体时，应保持一定的距离，慢慢地用手把挥发出来的气体少量地扇向自己。不要俯向容器直接去嗅。

7. 凡做有毒和有恶臭气体的实验，应在通风橱内进行。

8. 取用药品要选用药匙等专用器具，不能用手直接拿取，防止药品接触皮肤造成伤害。

9. 未经许可，绝不允许将几种试剂或药品随意研磨或混合，以免发生爆炸、灼伤等意外事故。

10. 稀释浓酸(特别是浓硫酸)，应把酸慢慢地注入水中，并不断搅拌，切不可将水注入酸内，以免溅出或爆炸。

11. 使用玻璃仪器时，要按操作规程，轻拿轻放，以免破损，造成伤害。注意做到以下几点：

(1)使用玻璃仪器前，先要检查有无破损，有破损的就不能使用。组装和拆卸实验装置时要防止仪器折断，不要使仪器勉强弯曲，应使之呈自然状态。玻璃仪器放在高处时，一定要用铁夹夹紧，保证安全。

(2)玻璃仪器与胶管或胶塞连接时，最好用布包住玻璃仪器，一般左手拿被插入的仪器，右手拿插入的仪器，慢慢地按顺时针方向旋转插入(一定要朝一个方向旋转，勿使玻璃管口对着掌心)。插入前要先蘸些水或甘油。

12. 使用打孔器或用小刀切割胶塞、胶管等材料时,要谨慎操作,以防割伤。

13. 严禁在实验室内饮食,或把餐具带进实验室,更不能把实验器皿当作餐具。实验结束,应把手洗净再离开实验室。

危险药品的使用规则

在中学理科实验中涉及的危险品包括易燃品、氧化剂、毒害品和腐蚀品。为确保师生人身安全和实验顺利进行,在实验过程中,必须做到:

1. 酸、碱具有腐蚀性,不要把它们洒在皮肤或衣物上。稀释浓硫酸时,切忌将水倾入浓硫酸中,以免喷出伤人。废酸应倒入酸缸(或指定的容器里),注意不能往酸缸里倾倒碱液,以免酸碱发生中和反应,放出大量的热量而发生危险。

2. 强氧化剂(如氯酸钾)与某些药品的混合物(如氯酸钾与红磷的混合物)易发生爆炸。使用和保存时,应注意安全。

3. 白磷有剧毒,并能烧伤皮肤,切勿与人体接触;它在空气中能自燃,应保存在水中。取用时要用镊子。

4. 有机溶剂(乙醚、乙醇、苯、丙酮等)易燃,使用时一定要远离火源,用后应把瓶塞盖严,放到阴凉的地方。一旦不慎因有机溶剂引起着火时,应立即用沙土或湿布扑灭,火势较大的,可用灭火器,但不可用水扑救。

5. 钡盐有毒(硫酸钡除外),不得进入口内或接触身体伤口;汞易挥发,它在人体内积累起来,引起慢性中毒。如遇汞洒落时,须尽可能地收集起来,并用硫磺粉盖在洒落的地方,使汞变成硫化汞。

6. 硝酸盐不能研磨,否则会引起爆炸。

7. 金属钾、钠等不要与水接触或暴露在空气中,应保存在煤油里,并在煤油内切割。取用时,要用摄子。

8. 下列实验应在通风橱内进行:

(1)制取具有刺激性的、恶臭的和有毒的气体(如 H_2S, Cl_2, CO, NO_2, SO_2, Br_2 等)或进行能产生这些气体的反应;

(2)进行能产生氟化氢(HF)的反应;

(3)加热盐酸、硝酸和硫酸时。

附:中学理科实验中涉及的危险药品。

易燃品:二硫化碳,汽油,乙醛,乙醚,丙酮,苯,乙酸乙酯,甲苯,无水乙醇,工业酒精,二甲苯,原油,煤油,红(赤)磷,硫粉,镁条,铝粉,(白)磷,钾,钠,碳化钙(电石)。

氧化剂:过氧化钠,氯酸钾,高锰酸钾,硝酸铵,硝酸钾,硝酸钠,重铬酸钾,硝酸汞,硝酸银,硝酸铜。

毒害品:二氯化钡,氢氧化钡,四氯化碳,三氯甲烷,乙酸铅,水银。

腐蚀品:硝酸,硫酸,盐酸,过氧化氢,溴,三氯化铝,磷酸,甲酸,冰乙酸,乙酸,氢氧化钾,氢氧化钠,氨水,氧化钙(生石灰),硫化钠,氢氧化钙(熟石灰),

碱石灰，苯酚，甲醛。

实验室一般性伤害的应急措施

实验室里经常要装配和拆卸玻璃仪器装置，如果操作不当往往会造成割伤；高温加热可能造成烫伤或烧伤；因接触各类化学药品容易造成化学灼伤等。所以，师生不仅应该按要求规范实验操作，还要掌握一般的应急救护方法。

一、化学实验室里设有急救箱，箱内备有下列药剂和用品：

1. 消毒剂：碘酒、75%的卫生酒精棉球等。

2. 外伤药：龙胆紫药水、消炎粉和止血粉。

3. 烫伤药：烫伤油膏、凡士林、玉树油、甘油等。

4. 化学灼伤药：5%的碳酸氢钠溶液、2%的醋酸、1%的硼酸、5%的硫酸铜溶液、医用双氧水、三氯化铁的酒精溶液及高锰酸钾晶体。

5. 治疗用品：药棉、纱布、创可贴、绷带、胶带、剪刀、镊子等。

二、各种伤害的应急救护方法：

1. 创伤(碎玻璃引起的)。伤口不能用手抚摸，也不能用水冲洗。若伤口里有碎玻璃片，应先用消过毒的镊子取出来，在伤口上擦龙胆紫药水，消毒后用止血粉外敷，再用纱布包扎。伤口较大、流血较多时，可用纱布压住伤口止血，并立即送医务室或医院治疗。

2. 烫伤或灼伤。烫伤后切勿用水冲洗，一般可在伤口处擦烫伤膏或用浓高锰酸钾溶液擦至皮肤变为棕色，再涂上凡士林或烫伤药膏。被磷灼伤后，可用1%的硝酸银溶液，5%的硫酸银溶液，或高锰酸钾溶液洗涤伤处，然后进行包扎，切勿用水冲洗；被沥青、煤焦油等有机物烫伤后，可用浸透二甲苯的棉花擦洗，再用羊脂涂敷。

3. 受(强)碱腐蚀。先用大量水冲洗，再用2%的醋酸溶液或饱和硼酸溶液清洗，然后再用水冲洗。若碱溅入眼内，用硼酸溶液冲洗。

4. 受(强)酸腐蚀。先用干净的毛巾擦净伤处，用大量水冲洗，然后用饱和碳酸氢钠($NaHCO_3$)溶液(或稀氨水、肥皂水)冲洗，再用水冲洗，最后涂上甘油。若酸溅入眼中时，先用大量水冲洗，然后用碳酸氢钠溶液冲洗，严重者送医院治疗。

5. 液溴腐蚀，应立即用大量水冲洗，再用甘油或酒精洗涤伤处；氢氟酸腐蚀，先用大量冷水冲洗，再以碳酸氢钠溶液($NaHCO_3$)冲洗，然后用甘油氧化镁涂在纱布上包扎；苯酚腐蚀，先用大量水冲洗，再用4体积10%的酒精与1体积三氯化铁的混合液冲洗。

6. 误吞毒物。常用的解毒方法是：给中毒者服催吐剂，如肥皂水、芥末和水，或服鸡蛋白、牛奶和食物油等，以缓和刺激，随后用干净手指伸入喉部，引起呕吐。注意磷中毒的人不能喝牛奶，可用5～10毫升1%的硫酸铜溶液加入一杯温开水内服，引起呕吐，然后送医院治疗。

7. 吸入毒气。中毒很轻时，通常只要把中毒者移到空气新鲜的地方，解松衣服(但要注意保温)，使其安静休息，必要时给中毒者吸入氧气，但切勿随便使用人工呼吸。若吸入溴蒸气、氯气、氯化氢等，可吸入少量酒精和乙醚的混合物蒸气，使之解毒。吸入溴蒸气的，也可用嗅氨水的办法减缓症状。吸入少量硫化氢者，立即送到空气新鲜的地方；中毒较重的，应立即送到医院治疗。

8. 触电。首先切断电源，若来不及切断电源，可用绝缘物挑开电线。在未切断电源之前，切不可用手拉触电者，也不能用金属或潮湿的东西挑电线。如果触电者在高处，则应先采取保护措施，再切断电源，以防触电者摔伤。然后将触电者移到空气新鲜的地方休息。若出现休克现象，要立即进行人工呼吸，并送医院治疗。

二、中小学图书馆

1. 中小学图书馆工作概述

图书馆一词于1896年由日文引进。在这之前，我国古代没有"图书馆"这一名称，历代相应的称谓也不一致，如周代称"府"(西周的故府、盟府)，秦代称"宫"(阿房宫)，汉代称"阁"(天禄阁)、"观"(东观)，隋代称"殿"，宋代称"院"(崇文院)，明代称"堂"(澹生堂)、"阁"(天一阁)，清代称"斋"(知不足斋)、"阁"(文津阁)、"楼"(铁琴铜剑楼)等。现代人们把我国古代图书馆称为"藏书楼"。

现代意义上的图书馆，是一种社会机构或服务——对文献进行系统收集、加工、保管、传递，对文献中的知识或信息进行组织、整理、交流，以便用户能够从文献、书目信息、知识三个层面上获取资源。

中小学图书馆是图书馆大家庭的一个重要成员，它具有图书馆的一般社会功能，同时具有自己的特殊性质和任务，在建筑和设备方面有着特殊的要求，和基础教育课程的改革有着越来越密切的关系。

(1)中小学图书馆的性质。

1874年上海格致中学建立图书馆，从此，我国开始有了现代意义上的中小学图书馆。20世纪初，清政府兴办中小学堂，相应设有藏书室，在1902年分布的《钦定学堂章程》的《钦定小学学堂章程》和《钦定中学学堂章程》中，已有关于"中小学堂应配置图书馆"的规定。民国时期，也有关于中小学校设立图书馆(室)向学生和社会开放的规定。到1936年，中国共有136个中小学图书馆。中华人民共和国成立后，在发展教育、创办大批中小学校的同时也加强了学校图书馆的建设。从1884年到20世纪80年代这一个世纪中，中小学图书馆一直处于传统发展阶段，一般很少有独立的图书馆建筑，馆舍附设在其他建筑物中，藏、阅、业务用房分立。近年来，省、市教育部门对中小学图书馆进行了评估、考核，大大地促进了图书馆事业的发展，特别在馆舍、设备、图书的添置和现代化管理等方面得到迅速发展。

中小学图书馆是图书馆事业中的一种类型，它具有一般图书馆的共性，也具有自身的特性。

联合国教科文组织对中小学图书馆的特性有着清晰的界定。1980年发布的《中小学图书馆宣言》规定："中小学图书馆是保证学校对青少年和儿童卓有成效的教育的一项必不可少的事业，而学校的教育正是促进公民和国家之间建立和平与谅解关系的一种至关重要的因素。一所出色的中小学图书馆是保证学校取得教育成就的基本条件，它也是整个图书馆事业的一个不可缺少的组成部分。"国际图联和联合国教科文组织在1999年的《中小学图书馆宣言》中也规定："中小学图书馆提供信息和理念。这些信息和理念，对于在今天这个建立在信息知识基础上的社会中取得成功，是十分必要的。中小学图书馆使学生具有终身学习的技能，发展其想象能力，使之能够成为一个有责任感的公民生存于世。”

教育部颁布的新《规程》第三条规定：“图书馆是中小学校的书刊资料信息中心，是为学校教育、教学和教育科学研究服务的机构。”概括起来，学术性、教育性、服务性是中小学图书馆最突出的特性。这三个特性，一般图书馆都具备，但中小学图书馆具有自己的特殊性，有自己特殊的内容和要求。

教育性是指图书馆具有传播知识和进行思想政治教育的性质。中小学图书馆的主要服务对象是正在成长、需要进行各方面的启蒙和引导的少年儿童，因而教育性是明显的。服务性是指中小学图书馆作为一种服务机构，它的服务对象是学校的广大师生，它的服务内容是为学校的教育、教学和教研提供及时全面的文献信息服务。学术性是指学校图书馆在为师生服务，为教育、教学和教研服务时，需要广泛地搜集有关的书、报、刊及网络信息资料，科学地加以整理、分析、组织、提炼和加工，然后有针对性地提供给广大的服务对象。而要做好这方面工作，不仅需要图书馆的工作人员了解学校教育、教学、教研的基本情况和进展，还要有较强的信息检索和组织能力，掌握信息管理的基本知识和技能，因而具有较强的学术性。

时至今日，我们用教育性、服务性、学术性来概括中小学图书馆的性质仍不过时，但需引起注意和特别强调的是三性之中应以教育性为核心，并进一步强化图书馆的教育职能。

一是中小学图书馆担负着对其读者进行教育引导的任务和责任。

中小学图书馆的读者主要是中小学生，而中小学生是所有读者群中最需要教育和引导的。其他年龄段的读者一般已经形成了成熟而固定的阅读倾向，不大容易受外界的影响，而对中小学生则有必要培养他们良好的阅读兴趣和基本的阅读能力，指导他们通过阅读来掌握知识、认识社会。中小学生在成长过程中不断遇到人生的十字路口，一方面他们求知欲旺盛，可塑性极强；另一方面人生观、世界观正在形成，心理、性格、情绪和思想都很不稳定，很容易受外界的影响。因而，对中小学生而言，引导阅读内容，培养阅读兴趣，提高阅读能力，进而通过阅读教会自学，并从中感受到知识的力量和学习的乐趣是十分必要的。

二是中小学图书馆是学校教育教学的阵地和场所。

国内外许多成功的经验已反复证明，图书馆绝不仅是一个单纯的服务机构，而是一个重要的教育教学阵地和场所。图书馆的管理和服务水平，图书馆工作与课堂教学结合的密切程度，都直接体现着学校的办学思想和水平，并最终影响到学生的培养质量。应当承认这样一个浅显的道理：一个不会充分利用图书馆的学生不会是一个学会了自学并有自学兴趣的学生，而没有培养学生自学能力的教育只能是一种失败的教育。爱因斯坦曾说过这样的话：“有时人们把学校简单地看作是一种工具，靠它来把最大量的知识来传授给成长的一代。但这种看法是不正确的。相反，学校的目标应当是培养独立工作的独立思想的人。……学校应当始终把发展独立思考和独立判断的一般能力放在首位。”在知识更新越来越快的情况下，自学能力对一个人的成长就越关键。因此，传统的单一课堂教学模式必须打破，代之以课堂教学、图书馆阅读和自学，以及其他教学实践实验环节密切配合的综合教学模式，把基本知识的传授与独立思考、独立判断能力的培养结合起来，实现课堂教学与图书馆阅读自学的相互渗透，有机互补，互为依托，殊途同归。

鉴于上述两点，有必要大力宣传中小学图书馆的教育职能，使广大学生、家长、老师和社会都能理解到，图书馆绝不是一个消闲娱乐的场所，图书馆工作绝不只是借借还还那么简单，图书馆的作用绝不仅仅是一个第二课堂。中小学图书馆对于以学习为己任的学生而言，对于以获取知识为目的的人而言，它是一个学习的基地，一个收集和传播信息的中心，一个可以助人自立自强的大学。因此，对每一所学校而言，图书馆是重要的教育资源，是办好学校的重要支柱。

(2)中小学图书馆的职责。

联合国教科文组织发布的《中小学图书馆宣言》对中小学图书馆的职责作了明确的规定，其内容包括以下几方面：

一是紧密配合学校的教育大纲，促进教育事业的发展和改革。这是中小学图书馆的基本职责和任务。中小学图书馆的一切工作都应以学校的教育教学为中心，以推动教育事业的发展，提高教学质量，促进学生的全面发展为目的。

二是千方百计、尽可能扩大资源与服务，提供学生获取知识的途径。最近二十多来年，高校、科研、公共图书馆的资源构成和方式发生了很大变化，中小学图书馆也应做出相应努力。在馆藏资源建设上除注意传统介质的书、报、刊的入藏外，新型介质的方面尤其是电子文献的入藏也应占有一定的比例。在服务方式上要进一步提高开放性、灵活性和针对性。

三是给学生以基本训练，使之具有广泛地使用资源和服务的能力。图书馆要向中小学生传授文献知识，培养他们识读、检索和利用文献的能力。

四是引导学生养成终身利用图书馆的习惯，从图书馆获得乐趣、知识和再教育的源泉。中小学图书馆在切实加强自身建设的同时，应加强对中小学生的教育和引导，不断提高服务质量和水平，使图书馆成为学生想去、爱去、常去、方便去的地方，使学生在图书馆既学知识，又享乐趣；既广见闻，又增能力。

(3)中小学图书馆的作用。

中小学图书馆的作用是多方面多层次的，可以从不同的角度、按不同的标准进行区分。从内容和方向上讲，它既可以服务于学校的教育、教学，也可以服务于教研和管理。从服务对象来讲，它既可能为教师的自修、备课、教学服务，又可以为学生的阅读、自学服务。特别是随着图书馆自动化进程的加快，在网络环境下，中小学图书馆可以面向全社会发挥作用，为更多的人提供服务。具体到对学生全面健康成长发挥的作用，可以概括为以下四个方面：培养品德、陶冶情操；开阔视野、广增见闻；结合课程，相得益彰；学会自学，创新自立。

在图书馆里，由于学生可以相对自由地选择阅读内容，容易激发他们的学习兴趣，使其心情舒畅、思维活跃，学习的主动性明显增强。学习主动性的增强又反过来使他们更经常、更深入地利用图书馆，进而逐渐培养和锻炼他们的文献检索能力、独立思考能力和独立判断能力，遇到问题更习惯于通过查阅资料和分析思考自己解决，而不是盲从盲信。

2. 中小学图书馆的馆舍与设备

馆舍与设备是图书馆开展工作的必要条件之一，是图书馆不可缺少的重要组成部分。馆舍与设备对图书馆藏书的组织及读者方便地利用图书馆都有很大的影响，因此必须给予高度重视。

(1)中小学图书馆的馆舍。

图书馆的馆舍是储存书刊资料、开展读者活动和工作人员工作的必备场所，馆舍条件的优劣直接影响着图书馆开展服务工作的深度和广度。目前，有些中小学没有专门的图书馆建筑，是用一般的房屋或教室作为图书馆用房。规模较小的学校或农村学校，由于校舍条件差，没有安排专门的藏书室和图书馆。因此，就中小学图书馆馆舍的现状，有必要按统一标准和要求进行建设。

● 馆舍的基本要求

就理论而言，“适用、经济、美观”就是图书馆建馆的基本要求。

一是适用。适用是图书馆建筑设计的主要依据，它是馆舍设计的出发点和落脚点，是评价图书馆馆舍的第一位标准。所谓适用，即要求馆舍的建筑功能符合图书馆社会职能的要求，以便完成图书馆的各项任务，主要包括四方面的内容：

①同时满足图书馆“三类用房”(藏书、阅览与行政业务等用房)的不同功能要求。藏书用房，在保证安全存储的前提下，做到方便管理与利用、节约空间、传递简捷。阅览用房要安静舒适、光线充足、空气清新、用书方便。行政业务用房，要环境安静，有利于管理与服务工作，并符合各业务用房的工艺技术要求。以上三类用房都应做到温度适宜、避免潮湿。

②处理好“三类用房”的关系。三类用房应尽量相近，最好相连，小学可以“借、阅、藏”一体化，即大开间，大跨梁。

③解决好“三条路线”，即读者路线、图书路线、工作路线的关系。“读者路线”即读者入馆借阅的活动路线，又称读者流。要尽量让读者能够“进馆见书”。“图书路线”即图书要从进馆、验收、加工、入库、阅览等的流水线，又称书流。要尽量做到书流与读者流分开，不交叉干扰，且运行路线要平坦、简捷。“工作路线”即工作人员业务活动路线，应尽量避免同读者交叉，防止受读者流的干扰。

④图书馆馆舍必须具备“三性”，即坚固性、灵活性、扩展性。坚固性指建筑质量必须坚固耐用。灵活性指馆舍在使用功能上不能单一固定化，要能够随着图书馆职能的变化和工作的发展而不断地调整房间的使用功能。扩展性即要求图书馆馆舍能随其自身发展需要而进行必要的扩建。

二是经济。即有效地利用投资，建筑一座具有最大使用价值的馆舍。要求“经济”，不能随意地理解为造价低、投资少、花钱少就好。必须把“经济”与长远效益结合起来考虑，即使一次投资多一些，长远来看，就是“经济”，就是“节省”。如对阅览室藏书的考虑，应加重楼板的荷载设计。现代技术设备要按长远需要考虑，应留出应有的线路、电源、管道等。当然，也不能不顾现实条件，盲目追求各类用房的多功能和高标准。

三是美观。学校图书馆往往是学校教育、科学的象征，在馆舍建筑上应体现出它是学校的学术活动中心地位，能给读者以美的享受，对读者具有感染力和吸引力，从而使图书馆成为提高脑力劳动效率、启迪读者思维、引导读者寻求知识、帮助读者探讨和研究的场所。当然，要注意纠正那种只顾追求形式而忽视功能的倾向，绝不允许脱离当前经济、技术条件，搞华而不实的“创作”。

另外，对馆舍的要求还包括位置要求，如馆舍应选择学校的中心地带，便于师生利用图书馆，而且环境要幽静，最好远离操场、音乐教室等，以免声音干扰。

● 馆舍的组成部分

中小学图书馆馆舍应包括四个组成部分：

一是书库。应根据现有藏书总量及未来发展情况而确定其面积。在借阅的情况下，部分藏书可与阅览室结合起来。设置书库的地方，应考虑楼板的承重能力。藏书室应有良好的通风、换气、采光照明、防火、防潮、防虫等条件。

二是阅览室。有条件的学校应分别设置学生阅览室和教师教学资料阅览室。阅览室的环境布置要淡雅、整洁、安静、舒适，光线明亮，通风条件好。

三是借书处。借书处要与书库相连，便于取书、还书。在开架借书的情况下，出纳台应设于出口处。借书处附近要有放置目录柜的地方。

四是办公用房。包括采购书刊、分类、编目及放置公务目录的办公用房及一般办公用房等。

● 馆舍的基本标准

对于中小学图书馆的馆舍，新《规程》在第四章“条件保障”中作了如下规定：

第十七条规定，图书馆要设置藏书室(包括学生借书处)、学生阅览室、教师阅览室。有条件的学校可按学科分类设置阅览室和电子阅览室、电子资料室、多功能学术研究报告厅等。

第十八条规定，城市中小学校图书馆建设标准应不低于现行《城市普通中小学校校舍建设标准》的规定，有条件的学校可建立独立的图书馆。电子阅览室生均使用面积不低于1.9平方米。

农村中小学校图书馆的规模由各地教育行政部门结合实际情况参照上述标准制定。

对于上述规定，各中小学应积极创造条件，多方努力，使馆舍面积达到标准。

● 馆舍的安全与维护

第一，中小学图书馆的工作人员人数较少，为了防止书刊的损坏或丢失，应尽量少设出口。在阅览室和借书处，一般最好只设一个出入口，便于管理。

第二，防火对于图书馆来讲是至关重要的。图书馆应设有灭火器或消防栓，以备发生火灾时急用。图书馆应设一个电源总开关，在闭馆或下班时，关闭总开关，防止发生意外。图书馆除一般的进出口外，应另设一个安全门，以备紧急情况下疏散读者人群。

第三，要有防水功能。纸质的印刷物既怕水，也怕火，所以图书馆最好不要设在地下室，以免书刊受潮发霉。图书馆内的卫生间、洗手池应经常检查，水龙头及排水管道要经常注意维修，以防止因漏水而淹湿书刊。

(2)中小学图书馆的设备。

新《规程》第四章第十七条规定：“图书馆应配备书架、阅览桌椅、出纳台、报刊架、书柜、目录柜、文件柜、陈列柜、办公桌椅、装订设备、安全设备等必要的设施、设备，并有计划地配置复印、声像、文献保护、计算机(网络设备)、扫描仪、刻录机、打印机等设备。”

中小学图书馆的设备，如书架、目录柜、桌椅等，都应有较为科学的标准，有一定的规格要求，这些标准规格都应从保护学生身心健康、有利于图书馆管理出发。

3. 中小学图书馆的文献资源建设

图书馆的文献资源是图书馆的物质基础，它的建设质量直接影响图书馆的工作质量，没有高质量的文献资源，就不会有高质量的图书馆。要办好中小学校的图书馆，实现中小学图书馆的地位，发挥中小学图书馆在教育中的重要作用，就必须做好中小学图书馆的文献资源建设工作。

(1)中小学文献资源建设的含义。

我们可以将文献理解为：记录有信息或知识的一切载体，它由四个要素构成，即文献内容、载体材料、信息符号、记录方式和手段。在图书馆的实践和研究过程中，“图书”一词往往同“文献”交替使用，实际上广义的“图书”同“文献”是同一概念。

现代文献的类型，按加工层次可分为一次文献、二次文献、三次文献；按编辑方法和出版特点，可分为图书(指书籍)、期刊、文献资料；按记录手段和载体，可分为印刷型文献、缩微资料、视听资料、机读资料、光盘。目前，在我国的中小学图书馆中，印刷型文献在馆藏方面中占很大的比重。但随着中小学图书馆条件的提高和文献资源建设的加强，机读资料、光盘等特殊载体的文献，在中小学文献资源建设中的地位会越来越突出。

(2)中小学图书馆文献资源建设的要求。

中小学图书馆文献资源建设的范围：

一是中小学图书馆对马列主义、毛泽东思想、邓小平理论著作以及哲学、政治、经济等类的图书要保证必要的品种和质量。

二是教学参考书要搜集齐一些，其中学生的复习资料的复本应较多一点，教师进修用书要适当收藏。

三是适合中小学的特点且教学确实需要的工具书要收集齐全。

四是文艺书一定要收藏但不宜过多，而且要符合同年龄段的中小学生的阅读需求。

五是与本校教学层次衔接的教材要适当收集，以备复习和提高之用。对书报资料以及复印报刊资料也应酌情收藏。

六是对古旧书、外文书要有选择地入藏。要根据相应设备和学校各部门的分工情况，考虑有计划、有步骤地增加对非书资料(缩微资料、视听资料、机读资料、光盘等)的入藏。

总之，在收藏过程中，既要考虑教学的需要，又要保证中小学生有较广泛的阅读面；既要使收藏系统、完整、有侧重，又要充分照顾中小学生的心理、生理特点。

新《规程》第七条规定：“图书馆应根据学校教育、教学和教研工作的需要广泛采集国内外相关图书资料。”第八条规定：“图书资料的配备应以学生需求为主，兼顾教师。图书馆的藏书，应当包括适合中小学生阅读的各类图书和报刊，供师生使用的工具书、教学参考书、教育教学研究的理论书籍和应用型的专业书籍。图书馆藏书应做到结构合理，要按《中小学图书馆(室)藏书分类比例表》配备。”

中小学图书馆藏书比例基本要求：

中小学图书馆具体的藏书类别比例可参照下表配备。

中小学图书馆(室)藏书分类比例表

<table>
<tr><th colspan="3">部类</th><th colspan="2">分类比例</th></tr>
<tr><td>五大部类</td><td colspan="2">22个基本部类</td><td>小学</td><td>中学</td></tr>
<tr><td>第一大类</td><td colspan="2">A马列主义毛泽东思想</td><td>1.5%</td><td>2%</td></tr>
<tr><td>第二大类</td><td colspan="2">B哲学、宗教</td><td>1.5%</td><td>2%</td></tr>
<tr><td rowspan="12">第三大类</td><td colspan="2">C社会科学总论</td><td rowspan="12">64%</td><td rowspan="12">54%</td></tr>
<tr><td colspan="2">D政治、法律</td></tr>
<tr><td colspan="2">E军事</td></tr>
<tr><td colspan="2">F经济</td></tr>
<tr><td rowspan="3">G</td><td>文化科学</td></tr>
<tr><td>教育</td></tr>
<tr><td>体育</td></tr>
<tr><td colspan="2">H语言文字</td></tr>
<tr><td colspan="2">I文学</td></tr>
<tr><td colspan="2">J艺术</td></tr>
<tr><td colspan="2">K历史、地理</td></tr>
<tr><td colspan="2"></td></tr>
<tr><td rowspan="10">第四大类</td><td colspan="2">N自然科学总论</td><td rowspan="10">28%</td><td rowspan="10">38%</td></tr>
<tr><td colspan="2">O数理科学和化学</td></tr>
<tr><td colspan="2">P天文学地球科学</td></tr>
<tr><td colspan="2">Q生物科学</td></tr>
<tr><td colspan="2">R医药卫生</td></tr>
<tr><td colspan="2">S农业科学</td></tr>
<tr><td colspan="2">T工业技术</td></tr>
<tr><td colspan="2">U交通运输</td></tr>
<tr><td colspan="2">V航空、航天</td></tr>
<tr><td colspan="2">X环境科学、劳动保护科学</td></tr>
<tr><td>第五大类</td><td colspan="2">Z综合性图书</td><td>5%</td><td>4%</td></tr>
</table>

中小学图书馆文献资源建设的标准：

教育部下发的新《规程》中第九条规定：“图书馆藏书量不得低于《图书馆(室)藏书量》的规定标准。各地可结合本地区中小学校特点和实际情况制定图书复本量标准及增新剔旧(剔除)原则。配备复本量应视学校规模而定。”

图书馆(室)藏书量

	完全中学		高级中学		初级中学		小学	
	1类	2类	1类	2类	1类	2类	1类	2类
人均藏书量(册数)(按在校学生数)	45	30	50	35	40	25	30	15
报刊种类	120	100	120	100	80	60	60	40
工具书、教学参考书种类	250	200	250	200	180	120	120	80

中小学图书馆对指导性文件、科学著作、工具书、珍贵的图书以及个别教师进修需要的教材等应在保证使用的情况下，再决定复本量。至于多数读者常用的书刊，则需要一定的复本量，如师生常用的教学复习参考读物，颇受读者欢迎的通俗读物和文艺作品等，要有一定数量的复本供流通使用。制定复本量还要考虑现在馆藏情况和购书经费。制定的复本量要科学合理，经费少要择优补充，经费多也不能多学科地滥补充。

现提出一些类别的复本量，仅供参考。

政治类(包括马列、哲学、经济、政治等类)：1～2本。

教师用书：教学参考书2～4本，教师进修用书1～2本。

学生用书：思想教育读物2～4本，提高性教材1～3本，复习用书，根据同年级教学班而定4～10本。

文艺书：名人名著2～4本，全集适当少些。一般较好的作品1～2本。

工具书：师生共用的2本，师或生用的1本。

经过几年对复本量制度的执行情况，根据本馆的发展与需要及购书经费的实际情况可适当调整复本量，以不断提高藏书质量。

(3)中小学图书馆文献资源的组织与管理。

中小学图书馆文献资料的组织和管理，基本由九个程序组成。

一是验收。通过多种方式补充到馆的文献，第一道工序就是验收。验收程序分为两步：首先，将到馆的新书和销售单位开据的发票进行核对，要核对品种、册数、单价、金额等。其次，检查新书是否有全套书缺册、重册现象，是否有缺页、破损、错装、倒装或印刷不清等质量问题。对声像资料、光盘、磁盘等文献，应试听、试看，如发现问题，应及时与销售单位取得联系或退或换。

二是盖章。验收无误后，第二步就是盖章。藏书章是一个图书馆藏书所有权的标识，一本书盖上藏书章就标志着它已是图书馆的财产。藏书章一般盖在两处：一处盖在书名页的正中上方，但注意不要盖在画面上或人像上；另一处盖在本馆自定的暗页上。

三是登记。凡是入藏书的文献，都要进行登记。文献登记的目的在于完整记录馆藏财产，全面反映馆藏动态，提供准确的统计资料，作为制订计划、总结工作、清点藏书的依据。藏书登记的基本要求是完整、准确、及时、一致。藏书登记有两种：总括登记和个别登记。两者之间相互联系、相互补充，但功能却各不相同，不能互相替代。

四是分类。图书分类法是图书馆分类人员类分图书、组织图书的一种工具。它是由许多大小不同的类目，根据它们不同的属性，按照一定的原则组织起来的分类体系。并用标记符号来代表各级类目，固定其先后次序。图书分类法的分类体系通常是以表格形式体现出来，所以也称为图书分类表。2003 年教育部修订颁布的《中小学图书馆(室)规程》(修订)中规定："图书分类应按《中国图书馆图书分类法》(简称《中图法》)、期刊分类应按《中图法期刊分类表》(亦即《资料法》)进行分类。"根据中小学图书馆的藏书量和藏书特点，不宜采用大型分类法，类目多少要适合中小学图书馆的需要。目前，选用《中图法》(第四版)简本为宜。

五是编目。文献编目是按照一定的标准与规则，对馆藏文献的内容及形式特征进行分析、选择、记录，编制成各类款目，并将各类款目按一定原则与方法排列成各种目录的过程。

六是排架。将馆藏书刊按一定的次序排列在书架上，并形成一定的查找系统。排架的目的是方便管理、方便使用。藏书排架法可概括为两大类：内容排架法和形式排架法。内容排架法是以出版物的内容体系为标志进行排架，包括：分类排架、专题排架。形式排架法是以出版物的形式上的不同特征为标志进行排架，包括：字顺排架、固定排架、登记号排架、年代排架、语文排架、书型排架等。

七是清点。图书馆应定期清点馆藏书刊。藏书清点的目的，一是为了摸清家底，了解馆藏书情况；二是通过清点，检查藏书是否完整，分析藏书是否符合图书馆读者的需要，发现图书馆业务工作的漏洞。

八是剔除。补充新书剔除滞书是图书馆藏书建设的两个方面。有进有出、新陈代谢才符合藏书的发展规律。只进不出，单纯追求大而全同，势必会造成书库紧张。藏书积压，影响流通，加重管理负担，导致新书比例减少，藏书质量下降。剔除工作又称剔旧或注销，是提高藏书质量、减少拒借率、调整藏书结构的重要手段。

九是文献保护。文献保护的目的是保护国家财产，延长文献的使用寿命，保证文献的完整，能够较长久地为读者利用。内容包括：防火、防湿与防高温、防尘、防菌、防虫、防鼠、防水、防止盗窃，对损坏的文献进行修补等。

4. 中小学图书馆的自动化管理

(1)图书馆计算机自动化及其技术目标。

图书馆自动化是指以计算机为主体，同时利用通信技术和高密度存储技术等现代高新技术，对图书馆工作各环节实行自动化处理、管理和服务的过程。图书馆自动化是一门涉及学科范围很广的综合性技术，其目标和内容主要包括以下几个方面：

一是图书馆业务管理自动化。

通过自动控制，对于图书馆的采购、分编、流通、检索服务等环节实行自动化管理。对于在自动化管理过程中所涉及的各类数据，如登录号、文献外部形态信息、分类号、书次号等信息，可以一次输入，多次利用。业务管理的自动化，可减少图书馆中经常性的、重复的工作，大大提高工作效率和服务水平。

二是信息利用大众化。

图书馆的文献资源，通过网络，在网上传播，并为社会用户所广泛使用；联接在网络中任何一台联机终端，不论其位于哪个国家，无论何时都可以方便地得到网络中资源，充分利用人类的文明资源。

三是自动处理数据。

对图书馆的采购、分编、流通、检索、行政事务等数据进行统计，可根据不同需求打印不同的报告。

四是输入、输出的标准化。

实现数据处理、数据输入和输出的标准化、规格化，是实现图书馆自动化的可靠保证，因此自动化系统的设计和各种格式都以标准化为依据，便于数据应用和资源共享。

(2)图书馆计算机集成管理系统。

图书采访工作是图书馆的一项重要工作，它对馆藏补充、馆藏建设起着决定性的作用，因而直接影响到图书馆其他业务部门的工作，当然也影响着整个图书情报部门的服务质量和水平。利用计算机集成管理系统，就能较好地解决这个问题。

一是中小学图书馆采访子系统。

图书馆采访系统的目标：主要指：(1)根据学校的发展规划，以及图书馆所制定的采购方针、总任务和采购政策，通过订购、交换和接收赠送等方式收集各个学科不同种类的图书文献资料，并保存它们的各种信息记录；(2)对收到的各种图书文献资料进行验收登录；(3)对采购图书文献的各种资金账目和订购过程中的信息管理；(4)能够提供与采购业务有关的统计数据，并能打印。

采购系统的具体功能：主要指：(1)订购管理。订购管理主要进行订购查重、建立订购数据库等。订购数据库的建立可以采用自行录入、外部资源数据的套入、从网上下载数据等。订购查重的途径有：ISBN 号、题名、责任者、出版者等。(2)验收登录。此功能包括：验收、个别登记、打印财产账、总括登记查询、打印总括登记账、增加和修改信息记录、自动录入条码号等。(3)经费管理。经费管理有预付款管理、实付款管理、经费使用情况报告等功能，资金管理可以使有关业务人员和管理人员及时了解经费使用情况，并及时调整。(4)统计与报表生成。此功能包括预订统计、到书统计、接收统计、赠送统计，并产生上述各种统计报表。(5)查询。此功能可查出过期未到书并能将其打印出来，可查出近期到书情况、查询书源情况，查询经费使用情况等。(6)系统维护。此功能是指对数据库中的数据进行增、删、改等操作。

二是中小学图书馆编目子系统。

图书编目工作是图书馆进行馆藏建设、开发利用馆藏文献资源的重要环节，编目自动化，可使读者利用图书馆的书目数据库从各种途径检索到所需的文献信息。

三是中小学图书馆流通子系统。

流通子系统由于直接与读者接触，因而它在图书馆中的地位十分重要，处于图书馆的第一线。它的运转情况直接反映出馆藏建设的质量、满足读者需要的程度、服务质量和科学管理水平等。所以，实现流通工作的计算机化，建立一个高效、稳定的流通管理自动化系统至关重要。主要包括：

借书：能迅速将图书、借书人、借书日期等信息连接在一起，并统计有关数据，如读者已借书情况。对违章者除拒借书外，还要告诉拒借原因。

还书：将读者要还的图书作注销处理，并修改有关数据，如还书人数、还书册数等。读者来办手续时对过期书按罚款规定计算罚金，并打印罚单。

续借：为读者办理续借手续。

预约借书：在预约文档中，为预约者建立包含被预约书、预约人和预约日期等信息的记录。在该文档中，对于同一被预约的图书，预约人按预约日期的先后次序排队。排队时还需考虑预约权的级别。

借预约书：办理借预约书的手续和前面的借书手续不完全一样。预约书只有预约人接到图书馆发出的预约通知才有权借阅。在发出预约通知后的规定期限内不来借书，则取消该次的预约权。

咨询查询：查询某书的去向；查询读者所借图书的过期情况，打印过期书通知单；查询某读者借书情况；查询某日借书情况。

四是中小学图书馆公共查询子系统。

公共查询系统提供了一种有效的查询手段，可以查询整个集成系统中的书目数据。它提供了灵活多样的检索方式，读者可以随意输出检索结果，深受读者的欢迎。

建立公共查询子系统的作用：(1)节约读者时间。读者利用公共查询系统，免去在目录柜前翻阅卡片目录的不便，可以快捷地查找自己所需文献资料，节约查找文献的时间。(2)可以随意改变检索方式。读者在利用公共查询系统时，可以根据自己的需要，随时更换检索方式，计算机为读者提供了多个检索点，读者可以从任何有检索意义的入口去检索文献，如通过题名、责任者、分类、出版社、ISBN号等检索。(3)可以进行逻辑查询。读者在使用公共查询系统时，可以进行逻辑查询，可以随时扩大或缩小检索范围，以求获得满意的检索结果。(4)可以通过联网，检索到其他单位的数据。如果图书馆与其他图书馆之间联网，则读者可以通过公共查询系统同时检索到其他图书馆的书目数据和其他信息，为享受馆际互借等资源共享服务提供方便。

五是中小学图书馆期刊管理子系统。

期刊管理子系统的功能包括以下几方面：

● 期刊订购。

期刊订购工作有新订、续订以及停订(包括停刊)的处理。订购的季节性较强，有一定的时间限制。订购工作基本上一年一次，相同种类的期刊每年的订购数据是不变的，可重复使用。

订购查询：一般查询途径有ISSN号、订购刊号、统一刊号、刊名等。

订购库的建立：订购库主要有这样一些字段：ISSN号、CN号、刊名、出版者、编者、邮政编码、订单号、预订份数、刊期、价格、采购分类、邮局发行号、期刊来源、开户银行、账号、发票号、经手人、订购日期、附注等字段。

打印相关目录：能按年度打印预订目录、刊名目录、分类目录等。

打印订单：能够按要求打印订购单。

● 期刊编目。

期刊书目数据是期刊管理系统中的主库。建立期刊书目数据库可以利用现成的标准的MARC数据或自建书目数据。

● 现刊验收。

对新到期刊进行登记，按出版周期记到。

期刊的验收一般要持续一年，只有所有的期刊都到齐后才能结束验收。

对未到的期刊可以打印催询单。

● 装订下架。

到齐的期刊，可以进行装订，系统可以打印装订清单。

● 统计。

入库期刊的统计：统计入库期刊的种数、份数、金额等，并可打印统计报表。统计时，原则上要求按类进行。

● 期刊的检索。

对期刊的检索可以从多个角度完成，如刊名、编者、ISSN 号等。

● 经费控制。

建立经费控制文档，用来记录各种经费来源与金额、预订金额等。

5. 中小学图书馆发展趋势

中小学图书馆的发展，逐步向电子、数字方向迈进。主要有：

(1)电子出版物。

关于电子出版物，至今还没有形成统一的认识，国际上还没有一个公认的定义。1996 年，国家新闻出版署在其颁布的《电子出版物管理暂行规定》中将电子出版物定义为："以数字代码方式将图、文、声、像等信息存储在磁、光、电介质上，通过计算机或者具有类似功能的设备阅读使用，用以表达思想，普及知识和积累文化，并可以复制发行的大众传播媒体。媒体形态包括软磁盘、只读光盘、交互式光盘、图文光盘、照片光盘、磁带、集成电路卡和新闻出版署认定的其他媒体形态。"

电子出版物有检索方便、运输成本低、复制简便、多媒体功能等优点，它们在某些方面(例如文摘索引和书目等工具书的出版)很大程度上取代了纸张出版物。

(2)电子图书馆。

"电子图书馆"，就是以电子形式(媒介)储存、传递和服务的图书馆。

电子图书具有许多优点，画面可以移动，同时供许多用户使用，多种检索功能可供选择。为了适应这类新型出版物的出现，许多图书馆相继开辟了电子阅览室，借阅者在计算机终端屏幕前查阅有关的材料，只需几秒钟电脑屏幕即可显示出有关的内容，或指出该材料的存放地，并可根据用户的要求打印、复印和办理外借的手续，也可出资购买。电子图书馆可以方便读者查询资料，还可提高图书流通率。

(3)虚拟图书馆。

所谓的"虚拟图书馆"，就是通过虚拟链接网上站点，从而使用户可以广泛存取计算机化的信息资源的一种环境。它以电子方式将世界范围内的图书馆、个人、机构及商业公司连接起来，并提供检索其存储的学术信息资源。这些资源不仅包括正式的图书馆信息，还包括数据库、电子文本、多媒体对象，以及数以百万计的相互作用的人类智力。在完美的虚拟图书馆中，用户可以存取比其馆藏多很多的信息，不局限于某一图书馆的馆藏，用户可以立即在自己的案头检索全世界的信息。

(4)数字图书馆。

数字图书馆有一个非常宽泛的定义。数字图书馆是全球信息高速公路上信息资源的基本组织形式，这一形式满足了分布式面向对象的信息查询需要。这个定义中可能有两个概念需要解释，“分布式”和“面向对象”。简而言之，前者指跨图书馆（跨地域）和跨物理形态的查询，后者指不仅要查到线索（在哪个图书馆），还要直接获得要查的东西（对象）。这个定义类似于说目前的图书馆“是社会信息资源的一种主要组织形式，满足了人们借阅书刊等基本信息需要。”

未来的中小学图书馆，将会得到快速发展。

一是中小学图书馆的地位将得到进一步提高。

随着中小学教育从应试教育向素质教育的转变，中小学生的自学能力、独立解决问题的能力和创新能力的培养将受到重视，以图书馆、课外兴趣小组为代表的第二课堂将发挥突出作用。

在培养学生的自学能力、创新能力、独立解决问题的能力的过程中，图书馆的作用不容忽视。在新的教学模式中，教师要鼓励学生针对教师提出的各种问题，利用图书馆的文献信息去独立解决。

未来的信息社会，对中小学教师的素质也提出了更高的要求，教师必须树立终身教育的观念，不断学习，才能适应不断发展变化的社会现实。现代化教育大量采用新的教学技术和教学手段，这都要求教师利用图书馆的服务。这样，中小学图书馆的作用日益受到重视，中小学图书馆的地位将得到进一步提高。

二是中小学图书馆的存在形式将发生很大变化。

随着信息高速公路的发展，中小学图书馆将改变现在封闭办馆的现状，将出现没有围墙的图书馆，现在已有不少中小学图书馆开始上网，使每一个中小学图书馆成为互联网上的一个节点。

三是读者利用图书馆的方式也会发生一些变化。

中小学图书馆的读者可不必到图书馆就能享受图书馆的服务，他们在家中或办公室，都可以利用网络终端进入图书馆，不仅可以使用隶属本校图书馆的文献信息，而且还可以使用网络上其他图书馆的文献信息资源及其他网络上的信息。

四是中小学图书馆的工作任务发生了很大的变化。

图书馆的教师要积极参与中小学图书馆网络化建设，开展文献信息资源共享工作；图书馆教师要对读者使用网络和各类现代电子出版物提供咨询服务和辅导；图书馆教师还应开发、筛选网络上的各种信息提供给中小学师生读者。因此，未来的中小学图书馆教师应成为信息开发人员、信息咨询人员、信息导航人员，成为中小学老师队伍中的一个不可或缺的组成部分。

6. 中小学图书馆读者服务

(1)中小学图书馆读者服务概述。

用户服务工作，也称读者服务工作，是指图书馆文献的使用和服务工作，如文献的外借、阅览、文献宣传、阅读辅导、参考咨询、文献检索、网络信息导航等，以及用户发展、用户研究、用户培训工作。此外，还包括各类信息工作，如科技查新、专利查新、定题信息服务等。

用户发展：图书馆要根据本馆具体任务的要求，或按用户（读者）的工作性质，或按居住区域，或按文化水平和年龄，分期分批地进行用户登记，发放借阅证。在发证过程中，应保证重点，使本馆的主要服务对象优先取得借阅的权利，同时，还要满足一般用户的需求。

用户研究：对用户的调查研究，主要是了解用户的阅读倾向和对文献信息需求的规律和特点。这样做的目的是为了解决用户需要的多样性与文献信息内容的复杂性之间的矛盾和用户分散使用文献与图书馆集中收藏文献之间的矛盾，以便最大限度地满足用户所需的文献信息。

流通推广：用户对于文献信息的需求是无限的，而馆藏文献的内容与数量则是有限的。图书馆流通推广工作就是要解决或调整有限馆藏与无限需求之间的矛盾。文献的流通推广包括外借、阅览、复制、馆际互借、馆外流通等多种方式。

宣传辅导：为了充分发挥馆藏文献的作用，扩大图书馆的社会影响，提高服务质量，图书馆在做好文献流通推广工作的同时，还应做好宣传辅导工作。宣传辅导工作的目的，在于向用户介绍馆藏，让用户更好地利用馆藏，提高文献利用率，降低文献拒借率。

参考咨询：这是用户服务工作的重要组成部分。图书馆的参考咨询工作一般是围绕着文献资料进行的。用户要求解答的问题，图书馆一般是通过提供文献资料的途径使其获得知识或信息来得以解决的。参考咨询工作包括书目工作和咨询工作等方面。

除了上述环节，还有文献检索、网络信息导航与服务、用户教育与培训等。

中小学图书馆读者服务工作的主要任务和目标：支持和增强由学校的任务和课程体现出来的教育目标；发展和支持孩子们阅读、求知和终身利用图书馆的习惯和爱好；为在知识、理解、想象、娱乐方面创造和利用信息积累经验提供机会；向所有学生提供评估和利用各种形式、形态、媒介的信息的知识和实践技能，并且使他们即时了解社会成员间各种交流模式；提供获取本地、地区、国家和全球资源的途径，使学习者有接触各种各样的观念、经验和意见的机会；组织可促进文化和社会意识与敏感性的活动；与学生、教师、管理者和家长一起努力，完成学校的任务；提倡知识自由和信息的获取，对于有效地、负责地行使公民权，以及参与民主是必不可少的；在整个学校及更大的范围内，对于有效地、负责地行使公民权，以及参与民主是必不可少的。

中小学图书馆应以全开架借阅和半开架借阅为主，要开展好外借、阅览、宣传推荐服务工作，并发挥班级图书角、图书箱的作用。图书馆要配合学科教师组织形式多样的读书活动，对学生进行课外阅读指导，并开展图书情报教育课、图书和图书馆知识介绍、工具书使用方法、图书的选择和读书方法以及读书卫生知识等方面的指导。学校应开设阅读指导课并纳入教学计划，有条件的学校要开设电子阅览指导课，指导学生正确运用电子阅读系统。

(2)中小学图书馆的阅读指导。

所谓阅读指导，就是图书馆在了解和研究读者需要的基础上，对其阅读目的、内容和方法给予积极影响的教育活动。对中小学图书馆而言，阅读指导是对广大师生，尤其是中小学生进行有关阅读方面的指导与帮助，以提高中小学师生的阅读修养，从而有助于其学习和科研的一系列活动。

中小学图书馆阅读指导的意义：一是对中小学生进行思想品德教育；二是可以培养学生正确的阅读方法，掌握获取知识的正确途径；三是可以促进学生对课堂内学习的理解和消化；四是可以使学生掌握检索方法，初步学会利用图书馆。

阅读指导的原则和内容：

课外阅读指导，是特种形式的教育、教学活动，它有特殊的规律和要求，应遵循基本原则，即是科学性原则、针对性原则和主动性原则。

阅读指导的内容：一是阅读兴趣的培养和引导；二是关于如何利用图书馆和“如何利用文献资料”的指导；三是阅读技巧的指导；四是普及检索方法的指导。

阅读指导的方法：阅读指导的方法一般有：对话式、授课式、集合、观摩式、结社式、文字式、竞赛式、展览式和网络指导。

上好中小学图书馆的阅读指导课，是阅读指导的重要形式。阅读指导课是中小学图书馆指导课外阅读的基本形式。上好阅读指导课要从中小学图书馆的任务和小学的实际出发，扎扎实实地进行。①明确任务，要全面贯彻《规程》中所确定的任务。②把握特点，主要表现在一是文献情报教育的启蒙性；二是自学辅导性；三是新颖、实践性。③探索规律，阅读指导课，要以图书情报知识教育为主，与各科教学活动紧密结合；阅读指导课，要以图书馆教师讲解为主，与其他教师讲课紧密结合；阅读指导课，要以指导学生主动阅读、科学阅读、提高自学能力为主，思想教育、其他教育紧密结合；阅读指导课，要以“激趣”、“导向”、“导法”为主，与“导思”、“导写”、“导行”紧密结合。④阅读指导课，要注重提高质量。

三、现代教育技术专用教室

(一)中小学语音教室

1. 中小学语音教室概述

语音室是专为学生进行口语训练和听力训练的专用教室，由主控台，学生跟读型录音机和学生专用课桌椅组成，另配有接驳在学生录音机上的耳机话筒组和连接电缆。通过语音训练，可纠正学生的发音。进行口语、听力训练，学生可跟读并录音，重放复听，将自己的读音与老师的比较，再跟读加以模仿纠正，达到读音准确的目的。

我国语言教学发展迅速，语言教室成为学校外语教学中不可缺少的现代化教学设备。从高校到中学甚至到小学都在逐渐普及。随着用户的需求，市场规模急剧扩大，各厂家加大投入，新的产品层出不穷。从目前来说市场分为两大块，即数字语音室和传统的模拟语音室。

数字语音室与传统的模拟语音室的区别：

数字语音室与传统的模拟语音室的区别从教学上来说，主要有三大特点：①教学素材不同：传统模拟语音室教学资源主要来源于磁带，而数字语音室可支持 MP3 等最流行音频格式，可以通过电脑、磁盘等转载，在电脑中设有海量资料库随教师任意点播；教师可采用数字化备课进行音频、文字编辑和 MP3 课件的制作，可与 Internet 网络连接，尽情下载，教学资源来源全面广泛。②教学方法不同：使用数字化的产品，教师可于上课前在电脑中把要上课的内容全部准备好，上课时直接从电脑中选用音、视频同步的资料进行教学，同时，可控制音频文件的语速，即通过变速不变调功能实现因学施教，学生可通过学生终端实现听看同步，提高学习效率。③学习的方法不同：学生可实现自主学习，在主电脑素材库中点播学习资料，自由控制播放、停止、快进、快倒。即可作为开放式阅览室进行电子阅览。④实现无纸化考试功能，支持逐题考试和连续考试，考试结果实时分析、评估，将结果马上发给学生，并可打印输出。⑤实时监视、监听学生学习，帮助教师了解学生自习情况。⑥兼容模拟语音室，涵盖全通话、个别通话、组通话，组织讨论、两两对讲、示范等功能。⑦学生呼叫显示。⑧学生可充分利用小组对讲，两两对讲等进行练习，可以任意点播外接的音源节目。当然，数字语音室还根据厂家对设备设置的不同，有许多独特功能，如电子白板、电子辞典、键盘输入、学生管理等等。而且数字语音室还分为ATM、TCP/IP两大类。但它们只是在功能、传输上面有所不同，其实现的目的都是将音、视、文本资料传到学生端，还原模拟信号，让学生的感官接受，提高学习效率。

2. 中小学语音室建设和配备标准

(1)环境要求：

采光和照明要求：

一是(AP、AA、AAC)语言教室：

课桌面上的采光系数最低值不低于1.5%、玻地比不应低于1∶6。

课桌面上的平均照度值不应低于200lx，其照度均匀度不应低于0.7。

二是(APV、AAV、AACV)语言教室：课桌面上的自然采光系数最低值不低于1.5%；利用电视机进行教学时，课桌面人工照明的平均照度应为60lx±6lx，照度均匀度不应低于0.7；室内应有防止灯的光源在屏幕上产生反射眩光的措施；室内必须设有转暗设施和加强通风的设施。

换气要求：每小时换气次数，小学不宜低于3次，中学不宜低于4次；必要换气量，小学生不宜低于11m³/(h·人)，中学生不宜低于14m³/(h·人)；室内二氧化碳最高容许浓度为0.15%。

采暖地区的采暖温度：在学习时间内，教室中部(距地面一米处)的气温应为16℃～18℃，不宜超过20℃，相对湿度应为30%～80%，风速应在0.3m/s以下；教室水平温差和垂直温差不宜超过2℃。

噪音：语言教室内的噪音应小于55dB。

语言教室应设置在没有强电磁辐射的环境。

(2)设计要求：

语言教室宜设计在教学楼的上层。应相对远离运动场、音乐教室、街道等声源较大的场所。

语言教室应有吸音设计。

在教室内设置控制台时，第一排语言学习桌前沿与黑板的水平距离不宜小于2500mm；纵向走道宽度均不应小于600mm，教室后部横向走道的宽度不宜小于600 mm。

语言学习桌端部与墙面(或突出墙面的内壁柱及设备管道)的净距离均不应小于550mm；前后排语言学习桌净距离不宜小于600mm。

环形天线在室内要求采用暗线铺设。

多间音频感应类AP语言教室的位置分布：各间不可垂直设在教学楼的各层内；各间应水平设置，且两间之间应有足够的距离，使其相互的音频串扰小于45dB。

(3)设备要求：

序号	设备名称	规格要求	单位	数量	备注
	广播类AP语言教室				
1	调频发射台		座	1	
2	收录机		台	1	
3	教师工作台		台	1	
4	语言学习桌/椅		套	1/人	
5	收音机	含耳机一副	台	1/人	
	音频感应类AP语言教室				
1	音频感应发射系统		套	1	
2	收录机		台	1	
3	教师工作台		台	1	
4	音频感应接收器	含耳机一副	台	1/人	
5	语言学习桌/椅		套	1/人	
	红外发射类AP语言教室				
1	音频信号载波红外发射系统		套	1	
2	收录机		台	1	
3	教师工作台		台	1	
4	音频红外接收器	含耳机一副	台	1/人	
5	语言学习桌/椅		套	1/人	

AA(AAC)型语言教室的基本配置：

序号	设备名称	规格要求	单位	数量	备注
	教师部分				
1	计算机控制的教师主控台	i. 规格及形状：以能放置语言学习系统的主控部分和信息传送设备为宜 ii. 语言学习系统的主控设备 iii. 较齐全的信息传送设备	套	1	计算机及信息传送设备的各项技术指标适时配，以满足语言学习系统为原则

续表

序号	设备名称	规格要求	单位	数量	备注
2	非计算机控制的教师主控台	i. 规格及形状：以能放置语言学习系统的主控部分和信息传送设备为宜 ii. 语言学习系统的主控设备 iii. 较齐全的信息传送设备	套	1	指由单片机控制或逻辑控制或开关控制等其他类型的主控制台
3	教师用椅		把	1	
4	无源音箱	i. 频率响应：100Hz ～8000Hz ii. 功率：每声道的功率不小于 10W	个	2	两者任选其一
	有源音箱		个	2	
5	主控台直流稳压电源	电源的电压、特性与功率应满足语言学习系统连续工作 8 小时的供电要求	套	1	
	学生用直流稳压电源		套	1	学生用直流供电必配
	学生部分				
6	学生音频听答器（AA 部件）		台/人		适用于 AA 型语言教室
7	学生音频听答器（含试题选择器）		台/人		
8	学生录音机（AAC 部件）		台/人		适用于 AAC 型语言教室
9	学生录音机（含试题选择器）		台/人		
10	耳机话筒组		副/人		
11	单人语言学习桌（L×D×H）	不小于 600mm ×400mm×780mm（有隔音板或无隔音板）	张/人		按教室空间所容纳的学生人数与选配
	双人语言学习桌（L×D×H）	不小于 1400mm ×400mm×780mm（有隔音板或无隔音板）	张/2 人	2	
	三人语言学习桌（L×D×H）	不小于 2100mm ×400mm×780mm（有隔音板或无隔音板）	张/3 人	3	

续表

序号	设备名称	规 格 要 求	单位	数量	备注
12	学生用椅		把/人		
备件、附件及专用工具					
1	音频信号传输电缆	屏蔽线	套	全套	均含相关接插件
2	控制电缆	长距离采用双绞线	套	全套	均含相关接插件
3	供电电缆		套	全套	均含相关接插件
4	电缆槽		套	1	
5	安装螺钉及专用工具		套	1	
选配部分					
1	教师桌边柜	按企标技术要求	组		1
2	打印机		台		1
3	有线话筒	台式	只		1
4	无线话筒及调频机	（领夹式）	套		1
5	录音笔		只		1
6	快速复录机	可同时复录8盘盒式带	台		1

视频部分的基本配置（如APV、AAV、AACV、AACV—M）：

序号	设备名称	规 格 要 求	单位	数量	备注
	视频集中显示				
1	视频、音频切换器	i. 视频/音频增益：0dB; ii. 视频输入：$1U_{P-P}$; iii. 音频通道电平：最大 $2U_{P-P}$	台	1	
2	视频输出设备	任选	台		
3	显示设备	任选			
	视频分别显示				
1	视频、音频切换器	i. 视频/音频增益：0dB; ii. 视频输入：$1U_{P-P}$; iii. 音频通道电平：最大 $2U_{P-P}$	台	1	
2	视频输出设备	任选	台		
3	视频分配器	i. 视频增益：1dB; ii. 带宽：10Hz～15MHz/±3 dB	套	1	输出的总通道数应与显示器的台数一致

续表

序号	设备名称	规格要求	单位	数量	备注
4	CRT 显示器		台/人		1. 两类中任选其一； 2. 数量按学生人数确定
	液晶显示器		台/人		
	备件、附件及专用工具				
1	视频信号传输电缆	阻抗为 75Ω 的屏蔽线	套	全套	均含相关接插件
2	通讯电缆	长距离采作双绞线	套	全套	均含相关接插件
	选配部分				
1	视频采集卡		块	1	
2	视频输出设备	任选			

多媒体部分的基本配置：

序号	设备名称		规格要求	单位	数量	备注
1	教师部分					
	服务器			台	1	
	学生部分					
2	学生用计算机		以能满足教学要求的基本配置为宜	套/人		
3	电子书包	处理器	Cirrus Logic EP7212 /RISC 32Bit /74MHz	片	1	
		内 存	16M SDRAM 可扩展至 32M	组	1	
		闪 存	8M / 16M Intel 高性能闪存	组	1	
		显示器		台	1	
		输入设备	101 键紧凑键盘兼容键盘鼠标	套	1	
		外存扩展	SmartMedia 接口	组	1	
		通信接口	串口(RS232)/ 红外接口(IRDA)	套	1	
		网络接口	l 以太网接口(RJ－45) l * Modem 接口(RJ－11)	套	1	
		电 源	l 交流——220V，50Hz； l 直流——可充电锂电池，每次充电可连续用 10 小时以上	套	1	
	视频输出设备		任选			
	选配部分					

续表

序号	设备名称	规格要求	单位	数量	备注
一、教室管理与应用	管理人员	必须有专(兼)职管理人员			
	管理文档	有使用运行情况记录本、保养维修记录本、设备管理账目、各类资料及购置软件登记本,并如实做好有关记录			
	应　用	语言教室应具备丰富的教学资源,有校园网的应与校园网连接			
二、承建要求	随机资料	承建方应向学校提供相关设备的随机资料,包括产品说明书、装箱单、保修卡、合格证等,进口设备要有规范的简体中文说明书			
	设备要求	相关设备符合合同要求,所有设备严禁"以次充好"、"以旧翻新",严禁出现"三无"产品			
	应用培训	承建方应及时对学校有关人员进行应用培训			
	竣工文档	工程完毕后,承建方必须向学校出具规范的竣工文档一式两份,并加盖承建单位公章,主要内容包括: 1. 承建合同文本(包括相关设备的基本配置、双方责任与义务、售后服务保证等)复印件; 2. 有关企业资质证明(企业营业执照、税务登记证、建设资格证)复印件; 3. 进口设备要有海关进口证明和授权经销证明复印件; 4. 工程自检报告:软硬件配置数量情况、技术性能等; 5. 语言教室布线施工图,图中要明确标明设备的位置、电源线及网线的走向等			

3. 中小学语音室管理

附:中小学语音室管理制度。

中小学语音教室管理制度

1. 语音教室(多媒体语音室)是学校进行语音训练的重要基地,室内要保持整洁、空气干燥。

2. 语音教室的录音机、耳机要保证发音清晰,不得有因机械电路故障引起的嘈杂声。磁带等专用软件要保证发音清晰。

3. 要经常检查无线听音系统室外天线的稳固性,定时播放英语听力内容,充分发挥其作用。

4. 语音室座位要按班容量配置,并统一编号,保证上课的学生每人占用一个机位。

5. 每学期要编制《上机学习课表》，分年级列出，并张贴上墙，按年度装订成册存档，语音教室使用完毕后，要认真填写《使用情况记录表》，记录表要成册后填写，用完存档。

6. 不得在语音室内饮食和吸烟，严禁将与语音室无关的物品带入或存放在室内。

7. 语音室管理人员调入、调出时要及时做好设备的清点和有关的交接手续。

语音室管理人员岗位职责

一、根据学校的教学计划和课程安排，认真组织、上好语音课。

二、定期对语音教室进行检查维护，确保设备的正常使用。

三、认真执行课程时间表，协助任课教师完成教学任务，完整填写《使用情况记录表》，并做好存档工作。

四、使用校园无线听音系统，每天定时播放，要求学生按时接收，练习听力。

五、做好语音教室的卫生、安全防范等事宜，熟悉防火知识和有关器材的使用，经常检查安全措施的落实情况。

六、每学期要编制《上机学习课表》，分年级列出，并张贴上墙，按年度装订成册存档。语音教室使用完毕后，要认真填写《使用情况记录表》。记录表要成册后填写，用完存档。

七、语音室管理人员调入、调出时，要及时做好设备的清点和有关的交接手续。

语音教室学生使用守则

一、语音教室对学生练习发音，提高对话能力具有十分重要的作用。因此，每个学生必须高度重视，珍惜每一节上机学习课。

二、语音教室内要保持良好秩序，按指定位置就座，学习时要遵守纪律，不准喧哗、打闹。

三、认真听取教师讲解的学习项目及要求，并按老师的要求进行操作，不准随意按动台面上的控制钮。

四、学习过程中，同学之间要密切配合，提高学习效率，实事求是的做好学习记录。

五、爱护室内的一切设施和用品，未经允许不得擅自动用，要保持室内清洁，不准乱扔污物。

六、发现异常，要立即停止操作并及时向老师报告，不得自行处理，以免发生事故。

七、学习结束后，关掉耳机开关，放回原位。认真填写好使用记录册，经教师检查允许后方可离开。

(二)中小学多媒体教室

1. 多媒体教室的组成要件

多媒体的英文单词是 Multimedia，它由 media 和 multi 两部分组成。一般理解为多种媒体的综合。媒体(Media)就是人与人之间实现信息交流的中介，简单地说，就是信息的载体，也称为媒介。多媒体就是多重媒体的意思，可以理解为直接作用于人感官的文字、图形、图像、动画、声音和视频等各种媒体的统称，即多种信息载体的表现形式和传递方式。

多媒体教室以多媒体计算机为核心，由实物展示台、投影机、电动屏幕、录像机、摄像机、VCD机、展台、音响设备、交互式电子白板等多种现代教学设备组成。

一是视频、数字展示台。它可以进行实物、照片、书本资料的投影，是一种非常实用的设备。它不单独使用，只能输出视频、数字信号，由多媒体投影机来投影。

二是多媒体投影机。多媒体投影机是整个多媒体演示教室中最重要的也是最昂贵的设备，它连接着计算机系统、所有视频输出系统及数字展台，承担视频、数字信号输出成像的重任。

三是多媒体计算机。多媒体计算机是演示系统的核心，大多数教学软件都要由它运行，而且在很程度上决定演示效果的好坏。

四是视频输入系统。它包括录像机、VCD机、DVD机等，其视频信号由多媒体投影机投影到屏幕上。

五是音响系统。包括麦克风(有线或无线)、功放、音箱等，用以输出音频信号，其配置可根据教室空间大小和人数的多少来定。

六是中央控制系统。由于多媒体演示教室中使用了多种数据、视频音频设备，要完全用好这些设备对上课的教师来说有一定的难度。中央控制系统用系统集成的方法，把整个多媒体演示教室的设备操作集成在一个平台上，所有的设备的操作均可在这个平台上完成，使用者无须对单个设备进行操作。

七是交互式电子白板(Interactive white board)。它是一种新型教学媒体。它方便地将计算机和实物投影仪、数码投影仪和网络连接起来，并内置了丰富资源。使用这种媒体，教师可以在白板上直接操作计算机，直观地将思维过程呈现给学生，同时使得学生可以通过它来呈现自己的学习过程，从而把教师从受制于讲台前计算机操作的状态中解放出来，增加师生互动空间，加强技术对于学生个体学习和社会协商的支持。同时，交互式电子白板中强大的表征、保存挂图、拍摄和抓图等功能，为教师提供了更加便利和人性化的信息技术教学工具。发达国家如英国、美国、加拿大等国家的中小学中，交互式电子白板正在成为中小学课堂的标准配置。一些发展中国家和地区(南非、墨西哥、我国香港等)也积极投资，在中小学中推广使用交互式电子白板以提高学生学习的效能。

2. 多媒体教室的教学功能

多媒体教室具有以下教学功能：

一是接收、播放影视信号，播放录像带、VCD等音像内容。

二是投影实物和书本资料，进行现场实物讲解。实物展台可以将书稿、图表、照片(包括负片)、文字资料(包括教材)、实物及教师当时书写的文字投影到银幕上。由于具有变焦功能，对被摄物体没有严格的尺寸要求，局部特写很容易实现。

三是投影计算机的数字信号，进行计算机的教学、培训和演示。使用计算机进行多媒体教学能呈现教学内容的文、图、声、像。

四是可以进入校园网，进行网上联机教学，从网中调出自己需要的教学资料。

五是使用幻灯、投影进行常规化教学。教师可以利用原有的幻灯片、投影片等常规电教软件进行教学。

六是具有多媒体课件制作功能。在多媒体演示教室中，各种文字、图片、图像、声音等资料可以通过视频展台和录像机等设备转换成视、音信号，再由图像卡、声卡等转换成数据文件，因此可以制作不同类型的多媒体课件。

七是能够让使用者简单地操作大量复杂的设备。

3. 中小学校多媒体教室建设标准

项目			要求	依据标准规范
一、设施和环境	教室面积		专用教室(适用于较大型会议室、阶梯教室等)120m²以上，容纳100人以上。 普通教室面积应符合教室建设规范	
	室内设施与环境		供电、接地系统规范，有遮光窗帘和换气设备，有条件的应安装空调。有防火、防盗设施	
二、基本配置和要求	显示设备	专用教室	多媒体投影机：亮度≥2500ANSI，支持1024×768，有VGA接口和AV接口，电动幕尺寸不小于120英寸，有效视角32°。 (选配：交互式电子白板，有效感应区不小于1463 mm×1097mm，书写方式：笔或手指)	
		普通教室	①多媒体投影机：亮度≥2500ANSI，支持1024×768，有VGA接口和AV接口，配有尺寸适宜的投影幕，有效视角32°。 ②背投电视：51英寸以上(有VGA接口并具有同步音频输入接口)，兼备“白板”功能等先进技术的主流品牌产品。 ③等离子电视(有VGA接口并具有同步音频输入接口)。 以上三种形式任选一种	
	微机		要求微机为品牌机。显示器、CPU、内存、显卡、声卡、硬盘、网卡等不低于装备主流配置。并配有耳麦，具备还原功能等。满足信息技术教育、运行多媒体重用工具平台软件、可见、辅助教学软件等需要。 软件配置：配备正版操作系统，应有方便适用的教学应用软件、防病毒软件等	

续表

项　目		要　求	依据标准规范
二、基本配置和要求	视频展示台	品牌机型，彩色，主流配置分辨率，有VGA输入输出功能，有USB接口(附USB专用线)，可将图像通过USB接口和相应的软件采集到计算机，并能以图片文件形式保存在计算机中； 展台输出信号能在显示器及投影机上同时显示	
	控制讲台	应结构设计合理，操作方便，坚固耐用，散热良好，安装防盗锁。 专用教室控制讲台应有带漏电保护器的总电源控制开关	
	中央控制器(选配)	①对教室中各种设备进行集中控制与管理，至少具有两路以上VGA及同步音频输入输出接口、两路以上AV输入输出接口； ②薄膜式控制面板，各种信号源自由切换“一键到位”，可进行软、硬件控制，至少可控制投影机的开关、电动银幕的升降； ③输入接口面板：笔记本VGA接口及同步音频接口、USB接口、RJ-45网络接口； ④有延时保护功能(保护投影机)	
	音响设备	专用教室：有线话筒、无线话筒(领夹式石英锁相)、8路以上调音台(选配)、功放机、录音卡座、音箱等。功放功率、音箱功率与教室面积应相互匹配。 普通教室可使用计算机有源音箱或背投及等离子电视内置音箱	
	其他辅助设备	DVD机或VCD机、投影机吊架等	
	备用电器	要配有UPS电源以便稳定输入电压和突然停电时保护投影机	
	相关要求	投影机在吊装时，既要保证投影充满整个银幕，又要保证投影机距离银幕最近，最大限度的利用幕面面积。 银幕吊装不能过高或过低，银幕下沿高度不低于第一排学生的座高，吊装位置以远离采光窗口为宜。 音箱吊装合理，响度适中，均匀度好，声音清晰。	

续表

<table>
<tr><th colspan="2">项　目</th><th>要　求</th><th>依据标准规范</th></tr>
<tr><td></td><td>相关要求</td><td>所有吊装物体高度合适，牢固可靠。
室内墙面布线应有PVC线槽保护，地面布线应采用足够强度的钢制分体扣板，布线结构合理、美观、工艺性好</td><td></td></tr>
<tr><td rowspan="3">三、教室管理与应用</td><td>管理人员</td><td>必须有专(兼)职管理人员</td><td></td></tr>
<tr><td>管理文档</td><td>有使用运行情况记录本、保养维修记录本、设备管理账目、各类资料及购置软件登记本，并如实做好有关记录</td><td></td></tr>
<tr><td>应　用</td><td>多媒体教室应具备丰富的教学资源，有校园网的应与校园网连接</td><td></td></tr>
<tr><td rowspan="4">四、承建要求</td><td>随机资料</td><td>承建方应向学校提供相关设备的随机资料，包括产品说明书、装箱单、保修卡、合格证等，进口设备要有规范的简体中文说明书</td><td></td></tr>
<tr><td>设备要求</td><td>相关设备符合合同要求，所有设备严禁“以次充好”、“以旧翻新”，严禁出现“三无”产品</td><td></td></tr>
<tr><td>应用培训</td><td>承建方应及时对学校有关人员进行应用培训</td><td></td></tr>
<tr><td>竣工文档</td><td>工程完毕后，承建方必须向学校出具规范的竣工文档一式两份，并加盖承建单位公章，主要内容包括：
1. 承建合同文本(包括相关设备的基本配置、双方责任与义务、售后服务保证等)复印件；
2. 有关企业资质证明(企业营业执照、税务登记证、建设资格证)复印件；
3. 进口设备要有海关进口证明和授权经销证明复印件；
4. 工程自检报告：软硬件配置数量情况、技术性能等；
5. 多媒体教室布线施工图，图中要明确标明设备的位置、电源线及网线的走向等</td><td></td></tr>
</table>

4. 中小学校多媒体教室管理

附：中小学多媒体教室管理制度。

中小学多媒体教室管理使用制度

一、学校多媒体教室要配备电教专(兼)职人员进行管理。教师在使用多媒体教室之前，必须接受专业技术培训。未经培训，不准使用多媒体教学设备。

二、多媒体教室必须做到防雷、防火、防盗、防潮，对贵重的电教设备，应按使用说明书做好维护和保养工作。

三、准备在多媒体教室上课的教师需提前一天向学校网管员提出申请，学校网管员必须保障电教设备处于良好状态，并根据教学安排，做好所需电教设备的准备工作，协助和指导任课教师严格按照操作规程操作，为教学服务。

四、学生进入多媒体教室必须服从教师安排，自觉遵守纪律，保持室内安静。上课时专心听讲、细心观察，做好学习笔记。下课时在教师的组织下清洁教室，并将桌、凳摆放整齐。

五、任课教师必须严格遵守操作规程，正确使用计算机、实物投影仪、投影机及各种视听设备，在使用过程中，若发现设备出现异常情况，应及时通知网管员。

六、关闭大屏幕投影机时，要严格遵守操作规程，必须先使用摇控器关机，待投影机内灯泡冷却并且风机停止运转后，再切断投影机电源。

七、任课教师授课结束后，应将所有设备关断电源，将所用设备恢复原位，认真填写《设备使用登记表》，并向网管员做好移交工作。

八、学校网管员每学期必须要对多媒体教学设备进行检修和除尘。

多媒体教室管理人员工作职责

一、负责多媒体教室安全及财产管理。建立设备登记和资产管理档案。

二、负责设备的日常维护保养工作，保证设备的运行良好。

三、严格按规定使用多媒体教室，定期检修电路、设备，确保使用安全。

四、负责指导教师正确使用设备，严禁违规操作。

五、未经学校同意，不得出借多媒体教室及室内的任何设备。

六、每次使用完毕要检查设备是否完好，发现问题及时处理或上报情况。

七、上午第四节、下午放学后关闭设备，切断总电源，关好门窗。

八、认真记好“多媒体教室日志”，每学期期末交学校存查。

九、及时打扫卫生，保持室内整洁。

附：多媒体教室使用登记表。

多媒体教室使用登记表

<table>
<tr><td>教师姓名</td><td></td><td>使用时间</td><td></td><td>班级人数</td><td></td></tr>
<tr><td>使用节次</td><td></td><td>课程名称</td><td colspan="3"></td></tr>
<tr><td>使用软件</td><td colspan="2"></td><td>使用设备</td><td colspan="2"></td></tr>
<tr><td>情况记录</td><td colspan="5"></td></tr>
</table>

（三）中小学计算机教室

计算机教室，是以计算机为主要设备，供学校培训教师、供学生学习信息技术的场所。主要设备有教师计算机、学生计算机、交换机、网络接口等。

1. 计算机教室建设标准

<table>
<tr><th colspan="2">项　　目</th><th>要　　求</th><th>依据标准规范</th></tr>
<tr><td>一、教室用房</td><td>计算机教室面积</td><td>要充分考虑设备本身、人员操作、维修维护等空间的需要。
计算机教室生均面积≥1.8m²</td><td rowspan="6">GB2887－89《计算站场地技术条件》、GB9361－88《计算站场地安全要求》</td></tr>
<tr><td rowspan="5">二、室内设施</td><td>微机桌凳</td><td>专用单人或双人微机桌椅（凳），摆放布局合理，使用方便，易于维护</td></tr>
<tr><td>供电系统</td><td>1. 计算机系统供电应与动力电路分开，加装配电箱。
2. 在供电电压不稳定的地区，整个系统应配有稳压电源。服务器须配有 UPS 电源。
3. 供电若为三相电，三相电要基本保持平衡。
4. 电源插座符合供电规范</td></tr>
<tr><td>安全防护</td><td>1. 供电系统加装漏电保护装置。
2. 接地系统安全、可靠，符合国家有关标准。
3. 要有防火（符合消防要求）、防水、防盗措施</td></tr>
<tr><td>室内环境</td><td>1. 室内照明距离地面 0.8m 处光照度≥300lx。
2. 地面、墙壁、顶棚应采用不易吸尘，不易产生静电的材料；室内无强磁场干扰；要装有窗帘、调温、调湿设备。
3. 有必要的防尘措施</td></tr>
<tr style="display:none"></tr>
<tr><td rowspan="4">三、计算机及设备</td><td>学生用机</td><td>基本配置：显示器、CPU 主频、内存、硬盘、网卡、声卡等为较为前列的品牌机及主流配置，并配有耳麦，具备还原功能等。满足信息技术教育、运行多媒体常用工具平台软件、课件制作、辅助教学软件等需要</td><td rowspan="4"></td></tr>
<tr><td>教师用机</td><td>基本配置为品牌机、主流配置，另须配有光驱、音箱，具备系统还原功能等</td></tr>
<tr><td>联网教室</td><td>计算机教室要联网。配有电子教室管理软件，有较丰富的应用软件、教学课件等，可上互联网或具有模拟 INTERNET 功能</td></tr>
<tr><td>服务器</td><td>基本配置：品牌机的主流服务器配置，完全满足需要</td></tr>
</table>

续表

项	目	要求	依据标准规范
四、教室管理	管理人员	必须有专(兼)职计算机教室管理教师，非计算机专业毕业的管理老师须取得省、市教育主管部门颁发的上岗培训合格证，具有一定计算机和网络管理水平	
	规章制度	微机教室要有省下发的《中小学计算机教室管理制度》、《中小学计算机管理教师岗位职责》、《中小学学生上机实习守则》等有关制度，并装框上墙，严格执行	
	管理文档	要有计算机教室使用、教师机、学生机运行情况记录簿、保养维修记录、设备管理账目、各类资料及购置软件的登记，并如实做好有关登记	
五、建设要求	承建合同	校方要与承建方签订计算机教室建设合同，详细注明计算机品牌、配置标准及要求、双方责任与义务、售后服务保证等	
	设备要求	计算机及有关设备依照合同要求和产品质量标准验收，严禁“以次充好”、“以旧充新”、“三无”产品	
	相关资料	承建方应向学校提供计算机及相关设备的随机资料等相关资料	
	应用培训	承建方应对学校有关人员进行应用培训	
	竣工文档	工程完工后，承建方须向学校提供规范的竣工文档一式两份，并加盖承建单位公章。主要包括： 合同文本复印件； 有关企业资质证明(企业营业执照、税务登记证、计算机生产许可证书、国家强制性产品认证证书(3C认证)、授权经销商证书、建设资格证书)复印件； 工程自检报告：软硬件配置数量情况、网络功能、技术性能等； 计算机教室网络结构图、布线施工图，图中要明确标明设备的位置、电源线及网线的走向、端口对应表等	

2. 计算机教室管理

附：中小学计算机教室管理制度。

河北省中小学计算机教室管理制度

1. 计算机教室是学校进行信息技术教育、上机实习和科学研究的重要基地，学校要指派具有一定业务水平的专(兼)职教师负责计算机教室日常管理工作。

2. 计算机教室主要用于：(1)学校进行信息技术教育及教学研究。(2)课外计算机小组活动。(3)培训教师。(4)在满足学校正常教学需要的前提下，面向社会，为当地经济建设服务。不准将计算机教室挪做他用。

3. 计算机教室使用管理：(1)每学期初按教学计划，安排学校《上机实习课表》，并分年级列出贴在墙上。(2)使用计算机教室者要提前三天登记，使用完毕后要认真填写使用情况记录单。(3)以上文字资料按年度装订成册存档。

4. 计算机教室设备要统一编号并配有运行情况记录簿，磁盘软件和文字资料要分类编号妥善保存。室内设备均属专用设备，一律不准外借和挪做他用。

5. 进入计算机教室要穿拖鞋。所有软件未经管理教师许可和杀毒处理不得擅自使用。

6. 计算机教室要装配调温、调湿设备，保持良好的室内温度(计算机运行时一般保持在20℃～25℃；非运行时保持14℃～30℃)和湿度(运行时：相对湿度40%～70%非冷凝)。

7. 计算机教室内不许饮食和吸烟，严禁将易燃易爆、有毒性物品、强腐蚀性物品、强氧化性物品、强磁场物品、放射性物品和染有计算机病毒的软件带入计算机教室。

8. 计算机教室要有防火、防盗、防触(漏)电保护措施，确保计算机操作人员及室内设备的安全。

9. 计算机教室管理人员调入调出时，要及时做好设备清点和有关账目等交接手续。

河北省中小学学生上机实习守则

1. 上机实习是学生学习信息技术理论联系实际的重要过程，对提高学生实践能力、分析问题和解决问题能力具有十分重要的作用。因此，每个学生必须高度重视，并珍惜每一节上机实习课。

2. 上机实习前要认真做好预习，明确实习目的、内容、要求、步骤和注意事项。

3. 进入计算机教室要保持良好秩序，按指定位置就座，实习时要遵守纪律，不准喧哗、打闹。

4. 上机操作前须认真听取教师讲解有关实习项目及要求。

5. 操作过程要严格按照教师要求进行，不准随意拉动键盘、扭动显示器方向和用手触摸显示屏。未经教师许可，严禁对硬盘(软盘)自设密码和初始化，严禁对系统文件更改名称、内容和地址等。

6. 上机过程中要积极动手操作，认真分析和思考，同学之间密切配合，发扬团结协作的精神，努力提高实习效率，实事求是做好实习记录。

7. 要爱护室内一切设施和用品，未经允许不得擅自动用。要保持计算机室内清洁，不准乱扔污物。

8. 上机实习要特别注意安全，发现异常现象和不安全因素时，要立即停止操作并及时向教师报告，不得自行处理，以免发生事故。

9. 实习结束时要按顺序关好主机、显示器和辅助设备电源。将椅凳放回指定位置。认真填写好计算机使用记录册，经教师检查允许后，方可离开计算机室。

河北省中小学计算机管理教师岗位职责

1. 根据学校工作计划和信息技术教育计划，制订学期上机实习计划。

2. 认真执行各项规章制度。掌握常用的计算机硬件、软件和网络知识，定期对有关设备进行检查维护，确保计算机设备的正常使用。

3. 刻苦钻研业务，熟悉教材及其要求的全部实习内容，对学生实习中提出的问题应给予正确解答。

4. 上机实习时要积极协助任课教师，保证实习课的正常进行。要求学生认真填写计算机使用记录册。

5. 注意培养学生良好的上机实习习惯，要求学生认真遵守《学生上机实习守则》。

6. 注意提高自身素质，不断学习和更新计算机软、硬件知识，以适应信息技术教育不断发展的需要。

7. 认真做好计算机室设备的清点和账目管理工作。定期进行计算机病毒的消除和重要文件备份工作。

8. 积极开展实习教学研究活动，不断改进实习方法、努力提高实习效果。积极向学校提出计算机室建设和设备更新等方面的意见。

9. 做好计算机教室卫生、安全防范和财产保护工作，熟悉防火等有关器材的使用，经常检查安全措施的落实情况。

10. 调入或调出计算机室工作，应及时办好交接手续，做到账目清楚、账物相符。

计算机教室使用登记

时间		周次		课节		授课教师	
班级		应到		实到		计算机数	
上机记录							

学生上机记录

机号	时间	课节	姓名	上机记录

(四)其他专用教室(场所)

1. 音乐教室

音乐教室是中小学音乐学科中使学生获得唱歌和欣赏音乐能力的场所，是对学生进行声乐、器乐训练和欣赏、实践的场所。根据不同阶段教学要求的不同，在功用上可有所侧重。

音乐教室的配置，既要按照有关部门要求配备室舍，也要考虑学校的实际规模、办学水平等情况进行配置。一般情况下，考虑到音乐学科教学的特点，应将音乐学科的相关教室设置教学楼外，有条件的学校可专设艺术楼。配置音乐教室，应从给学生营造一个音乐天地、给人以美的感受为目标为出发点，全面考虑其功能与作用。

(1)音乐教室的类型及标准。

条件较好的学校，可按照标准设置音乐教室、舞蹈室、器乐室、音乐创作室等专用教室，条件有限、规模较小的学校也可设计成多功能、组合式的音乐教室。

室别	主要功用	要求	备注
音乐教室	完成小学低年级以唱游课为主音乐教学	1. 设计轻便、稳定、可自由组合的音乐凳 2. 设计放置教学器具的柜子 3. 较好的视听设备	器具柜的规格、形式等应根据教室的条件、器具的情况进行设计
	完成小学中、高年级音乐课教学	1. 设计可折叠、活动的音乐椅 2. 教室后面设计合唱台 3. 设计放置教学器具的柜子 4. 较好的视听设备	有条件的学校可采取前面固定座椅，后面设计合唱台。器具柜的设计要求同上
	完成初中音乐课教学	1. 音效、吸音两方面的设计 2. 设计较好的视听设备及多媒体音乐编辑系统 3. 设计合唱台	
	完成高中音乐课教学(以欣赏为主)	1. 音效、吸音两方面的设计 2. 设计较好的视听设备及多媒体音乐编辑系统 3. 设计合唱台	
舞蹈室	进行形体训练和舞蹈排练	设计成木地板或铺设地毯，后面及侧面宜设计练功把杆和镜子。	
器乐室(含器具室和排练室)	1. 进行器乐学习和排练 2. 存放乐器及各种道具	1. 音效、吸音两方面的设计 2. 宜设计较好的视听设备 3. 宜做灯光设计 4. 教室宜设计成阶梯式 5. 座椅高度可调，谱架固定	1. 学校可根据条件选择器乐种类 2. 器具柜的内部格局既要符合器具自身的要求，又要方便取放
音乐创作室	教师或学生进行音乐的个性化创作及制作多媒体课件的场所	1. 可以设计成全班教学形式，以课堂教学方式进行 2. 也可以设计几套设备，提供给教师或学生随机使用	仅限于条件较好的学校

(2)音乐教室数量和面积(以每个年级 6 个平行班，每班 50 人设计)。

室别	类别	小学	中学
音乐教室	一般要求	按低、中高年级，可设 2 间，人均使用面积不低于 1.80m²	可设 1 间，人均使用面积不小于 1.50m²
	较高要求	按低、中、高年级，可设 3 间，人均使用面积不小于 2.00 m²	可设 1 间，人均使用面积不小于 1.50m²
舞蹈室	一般要求	可设 1 间，人均使用面积不小于 2.00m²	可设 1 间，人均使用面积不小于 3.00m²
	较高要求	可设 1 间，人均使用面积不小于 3.00m²	可设 1 间，人均使用面积不小于 4.00 m²
器乐室（含器具室和排练室）	一般要求	可设 1 间器具室，排练室视具体情况而定	同左
	较高要求	有乐队的学校可设 1 间大型排练厅，使用面积不小于 200 m²，小型排练厅不少于 4 间	同左
音乐创作室	一般要求		
	较高要求		可设 1 间，人均使用面积不低于 1.80m²

(3)音乐教室的基本工作条件。

电源：三相四线，电源电压 220×（1±10%）V，电源频率 50Hz；水源：2×10^5 Pa；环境温度：0℃～40℃；相对湿度：不大于 90%；连续工作时间：不小于 8h。

(4)音乐教室的环境要求。

面积：参见“间数与面积”表；照明：学生书写面的平均照度不应低于 200lx，书写板宜设局部照明，其垂直照度的平均值不应低于 200lx，书写板面上的照度均匀度不应低于 0.7。书写板灯对学生和教师均不得产生直接眩光；遮光：窗户装窗帘；换气：换气次数不低于 3 次/h，并应采取各种有组织的自然通风措施，使室内二氧化碳浓度低于 1.5‰；温度：宜设计空调；通信：宜设网络接口。

(5)音乐教室的设计要求。

应该作音效、吸音两方面的设计；地面设计应适合学生舞蹈。

(6)音乐教室的设备要求。

序号	设备名称	规格要求	单位	数量	备注
1	信息传送中控系统	进行切换，编辑计算机、网络、视频展示台、投影机、DVD/VCD、录像机、音频等设备的信号	张	1	1. 设备的技术指标适时选择 2. 音频设备的技术指标建议按照专业水平选择 3. 系统可置于教室一角

续表

序号	设备名称	规格要求	单位	数量	备注
2	显示装置	电视或背投或投影屏幕等设备	套	1	根据自身条件选择
3	五线谱书写板	可设计成多块、活动的五线谱绿板	块		数量及规格根据需要设计
4	五线谱示教板				
5	钢琴与电子琴	电子琴宜有 MIDI 接口			
6	学生座椅	小学低年级：设计轻便、稳定、可自由组合的音乐凳，色彩要鲜艳 小学中、高年级：设计可折叠、不固定的座椅 初、高中：设计后背或一侧设可折叠式书写板，椅下设可放物品的筐架的座椅。座椅固定			
7	合唱台	1. 阶高不小于 300 mm，阶宽不小于 400 mm。 2. 形式：固定式和抽拉式	套	1	教室面积允许时可用固定式
8	器具柜	可根据教室条件和器具、资料的情况自行设计			放置音乐器具及音乐资料

(7)形体舞蹈室的基本要求。

①形体舞蹈室的环境要求：面积：参见“间数与面积”表；照明：地面的平均照度不应低于 200lx；遮光：窗户装窗帘；换气：换气次数不低于 3 次/h，并应采取各种有组织的自然通风措施，使室内二氧化碳浓度低于 1.5‰；通讯：宜设网络接口。

②形体舞蹈室的设计要求：应作音效、吸音处理；地面设计应适合学生舞蹈教室内在与采光窗相垂直的一面横墙上，应设一面高度不小于 2100mm(包括镜座)的通长照身镜。其余三面内墙应设置高度不低于 900mm 可升降的把杆，把杆距墙不宜小于 400mm。窗台高度不宜低于 900 mm，并不得高于 1200mm。

③形体舞蹈室的设备要求：

序号	设备名称	规格要求	单位	数量	备注
1	钢琴与电子琴	电子琴宜有 MIDI 接口	架		
2	音响设备	建议按照专业水平选择	套	1	

续表

序号	设备名称	规格要求	单位	数量	备注
3	摄录像设备	以能辅助完成教学任务的标准进行选择	套	1	
4	显示装置	电视或背投或投影屏幕等设备	套	1	根据自身条件选择

(8)器乐室(含器具室)的基本要求。

①器乐室的环境要求：面积：参见“间数与面积”表照明：谱架面的平均照度不应低于200lx；遮光：窗户装窗帘；换气：换气次数不低于3次/h，并应采取各种有组织的自然通风措施，使室内二氧化碳浓度低于1.5‰；通风：电风扇；通讯：宜设网络接口。

②器乐室的设计要求：应该作音响效果和吸音的处理。应采用阶梯式楼地面，设计视点应定在教师指挥台的中心。每排座椅的视线升高值宜为120mm；应采用固定座椅，每个座椅前宜设计固定谱架。其排距不应小于950mm。每个座位宽度宜为700mm。座椅的规格及排布宜参照专业要求执行。指挥台及谱架的规格宜参照专业要求执行。

③器乐室的设备要求：

序号	设备名称	规格要求		单位	数量	备注
1	乐器柜(L×D×H)	1200mm × 500mm × 2400mm或其他规格，内部格局根据乐器的存放要求设计		张		具体数量和规格根据需要确定
2	学生座椅	一般要求	部分座椅高度可调			
		较高要求	每个座椅高度可调			
3	谱架	一般要求				
		较高要求	每个谱架上方设计照明灯			
4	指挥台	按专业要求设计		套	1	

(9)音乐创作室的基本要求。

①创作室的环境要求：面积：参见“间数与面积”表；照明：双管日光灯；遮光：窗户装窗帘；换气：换气次数不低于3次/h，并应采取各种有组织的自然通风措施，使室内二氧化碳浓度低于1.5‰；通风：宜设计空调；通讯：宜设网络接口。

②创作室的设计要求有条件的学校可选用全套设备，进行全班的音乐创作课教学。

或配置几套设备，供教师或学生课外随机使用。

③创作室的设备要求：

序号	设备名称	规格要求	单位	数量	备注
1	教师总控台	音频信号的采集、编辑、传输设备；视频信号的传输设备	套	1	1. 设备的性能指标适时选择 2. 总控台桌的规格具体设计
2	显示装置	投影屏幕或背投或电视	套	1	视具体情况选择
3	学生台	MIDI 键盘、计算机、耳机	套	48	

(10)音乐室的管理。

附：音乐教室管理制度。

中小学音乐教室管理制度

1. 音乐教室专用设备由专人负责管理。设备按上级和学校有关公共财产保管制度，定期清点；如有损坏，及时上报。

2. 管理人员要认真做好设备添置登记，钢琴、电子琴、琴架、乐谱、节奏乐器、CD 片等专用器材摆放整齐。

3. 上课前，学生应提前排好队，有序进入教室，按规定座位坐好，室内保持安静，严禁随意喧哗、走动、打闹，不准乱丢纸屑、杂物，更不能带食物饮料入内。下课时依次离开教室，不得拥挤。

4. 教师在使用本教室前，应首先学会操作，注意用电安全；避免造成人为故障和损坏。

5. 使用音乐教室，应爱护教室内的公共财产，不随意动用室内的乐器。如有损坏照价赔偿。使用后应关闭室内的所有电器的电源，关好门窗，方可离开。

6. 音乐室的设备、教具，未经负责管理的教师同意，不得擅自使用或拿走。室内器材外借，必须经学校主管领导批准，如因损坏或遗失，照价赔偿。

7. 每天活动结束，要进行大扫，搞好室内环境整洁工作，及时做好使用后物品的归类和存放，并认真做好使用情况登记的记录。

8. 其他师生需要使用音乐教室，须经本室的管理教师同意，使用前应由双方验收器材、设备等；使用时应按本制度要求进行管理；使用后，双方及时联系，清查设备与器材，做到有效管理。

9. 音乐教师应配合管理教师作好音乐教室管理工作。

10. 室内要做好通风、防潮、防尘、防霉、防盗、防火的安全工作。

音乐室管理人员岗位职责

音乐室管理人员，应热爱音乐事业，认真学习，努力提高业务水平，尽职尽责做好音乐室的管理工作。

1. 执行学校有关音乐室的工作计划，负责音乐室内设备的具体管理工作。

2. 每学期应根据教育和教学的需要，配合学校订购必要的音乐器材及相关书籍。

3. 配合学校和音乐教师对学生进行乐器使用培训工作。

4. 有责任对进入音乐室内的一切人员进行登记及监督，对损坏室内设备的行为及时制止。

5. 严格遵守学校音乐室管理的各项规章制度，切实做好音乐室内软硬件设施的防火、防盗、防潮、防晒、防尘、防虫、防毒和清洁卫生等日常管理工作，保障学校音乐室的绝对安全和整洁。

6. 严格遵守音乐室及音乐器材的借用手续，严禁不经批准将室内器材借出音乐室外。

7. 接待经允许进入音乐室的人员，要热情周到，举止大方，注重衣着整洁和仪容端庄。

8. 管理人员工作变动，应办理交接手续。

2. 美术教室

美术，通常指绘画、雕塑、公益美术、建筑艺术等的总称。中小学美术教室是美术 学科中教师进行美术教学和学生进行绘画练习、工艺制作等实践活动的场所。中小学设置美术教室，对于搞好美术教学，对学生进行绘画、临摹、写生、创作、欣赏、手工操作等方面的美育教育有着重要作用。

(1)美术教室的类型及标准：

美术教室包括美术教室、工艺制作室、电脑美术室等多种类型。其标准为：

室别	主要功用	要求	备注
美术教室（含书法教室）	学习绘画，欣赏作品	1. 宜设北向采光，或设顶部采光。 2. 配备能较好完成绘画、欣赏的教学设备 3. 宜设上下水装置	写生台的设计与排布方式应根据教学需要和学生年级的不同而定
工艺制作室	完成纸、泥、陶等手工艺品的制作	1. 设计成大操作台，学生每人配备一块操作板 2. 教室配备相应的设备和制作工具 3. 设上下水装置	
电脑美术室	学习电脑美术的制作	每人一台电脑，电脑的配置以能完成教学要求为原则，条件较好的学校可配备	
器具室	存放教具、教学资料	应与画室相通，要求通风	条件不允许的学校可将相应的教具分放于美术教室后的陈列柜中

(2)美术教室配置数量和面积(以 6 个平行班，每班 50 人设计)

室别	类别	小学	中学
美术教室	一般要求	可设 1 间，人均使用面积不低于 1.57 m^2	可设 1 间，人均使用面积不低于 1.80 m^2
	较高要求	可设 1 间，人均使用面积不低于 2.00m^2	可设 1 间，人均使用面积不低于 2.80m^2
工艺制作室	一般要求	——	——
	较高要求	可设 1 间，人均使用面积不低于 1.80m^2	可设 1 间，人均使用面积不低于 2.00m^2
电脑美术室	一般要求	——	——
	较高要求	可设 1 间，人均使用面积不低于 1.80m^2	可设 1 间，人均使用面积不低于 2.00m^2
器具室	一般要求	可设 1 间，使用面积不小于 30m^2	同左

(3)美术教室的基本工作条件：电源：三相四线，电源电压 220×(1±10%)V，电源频率 50Hz；水源：2×10^5Pa；环境温度：0℃～40℃；相对湿度：不大于 90%；连续工作时间：不小于 8h。

(4)美术教室的环境要求：面积：参见“间数与面积”表；照明：学生书写面的平均照度不应低于 200lx，书写板宜设局部照明，其垂直照度的平均值不应低于 200lx，书写板面上的照度均匀度不应低于 0.7；遮光：窗户装窗帘；换气：换气次数不低于 3 次/h，并应采取各种有效的自然通风措施，使室内二氧化碳浓度低于 1.5‰；电源：教室四面墙上均应设多用安全电源插座；水源：教室宜设水槽若干；通信：宜设网络接口。

(5)美术教室的设备要求。

序号	设备名称	规格要求	单位	数量	备注
	教师部分				
1	演示台	局部可升降。需配套羊毛毡(需要时铺上)	个	1	规格根据需要设计
2	信息传送中控系统	进行切换计算机、网络、视频展示台、投影机、DVD/VCD、录像机、音频等设备的信号	套	1	1. 根据需要和条件选择设备 2. 技术指标适时选择
3	显示装置	电视或投影屏幕或背投等设备	套	1	
4	教具柜	外形规格及内部格局的设计，应结合实际情况，以能满足展示作品，放置静物、写生灯具等要求为宜	套		柜内顶宜设置射灯便于观赏作品

续表

序号	设备名称	规格要求	单位	数量	备注
5	静物台	可升降，四角装万向轮便于推拉。配台布	套	1	
6	静物灯	摄影灯			与静物台配合使用
	学生部分				
7	写生桌	桌面角度可调整，桌面高度可升降	张		适于小学美术教室
	写生架	木制或钢制，能调整和升降写生板面	架		适于中学美术教室
	写生板	木制，与写生架配套使用	张		非课时可置于教具柜中
	写生椅	可升降、椅面下设置一个层架，便于放置书包或用具	把		

(6)工艺制作室的具体要求

①工艺制作室的环境要求：面积：参见“间数与面积”表；照明：讲台及学生书写面的平均照度不应低于200lx，书写板宜设局部照明，其垂直照度的平均值不应低于200lx，书写板面上的照度均匀度不应低于0.7；遮光：窗户装窗帘；换气：换气次数不低于3次/h，并应采取各种有组织的自然通风措施，使室内二氧化碳浓度低于1.5‰；水源：教室宜设水槽若干；在教室的一角宜设计至少四个水池；水；通信：应该设置网络接口。

②工艺制作室的设计要求：条件较好的学校宜在教室的一角设计用于烧制的窑，用于陶艺制作。也可设置电烤箱用于软陶制作。教室的后面宜设计作品陈列柜。

③工艺制作室的设备要求：

序号	设备名称	规格要求	单位	数量	备注
	教师部分				
1	演示台	宜设计放置各种制作工具的抽屉	个	1	规格根据需要设计
2	窑		台	1	两者可单配或都配，根据条件自定
3	电烤箱		台	1	
4	拉坯机		台	2	
5	转台		台		数量根据需要确定
6	练泥机		台	1	
7	泥板机		台	1	
8	工具车	用于发放制作工具	辆		数量根据需要确定

续表

序号	设备名称	规格要求	单位	数量	备注
9	陈列柜	外形规格及内部格局的设计，应结合实际情况，以能满足展示学生作品、放置制作工具为宜	套		柜内顶宜设置射灯便于观赏作品
	学生部分				
10	学生桌	宜设计成岛式或条案式	张		具体规格自定
	制作板及工具	木制，根据制作内容的不同，配备相应的工具	张		非课时可置于陈列柜中
	学生椅	可升降、椅面下设置一个层架，便于放置书包或用具	把		

(7)电脑美术教室的具体要求：

①电脑美术室的环境要求：面积：参见“间数与面积”表；照明：讲台及学生书写面的平均照度不应低于200lx，书写板宜设局部照明，其垂直照度的平均值不应低于200lx，书写板面上的照度均匀度不应低于0.7；遮光：窗户装窗帘；通风：电风扇，亦可装柜式空调；电源：根据教学要求设计电源插座；通信：应该设置网络接口。

②电脑美术室的设备要求：

序号	设备名称	规格要求	单位	数量	备注
	教师部分				
1	演示台	以可放置中控系统设备及打印机等为宜	个	1	规格根据需要设计
2	信息传送中控系统	进行切换计算机、网络、视频展示台、投影机、语音对讲等设备的信号	套	1	1. 根据需要和条件选择设备。 2. 技术指标适时选择。 3. 置于演示台中
3	显示装置	投影屏幕	套	1	
	学生部分				
4	电脑	电脑配置以满足教学要求为原则，适时选择	套		
5	电脑桌	以能放置电脑，便于学生操作为宜	张		规格可根据需要定
6	学生椅	可升降、椅面下设置一个层架，便于放置书包或用具	把		

(8)准备室兼储藏室设备要求

a. 环境要求；

b. 设备要求。

序号	设备名称	规格要求	单位	数量	备注
1	器具柜（L×D×H）	1200mm×500mm×2400mm 或其他规格，内部格局根据仪器的存放要求设计	个		具体数量和规格根据需要确定
2	准备台（L×D×H）	2400mm×1200mm×800mm 或其他规格，有描图用拷贝箱，两侧设置电源插座，上铺羊毛毡	台	1	
3	更衣柜（L×D×H）	1000mm×500mm×2400mm 或其他规格	顶	1	放置教师的办公杂物

(9)美术教室管理规则

美术器材室管理规则

一、美术器材室由专人负责，未经允许，其他人员不得进入。

二、一般美术器材应入橱、上架，摆放整齐，保持清洁，注意防潮。

三、对新购置的器材，首先进行质量验收，合格后才能进入器材室。

四、各种器材、设备要建账登记，定期清查，做到账物相符。

五、根据器材的技术要求，定期进行保养和维修，保证器材的正常使用。

六、对损坏无法修复的器材，管理人员提出处理意见，报有关领导批准，报废或更新。

七、学校美术器材专供师生使用，不准外借。

八、保持室内清洁卫生，认真做好安全保卫工作。

美术教室使用规则

一、全体师生要爱护本室器材，自觉遵守本室使用规则。

二、进入美术教室时要保持良好秩序。遵守纪律，不准喧哗、打闹。

三、未经允许不得动用本室任何器材，不得将器材带出室外。

四、使用完毕，将器材，作品整理好。

五、保持室清洁卫生，离开时切断电源，关闭门窗。

美术室管理人员职责

一、热爱本职工作，严格遵守活动中心美术室规章制度，负责美术室的管理和使用。

二、按照教学计划，协助任课教师开展美术活动，充分发挥美术挂图和模型、仪器的作用。

三、爱护财产，做好美术挂图、模型、仪器及设备的管理和维护工作。

四、建立和健全业务档案管理制度，做到有据可查。

五、保持室内通风、干燥、整洁，做好清洁卫生工作。

六、增强安全防范意识，注意防盗、防火。

3. 体育活动场

体育，是指以身体活动为手段的教育，是教育工作的重要组成部分，是中小学传授体育知识、技能，培养学生道德品质、全面发展学生身体、增强学生体质的有目的、有计划、有组织的教育过程，是中小学实施素质教育的重要内容之一。

中小学体育教学设施建设，是中小学教育技术装备工作的重要内容之一。为了保障中小学校体育工作的正常开展，保证广大中小学生健康成长，教育部依据《学校体育工作条例》以及现有涉及中小学建筑等方面的相关标准和政策规定，制定了《国家学校体育卫生条件试行基本标准》。这个《标准》适用于全日制小学、初级中学、高级中学(含中等职业学校、民办中小学校)。从体育教师、体育场地器材明确了开展学校体育工作所必不可少的条件，是国家对开展学校体育工作的最基本要求，是中小学校办学应达到的最基本标准，是教育检查、督导和评估的重要内容。

(1)中小学校体育场地建设基本标准。

● 小学体育场地建设基本标准。

运动场地类别	小学		
	≤18 班	24 班	30 班以上
田径场(块)	200 米(环形)1 块	300 米(环形)1 块	300～400 米(环形)1 块
篮球场(块)	2	2	3
排球场(块)	1	2	2
器械体操＋游戏区	200 平方米	300 平方米	300 平方米

● 九年制学校体育场地建设基本标准：

运动场地类别	九年制学校		
	≤18 班	27 班	36 班以上
田径场(块)	200 米(环形)1 块	300 米(环形)1 块	300～400 米(环形)1 块
篮球场(块)	2	3	3
排球场(块)	1	2	3
器械体操＋游戏区	200 平方米	300 平方米	350 平方米

● 初级中学体育场地建设基本标准：

运动场地类别	初级中学		
	≤18 班	24 班	30 班以上
田径场(块)	300 米(环形)1 块	300 米(环形)1 块	300～400 米(环形)1 块
篮球场(块)	2	2	3
排球场(块)	1	2	2
器械体操区	100 平方米	150 平方米	200 平方米

● 完全中学体育场地建设基本标准：

运动场地类别	完全中学			
	≤18班	24班	30班	36班以上
田径场(块)	300米(环形)1块	300米(环形)1块	300米(环形)1块	400米(环形)1块
篮球场(块)	2	2	3	3
排球场(块)	1	2	2	3
器械体操区	100平方米	150平方米	200平方米	200平方米

● 高级中学(含中等职业学校)体育场地建设基本标准：

运动场地类别	高级中学(含中等职业学校)			
	≤18班	24班	30班	36班以上
田径场(块)	300米(环形)1块	300米(环形)1块	300米(环形)1块	400米(环形)1块
篮球场(块)	2	2	3	3
排球场(块)	1	2	2	3
器械体操区	100平方米	150平方米	200平方米	200平方米

注：1.300米以上的环形田径场应包括100米的直跑道，200米的环形田径场应至少包括60米直跑道。

2. 田径场内应设置1～2个沙坑(长5～6米、宽2.75～4米，助跑道长25～45米)。

3. 器械体操区学校可根据实际条件进行集中或分散配备。

4. 因受地理环境限制达不到标准的山区学校，可因地制宜建设相应的体育活动场地。

(2)体育器材配备基本标准。

● 小学体育器材配备基本标准。

12班(含12个班)以下：

序号	器材名称	单位	配备数量	备注
1	接力棒	支	6～8	
2	小栏架或钻圈架	付	8～10	
3	发令枪	支	1	
4	标志杆(筒)	根	4	
5	秒表	块	2	
6	跳高架	付	1	
7	跳高横竿	根	2	★
8	山羊或跳箱	台	1	
9	助跳板	块	1	
10	小沙包	只	20	★
11	垒球	只	20	★
12	实心球	只	20	★

续表

序号	器材名称	单位	配备数量	备　注
13	投掷靶	只	1	
14	皮 尺	卷	1	
15	小体操垫	块	20	★
16	低单杠	付	1	
17	爬竿或爬绳	付	1	
18	毽子	只	40	★
19	短跳绳	根	40	★
20	长跳绳	根	8	★
21	小篮球	只	20	★
22	小篮球架	付	1	
23	小足球或软式排球	只	20	★
24	小足球门或排球架	付	1	
25	乒乓球台	张	1	
26	乒乓球拍或板羽球拍或羽毛球拍	付	20	★
27	乒乓球或羽毛球网架	付	2	
28	乒乓球或板羽球或羽毛球	只	20	★
29	录音机	台	1	
30	肺活量测试仪	台	1	

13 个班(含 13 个班)以上：

序号	器材名称	单位	配备数量	备　注
1	接力棒	支	8	
2	小栏架(或钻圈架)	付	10	
3	发令枪	支	1	
4	标志杆(筒)	根	8	
5	秒 表	块	3	
6	跳高架	付	1	
7	跳高横竿	根	2	★
8	山 羊	台	1	
9	跳 箱	付	1	
10	助跳板	块	2	
11	小沙包	只	20	★
12	垒 球	只	20	★
13	实心球	只	20	★

续表

序号	器材名称	单位	配备数量	备　注
14	投掷靶	只	2	
15	皮 尺	卷	1	
16	大体操垫	块	6	
17	小体操垫	块	20	★
18	低单杠	付	2	
19	高单杠	付	1	
20	肋 木	间	1	
21	平 梯	架	1	
22	爬竿或爬绳	付	1	
23	毽子	只	40	★
24	短跳绳	根	40	★
25	长跳绳	根	8	★
26	小篮球	只	20	★
27	小篮球架	付	2	
28	小足球	只	20	★
29	小足球门	付	1	
30	软式排球	只	20	★
31	排球架	付	2	
32	乒乓球台	张	2	
33	乒乓球拍或板羽球拍或羽毛球拍	付	20	★
34	乒乓球或羽毛球网架	付	2	
35	乒乓球或板羽球或羽毛球	只	20	★
36	录音机	台	1	
37	肺活量测试仪	台	2	

注：标注“★”的器材为低值易耗器材设备，应及时补充。

● 中学体育器材(含九年制学校、初级中学、完全中学、中等职业学校、高级中学)配备基本标准。

12 个班(含 12 个班)以下：

序号	器材名称	单位	配备数量	备 注
1	接力棒	支	8	
2	跨栏架	付	10	
3	发令枪	支	1	
4	标志杆(筒)	根	8	
5	秒 表	块	2	
6	跳高架	付	1	
7	跳高横竿	根	2	★
8	山羊或跳箱	台	1	

续表

序号	器材名称	单位	配备数量	备 注
9	助跳板	块	1	
10	垒 球	个	24	★
11	实心球	个	24	★
12	铅 球	个	8	
13	皮 尺	卷	1	
14	小体操垫	块	24	★
15	低单杠	付	1	
16	高单杠	付	2	
17	高双杠	付	1	
18	剑(刀)	柄	24	★
19	棍	根	24	★
20	短跳绳	根	48	★
21	长跳绳	根	12	★
22	拔河绳	根	1	
23	篮球	只	24	★
24	篮球架	付	2	
25	足球或软式排球	只	24	★
26	足球门或排球架	付	1	
27	排球架	付	2	
28	乒乓球台	张	1	
29	乒乓球拍或羽毛球拍	付	24	★
30	乒乓球或羽毛球	只	24	★
31	乒乓球或羽毛球网架	付	1	
32	录音机	台	1	
33	肺活量测试仪	台	2	

13个班(含13个班)以上：

序号	器材名称	单位	配备数量	备 注
1	接力棒	支	12	
2	跨栏架	付	10	
3	发令枪	支	1	
4	标志杆(筒)	根	8	
5	秒 表	块	3	
6	跳高架	付	1	

续表

序号	器材名称	单位	配备数量	备 注
7	跳高横竿	根	2	★
8	山 羊	台	1	
9	跳 箱	付	1	
10	助跳板	块	2	
11	垒 球	个	24	★
12	实心球	个	24	★
13	铅 球	个	12	
14	皮 尺	卷	1	
15	大体操垫	块	8	
16	小体操垫	块	24	★
17	低单杠	付	2	
18	高单杠	付	2	
19	低双杠	付	2	
20	高双杠	付	2	
21	肋 木	间	2	
22	平 梯	架	1	
23	剑(刀)	柄	24	★
24	棍	根	24	★
25	短跳绳	根	48	★
26	长跳绳	根	12	★
27	拔河绳	根	1	
28	篮球	只	24	★
29	篮球架	付	3	
30	足 球	只	24	★
31	足球门	付	1	
32	软式排球	只	24	★
33	排球架	付	3	
34	乒乓球台	张	2	
35	乒乓球拍或羽毛球拍	付	24	★
36	乒乓球或羽毛球	只	24	★
37	乒乓球或羽毛球网架	付	1	
38	录音机	台	1	
39	肺活量测试仪	台	2	

注：标注“★”的器材为低值易耗器材设备，应及时补充。

(3)体育设备的管理。

附：体育器材室管理制度。

体育器材室管理制度

一、保管制度

1. 体育器材及设备入库，要凭单据及时登记，做好账册管理，建立器材管理明细账，每年年底调整一次，做到账物相符。

2. 根据器材的性能、形状分类存放，摆放整齐。

3. 定期检查物品，对易耗品及时办理注销、报修手续。对丢失物品及时登记、报告工作。

4. 根据教学安排，及时做好准备工作。师生借用，做好借用记录。

5. 日常管理中，做好防潮、防霉工作。注意器材室的通风及防火。

6. 做到定期保养、及时维修。如有损坏应及时填写“体育器材及设备损坏报告单”，按有关规定报损。保持常用器材、设备完好无损。

二、借用制度

1. 体育课上借用器材需由任课教师开据“器材使用单”并注明日期、节次、器材、数量等。

2. 师生借用，做好借用记录。

3. 课外活动学生借用器材要有记载，归还时要检查数量和有无损坏。

4. 学校运动队借用器材要有记载，如有损坏或丢失，根据情况进行批评教育或进行赔偿，并有记录。

5. 教工借用器材，要履行登记手续，归还时要予以注销。

6. 体育器材及设备原则上不向校外出借。特殊情况必须经学校主管部门批准，办理手续，并按时归还。

7. 凡体育器材出借，一律办理出借归还手续。借用器材若不及时归还，由批准老师负责追回。

三、赔偿制度

1. 教育学生爱护体育器材、设备。对体育器材使用不合理，体育器材造成损坏者，要进行批评教育。对有意破坏者，要根据损坏程度进行赔偿。

2. 丢失或损坏者，酌其程度予以一次性赔偿。

3. 借的体育器材丢失或损坏应照价赔偿，并进行登记加以说明。

4. 凡属器材遗失或人为损坏，由借用单位或个人负责赔偿。

赔偿金额由总务处核定，并由财务开具有关收款票据；同时，总务处将会同有关人员按有关规定办妥财产账户核销手续。

凡借用单位或个人不执行赔偿的，出借批准人将承担相关责任。

四、报损制度

1. 器材室每学期整理器材一次，认真填写好报损单，报总务处核批。

2. 总务处根据器材室报损单，从严审核，严把报损核批关。

3. 凡经总务处核批同意的报损器材，器材室方可从账册中注销，器材管理人与核批人分别签字。

4. 电子备课室

(1)电子备课室概述。

电子备课室是教师进行备课和网上查询、课件制作、程序开发等工作的场所，一般与多媒体教室配合使用，是教育信息化的基础设施。

电子备课室的基本组成包括：①硬件系统：除一定数量的多媒体计算机外，一般还配备打印机、复印一体机等。②软件系统：每台计算机上装有电子备课系统、课件制作软件、校园资源管理系统，教学资源共享库，并接入宽带因特网。

电子备课室的功能包括：①供教师查阅电子备课资料、观看研讨优秀课例、学习掌握现有 CAI 课件、上网搜寻教育信息等。②供教师制作课件：如用 PowerPoint、AUTHORWARE 以及 FRONTPAGE 制作课件和电子教案，用 Word 编制电子试题，用几何画板、Flash、Photoshop 设计素材等。③教师使用网络浏览网上资源，查找教育教学资料，收发电子邮件，制作个人主页等。④联入校园网，教师使用、建设、维护校园网内的资源。

(2)电子备课室的建设标准。

电子备课室的建设标准，从环境建设、设备配置、外网接入等各个方面都有具体要求。

附：电子备课室建设标准。

电子备课室建设标准

一、环境建设：

1. 根据各校校舍情况选择 1～3 间靠近任课教师办公区域的房间建立电子备课室。

2. 安装塑钢(铝合金)封闭窗，以达到防尘的目的，并加装牢固的防盗网。在窗上安装一定数量的排气扇，保持室内空气清洁。

3. 加装牢固的防盗门。如房间门在室外，要求门上方加装防雨罩，门体有防雨功能，防止雨水进入室内。

4. 室内强电采用单相三线制专线，带有接地线路，接地线路要求接至室外且有接地铜极，接触面积和深度达到静电排除的相关要求。室内具备漏电保护及 C45 开关等接入设备。

5. 室内地面要求采用地板砖铺平，最低要求水泥高质量摸平，防水，防潮，防尘。

6. 墙壁粉刷整洁、无尘，防火。

二、设备配置：

室内配置的计算机数量，中学最低不少于 8 台、小学最低不少于 6 台。具体数量各校根据实际条件及教师数量而定，并做到逐年投入，逐步完善教师用机进办公室的环境建设。

1. 计算机设备：

(1)学校原有计算机进入电子备课室至少要求能够顺利运行 Windows 2000 以上操

作系统。

(2)新购设备配置：CPU/内存/显示器/硬盘/光驱/显卡/网卡/鼠标/键盘/立式标准机箱/电源/耳机等不低于装备当年主流标准。

2. 微机桌凳：

每台计算机配备1桌1凳，采用标准立式微机桌(1.1米)及转椅。

3. 打印机/打印服务器：

室内至少安装一台激光打印机，并通过打印共享服务器实现打印机共享，有条件的学校可再增加一台针式打印机。

4. 稳压器：室内采用稳压器，并达到设备总功率要求。

5. 网络设备：小机柜1个，交换机1台，通过UTP双绞线实现室内联网。

三、外网接入：

电子备课室须通过专线接入县教育城域网，以进一步发挥网络为教育教学服务的资源优势。

(3)电子备课室管理。

电子备课室(电子阅览室)是教师使用现代化教育手段(多媒体课件制作、电子教案)的重要阵地，如何管理好、使用好，充分发挥其功能，直接关系到每一个教师的利益。由于电脑正常工作时对环境要求很高，同时为了为使用者在制作多媒体课件及进行电子备课、电子阅览时提供舒适的环境，对电子备课室的管理尤为重要。

附：电子备课室管理制度。

电子备课室管理制度

一、卫生文明制度。

1. 爱护室内卫生，严禁在电子备课室(电子阅览室)内抽烟，吃零食，随地吐痰等。更不允许大声喧哗，干扰其他教师备课。自觉维护环境卫生，保持教师的良好形象。

2. 注意个人使用的机器及个人周边的卫生，保持电脑的干净、整洁，爱惜设备。使用计算机及外部设备应遵守操作规程，操作完毕之后，正常关机，并切断电源。

3. 用户在使用互联网提供的服务时，应遵守Internet的国际惯例，不得向他人发送恶意的、挑衅性的可视信息和商业广告，不得利用校园网查阅、复制和传播危害国家安全、妨碍社会治安和淫秽黄色的信息。

二、使用要求。

1. 严格按照操作程序开启和关闭计算机，中午、晚上下班前使用结束应关闭计算机，椅子、键盘、鼠标放回原位，制造的垃圾随时带走，方能离室。

2. 不得在计算机上进行与本室职责范围之外(如玩游戏、看电影，私人聊天等)的娱乐、操作活动。未经允许，不得随便搬动器材，否则一切后果由自己负责，对于不按操作规范使用设备、造成损坏者，要按价赔偿损失。

3. 鼠标、键盘等设备要爱护使用，室内任何线路不得抽拉，若遇设备发生故障，应告诉管理员，自己不得拆动。因违反规定，造成设备损坏的，要赔偿损失。

4. 使用中应爱护设备，正确使用设备。操作中若计算机出现问题，请及时与管理人员联系。

5. 不要随意更改或删除电脑内已有程序和文件，更改计算机设置，不得私自安装任何软件。有特殊需要的软件，须征得管理员同意后方可安装。不得随意更改工作账户，不得随意设置密码影响他人上机。

6. 教师使用计算机时，生成的正式文件，要存放到指定的文件夹内。临时文件(如在学习时生成的文件)或无用的文件要彻底删除。

7. 使用自带U盘的时候，请先查杀病毒，发现病毒，及时清除并禁用。

8. 不得任意删改他人的文件，存储在计算机中已开发的课件享有知识产权保护，任何人不得擅自复制和删改。

9. 不得使用迅雷等P2P软件下载，以免影响其他人上网查阅资料。

10. 非本校教职工，不准随便进入电子备课室。外单位来客需在室内逗留，特殊情况需经校方批准，方可进入机房。

三、其他。

1. 对管理员的要求：做好室内的清洁卫生、电脑维护和登记等工作，每周一次大扫除，每周整理电脑一次，对教师使用情况及时登记或检查登记情况。

2. 上班时间对所有老师开放，教师随时可以来室内查询资料，制作课件或学习电脑等。夜间与周末原则上不开放，若遇特殊情况，需使用电脑必须在管理员的负责下使用。

3. 电子备课室中所有硬件设备及外部设备、器材，一律不予外借。电子备课室中所有软件、课件、素材、资料等，只供本校教师在本室使用、查阅，也一律不予外借。

4. 值班人员值班期间要坚守岗位，不得进入备课室。

5. 电子备课室只能由管理人员负责开锁门窗。

四、中小学校园网

1. 中小学校园网概述

校园网是在学校范围内，在一定的教育思想和理论指导下，为学校教学、科研和管理等教育教学工作提供资源共享、信息交流和协同工作的计算机网络。

概括地讲，校园网是为学校师生提供教学、科研和综合信息服务的宽带多媒体网络。首先，校园网应为学校教学、科研提供先进的信息化教学环境。这就要求：校园网是一个宽带、具有交互功能和专业性很强的局域网络。多媒体教学软件开发平台、多媒体演示教室、教师备课系统、电子阅览室以及教学、考试资料库等，都可以在该网络上运行。如果一所学校包括多个年级(或多个工作单元)，也可以形成多个局域网络，并通过有线或无线方式连接起来。其次，校园网应具有教务、行政和总务管理功能。

校园网为中小学内部实现教育的资源共享、信息交流和协同工作提供了较好的范例。然而，随着我国各地校园网数量的迅速增加，校园网之间对实现教育的资源共享、信息交流和协同工作的要求越来越强烈。

随着经济的发展和国家科教兴国战略的实施，校园网络建设已逐步成为学校的基础建设项目，是衡量一个学校教育信息化、现代化的重要标志。目前，大多数有条件的学校已完成了校园网硬件工程建设。然而，多年来由于对校园网的认识不够全面，甚至存在很大的误区：认为网络建设越高档越好，在建设中盲目追求高投入，对校园网络的建设缺乏综合规划及开发应用；认为建好了校园网络，连接了Internet，就等于实现了教学和办公的自动化和信息化，而缺乏对校园网络的综合管理、技术人员和教师的应用培训，缺乏对教学资源的开发与积累等等。所有这些，都极大地阻碍了校园网络在学校管理、教育教学中所应发挥的实际效益。

2. 校园网的基本要求

一是先进性。校园网的建设应本着设计思想先进，软硬件设备先进，网络结构先进，开发工具先进的原则进行。

二是开放性。系统设计应采用开放技术、开放结构、开放系统组件和开放用户接口，以利于网络的维护、扩展升级及与外界信息的沟通。

三是可扩展性。网络规划设计应满足学校长远发展的需求，能够满足因网络技术发展扩展和升级的要求。

四是实用性。既要考虑校园网的普遍性，又要考虑学校的个性，务求实用。

五是安全性。防止系统数据的窃取、篡改和丢失；具有防病毒功能。

六是经济性。投资合理，有良好的性能价格比。

3. 中小学校园网建设标准

校园网运行环境及管理

项目		要求	依据标准规范
(一)主机房系统设备工作环境	主机房面积	要充分考虑设备本身、人员操作、维修维护等空间的需要。机房的使用面积应按照下述方法确定： $S=KA$ 式中：S—机房的面积(m^2) A—机房内所有设备(台、架)的总数 K—系数，取值(4.5～5.5)m^2/台(架)。 机房最小使用面积不得小于20 m^2	GB2887－89《计算站场地技术条件》、GB9361－88《计算站场地安全要求》、GA267－2000《国家计算机系统雷电电磁脉冲安全防护规范》
	机房环境条件	(1)地面、墙面、顶棚应采用不易吸附尘埃、不易产生静电的阻燃材料。 (2)门窗要考虑采光、遮光和安全因素。 (3)机房内无强电磁场干扰。 (4)温湿度要达到规定标准。 温　　度：14℃～30℃ 相对湿度：40％～75％ (5)机房内距离地面0.8m处光照度≥300lx。 (6)有良好的防尘措施	

续表

项目		要求	依据标准规范
(一)主机房系统设备工作环境	供电系统	计算机系统供电应与动力电路分开并由UPS供给。满足以下技术指标： 电压变动：≤±5%； 频率变化：≤±0.2Hz； 波形失真率：≤±5%	同上
	接地系统	要保证有一个良好的接地系统。 (1)可采用联合接地(与建筑物公用接地)：防静电接地和交流保护接地采用同一个接地体，接地电阻≤1Ω； (2)也可采用单独接地(机房独立接地)：防静电接地和交流保护接地电阻均≤4Ω； (3)有条件的应安装防静电地板； (4)多雷电地区应安装防雷电设施系统	
	安全防护	要有防火(符合消防要求)、防水、防盗、防触漏电保护系统等措施	
(二)网络管理	管理人员	已建校园网的学校必须有专职网管员，管理员要具有计算机专业专科及以上学历或取得省市教育主管部门颁发的上岗培训合格证书，具有一定的计算机和网络管理维护水平	
	管理制度	学校要有省教育行政部门制定的《中小学网管中心管理制度》、《中小学网管教师岗位职责》制度，并装框上墙，严格执行	
	管理文档	有校园网络运行情况日志、维护维修记录、设备管理账目、各类资料等	

工程建设

项目		要求	依据标准规范
(一)承建合同		校方要与承建方签订校园网承建合同，并报上级主管教育装备部门备案	
(二)系统设备	设备要求	系统设备的验收依照合同、设备清单及设备生产厂商的技术指标进行判定	
	设备布局	达到操作方便、布局合理	
	操作系统	应根据学校实际需要和相关应用软件系统的要求选择相应产品	
	应用系统	校园网管理平台软件应具备以下功能：行政管理、教学业务管理、辅助教学、财务管理、图书及装备管理、多媒体应用开发等	

续表

项	目	要　　求	依据标准规范
(二)系统设备	安全措施	系统应安装网络版的杀毒软件，有因特网(Internet)接入的校园网络应配备防火墙等安全设备，采取相应的网络安全和信息过滤措施，保证网络信息的安全和健康，并定期更新和升级； 网络设备口令要专人管理、定期变更，不可简单使用数字和英文字母； PC机数据应定期备份，保证数据可靠安全； 网络服务器应用数据要定期备份，可专门设置数据备份服务器	
(三)网络布线系统	系统要求	1. 布线系统应是开放式结构，应能支持电话、文字、图像和视频等各种应用，并能够满足所支持的数据系统的传输速率要求。 2. 布线系统中采用的电缆应是超五类以上100Ω四对非屏蔽/屏蔽双绞电缆和100Ω大对数非屏蔽/屏蔽双绞电缆；采用光缆传输的，应合理使用多模或单模光缆。 3. 布线系统中所有的电缆、光缆、信息模块、接插件、配线架、机柜等在其被安装的场所均应易识别，布线中的每根电缆、光缆、信息模块、配线架和端点应指定统一的标识符，电缆在两端应有标注，通道和安装布线的空间应采取适当的标识符。 4. 满足综合布线标准要求。 5. 封闭式布线系统中，主传输电缆应留有备用电缆	DB13/T413－1999《综合布线系统验收规范》
	电缆测试	1. 链路的连通性和连接正确性； 2. 链路的频率衰减： 基本链路100MHz时＜23.2dB 信道链路100MHz时＜24.0dB； 3. 链路的近端串扰： 基本链路100MHz时＞29.3dB 信道链路100MHz时＞27.1dB； 4. 链路的衰减与近端串扰比： 100MHz时＞4.0dB； 5. 链路的长度： 基本链路的物理长度＜90m 信道的物理长度＜100m； 6. 链路的最大直流回路电阻：＜4Ω； 7. 链路的特性阻抗：100±5Ω； 8. 链路的传输延迟：＜50ns	DB13/T413－1999《综合布线系统验收规范》

续表

<table>
<tr><th colspan="2">项　　目</th><th>要　　求</th><th>依据标准规范</th></tr>
<tr><td></td><td>光缆测试</td><td>依据 EIA/TIA—568—B 测试</td><td>EIA/TIA—568—B</td></tr>
<tr><td rowspan="4">(四)网络性能</td><td>主干速率</td><td>主干网的速率或服务器的接入速率，应采用快速以太网交换技术，不低于 100Mbps</td><td></td></tr>
<tr><td>站点接入速率</td><td>达到不低于 100Mbps 的交换或共享传输速率</td><td></td></tr>
<tr><td>网络结构</td><td>网络的结构应为开放式的设计，易升级、扩展。已接入国际互联网的，访问宜采用代理服务器模式。提供对外 WEB 服务的，应与校园网络内部用户进行有效隔离</td><td></td></tr>
<tr><td>远程网络连接方式</td><td>根据实际的远程访问需求选择公众电信服务的光纤、DDN、ADSL、微波和教育卫星宽带网服务等方式接入</td><td></td></tr>
<tr><td colspan="2">(五)工程验收</td><td>1. 工程完毕后，施工方须先对工程进行自检，自检合格后向学校提供规范的竣工文档，并加盖承建单位公章；
2. 学校或由学校委托的第三方依据工程方案和本建设标准对工程进行验收；
3. 竣工文档主要包括：
(1)承建合同文本(包括相关设备的基本配置、双方责任与义务、售后服务保证等)复印件；
(2)有关企业资质证明(企业营业执照、税务登记证、建设资格证书(教育厅颁发))复印件；
(3)工程方案及施工报告；
(4)网络设备清单；
(5)机柜网络设备摆放示意图；
(6)服务器装载列表；
(7)服务器规划和 IP 地址规划；
(8)配线架与信息点配置分布表；
(9)配线架与交换机端口对应表；
(10)系统配置清单(IP 地址、路由器、交换机设置)；
(11)信息点测试报告；
(12)用户使用权限清单；
(13)网络拓扑结构图</td><td></td></tr>
</table>

校园网设备配置清单

代码	设备名称	型号规格	单位	数量	说明
		网络中心设备			
1	服务器	以满足要求为原则，适时选配	台	至少2台	作为主服务器、数据库服务器、文件服务器、视频点播服务器、WEB服务、和E-mail服务器等
2	路由器	C	台	1	可采用有线通、ISDN、ADSL、FTTB、专线等
3	中心交换机	百兆或千兆	台	1	有光纤扩展接口或三层交换功能，易扩展管理
4	接入交换机	百兆	台	若干	有光纤扩展接口、可堆叠、可管理
5	打印机		台	若干	可选打印服务器，便于管理
6	管理工作站		台	1	采用大容量硬盘、包括光盘记录机
7	空调器		台	若干	
8	UPS		台	1	3kV以上在线式
9	硬件或软件防火墙		台	1	防黑客、防病毒等
		终端和子网设备			
10	终端计算机	以满足要求为原则，适时选配	台	若干	
11	接入交换机	百兆	台	若干	有光纤扩展接口、可堆叠、可管理
12	服务器	以满足要求为原则，适时选配	台	若干	图书馆、阅览室
13	光纤及附属设备				四/六芯多模/单模
14	网线及附属布线设备		箱	若干	超五类双绞线
15	网卡	10M/100M	块	若干	
		软件			
16	系统软件	包括工具软件、防病毒软件、网管软件	套	若干	
17	应用软件	1. 基本的Internet服务 2. 教学管理信息系统 3. 电子学籍智能IC卡管理信息系统 4. 办公自动化系统 5. 网上教学系统	套	若干	

4. 中小学校园网资源库建设

网络设施与基本网络环境下的各种应用是校园网的基本特征，而资源建设是应用的基础。虽说互联网上的资源可谓海量，但使大家倍感困惑的是找寻适合自己的资源时常困难万般，不是“找不到服务器”就是“非注册用户，不可下载”，要成为注册用户，很可能需要您的手机号码付费后才行，即使可以下载，苦于出口带宽有限，较大的视频资源常常要耗费我们几个小时甚至几天的时间方可下载完毕。因此稍有规模的中小学校都建有或考虑建设自己的教学资源库，以达到资源共享、高效应用，充实数字校园，推动学校各项工作的全面信息化。

考虑到现阶段中小学校的资金相对匮乏，大批量地购买资源库并不是现阶段我们可行的方案。这样就需要我们因地制宜地建设自己的校本资源库。校本资源库的建设要突出实用、易用、有效几个特点。学校信息中心应关注存储技术的发展，特别是了解大容量硬盘的价格与技术性能，全面分析现有的网络环境、服务器配置、存储空间等硬件资源，充分了解学校教育教学工作对资源的具体需求，合理利用现有设施，本着实用为主，够用即可，用尽为好，合理升级，适度超前的原则，不盲目添置硬件设备，高效低成本建设学校资源库。

● 教学资源库的内容构成：

教学资源库可由一切对学校教育教学活动有帮助的文字、图片、音频、视频、动画等类别构成。教案、课件、积件、素材、论文、试题、课堂实录等都是资源库建设中可收集的内容。而注重文件较大的多媒体素材，如电视节目实录、活动录像、电影及视频剪辑的收集与整理显得更有意义，这不但可以节约老师们的大量时间，还大大减少视频文件下载占用有限的出口带宽这一局域网难题出现的几率。

● 教学资源库获取方法：

一是成品购买。

使用成品资源库需要学校有一定的财力，利用信息技术教育费来购置部分成品资源是个好方法。购买成品资源库要考虑时效性，当课程和教材发生变化时能否调整更新，可以添加资源应是资源库购置依据之一。

二是教师上传。

教师对资源的使用频度与评价是最真实有效的，学校可通过行政手段与奖励相结合的方式，促使广大教师上传自己制作、收集课件与素材等资源，充实学校的资源库。条件允许的可让老师们对资源进行评价，让他们成为资源建设的主体，体验参与资源建设的乐趣，享受资源共享的成果。上传可采用 FTP 客户端等工具，有条件的可使用资源库平台上传后自动分类。

三是网络下载。

这是现阶段重要的资源来源。互联网上资源五花八门、包罗万象，由于教育教学内容的不断变化、教育对象存在的差异，教师对资源的要求也各不相同，有些甚至是和社会活动紧密相连与同步变化。学校主管部门应制订切实可行的资源收集计划，广泛搜寻网络资源，发挥计算机的自动化、智能处理能力，避开白天网络使用高峰时段，充分利用晚间、休息日等校园网轻负荷时段，使用各种下载工具建立高效下载作业，不断充实资源内容，达到资源的持续更新。

四是共享交换。

要充分利用校校通工程的成果，尽可能避免信息孤岛现象的发生，通过网络互通，实施与兄弟学校教学资源的交换，可达到事半功倍的效果。

● 教学资源的分类与处理技巧：

一是按资源所属学科、年级分类。

这种分类方法简便易行，也较便于查找，可发动学科教师协助整理来完成。

二是按资源类型进行分类。

参与分类的人员需要一定的信息技术水平，若采用专业的资源库平台软件进行分类将便于检索。

三是光盘文件的复制技巧。

VCD 光盘的视频文件在 MPEGAV 文件夹内，且文件名皆为 AVSEQ01. DAT 或 MUSIC01. DAT，将其复制到硬盘后进行改名，同时将扩展名由 DAT 改为 mpg 即可用相关软件播放；DVD 光盘的视频文件在 VIDEO 文件夹内，扩展名为 VOB，将其复制到硬盘即可；CD 光盘中的音频文件不可以直接复制，可用抓音轨的软件获取，推荐用千千静听播放器里的转换格式工具得到所需的音频文件，且格式可选；很多 CD-ROM 光盘不便直接复制，可用 Alcohol 120%，CloneCD，WinISO 等软件将其制作成镜像文件，复制到硬盘即可，用虚拟光驱或相关光盘工具可打开镜像文件。

● 教学资源的存储方法：

一是直接存储法。主要指：(1)资金不足的学校可采用配置较高的普通计算机做存储设备，可通过增加普通大容量硬盘的方法扩展存储空间。市场上 500G 和 1000G 的普通台式机硬盘价格仅为 400 元和 700 元，可作为扩展存储空间的首选。也可自己组装存储设备，采用支持 RAID1 的主板加两块 500G 的 SATAⅡ台式机硬盘等便可组成具有容错功能的资源库存储主机，成本仅需四千多元，安装好如 Serv-U 等 FTP 服务器端软件便可提供网络存储和上传下载服务。(2)有文件服务器的学校可考虑用增加服务器硬盘的方法扩大存储空间，经费不足的用户可暂不考虑添置价格较高的 SCSI 硬盘，现阶段可关注大容量 SATAⅡ硬盘，具有较高的性能和低廉的价格，与 SCSI 硬盘完全可以混合使用，可廉价的增大存储空间。

二是使用专用存储设备。

条件较好的学校可选择网络附加存储(NAS)、iSCSI 磁盘阵列(IP-SAN)；资金雄厚的也可考虑使用光纤磁盘阵列(FC-SAN)。

中小学教育教学活动对资源的空间要求较高，学校应注重对存储空间的扩大，条件允许的用户可添置使用高性价比的 iSCSI 磁盘阵列(IP-SAN)，完全可满足学校在安全、价格、空间、性能等方面的需求，市场上容量为 3TB 的 iSCSI 磁盘阵列(IP-SAN)最低价格在两万元左右。

● 教学资源的网络更新与公网访问：

教学资源必须能通过网络进行访问，可使用架设 FTP 服务器来提供资源的访问，通过为各类用户建立相应的账号，赋予不同的权限，协同合作，促使资源库的持续更新。条件允许的学校也可以使用专用的资源库平台实现相关应用与维护。

基于校园网络环境下对资源的高速访问可节约老师们宝贵的时间，但对资源的访问不应只限于局域网，更有意义的是在公网上可以访问和维护更新。目前网络服务提供商(ISP)为学校提供的多是动态 IP 地址，导致校外通过 IP 地址访问学校网站和校内资源很不方便，学校最好申请属于自己的域名，将网站建在校内，将域名申请、动态域名解析、资源建设等工作整体规划，通过域名来访问和管理资源，在不降低宝贵的带宽这一重要条件下，使老师无论在何处，只要有网络的地方，都可以对学校的公共资源进行浏览和下载，还能上传资源，充实学校的资源库，对自己的专用空间进行上传下载和管理。

动态域名解析技术早已成熟，申请独立域名和开通动态域名解析也只需几天即可，费用仅为每年 100 元左右。

● 资源建设者应具备的品质：

资源建设是一项庞大的系统工程，参与者在工作中常常要耗费大量的时间和精力，常年累月不分日夜是经常的，应有甘于寂寞的定力、乐在奉献的品质，能忍受孤独与寂寞。耐得住寂寞的终极效果，用蓄势待发来形容倒也恰如其分，也就是当资源建设到一定规模之时，成效定会有所显现，工作成绩自然会得到领导和师生们的承认和欣赏，自己的个人价值也一定会得到实现。

附：河北省教育信息资源配备标准。

表 1　河北省中小学教育信息资源配备标准(试行)

小学部分

资源类别		学校类别			备注
		Ⅰ	Ⅱ	Ⅲ	
学科教学类	资源库或光盘	150G	120G	100G	与各学科文字教材配套
	录音带或 CD 盘	100 小时	80 小时	50 小时	与外语、语文、音乐学科文字教材配套
	幻灯片或投影片	有	有	有	根据需要自定数量
	录像课	100 小时	50 小时	30 小时	
	试卷库	主要学科各一套	主要学科各一套		
学生教育类	科普知识	一套	一套		出版发行系列教材
	国防教育	一套	一套		出版发行系列教材
	卫生知识	一套	一套		出版发行系列教材
	生活知识	一套	一套		出版发行系列教材
	爱国主义教育	一套	一套	一套	出版发行系列教材
	网络课堂	主要学科各一套			指学科网络自主学习课程

续表

资源类别		学校类别			备注
		Ⅰ	Ⅱ	Ⅲ	
师资培训类	新课标解析	一套	一套	一套	
	新课程解析	全部学科各一套	主要学科各一套	主要学科各一套	与使用版本配套
	信息技术培训教材	一套	一套	一套	
	信息技术与课程整合	一套	一套		
	学历进修	有	有	有	数量自定
管理软件类	校务管理	一套	一套		
	财务管理	一套	一套		
	学籍管理	一套	一套		
	教学管理	一套	一套		
	安全管理	一套	一套		
其他	数字图书	3万册	1万册		或与河北远程教育网数字图书平台链接

表2　河北省中小学教育信息资源配备标准(试行)

初中部分

资源类别		学校类别		备注
		Ⅰ	Ⅱ	
学科教学类	资源库或光盘	300G	200G	与各学科文字教材配套
	录音带或CD盘	250小时	150小时	与外语、语文学科文字教材配套
	幻灯片或投影片	有	有	根据需要自定数量
	录像课	150小时	100小时	
	试卷库	主要学科各一套	主要学科各一套	
学生教育类	科普知识	一套	一套	出版发行系列教材
	国防教育	一套	一套	出版发行系列教材
	卫生知识	一套	一套	出版发行系列教材
	生活知识	一套	一套	出版发行系列教材
	爱国主义教育	一套	一套	出版发行系列教材
	网络课堂	全部学科各一套	主要学科各一套	指学科网络自主学习课程
师资培训类	新课标解析	一套	一套	
	新课程解析	全部学科各一套	主要学科各一套	与使用版本配套
	信息技术培训教材	一套	一套	

续表

<table>
<tr><th colspan="2" rowspan="2">资源类别</th><th colspan="2">学校类别</th><th rowspan="2">备注</th></tr>
<tr><th>Ⅰ</th><th>Ⅱ</th></tr>
<tr><td></td><td>信息技术与课程整合</td><td>一套</td><td>一套</td><td></td></tr>
<tr><td></td><td>学历进修</td><td>有</td><td>有</td><td>数量自定</td></tr>
<tr><td rowspan="5">管理软件类</td><td>校务管理</td><td>一套</td><td>一套</td><td></td></tr>
<tr><td>财务管理</td><td>一套</td><td>一套</td><td></td></tr>
<tr><td>学籍管理</td><td>一套</td><td>一套</td><td></td></tr>
<tr><td>教学管理</td><td>一套</td><td>一套</td><td></td></tr>
<tr><td>安全管理</td><td>一套</td><td>一套</td><td></td></tr>
<tr><td>其他</td><td>数字图书</td><td>5 万册</td><td>3 万册</td><td>或与河北远程教育网数字图书平台链接</td></tr>
</table>

表 3　河北省中小学教育信息资源配备标准(试行)

高中、职业高中、中专部分

<table>
<tr><th colspan="2" rowspan="2">资源类别</th><th colspan="2">学校类别</th><th rowspan="2">备注</th></tr>
<tr><th>Ⅰ</th><th>Ⅱ</th></tr>
<tr><td rowspan="5">学科教学类</td><td>资源库或光盘</td><td>500G</td><td>350G</td><td>与各学科文字教材配套</td></tr>
<tr><td>录音带或 CD 盘</td><td>250 小时</td><td>200 小时</td><td>与外语、语文学科文字教材配套</td></tr>
<tr><td>幻灯片或投影片</td><td>有</td><td>有</td><td>根据需要自定数量</td></tr>
<tr><td>录像课</td><td>250 小时</td><td>200 小时</td><td></td></tr>
<tr><td>试卷库</td><td>一套</td><td>一套</td><td></td></tr>
<tr><td rowspan="6">学生教育类</td><td>科普知识</td><td>一套</td><td>一套</td><td>出版发行系列教材</td></tr>
<tr><td>国防教育</td><td>一套</td><td>一套</td><td>出版发行系列教材</td></tr>
<tr><td>卫生知识</td><td>一套</td><td>一套</td><td>出版发行系列教材</td></tr>
<tr><td>生活知识</td><td>一套</td><td>一套</td><td>出版发行系列教材</td></tr>
<tr><td>爱国主义教育</td><td>一套</td><td>一套</td><td>出版发行系列教材</td></tr>
<tr><td>网络课堂</td><td>全部学科各一套</td><td>主要学科各一套</td><td></td></tr>
<tr><td rowspan="5">师资培训类</td><td>新课标解析</td><td>一套</td><td>一套</td><td></td></tr>
<tr><td>新课程解析</td><td>全部学科各一套</td><td>主要学科各一套</td><td>与使用版本配套</td></tr>
<tr><td>信息技术培训教材</td><td>一套</td><td>一套</td><td></td></tr>
<tr><td>信息技术与课程整合</td><td>一套</td><td>一套</td><td></td></tr>
<tr><td>学历进修</td><td>有</td><td>有</td><td>数量自定</td></tr>
</table>

续表

资源类别		学校类别		备注
		Ⅰ	Ⅱ	
管理软件类	校务管理	一套	一套	
	财务管理	一套	一套	
	学籍管理	一套	一套	
	教学管理	一套	一套	
	安全管理	一套	一套	
其他	数字图书	10万册	5万册	或与河北远程教育网数字图书平台链接

说明：

该标准是参照学校信息技术硬件装备的水平制定的。

按硬件装备水平将学校分成三类，界定如下：

Ⅰ类：接入远程教育网和因特网；有教师电子备课系统；有计算机多媒体教室；有校园网(计算机网络教室)；有计算机多媒体演播厅。

Ⅱ类：接入远程教育网和因特网；有教师电子备课系统；有计算机教室，有计算机多媒体演播厅；有 VCD(DVD)演播教室。

Ⅲ类：未接入远程教育网和因特网；有 VCD(DVD)演播室；有录音—投影教室。

随着教育教学资源的开发、推广和课程改革的进程，各级中小学校应有计划的逐年更新和增加教育、教学资源的种类和数量，淘劣进优，不断地提高资源的数量和质量，满足信息化教育不断发展的需求，本着市场已有的、配备目录已要求的，学校就应该拥有的原则配备。各级教育行政部门要逐年检查学校教育教学资源建设与应用工作，指导学校将教育信息资源购置资金用好、用足，不浪费、不挪用。

5. 中小学校园网管理

附：中小学校园网管理制度。

中小学网管中心管理制度

一、网管中心是校园网运行、控制、管理的中心，是保障校园网正常运行、集中放置校园网核心设备之重地，非网管人员不得随意进入。

二、要保持良好的网络设备运行环境，不准在网管中心吸烟、饮食、喧哗。严禁在网管室内存放易燃、易爆、有毒物品、腐蚀性物品、强磁场物品、放射性物品。

三、要定期做好软件备份和计算机病毒检查处理，任何外来软件必须进行计算机病毒检查，确认无病毒后方可使用。

四、网管中心要装置调温、调湿、稳压、防火、防盗等设备，保证网络设备的安全运行。

五、网管中心要建立完整、规范的校园网设备运行情况档案及网络设备账目，认真做好各项资料(软件)的记录、分类和妥善保存工作。

六、网管中心内设备均属专用设备，一律不许外借和挪做他用。对违反规定者要追究责任。

七、要建立日常和节假日值班制度，做好防火、防盗等防范措施，严防出现恶性事故。

八、网管中心工作人员调入调出时，要及时做好有关网络设备运行情况档案资料、室内设备清点和账目交接手续。

中小学网管教师岗位职责

一、热爱本职工作，刻苦钻研业务，努力掌握有关技术，认真执行各项规章制度。

二、掌握本校校园网整体结构，熟悉网络设备的规格、型号、构造、性能及网络系统软件、辅助应用软件的使用方法和维护常识，做好校园网线路、网络硬件及软件的检测、维护、保养及日常运行情况记录。

三、不断学习和更新计算机网络软硬件知识，提高自身业务素质和校园网管理能力，随时了解常用网络硬件和网络辅助应用软件的发展动态，及时向学校领导提出更新、增添网络设备、辅助应用软件等有关建议。

四、认真做好各类资料及软件的记录、整理和分类保存工作，定期对各类软件进行杀毒和备份工作。

五、努力创造条件，充分发挥校园网优势，为学校现代化管理和辅助教学服务。

六、做好校园网络设备安全防范和财产保护工作。掌握用电、防火、防盗等设备、器材的使用方法，经常检查安全防范措施的落实情况，发现问题及时报告，妥善处理。

七、网管教师在调入调出网管中心工作时，要及时办理设备、账目、档案等交接手续，并对实物进行清点，做到账目清楚，账物相符，以保证网管中心管理工作的正常进行。

五、中小学“班班通”

1. 中小学“班班通”概述

“班班通”是一个融合了基础设施、软件资源以及教育教学整合等内容的系统工程。目前在学术界和实践领域还没有一个统一的定义。中央电教馆给出的内涵界定为：“班班通”是指学校每个班级里具备与外界进行不同层次的信息沟通、信息化资源获取与利用、终端信息显示的软硬件环境，实现信息技术与学科日常教学的有效整合，促进教师教学方式和学生学习方式的变革，最终促进学生的发展。

“班班通”的含义可分为三个层次，即“三通”。一是“通”硬件，每个班级配备适量的电教设备和网络设施。二是“通”资源，在硬件通的基础上配备与之相适应的信息化教学资源。三是“通”方法，利用资源和设备开展教学活动，即在合适的时间运用合适的技术完成合适的教学任务和学习任务。这三个“合适的”最终落脚点都在教学活动上。

2. 中小学“班班通”的意义

一是学校教育信息化发展的核心价值。

“班班通”是将与教育教学相关的信息内容通到每个班级，并系统、有效地应用于备课、课堂教学、学习以及其他教育业务之中。今后学校教育信息化将实现由基础设施建设和初级应用向深入有效应用转型。

二是教育信息化宏观政策方向的转变。

由“基础设施和资源建设”转向“推进与保障教学应用”。把现代教育充分融入学校的教育教学，使之成为常规教学资源和教学手段，寻求有效应用机制与模型，提高每一堂课的教学质量，解决好应用信息化资源，全面服务学生、服务课堂的瓶颈，也是支持义务教育均衡发展的突破口，从面向世界、面向未来、面向现代化的高度有效解决让孩子上好学的问题。

三是开创基础教育的新局面。

“班班通”是一线老师将网络教学与课堂教学结合实现混合教学的基本条件和必由之路。将彻底打破教室、教师、校园的界限，实现局域、城域无界限。激发教师的实践激情和学习需求，探索各学科与信息技术深层次整合的模式与方法，提升信息化教学的实效性，最终全面提升基础教育质量。

3. 中小学“班班通”的三大要素

硬件环境(包括网络设施)、信息化教学资源和教学活动是“班班通”的三大要素。硬件环境、信息化教学资源是基础，教学活动是合理有效应用信息化教学资源的过程。

一是硬件环境。

一般分为常规教室建设与专用教室建设，我们的重点在常规教室建设。从简单到复杂，从低层次到高层次可以分为(1)简易多媒体教室，由电视机和DVD或机顶盒构成，是最简单的“班班通”建设模式。(2)多媒体教室，它是以多媒体计算机为核心，配备计算机，实物展示台，显示设备如大屏幕平板彩电、背投彩电或投影仪、幕布构成的多媒体教室环境，是目前最常见的“班班通”建设模式。(3)交互电子白板教室，它是由计算机、实物展示台、投影仪、交互电子白板构成，是目前课堂教学最理想的建设模式，也是“班班通”工程建设的理想目标，各类学校可根据具体情况分步实施。

二是教学资源。

教学资源是信息技术与课程有效整合的关键，也是推进信息化教学的重要支撑。结合当前中小学实际运用资源形式的基本面貌，资源大致分为八大类：媒体素材、教学案例、课件、工具(学科工具和通用工具)、文献资料、网络课程、目录索引和试卷试题测评工具。

三是教学活动。

“班班通”最后的落脚点是“通”方法，方法又是蕴含在具体的教学活动之中，这是我们需要研究的重点。如何才能真正手把手、比较具体地指导教师进行教学设计和课堂实践，使其掌握方法，最大限度发挥信息技术作用，提高课堂教学效益，是我们工作的重点。

4. 中小学“班班通”建设标准

参见多媒体教室(普通多媒体教室)建设标准。

5. 中小学"班班通"教室管理

附："班班通"教室管理制度。

"班班通"教室操作规程及管理制度

一、"班班通"设备为学校财产，只有任课教师有权使用。

二、使用"班班通"设备，教师须经培训，规范操作。使用前，要检查设备的完好情况，发现问题及时向管理员反映；使用中，开关不可频繁启闭；使用结束后，须关闭总电源和教室门窗，以保证设备完好。

三、如出现学生私开设备导致系统瘫痪或硬件损坏等情况，对相关责任人进行相应处罚；如任课教师严重违反操作规程造成设备损坏的，须承担相应的经济赔偿责任。

四、"班班通"教室是学校进行现代化辅助教学和教学研究活动的重要设施和场所，须遵守国家法律、法规，管好和用好设备。

五、"班班通"所有设备全部移交班主任签字兼管，做到管理、使用的规范化。

六、班主任要认真履行职责，管理好设备钥匙，指定1名学生，作为班级管理员，在任课教师使用完毕后，协同检查设备，关闭电源。

七、班主任要经常检查设备使用情况，如发现设备出现故障，硬件损坏、丢失等应及时汇报学校管理员和主管领导，排查处理。

八、任课教师使用设备时，做到正确操作，正常使用，及时填写使用记录。

九、确保"班班通"教室整洁卫生，安全有序。

十、学校定期检查设备及使用情况，将"班班通"检查评比列入班级检查常规。

六、农村中小学现代远程教育工程

1. 农村中小学现代远程教育工程概述

农村中小学现代远程教育，是指为促进城乡优质教育资源共享，提高农村教育质量和效益，开展的以信息技术为手段，采取教学光盘播放点、卫星教学收视点、计算机教室三种模式将优质教育资源传输到农村学校的工程。

2003年，当农村中小学现代远程教育明确提出五年发展规划时，这一政策背后饱含着广大农村对教育公平的热切期待：即让农村的孩子也享受到城里孩子的优质教育资源。

长期以来，农村地区基础教育，由于经济社会发展相对落后，地方财政相对困难，教育投入严重不足，教育基础建设相对薄弱，义务教育远远落后于全国平均水平。

2003年，国务院召开了全国农村教育工作会议，决定"实施农村中小学现代远程教育工程，促进城乡优质教育资源共享，提高农村教育质量和效益"。要求"在试点工作的基础上，争取用五年左右时间，使农村初中基本具备计算机教室，农村小学基本具备卫星教学收视点，农村小学教学点具备教学光盘播放设备和成套教学光盘"。

从这一年开始，长期以来在教育技术装备方面饱受诟病的农村教育开始破局。实施现代远程教育成为基础教育的"五年计划"。

2005 年 7 月，在中西部农村中小学现代远程教育教学应用现场交流会上，正在甘肃考察工作的国务委员陈至立出席会议时再次强调，要实施好现代远程教育工程，大力提高农村教育质量。

一系列政策的出台，使农村中小学现代远程教育得到快速推进。在教育资源地区差距和城乡差距难以在短时间平衡的状况下，运用现代远程教育手段来缩小这一差距，是解决问题的较好方法和可行的途径。

陈至立指出，加快农村中小学现代远程教育工程建设是"工业反哺农业，城市支持农村"的一项重要举措；是促进城乡教育均衡发展，实现教育公平的有效途径；是推动农村学校教育教学改革、提高教学质量的重要手段；是建设社会主义和谐新农村的一项基础性工程，具有深远的意义。

按照规划，这项工程投入 100 亿元左右，中央专项 50 亿元，地方投入 50 亿元，中央补助经费每年 10 亿元。至此，农村中小学现代远程教育项目全面铺开。

2. 农村中小学现代远程教育工程的模式

按照相对集中、加强指导、重点突破的原则，在随后的推进实施中，试点工作结合"两基"攻坚计划的实施，重点突破的是西部地区和相对偏远的农村中小学。

根据具备条件的不同，农村中小学现代远程教育在实施中应用了三种模式。

模式一：教学光盘播放点，配备电视机、DVD 播放机和教学点各年级的教学光盘。通过播放教学光盘对学生授课和辅导。配备对象主要是农村学校布局调整确需保留的教学点。

模式二：卫星教学收视点，配备卫星接收系统、计算机、电视机、DVD 播放机和 1～6 年级所需的教学光盘。通过中国教育卫星宽带传输网，快速大量接收优质教育资源，使其具有教学光盘播放点的功能。配备对象为乡中心小学和村完小，根据学生规模，配置 1～2 个多媒体教室。

模式三：计算机教室，配备卫星接收系统、网络计算机教室、多媒体教室、教学光盘播放设备及教学光盘。其特点是除具备模式二全部功能外，还能够为学生提供初步的网络条件下的学习环境。配备对象为农村初中，每所学校装备一间 30 台终端的计算机教室，一间多媒体教室。

3. 农村中小学现代远程教育管理

附：农村中小学现代远程教育各室制度及使用记录样表。

现代远程教育设备管理制度

1. 明确专人管理，建立设备登记和学校国有资产管理档案，定期检查设备完好率。

2. 严格执行操作程序，保持机器设备正常运行。设备发生故障，应立即停机，及时报告管理人员进行处理，并做好记录，形成上报机制。

3. 上机人员应爱护计算机，严格按照规范要求操作，不得频繁开关主机及显示器。不得随意拔插、拆卸机房内的各种电源线，有问题及时向管理人员反映。

4. 做好设备的日常维护、保养工作，做到防火、防盗、防雷、防潮、防尘、防静电。设备使用后必须断开电源和接收信号源。

5. 保持设备良好性能，保障正常的教育、教学需要。

6. 对设备的维修和添置，要严格执行呈报制度，要将故障记录和处理情况及时向学校领导和上级部门报告，落实售后维修公司进行维修。

现代远程教育资源使用登记制度

1. 专职管理教师负责远程教育资源接收、下载、处理、刻录工作。

2. 专职管理教师负责远程教育资源按学科分类、编制目录等工作，负责做好资源库的管理工作。

3. 学科教研组要定期对远程教育资源进行研究，广泛应用在教学活动中。

4. 建立教师使用登记制，逐步将教师每学期应用远程资源开展教学活动纳入考核指标。

5. 鼓励学生运用远程教育资源，建立和完善学生自主学习远程教育资源登记制。

6. 定期收集远程教育资源和应用效果的意见和建议，定期向上级反馈改进远程教育资源的意见。

现代远程教育项目管理服务制度

1. 项目学校必须以高度的政治责任感，管好、用好远程教育设备，为学习者提供现代远程教育资源使用服务。

2. 开展培训和教学活动时，管理人员应掌握使用情况，结束后按有关要求，清理教室和设备，切断电源和关好门窗，方可离开。

3. 项目学校必须将管理人员的工作纳入教师工作量，并将管理工作情况列入年度考核内容。

4. 每学期必须有校本培训计划和总结，对教师开展培训和学生的学习活动要按有关要求做好记录，设备使用登记，建立档案。

5. 实习结束时要按顺序关好主机、显示器和辅助设备电源。将椅凳放回指定位置。认真填写好计算机使用记录册，经教师检查允许后，方可离开计算机室。

卫星收视教室管理制度

一、卫星收视教室是中小学校实施远程教育的重要场所，要有专人负责管理。管理人员必须具有一定的计算机操作水平，并经过上级主管部门组织的相关培训，持证上岗。教师在使用卫星收视教室上课之前，必须接受专业技术培训，并提前一天通知管理人员。

二、卫星收视教室要有必要的防火、防潮、防盗、防高温、防强光、防尘、防静电设施，具备必要的计算机维修、保养工具和软件。

三、管理人员要根据教育教学需要做好远程教育资源接收、下载、处理、刻录工作。并将资源按学科分类、编制目录，负责做好资源库的管理工作。联网学校应做好资源的共享，以方便教师的使用。

四、不得在计算机上安装与办公和教学无关的软件。严禁在计算机上使用未经杀毒的光盘、软盘、移动磁盘等外存储设备，以防病毒侵入。定期清理一次下载的各类IP节目内容，对已下载资源及时进行刻录拷贝，以保证硬盘有足够的空间下载资源。

五、严防非法信号攻击，对非法信息要立即清除，并及时向主管部门报告，不得传播、扩散。要定期对卫星接收天线进行检查维护，以确保信号的正常接收。

六、卫星收视教室严禁无关人员进入，严禁使用刻录机进行非教学资源的记录或营利性光盘复制。

七、学生进入卫星收视教室须听从教师安排，自觉遵守纪律，保持室内安静。上课时专心听讲、细心观察，做好学习笔记。下课时在教师的组织下清洁教室，并将桌、凳摆放整齐。

八、要建立工作日志或周志，要建立卫星接收情况的档案，记载卫星接收系统的使用、保养、故障维修等情况。学期初有工作计划，学期末有工作总结。

远程教育资源接收、管理工作人员职责

一、负责学校卫星收视设备的管理。建立设备登记和资产管理档案。

二、认真学习专业知识，掌握卫星接收设备的安装、调试和IP资料下载、编制、刻录等技术，并对教师进行技能培训。

三、管理和使用好远程教育的设施设备，做好设备的日常维护保养工作，收集整理各种资料表册。

四、遵守有关的法律、法规，未经允许，不得随意修改系统和接收软件的各项设置；不得播放、接收与教育教学无关的资源信息。

五、严格遵守操作规程；不得安装与办公和教学无关的软件；不得使用未经杀毒的光盘、软盘、移动磁盘等外存储设备，以防病毒侵入。

六、按时、按要求做好资源下载、刻录光盘、播放收视流媒体等节目工作，并做好有关记录。

七、定期整理教育资源，做好资源备份工作。负责教育资源按学科分类、编制目录，打印成册，供师生查询、下载和应用。逐步建立远程教育资源库，并负责对资源库的管理。

八、严禁使用刻录机进行非教学资源的记录或营利性光盘复制。

九、定期收集远程教育资源和应用效果的意见反馈。

十、负责对室内清洁卫生的督查。

以上制度和职责张贴在卫星收视教室。

远程教育资源接收记录表

<table>
<tr><td>教师姓名</td><td></td><td>接收时间</td><td></td><td>完成时间</td><td></td></tr>
<tr><td>接收内容</td><td colspan="5"></td></tr>
<tr><td>情况记录</td><td colspan="5"></td></tr>
</table>

远程教育卫星收视教室使用登记表

<table>
<tr><td>教师姓名</td><td></td><td>使用时间</td><td></td><td>班级人数</td><td></td></tr>
<tr><td>使用节次</td><td></td><td>课程名称</td><td colspan="3"></td></tr>
<tr><td>使用软件</td><td colspan="2"></td><td>使用设备</td><td colspan="2"></td></tr>
<tr><td>情况记录</td><td colspan="5"></td></tr>
</table>

教学光盘播放室管理制度(试行)

一、教学光盘播放室是运用现代教育技术从事教育教学的场所，教师在使用教学光盘播放室之前，必须接受专业技术的培训。教学光盘播放室必须做到防雷、防火、防盗、防潮等工作。

二、管理人员必须保障多媒体设备处于良好状态，并根据教学安排，做好所需设备的检测准备工作，协助和指导任课教师严格按照操作规程操作。

三、学生进入教学光盘播放室须听从教师安排，自觉遵守纪律，保持室内安静。上课时专心听讲、细心观察，做好学习笔记。下课时在教师的组织下清洁教室，并将桌、凳摆放整齐。

四、教师应正确使用电视机、DVD播放机等视听设备，严格遵守操作规程，爱护设备。在使用过程中，若发现异常情况，应及时通知管理人员。

五、教学光盘播放室使用结束后，任课教师应将所有设备切断电源，关闭电源电闸，罩好护套或放入柜内，登记好设备使用状况表，并向管理人员做好移交工作。

光盘播放点管理人员工作职责

一、负责学校电教设备的管理。建立设备登记和资产管理档案。

二、熟习设备的性能，掌握使用操作技术及常见故障的排除方法。

三、做好设备的日常维护、保养工作，定期检查设备完好率，保持设备良好性能，保障正常的教育、教学需要。

四、按时接收、使用教育资源，做好教育资源的分类与编目及资源的管理。

五、遵守相关的法律、法规，不得播放、接收与教育教学无关的资源信息。

六、按有关规定和要求做好相关活动记录，收集整理各种资料。

七、配合学校开展对教师的教育技术理论与技能培训，并为学生学习服务。

(以上制度和职责张贴在光盘播放教室。)

远程教育教学光盘播放室使用登记表

<table>
<tr><td>教师姓名</td><td></td><td>使用时间</td><td></td><td>班级人数</td><td></td></tr>
<tr><td>使用节次</td><td></td><td>课程名称</td><td colspan="3"></td></tr>
<tr><td>播放内容</td><td colspan="5"></td></tr>
<tr><td>情况记录</td><td colspan="5"></td></tr>
</table>

教学应用篇

一、教育技术与教学工作

1. 教育技术应用与课程标准的实施

从20世纪90年代以来，我国在研究、总结义务教育学制、课程发展的过程中，为了很好解决义务教育阶段课程结构的合理性，各学科的课时比例，学生年龄特点对课程的制约性，学生的课业负担等方面的问题，开始了新一轮课程改革。并制定了新的义务教育《课程计划》和《课程标准》。这是义务教育阶段各学科教学的基本依据。

在实施《课程标准》的同时，如何将教育技术与课程实施有机整合，促进教师在很好地应用现代教育技术的基础上，结合课程特点、学校和学生实际，创造性地进行教学，是义务教育阶段需要研究和解决的重要问题之一。教育技术在学科教学中的应用，就是以义务教育学科知识的学习为载体，把教育技术作为工具和手段渗透到其他各个学科的教学中，从而达到应用先进的教育技术手段，培养学生解决问题的综合能力的目的。因此，教师在具体教学过程中，不仅要注重学科知识与技能的联系，而且要注意从学科或现实生活中的问题入手，借助这些有实际背景的问题，运用现代教育技术手段，分析、处理信息，获取知识，培养创新意识和创新能力。这个过程，是义务教育课程系统各要素的整体协调、相互渗透，在充分考虑学科特点的基础上，运用教育技术的特有功能，从不同角度去认识同一个问题，使教学系统发挥最大的教学效益。

教育技术在学科教学中的应用，其根本目的、任务在于：

(1)优化学科教学过程。根据学科特点和教学任务要求，选择与之相适应的教育技术设备、手段，辅助学科教学，使学科教学工作在教育技术环境中进行，创设兴趣氛围，优化学科教学环节，提高教学效果。

(2)拓宽学科教学知识渠道。学科课程目标涵盖的学科知识、能力以及情感态度与价值观等方面的基本要求，只通过每节课或每项活动是很难实现的。因此，利用教育技术手段，拓宽学科知识渠道，对于引导、组织学生进行探究性学习，培养学生各方面能力具有重要作用。这种有目的、有步骤的学生自主学习活动，主要包括对与学科知识相关事物进行观察、描述、提出问题、从各种信息渠道查找信息、提出假设、验证假设、思维判断、做出解释，并能与他人合作和交流等。运用教育技术手段，可以较好地解决这些问题：

一是通过教育技术手段，为探究性学习创设情境。例如提供相关的图文信息资料、数据，或呈现标本、模型、生活环境，或从学生的生活经验、经历中提出探究性的问题，或从社会关注的有关的热点问题切入等等。

二是通过教育技术手段，激励学生自己观察、思考、提问，并在提出假设的基础上进行探究活动方案的设计和实施。

三是通过教育技术手段，丰富教学活动内容，课内课外活动相互结合，便于打破课堂内外的约束，有计划地安排需要较长时间才能完成的活动，包括必要的调查、访问、参观等，充分利用多种教学资源，保证活动时间的落实。

四是通过教育技术手段，为学生提供相互交流的平台，促进学生利用计算机技术，相互交流学习信息，研究学习方法，以拓宽学习渠道。

五是通过教育技术手段，为教师根据具体的教学内容选择多样的教学方法提供更为广泛的空间，帮助教师采用多种不同的教学策略和方法，达到课程目标。

(3)拓宽教育技术手段应用的空间。教育技术设备的不断完善，为教师提供了更多的教育技术应用平台，教师可以利用这些设备，制作与教学内容相配套的课件，创设教学氛围，活跃教学气氛，以便达到更好的教学效果。

(4)加强和完善学科实验教学。实验教学既是一类探究活动，也是学科教学的基本形式之一。特别是理化生学科《标准》的内容中列举的一些活动建议中，相当部分就是实验。因此，充分运用教育技术设备，按要求搞好学科实验教学，是教学工作的重要任务之一。

一是学校在逐步完善学科实验室的建设、仪器设备和用具的配置，为保证实验教学提供了物质基础。任课教师也应创造条件，就地取材、因陋就简地进行好实验教学。

二是实验设计应多样化。例如，可以采用比较规范的实验仪器设备设计实验，也可以设计低成本实验；可以采用实物材料设计实验，也可以设计模拟性实验；有条件的学校还可以适当引入多媒体技术进行虚拟实验，鼓励学生参与设计实验。

三是在重视定性实验的同时，也应重视定量实验，让学生在量的变化中了解事物的本质。教师应向学生提供机会学习量的测定，实事求是地记录、整理和分析实验数据、定量表述实验结果等。

四是注意实验安全教育。安全使用实验器具(如解剖器具、玻璃器皿、酒精灯等)和实验药品(酒精、酸、碱等)是实验的基本技能，教师应强化安全教育，增强学生自我保护意识。

2. 教育技术应用与教学计划的制订

教学计划是预先拟订的教学工作的内容、步骤和方法，是对教学工作的总体谋划，统率着一个时间段的教学事务，有很强的针对性。新课程背景下，教学计划无疑应该是学生的发展规划。制订的计划具有现代教育科学的理念，教学工作才能有“章”可循，才能有效避免盲目性、随意性。在教学计划制订的过程中，如何考虑教育技术在学科教学中得到很好应用，也是教学计划的主要内容之一。

(1)制订教学计划的依据。

教学计划制订依据是水平教学计划。水平教学计划是课程总目标阶段性的概述，它依据课程标准来制订，着眼于学习目标的安排。教学计划与水平教学计划一样，都是动态的、发展的。义务教育阶段或者高中阶段的学习目标，它强调的是用学习目标的相互联系和学生身心发展的必然规律来保证学习内容的连贯性。教学计划则是为实现这一学习目标，选择多种教学手段和教学内容相匹配，来达成这一目标。

(2)制订教学计划的原则。

教学计划要遵循递进性、连续性、概括性原则。

递进性原则。主要体现在教学内容和学习目标上。后一课次总是在前一课次的基础上进行拓展，前一课次又是后一课次的理论基础。两者相互联系，逐渐递进。

连续性原则。教学计划中，课次应当是连续的，尤其是主教材内容应当作为课次的连续排列，但不排除辅助性内容在多个单元教学中多次出现。

概括性原则。教学计划的具体操作由课时教学计划来完成。在制订教学计划时必须对课次学习内容和学习目标等做好基本的概括，即概括性地表述该课次要进行什么教学内容、达成什么目标、运用怎样的教育技术手段，采用什么方法措施等。

(3)教学计划的制订与实施。

教学计划的制订、实施，大体上要涉及不同层面的表述，即学习目标、学习内容、课次、难重点、教育技术运用手段、学习方法、评价方法、课外作业等。只有在制订教学计划时涵盖这八个层面，并对学习内容做好初步的教学设计，才能算作是一份合格规范的教学计划。

教学计划在形式和内容上，必须包括以下几点：

教材分析、学情分析、教学目标、行动措施。

教材分析 包括：①教材版本。②教材内容的整体分析。③教材编排的主要特点。

学情分析包括：①班级学生的基本状态(学生人数，男女生人数，学生来源及家庭基本状态)。②学生原有基础分析。③学生能力的发展可能性分析。

教学目标包括：①知识目标。即基础知识、基本技能的细化要求。②方法目标。即在学习过程中可以提示、培养、建立哪些学习方法。③情意目标。即情感、态度、价值观的培养。

行动措施：①教学资源分析，除开教材资源以外的，与本期教学有关的实际资源，如家庭资源、图书室资源、网络资源等。②教学方法分析及教师自修安排。教材内容所要求制作的课件及实验教学的基本方法等。③实践活动安排。

制订教学计划，要落实在编制三种计划上：即学期教学计划、单元教学计划、课时教学计划。制订学期教学计划，要体现学科的性质和学科的教学任务、目标，依据学科教学内容需要制作课件和准备实验；制订单元教学计划，要体现学科的知识体系，单元的教学内容和要求，依据单元教学任务准备所需的教育技术设备；制订课时教学计划，要体现教学内容的重点、难点，能力训练要求，并据此制作所需要的课件、所运用的教育技术手段。具体要体现“五备”要求：即备“标准”，按照《课程标准》要求，做到深浅适当；备教材，根据教材的内容，抓住重点，突破难点；备方法，掌握授课的技能技巧，选择可行的教学方法，选择教育技术设备和先进的教学手段；备学生，要从不同的学生水平出发，因材因人施教；备教具(即所运用的教育技术手段)，要通过教具演示，现代教育技术设备的作用，使深奥的、复杂的教学内容直观地展示给学生。

教学计划的实施，就是指落实教学计划的教育教学过程和具体的课堂组织与操作实施。制订教学计划，要依据教学任务、要求来备教材、备学生、备教法，查阅相关资料，组织教学研讨，借鉴多方意见和建议来设计、完善课堂教学方案。具体的课堂组织、操作实施就是要依据教学的内容和目标创设热烈、轻松的课堂气氛，语言讲解简单明了，激发学生学习的兴趣。授课方式多样，处理手段灵活，以及合理安排练习密度、运动强度等。总之，一切措施、手段、方法，只为达成教学目标，让学生在学习的过程中有较好的情绪体验，对教学目标的实现有积极的促进作用，对学生的成长有一定的帮助作用。

教师制订教学计划的过程，是教学研究的过程，包括研究课程标准、教材文本、教学资源、教学手段和学情教情。教师实施教学计划的过程，是教师实践的过程，是通过教学资源、教学手段完成教学任务的过程。

教学计划，它应该对教学工作有规范性、指导性，引领教师将眼光放得更宽广、长远一些，不仅要关注学生掌握知识，还应关注学生掌握知识的过程和方法；不仅关注学生的学习，还应关注学生的健康成长；不仅关注学生的“眼前”，还应关注学生的“未来”。这样，教师就不会过分拘泥于一时一地的“得失成败”，而将关注点始终放在学生的发展上。

教学计划也不是一成不变的，它具有一定的动态生成性，需要根据具体情况“适当微调”，但它的目标指向应该是不变的，切不可随意“偏离”甚至“推翻”教学计划。

实施教学计划，必须要对教育技术应用给以足够考虑，根据学科特点，按照学期、单元、课时计划需要，把教育技术应用资源、具体使用方法进行详细安排，需要制作的课件要提前制作完成。

(4)理科实验教学计划的制订。

实验教学是学校教学工作的重要组成部分，是完成教学任务和提高教学质量的重要环节，也是培养学生动手操作能力和科技意识的主要途径。理科实验教学计划中，要体现对物体的形态、结构、生存习性和生理功效进行视察和探究，掌握有关操作技能，仪器配置或药品的处理等。理科实验教学可分为演示实验、分组实验和课外实验。

演示实验是中小学理科教学中最常用的直观手段之一。演示实验比分组实验容易开展，既节省耗材，又节省时间，更便于构造教学。因此，中学理科实验教学中特别要增强演示实验的开展。

演示实验主要有：①教授新知识的演示实验。在以获取新知识为目的而进行的演示实验中，预先把实验器材准备好，在课堂上边教学边演示，并对所用到的器材名称进行介绍，陈述实验的目的、原理和条件，正确操作，范例行动，以达到预期的演示效果。当学生视察到一个或多个征象时，引导学生得出准确结论。用演示实验来传授新知识，具有较强的真实感和说服力。②验证、巩固知识的演示实验。以验证、巩固已学过的知识为目的的实验，教师使用种种直观教具传授新知识，待学生掌握了有关知识之后举行演示实验，以验证和巩固所学的知识。如，在生物教学中为验证“绿叶在光下制造淀粉”，将遮光叶片和不遮光叶片作脱绿处理，用“滴加碘液”的要领加以验证。若叶片酿成蓝色，说明叶片中含有淀粉。反之，则说明叶片中不含有淀粉。③引导性的演示实验。它是引导学生进行准确实验、实习等实践活动的演示实验。比如，当引导学生第一次使用显微镜时，教师先用一台显微镜向学生介绍各部分名称，并演示取镜、布置、对光、观察等。以后，在教学“临时装片的制作”中，教师演示擦载玻片、盖玻片、向载玻片上滴净水、取实验质料等具体步骤。这种边演示边陈述教学要领，就比纸上谈兵、抽象的教学效果好得多。

分组实验也是中小学理科教学中最常用的直观手段之一。

分组实验是学生在实验室，由教师指导的独立操作而进行的实验。分组实验更有利于面向全体学生，培养操作技能，并引发学生的学习兴趣和发挥学生的创造性。

分组实验的准备：进行分组实验教学前，要做好充分准备：包括：①备好实验课。教师根据新课标要求，预先写出实验原理、实验目的、实验步骤及实验注意事项。如果是探究实验，教师则要制订实验计划，做出假设，分析实验结论。②准备实验器材。教师拟订分组实验计划时，必须根据本校的现实条件，对教学中所需要的实验材料有一个统筹和部署。对实验中的仪器配置和药品，教师必须预先做好准备，分发到实验桌上，为分组实验提供方便。

课外实验是中小学理科实验教学的延伸。有些实验需要较长时间的培养、观察，但不需要特别的仪器配置和实验条件，教师就可以让学生在课外完成。它对培养学生独立操作和观察能力，加深巩固课堂教学效果具有重要作用。

3. 教育技术应用与教学设计

教学工作是每一位老师的日常工作，而教学设计则是教学工作的重要组成部分。教学设计能力是指教师在教学之前，根据教学目的要求，选择教学内容，设计教学程序，确定教学方法等事项的创造性本领。它包括：教学目标的设计、问题情境的设计、教学手段的设计、教学方法的设计、范例与练习的设计等几个方面。新课程理念倡导的教学设计必须"以学生的学为本"、"以学生的发展为本"，这就要求教学设计必须围绕学生的发展。

(1)教学设计原则。

素质教育的教学设计是极富个性化的活动，是教师针对教学对象、教学内容、教学目标、教学手段、教学环境以及自己的教学背景进行综合考虑，对教学进行的精心规划和安排。教学活动由教师的教授活动和学生的学习活动组成，素质教育教学设计的根本目的就在于使教师的教授活动与学生的学习活动有机地结合起来，使教师与学生双方的主体性都发挥出来，从而建构学生的全面素质。因此，教学设计要做到以下几个方面：

一是目标设计的整体化。从纵向来讲，中小学学生在校的受教育时间大体可分为小学、初中、高中，在每一阶段都有其相应的培养目标，以及与培养目标相配套的课程计划、教学要求以及教科书。而学生在每一学段也都有自己的生理、心理特征和发展规律。这就要求在设计教学时，不能单就某一节课或某一单元做单一的设计，应有整体性，应从整体上对某阶段的发展目标进行设计，就阶段目标、学年目标、学期目标、单元目标、课时目标等做整体规划，使彼此有机衔接起来。从横向上来讲，每一学段中，学生的发展目标包括认知的、操作的、道德的、审美的、交往的素质等，这些又是交织在一起的，也要进行整体设计。

二是内容设计的整体化。内容与目标是相适应的。教学内容一般指国家规定的课程计划、教学大纲、教科书等所规定的内容，对每一个教师来说这是现成的，已规范好了的。教师在教学设计时的任务主要是根据学年、学期计划以及学校的教学仪器、设备等条件、学生的实际状况等实际情况，对教学内容的顺序、详略、深浅、难易、繁简等方面进行恰当地处理，如变换顺序、化繁为简、收集和补充辅助资料等，使教学内容更好地呈现给学生。

三是教学形式设计的整体化。它所关注的是设计一种怎样的形式，以创设最优的教学情境，最大限度地使学生处于主动自觉的学习状态。由于具体教学内容的不断变化、学生的不断发展、教学情境的不断转换，教师的教学形式不可能一成不变，也不应该一成不变，即便是在一节课中，教师的教学方式也不应是唯一的。教学形式是多种多样、丰富多彩的，比如有讲解接受式、自学辅导式、问题教学式、探究发现式、掌握学习式、开放课堂式、合作实验式等等，教师应对各种教学形式有比较好的了解和把握，对它们的特点、作用、适用条件充分地掌握，以便在设计教学时灵活选择和运用。各种教学形式都有其特殊的价值和适用范围，设计教学时就要根据教学目的和教学内容的需要综合考虑各种形式，使它们有机地结合，共同发挥作用，促进学生发展。

四是教学效果测评反馈设计的整体化。教学效果的测评与反馈对教学目标的达成起重要作用，教学设计时必须加以重视。教学效果测评与反馈设计的整体化主要是指对教学测评的标准、测评的时间、测评的方式、手段等进行整体划和安排，要求标准要全面、科学，时间要恰当、及时，方式要灵活，手段要多样，以便能及时调控教学过程，对教学中的错误、遗漏及时补救，提高教学质量和效果。另外，也为今后进一步修正和完善教学设计方案提供信息。

(2)教学设计的范围。

教学设计的范围主要包括：一个课时的教学设计；研究性学习教学设计；其他实践活动教学设计等。

(3)教学设计的内容。

教学设计包括两个大项：一是设计的依据；二是教学(实验)过程设计。

具体内容有：

①如何导入新课、如何从前一个课题过渡到下一个课题。

②如何引导学生学习、指导学生自学和讨论。

③提出哪些供学生研讨的问题、补充哪些教学素材、要求学生做哪些练习、实验，对学生反馈信息如何评价(含对可能出现的负反馈如何处理)。

④各种直观的教育技术手段在何处使用。

⑤结合各部分教学内容分别培养学生哪些能力，在何处结合教学内容对学生进行哪些思想教育(态度、情感、价值观)。

⑥要求学生形成的知识、能力结构。

⑦标明各教学环节和各部分学习内容拟使用的教学时间。

(4)教学设计的标准。

一是达到教学结构合理。设计时侧重考虑以下三点：

第一，在全部教学过程中，设计学生活动环节；在每一个学习活动环节中，设计学生参与的时间；在学生的参与过程中，设计学生积极思考的时间。

第二，教学设计要突出激发学生学习动力的内容。主要包括：设计学生主动质疑的内容；设计学生积极研讨的内容；设计学生积极动手的内容。

第三，教学设计要准确把握教师讲授的时间。多设计点拨，少设计讲解；多设计“情境”，少设计“平静”；多设计“一举几得”的问题，少设计“几举一得”的问题。

二是达到教学容量饱满。

第一，在教学设计时，注意广度适中、深度适中和素质发展水平的定位适中。

第二，教学设计时，教师要有效把握知识的框架结构，有效突出智能因素发展，有效激发非智能因素，有效渗透思想品德教育。

(5)教师教学设计能力的培养。

教师教学设计能力包括三个方面的含义：一是教学设计前的准备能力；二是进行

教学设计的能力；三是教学设计后的评析能力。

第一，教学设计的第一步骤：研究、“吃透”教材，明确、理解《课标》要求。一是教师设计的教学过程要新颖、多样、有效，符合学生的心理发展和认知水平。二是教师设计教学过程的每一个环节都要目标明确，不是“人云亦云”，更不是“画虎不成反为猫”。三是教师的教学设计不是凭空想象或机械临摹他人的，而是有根据且符合实际的。主要包括：依据教材的内容、要求以及教材内容所延伸的部分；依据教学目标要求，特别是根据“为学生终身发展打基础”的要求。

第二，创设“直观”情境，主要包括：“实物直观”情境；“动作直观”情境；“图示直观”情境；“影像直观”情境；“演示直观”情境；“语言直观”情境。

第三，创设实验操作情境。

实验操作就是让学生按照一定的程序和技术要求进行活动，如理、化、生实验等。实验操作是学生的一种实践活动，创设实验操作情境就是给学生提供“动手”的机会，因为实验是动手、动脑的过程，学生除了学到知识以外，还能开发潜能，提高实践能力。

(6)中学理化生学科教学实验教学设计。

根据我国中学理化生物学科教学现行的《课程标准》要求，这些学科实验教学设计应注意：第一，注重引导学生理解实验目的、原理和方法步骤，使学生初步掌握有关的操作技能，进一步理解有关的物理、化学、生物学知识。第二，指导学生能够独立完成实验或实习，理解探索性实验的基本过程，使学生初步学会探索性实验的一般方法。

在这两类要求中，都有实验操作技能方面的要求。教师要根据学校的实验条件、学生的特点等设计具体的实验教学目标，设计好培养学生达成目标的训练过程，使学生一步步地接近目标。

如显微镜的操作使用，每个初学者都很难在一次实验中就完全熟练地操作，大部分人只能初步学会使用。因此，有不少教师是这样安排的：在第一节课上是让学生认识显微镜的结构和在教师指导下全班进行同步练习，教师讲一步学生做一步，达成学生初步认识的级别。在第二次实验中，学生可以通过自己操作学会使用显微镜，达到掌握的级别，少部分人可以达到熟练的程度。在以后的实验中，通过反复使用显微镜观察，所观察标本的变化和观察难度的增加，还会有人出现操作上的困难。在让学生练习实验操作技能时，教师还要注意总结指导提高其实验能力，才能使学生较快地达到熟练的级别。

教学内容是进行教学的基础，教学成功的重要方面体现在合理地组织教学内容上。因此，教师要认真研究教材，掌握教材的要求，并能根据教学的特定目的和学生已有的知识水平，将教材的内容予以再组织、再创造、再加工，然后准确地传授给学生。

4. 教育技术应用与教学过程

教育技术在教学过程中的合理应用，对优化教学过程有着重要作用。主要表现在，充实教学过程的内容，调节教学过程的气氛，优化教学过程的结构，提高教学效果。因此，在教学过程中，应该很好地运用教育技术手段，优化教学过程。

(1)运用教育技术手段，把握学科知识体系，灵活正确处理教材。

教学过程中，组织教学内容要统观全局，注意知识的系统性和完整性，既要注意与其他学科之间的横向联系，还要注意新旧知识的衔接，便于更好地把握教材的内在联系，力求使内容安排符合学生的认知发展规律，同时使学生把所学知识有机地联系起来，形成立体化的知识网络。传授教学内容要注意科学性和思想性。科学性就是能够反映客观事物的本质，带有规律性的知识。教学内容的科学性不仅要求教师要准确严密科学地阐述教学内容，而且对所选的事例、引言也要科学可信；思想性主要指教材内容所表现的教育因素，利用和发挥教材的教育因素是教学的教育原理的体现，也是在传授知识技能的过程中教师对学生道德、品格、个性施加积极影响的心理要求。

根据当前教育技术的发展程度，完全可以运用音像、动画、色彩等手段，根据学生的认知规律，揭示教材内容的内在联系，展示教材内容的思想性和科学性，以达到较好的教学效果。

(2)运用教育技术手段，缓解教学内容的深度，拓宽教学内容的广度，调节教学过程的速度。

一般来说，教学内容的深度和广度要依据课程标准的要求，还应适合大多数学生的接受能力和理解水平。教学过程是教学信息的传输过程，传输的信息要适度，符合教学要求，又要有一定的难度。最佳效果应是把难度控制在学生智力的潜能的可接受范围内，保证既能有效输入又不超过学生的潜能水平。在教学过程中，运用现代教育技术，掌握“三度”分寸，在既不要脱离教学的要求、加大教学分量的前提下，将有些偏高偏深的知识，通过教育技术手段进行直观教学，便可以缓解教学内容的难度。同样，也可以运用教育技术手段，补充与教学内容相关联的知识，拓宽教学内容，以帮助学生消化、理解所学知识。教育技术在教学中的运用，可以利用其直观、趣味等特点，调节课堂气氛和教学进度。因此，只要合理地将教育技术手段运用到教学之中，课堂教学就不会出现为了匆忙赶任务而降低教学要求，加快教学进度，提前结课的现象。

(3)运用教育技术手段，促进教学过程与教学效果得到统一。

教学过程组织的好坏，既要注重对教学目标，教学内容、教学结构、教学方法、教学能力等这一完整的教学过程进行评价，也不能忽视对教师的教学效能以及学生对所学知识的理解和掌握的效果与质量做出评价。一般情况下，教学过程和教学效果的评价结果是一致的，但也存在着不一致的可能性，如有的老师教学过程安排得形式多样，但教学效果不一定好。因此，课堂教学必须兼顾教学过程和教学效果这两个方面。运用教育技术手段，可以通过课件提示，内容回视等方法，快速检验教学效果，便于教师掌握教学动态。

(4)运用教育技术手段，便于实验教学的教与学相互结合。

实验教学是教师与学生运用教育技术设备共同活动的过程，因为教学的真正含义在于学生如何学习，使教学活动过程达到一种新的境界。一节实验教学成功的课，应当是教法与学法、教学与操作、教师角色与学生角色等因素的和谐运动与高度统一。因此，在实验教学中，教师应当充分发挥教育技术设备的作用，注意学生的参与意识以及学习积极性与主动性的调动以及学习能力、实验操作能力的提高等各方面因素。

5. 电子备课和电子教案

电子备课又称数字化备课，是指采用计算机网络工具对教学素材进行采集、加工，对电子教案进行设计、制作的一种备课方式。电子教案是指采用电子设备和软件工具设计、制作、使用与储存的一种多媒体教学方案，是将传统教案中的内容转换成计算机能处理的数字信息格式后存储于记录介质(磁盘、光盘)中的现代教案。它通过计算机作为辅助工具进行设计和教学，将图、文、声、像等多种媒体整合在一起，使教学更为生动、活泼、清晰、严谨，为提高学生的学习兴趣、提高教学质量起到重要作用。

(1)电子备课的意义和作用。

一是改善备课方式。传统备课方式中，教师每天都在以“笔耕”方式重复着自己和他人的劳动。采用电子备课方式，可以使教师从用纸上书写转变为用计算机写作，从人脑单向备课转变为人工智能支持与交互式备课，从独自备课转变为远程协作备课，从一次性备课转变为动态备课，从文字写作备课转变为多媒体写作备课，从稿子实物教材准备转变为光盘、硬盘等大容量数字化教材准备，进而改善备课劳动环境，减轻备课劳动强度。

二是提高备课工作效率。第一，能提高收集备课资料的效率。教师可迅速地从全世界网络资源中获取所需要资料，节省教师跑图书馆、进资料室、从书林中翻阅资料的时间。同时，利用搜索引擎的定向搜索，代理加工功能，可帮助教师对所收集的资料进行过滤加工。第二，提高教案设计效率。教师可以利用备课平台的“向导”、“模版”、“版式”功能，快速生成规范的教案模式。第三，提高教案写作效率。传统教案的笔写手抄，书写速度慢，修改不方便。采用计算机备课，可以选择键盘输入、扫描输入、语音输入等多种方式，提高文字输入的效率。第四，提高教案的展示率，节省课堂板书与演示准备时间。

三是提高备课工作质量。第一，使用文、图、声、像等多种媒体表达教学信息，使教案形象、生动。第二，利用平台工具的自动校对、背景纠错功能，提高语言文字的准确性。第三，利用备课平台工具的自动排版功能以及教案模版，可以使教案格式规范、布局美观。第四，可从因特网海量资源中精选素材，有助于编制出“精品教案”。

四是利于备课成果共享。第一，利用光盘、磁盘无限次数、高保真的拷贝教案，以利他人借鉴使用。第二，利用个人网站和学校网站发布教案，供他人自由下载、欣赏。第三，利用网上虚拟社区与同行交流备课经验和教训，以利共同提高备课水平。第四，利用电子邮件方式个别交流备课成果。

(2)电子备课系统组成。

电子备课系统一般有四部分组成，包括教学素材、平台软件库、硬件设备系统、教案作品库。

教学素材。具体包括两个子库：一是数字化的教学素材库，它由教师将自己所收集到的文本、图形(图像)、声音、动画、视频素材进行编目整理，分类存放在个人计算机或服务器上，逐步积累而成。二是非数字化的教学素材库，它由书籍、杂志、报刊、挂图、标本、模型、仪器、实物等教学资料组成。

平台软件库。备课平台软件包括通用与专用两类。Office 系列软件可以用作备课的通用平台，几何画板用于数学、物理等学科专用平台。此外，目前已有不少教学软件，电子功能多样化，与电子备课制作组合成平台。

硬件设备系统。包括素材采集设备(如数码相机、数码摄像机、扫描仪、话筒)等，媒体计算机及网络设备等。为了方便对大数据量文件的复制与携带，建议配置光盘刻录机或移动硬盘。

教案作品库。主要由教学计划、教案、教学总结、题库等组成。

(3)电子备课中值得注意的几个问题。

一要克服畏难情绪，树立信心，使自己在电子备课的实践中逐步熟练使用计算机及网络。

二要避免重技术轻学生的现象发生。"备教材"、"备教法"、"备学生"是备课的三大中心任务，电子备课中不能只顾高新技术，摆花架子装门面，而应该始终牢记要根据所教学生的实际情况，对教学过程进行设计，一切以满足教学需要为宗旨。

三要及时备份。由于计算机故障、网络故障较易发生，如果不及时对素材库、教案备份，很可能在使用时因故障原因而一筹莫展。

四要预防病毒感染。因教室、办公室设备属于公用设备，很容易交叉感染各种病毒，应安装杀毒软件，加强防范。

五要加强协作交流。可以利用网上论坛、教师虚拟社区、学科教师联盟、博客群等途径开展网上备课交流与研讨。

(4)电子教案特点。

电子教案与传统教案相比较，具有以下特点：

一是形象、生动。电子教案可用多媒体制作，具有形象、声音、色彩、动感俱佳的效果。

二是数字化。所有信息均以数字符号编码与解码，这也是电子教案的多媒体整合和无损复制、高保真重放的基础。

三是可交互操作。电子教案中可设置各种非线性链接与选项，可利用人工智能技术进行个性化教案重组。

(5)编制电子教案应遵循的基本原则。

电子教案的编制应该考虑学生的特点，学习的内容，同时还要考虑电子教案知识的扩展性、内容的共享性等问题。我们知道，在设计课件时，没有一、两个星期是难以完成一个课时的课件制作的，课件制作需要大量的时间。而电子教案是教师备课的课案，教师每节课都有教案，如果编制电子教案如同制作课件一样费时，恐怕谁也坚持不下去。因此要充分考虑到电子教案的共享性(教研组每人设计一个课时，其他老师可以修改后使用)。其次是对使用者而言的，电子教案的设计应该为使用者提供直觉的可视性的导航，即应该使使用者不必考虑技术细节和学习新技术，或无需阅读说明，就可以凭简单明了的导航知道怎样走下一步，从而有效地获取信息。制作电子教案，要遵循以下原则：

一是趣味性原则。虽然内容是教案质量高低的关键，但对于中小学生来说，在教案中插入一些可爱的动画或声音十分必要，这可以使教案更加具有吸引力。

二是主体性原则。电子教案不应该仅仅被知识所充塞，它更应该为学生创造一个自主学习、自主探索的良好环境。所以，电子教案的设计，必须既立足于教师，也立足于学生，必须设计有供讨论、发言的交流区域，为学生的独立思考、相互合作和创造性作业提供条件。电子教案的设计还要考虑学生的学习能力、认知风格、性格特征等多方面的差异，针对学生的个性来设计富有层次的问题、提出不同难度的任务。

三是内容性原则。编制电子教案最容易犯的一个错误在于过分重视教案的“外表”，采用过多的“新潮”技术，致使教案喧“外表”而夺“内容”。重视教案的内容设计，首先要考虑课型。比如，英语教学中阅读课的教案就应该不同于对话课的教案；新授课的教案也不同于复习课的教案。其次要考虑学习的目的任务。教师编制电子教案，仅仅掌握了制作课件的技术还不行，还必须用现代教育理论来武装自己。就当前的教育环境和教育发展趋势来说，使用电子教案旨在构建网络环境下的有利于创新型人才的教育模式，它应该是一个激发学生思考和想象、提供学生选择和讨论、方便学生创新的场所。

四是目标性原则。一要对选择制作电子教案的基本类型要有目标，根据各种类型的特点来分析。我们是以教学为中心而使用多媒体技术，是为教学服务的，因此，我们所制作的是基于课堂教学的课堂演示型多媒体电子教案。二要在多媒体电子教案选题上有明确的目标，并不是所有的内容都必须制作成多媒体电子教案，许多一目了然的知识，或者可以通过其他教学手段来实现的知识，就没必要费时费力地将其制作成多媒体电子教案，否则，多媒体的运用就是“机械化”，虽“新”却不“实”。

五是整体性原则。保证电子教案的整体结构紧凑，并能系统地表达多媒体电子教案的教学内容，通过计算机软件的超链接功能将教学单元之间的结构条理清楚、层次分明的形成一个整体。

六是技术性原则。主要体现在：①可靠性强，界面友好，效率高，通用性好；②能充分发挥计算机多媒体的特点，视听效果好；③能充分发挥交互作用，易操作；④电子教案中对重点、难点内容最好应用CAI，以明显提高教学效率。

七是思想性原则。要体现出：①教学观念新——体现以学生为主体，体现教书育人，体现素质教育；②教学目标明确——体现大纲精神，体现知识传授、技能训练、能力培养有机统一；③教学内容正确——教学容量适当，内容正确，理论联系实际，结构紧密有序；④教学方法灵活——教学方法有效，重视学法指导，媒体应用适时适度；⑤教学技能强——板书设计科学、艺术，语言清晰、简明，演示正确，有教学监控能力；⑥教学效果好——双向交流气氛热烈，注重个性教学，使不同水平学生各有所得。

八是程序性原则。应保证多媒体电子教案程序的合理性、交互性，以方便教师教学和学生复习时使用。

九是美学原则。多媒体电子教案的制作是一个艺术化的制作过程，其色彩的搭配、声音与画面的组合、动画与视频效果的运用，对多媒体电子教案最终的效果起到决定性的作用，不可轻视。

(6)制作电子教案的方法。

电子教案是利用数字处理软件在计算机上编写的图文并茂的教案。制作、使用精美的电子教案，有利于提高教师的备课水平，增强教师的自信心，有利于提高教师的教学水平，积累经验，也便于开展教学经验交流。将电子教案汇集在一起，其图片资料成为了一个素材库，有利于CAI课件的制作。

电子教案的制作流程，包括收集素材、制作教案、美化加工等方面。

●素材的收集。

制作图文并茂的电子教案一定要收集大量的图片素材，这些素材一般来自于三个方面：①利用现成图片或自己拍摄。既可以从各种图书出版物（如科普读物、教科书、杂志封面、摄影集和摄影杂志等）中获取精美的图片，也可以使用自己拍摄和积累的照片资料。②从CD-ROM中获取。在市面上，有许多关于科学、生活等方面的素材碟，我们可以直接利用这些素材。③从Internet上获取。网上资源非常丰富，利用搜索引擎（如Sohu、Yahoo）来查找我们所需的资料也非常方便。例如，我们要从网上获取一幅“鲸”的图片，怎么办？非常简单，只要登录Internet后，打开一个搜索引擎，键入“鲸”字，单击“搜索”按钮，一会儿就显示出搜索结果。我们通过鼠标点击进入被搜索到的各个网站，找到所需的图片，将其下载到自己的文件夹中就可以了。

通过以上途径获取的图片素材，不一定就能适合要求，因此，需要对一些图片进行加工后才能将其整合进入电子教案中。

●教案的制作。

制作电子教案的常用软件有：①文字处理软件—Word；②演示文稿制作软件—PowerPoint；③网页制作软件—FrontPage、DreamWeaver；④动画制作软件—Flash。

●美化和加工。

为了使电子教案层次更清晰，更方便于教师阅读，我们还需要对其进行美化和加工。

①插入自选图形。单击“绘图”工具栏上的“自选图形”按钮，可以选择所需的自选图形。使用箭头，可以使教案的流程更清楚；使用标志，可以让重点知识显得更突出。

②给文字加颜色。单击“绘图”工具栏上的“字体颜色”按钮，可以改变字体的颜色。我们可以把板书设计为红色，教师提问设为蓝色，学生回答设为绿色，使整个教案显得层次分明，美观大方。

③标题的艺术化。Word的艺术字标题，可美化电子教案的各项标题。我们只要定位好插入艺术字的地方，然后单击“绘画”工具栏上的“插入艺术字”按钮，就可以开始按照我们的心意去设计艺术化的标题了。

④使用书签和导航。有些电子教案篇幅较长，通读一遍要较长时间，为方便查阅，我们可使用书签和导航。

书签的制作。插入书签包括标题、图片、实验、习题等。先移动光标到要插入书签的位置，从“插入”菜单中选“书签”命令，再键入新的书签名称，然后单击“添加”按钮就可以了。

建立导航。将各个书签的名称列成一个导航目录表后，先选中其中一个目录名，再单击“超级链接”按钮，然后在对话框的“文档中有名称的位置”框中键入所需链接的书签名，就建立了其中的一项导航。多次重复前面工作就可以建立好整个导航。

(7)电子教案的结构要求。

①电子教案的形式多种多样，可以是Word文档、PPT演示文稿、教学网页课件、多媒体CAI课件或多媒体电子书，也可以是几种形式的组合，要求内容结构具体、明

确、简要，能够实施并具有可操作性。

②文本的输入。进行文本制作的数字处理软件很多，如 Frontpage、Word、WPS 等。另外，对于一些已经印在书本上的资料，则可用光学字符识别系统 OCR 将文字输入计算机。

③表格的运用。可使教案中具有明显特点的知识表达得更清楚。在 Frontpage、Word 中使用"插入表格"按钮或"绘制表格"功能，可以制作一些简单的表格。但如果需要比较复杂的表格，就可先在 Excel 中制作好，再粘贴到文档中。

④图片的插入。这是制作图文并茂的电子教案必不可少的一环。例如，已经有了一张图片《紫荆》，怎样插入到 Word 文档中呢？先从"插入"菜单中选取"图片"并选择"来自文件"，再在"查找范围"列表中打到《紫荆》后单击"插入"按钮，然后再根据实际效果来调整好线形、文字环绕形式就可以了。

6. 实验能力和实践能力考核

(1)实验能力和实践能力考核的意义。

新课程改革的基本理念中突出了课程应面向全体学生、立足学生发展，体现在对学生各种能力的培养上。中小学理科是以实验为基础的学科，要求学生不仅要有扎实的理论基础知识，更要有良好的实际动手能力。因此，对学生进行实验能力和实践能力的考核就显得尤为重要。其意义在于：

一是实验能力和实践能力考核能促进教育观念的转变。学生理科实验能力考核和实验操作，能较好地促进教师和学生转变实验教学的观念，改变由教师讲学生背、教师做学生看的弊端，加强实践环节的教学训练，注重学生动手、动脑能力的培养。同时实验教学以其特有的魅力，能够激发起学生的求知欲和实践愿望，使学生在实践中掌握生活、生产、科研的基本知识和技能，从而有力地促进学校由应试教育向素质教育的转变。

二是实验能力和实践能力考核能够促进实验教学全面开展，提高学生素质。过去，相当一部分学校实验教学开展不正常，仪器设备闲置，学生实验可有可无，学生对理、化、生概念、定律死记硬背后不理解，产生厌学情绪。现在，通过对学生的理科实验能力进行考核，促使学校积极创造条件，认真按照大纲要求，开全开好实验课。有些学校实行开放实验室，支持学生随时做实验。实验室得到了充分利用，仪器设备的投资效益得到了充分发挥，同时有力地带动了实验室管理水平的提高。学生通过亲自做实验，既加深了对理论知识的理解，又学会了基本实验操作技能和观察问题的方法，从而激发了学生的学习兴趣，智力与非智力因素得到进一步开发，知识与技能获得了和谐发展，教学质量得到明显提高。

三是实验能力和实践能力考核能够促进理科教师和实验教师队伍建设，推进实验教学研究风气的形成。实验能力考核使理科教师清醒地认识到，在教学中不仅要讲理论，而且还要传授给学生规范的实验操作技能。调动了他们开足开全实验课的积极性，形成了浓厚的学习实验教学方法，交流实验教学经验，探讨实验教学技巧，研究实验教学问题的氛围。

四是实验能力和实践能力考核为完善教学评估体系，量化考评实验教学探索了新路。通过学生的实际操作，将学校实验教学的整体水平，任课教师的教学水平，实验教师的辅导水平，比较真实科学地反映出来，实现了对学校、教师、学生的综合、全面的评估。实验教学的“建、配、管、用、研”等几大环节，通过“考”这个评估机制开始迈入了正常轨道。及时准确地了解掌握实验教学动态，可指导实验教学更好地适应教学改革。

(2)实验能力和实践能力考核的内容。

一是对学生的实验探究能力进行评价。

培养学生的实验探究能力是义务教育阶段各科课程的重要目标之一。在实验教学过程中，教师应关注学生在探究活动中逐步形成观察、归纳和发现问题的能力，逐步形成设计实验、调查研究、动手实验的能力，逐步形成收集和分析数据、表达和交流的能力等。教师应结合探究活动的全过程评价学生的探究能力。在实验探究活动中，对学生表现出来的实验探究能力进行评价。

二是对学生情感态度与价值观的发展状况进行评价。

学生的情感态度与价值观是学生心理发展的基本内容，在实验教学过程中，教师应密切关注学生情感态度与价值观方面的进步以及良好行为习惯的养成。在学习探究活动中，不仅应该评价学生相关的知识和技能，同时也应对学生在活动中表现出来的热爱家乡和祖国的情感、实事求是和勇于探索的科学精神等方面进行评价。

(3)实验能力和实践能力考核的基本要求。

一是编制实验计划的能力。理解实验原理，设计实验步骤，绘制记录表格，观察生活经验提出问题，根据问题提出假设，利用身边的材料设计探究假设的实验方案，包括设计对照实验。

二是动手操作的能力。按照实验操作的规范要求完成实验，正确选择、安装、调试实验仪器，按一定程序进行操作，会使用有关测量仪器、工具，并达到一定的水平，按照实验计划准备实验材料，有步骤地进行实验。

三是观察能力。正确选择观察目标，观察迅速、读数准确、判断正确。

四是处理数据的能力。实事求是地记录和收集实验数据。运用有效数字表示测量数值，正确运算和描绘图线。

五是分析与总结的能力。运用有效数字表示测量数值，正确运算和描绘图线分析实验数据的相关性并得出结论，分析结果，用公式或文字表述规律，撰写实验报告。

六是实验素养。包括积极参与、认真思考、勇于探索、实事求是，与他人合作和交流，遵守操作规程、爱护实验环境、实验习惯好等。

(4)实验能力和实践能力考核的命题原则。

实验能力和实践能力考核的命题基本上可遵循以下原则：

一是客观性原则。为避免“人情分”因素，在制定命题内容、评分细则、考核要素时要给予客观性考虑，消除凭监考教师主观认定给予分值的不公平隐患。

二是普及性原则。要求考题的覆盖面要广，能够考查学生对基本仪器的使用能力和基本操作能力。

三是难易适当性原则。要求试题的难易程度得当，能反映出不同层次学生的实验操作能力。

四是等价性原则。要求试题具有等价性，每一份试题除难易程度基本相同外，操作时间也基本相近。

五是可操作性原则，命题人员通过事先亲自操作，掌握各题的难易程度和所需的操作时间，判断命题的可操作性，确保考生公平竞争。

(5)实验能力和实践能力考核的形式。

实验能力和实践能力考核，应该根据考核的内容、形式、设备条件来具体决定。既可分开进行，也可以同时考核，但应采取理论和实践相结合，日常(平时)和终结(期末、毕业)相结合的方法进行。

一是日常性实验考核：对学生的实验能力和实践能力应该始终贯穿于实验教学的全过程，即将考核贯穿于实验预习、实验操作、实验提问及讨论、实验报告各个环节中，并将其平时成绩记入“学生实验能力和实践能力考核档案”中。

①实验预习。由于实验教学和理论教学难于做到同步进行，实验教学往往超前。因此，为了保证实验教学质量，首先要求学生课前进行预习，按照实验原理、内容、步骤进行预习，找出实验的关键，预计产生的现象及产物，实验过程中应注意的问题等，写出预习报告，在实验前交给指导教师，指导教师根据每位学生的预习报告质量给出预习成绩。

②实验操作。对低年级学生，指导教师可适当地对实验操作过程做些介绍和说明；对高年级学生，可直接让学生进行实验，以培养独立完成实验的能力。教师应以巡视的方式，观察每位学生的实验操作情况，对学生实验过程的主动性、仪器操作的正确性、动手熟悉的程度性等进行全面考查。实验结束后，检查实验数据，最后根据学生能否按规定时间完成实验，操作正确熟悉情况，实验数据情况等给出实验操作成绩。

③实验提问。为检验学生预习认真程度，解决学生实验操作过程中存在的问题，教师以巡视的方式，对学生逐个进行提问，根据实验准备的思考题，或对学生操作过程中存在的问题进行质疑，并以交流的方式，与学生进行探讨，然后根据每位学生回答情况给出实验提问成绩。

④实验报告。实验报告(包括指导教师签名的原始数据表)应于规定时间内交给教师，不能按时交的同学，实验报告的成绩将降一级。教师应及时批改实验报告，对有错误的地方作记号指出，并及时反馈给学生。教师应根据学生书写的实验报告基本格式(不要求程式化的格式)、实验数据处理、实验结果的图表、实验分析、讨论与结论，按考核要求公正给出实验报告成绩。

二是终结性实验考核。终结性实验考核一般在期末或毕业会考时进行。实验考核的方式主要有：笔试、口试和操作。笔试的主要内容包括实验原理、步骤、数据处理、误差分析、绘画图表等；口试的主要内容主要是各个实验的思考题及实验过程中存在的问题，由学生抽签回答；操作的内容主要是列出已做的实验(可取某一部分内容)，学生当场抽签，并在规定的时间内完成实验内容和实验报告，最后综合平时的实验考核成绩给出终结性考核成绩。

(6)实验能力和实践能力考核的管理。

一是考核组织管理。

第一，要做到精心安排、严密组织、确保实验能力考核工作顺利进行。第二，要严肃考风考纪，制定相关的规章制度，如“学生实验能力考核须知”、“学生违反考核纪律的行为及处罚规定”、“考核人员工作职责”等，使实验能力考核工作有章可循、有据可依。第三，要重视教师考核队伍建设，选拔思想觉悟高、业务素质强的人员组成队伍。第四，要对考核人员的政治和业务素质于考前进行强化培训，规定严格的考核纪律，保证对每位学生客观、公正、公平地进行考核。

二是考核资料管理。

提倡采用“学生实验能力考核档案”的形式记录管理学生的考核情况。具体做法：学生实验能力考核档案每生建档一册，封面应标有学生的姓名、年级、所在班级等情况。伴随学生的学习成长过程，逐步收集学生学习过程中的实验考核测试卷、探究活动的报告或小论文、小制作、小标本、查阅的文献资料、收集照片、获奖证书等。教师根据各项成果的评语和评分，结合发展变化的情况，可对每个学生进行综合评价。

7. 计算机教学管理系统

(1)计算机教学管理系统概述。

随着计算机应用的普遍推广，中小学都逐渐实现了教育教学管理系统化，运用计算机等先进设备，并且视野已经深入到 Internet 领域，实现了网络化管理，为学校发展增加了强劲动力。加强教学管理，实现计算机化管理，不仅能使学校教学水平上一个新台阶，而且方便了教学管理人员对学校教学、教师授课、学生学习等几大环节的深入了解和全面掌握。在学校实现教学管理的计算机化，是学校建设的一个重要的方面。

中小学作为一个独立的机构，教育教学各种情况都比较复杂，各个机构都各自独立，又相互联系，这就需要运用教育技术手段，建设一个比较便捷的管理系统。学校的计算机管理系统一般由以下管理部分组成：学生信息管理、教务管理、教学管理、实验室管理、图书馆管理、考核管理、财务管理、物资管理、后勤管理等。

学校的各个系统又分为不同的管理人员，不同的管理人员所看到的以及所操作管理的部分又不同，这就需要给不同的操作者提供不同的操作管理权限。不同机构所需要的资料也不同，这需要给不同的机构提供不同的操作界面，进行不同的操作。而且不同机构、不同人员所关心的问题也不同，比如学校的使用者大体分学生、教师、教务处，这就需要在做系统开发之前一定要做好前期的需求分析，中期的系统设计、程序开发，而且也要注意后期的系统维护。

教学管理系统就是对教学信息的管理，其功能主要有教务管理、教学服务、教学评价管理。教学管理系统主要面向三大主体用户：教务处工作人员、教师、学生。针对不同群体设计不同的应用系统，满足不同群体的需求，达到真正服务教学的目的。

(2)计算机教学管理系统的内容。

计算机教学管理系统的内容之一是教务管理，主要包括：教师资源管理、教务过程管理、办公事务管理、教学资源管理、教育科研管理、教师进修管理等方面。

教师资源管理系统：其具体内容基本有教师基本信息、教师教学技能、科研教研情况、教师成绩记载、教师工作评价等子系统。如下表：

教师基本信息	基本信息	教师身份证号、姓名、出生日期、职称、职务、部门等基本信息
	信息列表	显示学校教师基本信息列表，对教师信息进行修改/删除/导出
	日常信息	记录教师家庭成员、简历信息、奖励情况、处罚情况、疗养情况、工资结构、考勤等信息
	综合统计	统计出教职工年龄、职称、职务、学历、政治面貌、劳动报酬、变动情况等信息的报表
	业务学习	教师专业资格、交流学习、继续学习等业务学习信息
	专题学习	专题学习名称、地点、内容和学习成果等信息
	学习体会	学习记录、要事活动、典型事件、启发与反思
	综合查询	教师培训、证书、交流学习、专业资格、专题学习等信息
	教学工作量	教师每学期教学任教科目和任教时间
	课程表	显示当前学期教师的课程表
	课堂记录	教师记录自己的课堂内容、课堂表现及学生表现等信息
	听课记录	听课教师听课的课堂内容、课堂表现及学生表现等信息
	综合查询	查询教师任课情况、课堂记录、听课记录、教学工作量和课堂总结
教学技能	教学计划	教师教学计划和教学目标
	教学实践	教师教学实践活动名称、内容、心得体会
	教学课件	教师的课件名称、内容简要和课件上传
	精彩教案	教师教案名称、内容和教案上传
	教学经验	每学期的教学经验
	教学总结	每学期的教学总结和心得体会
	教学反思	课堂教学、师生互动过程及典型事件中反思与心得
	教学评价	对部门教师教学情况进行评价，评价项目和分值可灵活设定
	综合查询	对教学计划、教学实践、教学课件、精彩教案、教学评价进行查询
科研教研	课题研究	课题研究的主题、时间、授权单位、内容简要、收获与启示等信息
	课题实践	课题实践的名称、时间、评价效果、内容、总结等信息
	开课记录	开课的课程名、开课时间、授课人、课程简介等信息
	论文著作	论文著作名称，发表单位、时间、所属个人、类型、内容摘要
	专长信息	记录教师专长名称、专长简介等信息
	综合查询	查询教师课题研究、课题实践、开课记录、论文著作、专利信息等信息
成绩记载	师德考核	记录教师师德考核成绩、要事活动、典型事件、总结和体会
	培训成绩	记录教师培训项目名称、类别、性质、培训对象、培训成绩等
	班级成绩	质量分析、学生名次、同比系数分析等等

续表

教师基本信息	个人荣誉	本人荣誉和辅导学生荣誉
	综合查询	查询师德考核、培训成绩、个人荣誉、个人作品
工作评价	教师评价录入	教师自己、同事、学生、家长、领导参与对教师进行评价
	教师评价汇总	汇总教师历次评价信息，包括个人评价汇总、部门评价汇总
	满意度调查	学生对班级任教老师和班主任进行满意度打分，教师和管理员可查看教师和部门教师的满意度打分情况
	教师评价设置	教师评价项目、评价比例和评价控制的设置
综合汇总	综合汇总	教师的人事信息、个人业务信息和评价信息，汇总信息可进行导出处理

教师资源管理模块，应该本着方便适用的原则设置，要体现：

1)可以实现对教师基本信息的录入和档案管理。

2)管理教师进修档案(教师姓名、进修日期、进修科目、进修单位、进修成绩)。

3)满足教师对管理系统的需求，实现对自己的基本信息的查询，实现对选修自己所教授课程的学生的基本信息(但不能修改)，实现对自己所教授课程的课程信息进行查询(时间地点)，实现选修自己课程的学生成绩的录入(录入后不能再进行修改)。

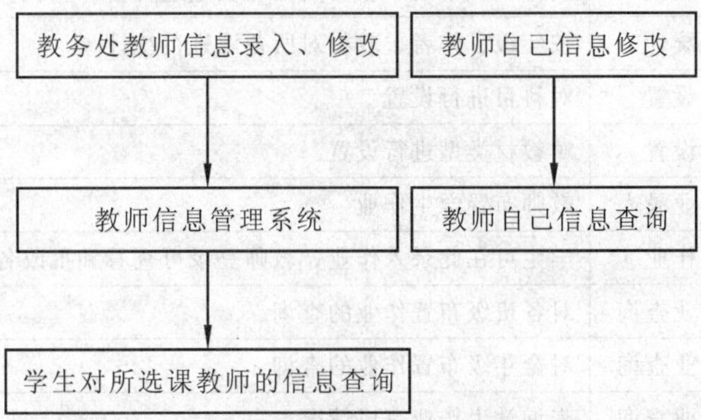

图 1　教师信息管理系统

教务过程管理系统： 主要包括课表排定、教师任课安排、教学过程管理等子系统。一是教师任课安排和课程、课时设置，课表排列等，包括：

排课设置	教师任课	教师任教课程和任教班级的设置
	课程维护	对各学科课程进行设置，进行排课
	周课时	设置各年级周作息天数、上午课时和下午课时
	年级课时	设置各年级的各个学科的课时数
	占用场所	对教师占用固定场所进行设置
	固定课	对年级固定课进行设置
	合并课	对教师多个班级合班上课和合班上课的连堂次数进行设定
	连堂课	设置各班级学科的连堂课次数

续表

设置查询		对教师任课、班级课时、教师不排课、占用公共场地、固定课等信息进行查询
课表录入		记录课表，包括总课表、班级课表、教师课表
课表查询	班级课表	查询班级和年级课表，课表可进行打印和导出
	教师课表	查询教师的课表
	场所使用	查询场所的使用情况
课表统计	年级课表	统计出各年级的各学科的课表中的课时
	教师课表	统计各部门老师的任课的课时
	点名表	对学生上课缺席情况进行登记，可下载点名表进行手动点名
	课程进度表	教师课程的进度安排，班级学生可查看课程进度情况
	班级查询	查询各班级学生信息

备课管理系统：

备课管理	备课添加	对教学目标、重难点、教学过程、配套练习、教学后记和教材分析进行检查并进行记录
	备课查找	按年级、学期、教材类型和质量进行备课查找
备课统计	备课统计	按年级、作者、教材对所备课进行统计
基础设置	科目设置	对科目进行设置
	教材设置	对教材类型进行设置
作业管理	班级作业录入	教师布置学生作业
	学生作业	学生可在此录入作业，教师登录可查看和批改各学生的作业
	班级作业查询	对各班级布置作业的查询
	年级作业查询	对全年级布置作业的查询
	学生作业查询	查询学生作业完成情况

教学成绩管理分析系统：包括教学质量分析系统，考试试卷分析系统，学生考试成绩查询系统等。

教学成绩管理分析	学生成绩查询	个人成绩查询	查询学生历次考试各科成绩、班级名次和年级名次
		班级成绩查询	查询各班级学生成绩情况
		年级成绩查询	查询全年级学生成绩情况
		综合成绩查询	根据选择条件不同任意组合来查询所需要的成绩
		成绩报告单	生成成绩报告单，列出学生一学期内平时考试成绩、期中成绩、期末成绩、学期总评和学年总评
		综合报告单	查询学生各学科，及各学科组成课程的学期总评、学年总评的成绩和对应的等第

续表

教学成绩管理分析	学生成绩查询	成绩汇总	汇总了一学年度上下学期该门课程全班学生的平时、期中、期末、学期总评、学年总评和补考成绩
		成绩记载	记载数学学科平时考查、期中、期末成绩，根据笔试成绩、口试成绩折算成综合成绩和对应的等第
		成绩上报	学生成绩上报到教育局，可把成绩和试卷导出成 Excel 文件，并可查询学生在全区的档次情况
		质量分析	使用常规分析(群体优率、良率、及格率、极差率、平均分、分数段频数、名次、多种形式总分名次、离差、学年总评、成绩单)，拓展分析(等级频数、标准分、档次、M 值、百分比、高低分组、得分分布、名次频数、生源类别质量分析)进行班级学习水平结构分析，借入生是否参与质量分析可选择控制
	质量横向分析	标准分分析	以标准分、档次、百分比反映学生单科和多科总分的成绩情况
		划档统计	统计各班级和年级学生的单科和总分在全年级的档次情况
		标准差分析	分析各班级和年级的标准差情况
		及格率分析	分析各班级和年级及格率情况
		个人成绩跟踪分析	以标准分、单科档次、多科档次、比值系数、百分比，对学生本学期和历次成绩进行跟踪分析
	质量跟踪分析	班级质量跟踪分析	通过班级各次考试均分系数、优良率系数、及格率系数、标准分、档次人数等指标跟踪班级学习质量的进步状况
		发展情况分析	通过平均分、均分系数、及格率、优良率、标准分、档次人数、档次达成率等指标对班级群体发展情况进行跟踪分析
试卷分析	学生试卷录入		学生试卷分值的录入/修改/删除/查询/导入
	试卷质量分析	试题诊断反馈	分析学科、年级每大题、小题和小小题的满分、平均分、得分率、区分度、标准差、最高分和最低分的情况。教师可选择题目进行分析，录入分析总结信息
		试题反馈汇总	查看各班级试题质量分析，并可查询各班老师的试题分析的结果
		综合分析	统计分析教师所任班级及全年级的试卷各题的得分率，全卷总分的得分率和标准差，各班级各分数段人数的分布情况，单击各班级名称可查看老师的总结和分析情况
		教师试题分析	对教师任教各班级、任教班级平均进行试卷试题分析
		双向细目表分析	用图表对学生和班级知识点及认知水平(认知水平包括：识记、理解、应用、分析、综合、评价)进行分析，同时可对认知水平情况进行跟踪分析
		双向细目表分布	对各班级试卷知识点和学习水平的掌握的分布情况进行分析
		达成度分析	对学生个体、班级群体在各知识点、学习水平达成情况进行分析，并生成学生达成度成绩报告单

续表

试卷分析	试卷质量分析	成绩汇总	对各班级学生考试试卷成绩进行汇总，并可导出成 Excel 文件
		个人得分率	以柱形图反映学生个人、班级、年级各试题的得分情况
标准试卷设置			标准试卷格式、各题满分设置，及对试卷各题考核知识点和对应学习水平的设定

考务管理系统：包括考试日程安排、考场安排、监考教师安排、考试成绩登统等子系统。

考试日程安排	考试日程设置	主要是针对每次考试每个年级的考试日期、时间以及考试科目进行设置
	考试日程查询	生成一张日程安排表以供查看和打印
考场安排	考场设置	把用来考试的教室进行考场编号，而且每个考场都有一个默认的名称(如：第 1 考场)，然后限定每个考场考生人数、以及监考教师数量
	考场设置查询	查询设置的考场
监考教师安排	监考教师设置	教师监考场数进行设定
	监考教师查询	查询统计监考教师的监考情况
监考安排	自动安排	自动分配监考教师到相应的年级并且要求可以手动修改
	手动调整	可以手动修改监考教师到相应的年级
考生安排	自动安排	考生安排可以分别按成绩高低、随机、隔班等方式排列
	手动调整	排列完成后可以手动调整，比如增加考场坐位、调整考生位置等
考生成绩录入	按考场录入	根据年级或考场按准考证号来录入考生的单科总分，以及科目小分
	按班级录入	也可按班级进行成绩录入
考试信息统计	对考试信息进行详细统计，并可打印	

教师教研进修管理系统：

教师教研活动	主题研修	研修教师完成研修作业，专家组进行评价或打分
	教师文章	为研修教师提供文章发布和交流
	问题讨论	根据教学中的问题，以讨论的形式，通过集体的智慧寻求最佳解决方法即提出问题解决问题
	教师论文	由专家教师对发表的论文进行基本的等级评定，该部分内容可作为教师职称评定的参考依据
	公开课	公开课是由相关老师提出申请，其他教师可进行听课学习，并对授课情况做出评价
	教研活动	教师参加教研活动情况

续表

管理人员	教研活动	教研活动信息以周为单位进行安排，活动信息包括活动地点，参加人员，活动内容等信息
	专家设置	设置专家组成员
	评分设置	对主题研修中作业打分进行设置
	积分设置	设置研修成绩组成方式
	研修统计	对研修教师以学期为单位进行情况统计，统计信息包括研修成绩、发表文章、论文发表、提出问题及参加讨论数量

教师科研管理系统：

计划课题	计划课题	课题名称、编号、类型、简介等信息
	课题经费	包括课题经费收入、课题经费支出有关情况
教师著作	教师撰写著作名称，出版单位，所属人及内容摘要等信息	
教师论文	教师撰写论文名称，发表单位，级别、所属人、内容摘要、备注等信息	
科研成果	鉴定成果	鉴定科研成果时间、部门、级别、所属人及成果简介
	专利成果	记录专利编号、专利名称、申请时间、出售情况等
	获奖成果	获奖主题、所获奖项、获奖人、授权单位等
学术交流	学术交流派出所出	记录学术交流派出人、所属部门、时间段及学术交流名称
	学术交流接收	记录学术交流接收人、接收部门、时间段及学术交流名称
综合查询	查询有关科研管理中录入所有信息	

教学资源管理系统：

教学资源管理	资源浏览	点击资源目录查看资源信息
	资源检索	查看资源信息并可参与进行资源评论
	资源下载	通过网络下载资源
	资源管理	添加、修改、删除资源信息
	资源审核	管理员对教师上传资源进行审核
	资源目录	建立资源目录，可分多级建立目录
	资源调整	资源目录和资源排序进行调整
	资源统计	按个人和年级对资源进行统计

办公事务管理系统：资源包括公文、信息流转系统、会议管理系统、设备报修管理系统、教师请假管理系统等子系统。

消息管理	发送消息	给各部门、部门成员发送消息
	查阅阅读	对已发消息列表，查看阅读情况
	回收消息	查看所收的消息，并可进行回复消息
	上报信息	向上级单位上报学校工作信息

续表

公文流转	发文管理	向组、室及技术发送文件
	收文管理	查看收文，并进行回复
会议管理	会议申请	录入会议的信息进行会议申请
	会议审批	对会议申请进行审批
	会议纪要	进行会议记录和总结，查看会议纪要内容
个人办公	日程安排	个人日程安排的录入、查看和删除
	工作计划	个人工作计划的录入、修改、查看和删除
	通讯录	个人通讯录的录入、修改、查看和删除
	周计划	对各周计划录入、修改、删除，教师查看各周计划
报修管理	报修申请	申报损坏物品，请求维修人员修理
	报修受理	查看各个设备的报修状况，设置修理状态
	维修人设置	设置各个年级和部门的维修负责人
请假管理	请假申请	按部门、人员、类型申请请假
	请假审批	教师请假审批，查询请假人员名单
	请假统计	统计个人请假类型、次数以及累积次数
	请假设置	可以按不同的人员，不同的请假天数设置不同的审核者

学生管理系统：包括学籍管理系统、学生信息资源系统、学生成绩管理系统等子系统。

学籍管理	新生登记	包括新生录入、新生基本信息列表、新生审核、新生确认(教育局)
	在籍生	包括录入学生学籍基本信息、学生学籍基本信息列表、在籍生上传、在籍生确认、学生信息上传、学生信息导出、学生信息导入
	学生基本信息	记录学生家庭信息、简历信息、评语信息、职务信息、奖惩信息、作品信息、特长证书、综合实践记录、家访信息和其他信息
	学籍变动	对学生借出、借入、转入、转出、旁听、休学、肄业、辍学、退学、开除和死亡等变动情况进行处理，包括变动申请、变动信息上传到教育局和教育局审批等过程，可进行变动证明打印
	学生日常管理	对学生升级/降级/留级/跳级/调班/毕业/结业进行处理
	学生信息查询	包括个人信息查询、班级/年级查询和综合查询三部分，查询学生的学籍信息和基本信息
	学生统计	统计各年级和全校学生学籍状态、户口类型、男女性别、生源类别和三残人数的分布情况；统计学生年龄段情况
	学生学籍卡	对学生学籍信息、家庭信息、成绩、评语信息和奖惩信息的汇总

续表

成绩管理	学生成绩录入		对学生成绩进行单个和批量的录入，可按考场对学生成绩分主观题、客观题进行录入和导入
	学生成绩查询	个人成绩查询	查询学生历次考试各科成绩、班级名次和年级名次
		班级成绩查询	查询各班级学生成绩情况
		年级成绩查询	查询全年级学生成绩情况
		综合成绩查询	根据选择条件不同任意组合来查询所需要的成绩
		成绩报告单	生成成绩报告单，列出学生一学期内平时考试成绩、期中成绩、期末成绩、学期总评和学年总评
		综合报告单	查询学生各学科课程的学期总评和学年总评的成绩和对应的等第
		成绩汇总	汇总了一学年度上下学期各学科全班学生的平时、期中、期末、学期总评、学年总评和补考成绩
		成绩记载	记载数学学科平时考查、期中、期末成绩，根据笔试成绩、口试成绩折算成综合成绩和对应的等第
		成绩上报	学生成绩按要求上报，可把成绩和试卷导出成 Excel 文件，并可查询学生在本区域内的档次情况

学生管理模块，本着方便、适用的原则设置，应该体现：

1)可以进行新生基本信息的录入、查询和修改。

2)实现对学生学籍信息的异动管理。

3)可以实现帮助学生实现特殊选课功能。

4)可以实现对学生档案中的奖惩处罚进行记录、修改。

5)可以实现对学生学科学习成绩进行查询和异动管理。

6)满足学生对管理系统的需求，实现对自己的基本信息的查询和修改，实现课程查询(课程教师、课程时间、地点)。

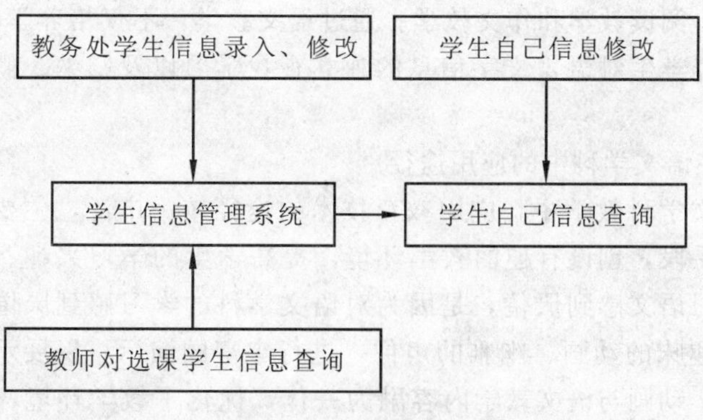

图 2　学生信息管理系统

(3)使用计算机管理系统应注意的问题。

教学管理信息系统是校园信息管理系统的一个重要的有机组成部分。这个系统与校园其他系统之间是相互依赖、相互补充的，它需要从学生信息管理系统获取学生的个人信息，从教师信息管理系统获取任课教师的相关信息。同时，此系统提供的成绩单又为其他系统提供了必要的参考。因此，使用管理系统的人员不光是教务管理人员，还包括学生和教师。不同的身份对数据库的操作权限也不同。为了避免管理的混乱，需要针对不同的角色设计不同的客户端，分配不同的权限，对同一个数据库进行合理的修改、维护。

对于使用计算机管理系统，应该注意以下问题：

第一，学校要指派专职人员管理和维护系统，非授权人员不得更改系统设置和内容。

第二，计算机教学管理系统要有安全防护功能，要经常对系统进行维护，防止计算机病毒侵入系统。

第三，对教师和学生进行操作培训，特别是对新调入教师和入学新生的培训一定要到位，保证所有使用人员能够正确操作。

二、教育技术与课堂教学

1. 学科教学

随着教育技术水平的不断提高，教育技术在教学中的应用渠道越来越广泛。不仅在中小学理科教学中得以广泛应用，而且在中小学语文、数学、英语以及思想品德、历史、地理等学科中也得以广泛应用。有效地促进了中小学教学水平的提高，教学质量的提升，素质教育的发展。中小学涉及学科较多，其运用教育技术手段的形式、方法虽有区别，但大致相同。以下就语文、数学两个使用现代教育技术手段有难度的学科作简要介绍。

(1)教育技术在语文学科教学中的应用。

中小学语文学科是最基础的学科之一，是学生学习各门功课和将来从事各种工作必不可少的工具。语文学科的教学任务就是通过听、说、读、写训练，培养学生的语文水平得到提高，以适应未来社会对语言文字能力的要求。中小学语文学科教学，主要包括识字教学、阅读教学和作文教学。通过语文教学，不仅培养学生的听、说、读、写能力，还应培养学生对语言文字信息的独立查找学习以及归纳、概括、编辑等各方面的运用能力。

● 教育技术在语文学科中的应用途径。

在中小学语文学科教学中，应用教育技术的途径较为广泛，主要有：一是在教学中运用教育技术手段，创设有趣的教学环境，提高学生的学习兴趣。兴趣，是成功的前提。学生对学习语文感到厌倦，是因为对语文学科的学习感到厌倦。运用教育技术手段，可以制作趣味的动画、幽雅的声像，进行丰富的演示，以展示教学内容。这些趣味性的音、像、动画与语文教学内容融为一体，优化了教学环境，便于学生产生浓厚的兴趣。二是在教学中运用教育技术手段，拓宽学生的观察环境，提高学生的观察能力。人们在实践中已经深刻认识到，观察是认识事物的出发点，是智慧的重要能源，是思维的必要条件。中小学生在观察事物、认识事物中，缺乏有目的的意识支配，往往造成注意力分散以及情绪不易控制。而中小学语文教学，培养学生的观察能力是其基本任务之一，因此，在教学中运用多媒体教学手段，为学生提供图文音像资料，通过鲜艳的色彩、生动活泼的界面等逼真的效果，拓宽学生的观察环境，促进学生对事物的观察产生浓厚的兴趣，对于提高学生的观察能力有着明显作用。三是在教学中运用教育技术手段，开辟广泛的想象空间，提高学生的想象能力。想象能力，来自知识的积累，比知识更为重要。中小学生的想象力，由于受知识积累的制约，需要通过有效途径不断培养。现代教育技术可以为中小学语文教学中的字、词、文等多个方面提供画面及形象，直观、形象地再现语言文字表现的内容，可以诱发、刺激学生进行合理想象，产生丰富的联想，有利于提高学生的想象能力。四是在教学中运用教育技术手段，扩展学生的思维空间，培养学生的思维能力。中小学生在语文学习过程中，包含着一系列思维活动，无论是认识字词、阅读理解，还是说话作文。这些思维活动，有着从感性到理性升华的过程。教学中，通过教育技术手段，以直观、动态的演示效果，刺激学生的感官，进行形象感染，使形象思维和抽象思维发挥协调作用，启迪学生积极思维，以提高学生的思维能力。

● 教育技术在语文教学中的主要作用。

教育技术在中小学语文教学中既然有广泛的运用途径，也一定会在拓宽学生学习语文的渠道、提高学生运用语言文字能力、提高语文教学质量产生重要作用。

一是在识字教学中产生重要作用。识字教学，是语文教学的主要任务之一。由于汉字具有音形脱节、结构复杂、多音多义、书写规律较强等特点，学生学习有很大困难。教学中，运用教育技术手段，使用多媒体识字教学软件，利用音像、动画效果，演示汉字的笔画笔顺、偏旁部首、间架结构，指导正确读音、理解字义，同时进行听、说、读、写综合练习，便于学生识记忆、理解、运用所学汉字，提高识字能力。

二是在阅读教学中产生重要作用。阅读教学，同样是语文教学的重要任务之一。现代教育技术导致阅读教学方式发生了较大变革：从文本阅读走向超文本阅读；从印刷材料阅读发展到电子出版物的阅读；从图书馆查找阅读发展到利用资料库的高效检索式阅读；并且在课堂阅读教学中，同样能够运用现代教育技术手段。因此，阅读教学，不管是课堂阅读教学，还是课外阅读的延伸和发展，都应根据学校的具体条件，充分运用教育技术手段，提高阅读教学质量。

三是在作文教学中产生重要作用。同识字教学、阅读教学一样，在教育技术飞速发展的情况下，中小学作文教学方式也发生了重大变革：一是从纸上手写发展为在电脑上通过键盘、扫描或者语音进行输入；二是由单一的文字书写变为图文并茂、声形并茂的多媒体写作方式；三是教学过程由单一的写作指导、例文引导发展为多媒体效果指导。这样，不仅为教师的指导、点评提供了方法、内容上的帮助，而且丰富了学生的表达方式。学生在掌握了计算机文字处理及软件使用的基本原理后，就能在写作过程中，无论是打草稿、写文章，还是检查语法、修改病句，都能较为方便地在计算机上进行。同时，在使用电子媒体工具的写作中，能够使用图像、符号等各种形式表达自己的情感。在写作科技论文、描写实物的说明文时，还可以插入专用符号、配上插图、涂上颜色，使文章更显生动美观。在这种模式下，比使用传统的写作工具，更有利于提高写作能力。

● 教育技术在语文教学中的应用方法。

教育技术在语文教学中的各个环节都可以运用，其方法也是多变的。主要有：

兴趣导学法：利用教育技术手段，依据教学内容需要，制作图片、直观教具、音像课件等，可以在导入新课时进行观察、播放，也可以在教学过程中进行观察、播放，以激发学生的学习兴趣。

课前提示法：语文学科有些教材，与社会事物、自然现象、历史人物、科学技术等方面有着密切的内在联系，在进行授课前，可提示学生利用计算机、图书馆、科技馆等设备，提前了解与课文内容相关联的事物、现象、科技知识、人物概况，为学习新课打好基础。

课堂演示法：一是在教学过程中运用教育技术设备演示，揭示课文字、词、句、篇的内在联系，帮助学生在认识事物过程中学习语文知识；二是在课程结束前，运用课件连续演示，进行归纳总结，帮助学生整理所学知识，以便形成技能。

课后延伸法：语文学科的课文内容，大都与事物的发展有着密切联系，在完成课堂教学任务之后，可以布置学生围绕课上所学知识，利用教育技术设备，延伸学习与课上教学内容相关联的知识，以拓展学习内容，巩固所学知识，以便形成能力。

附：教育技术在语文教学中的课例摘选。

课例1：识字教学。

《风筝》教案

——谢俊青

学习目标：

1. 会认5个生字，会写12个生字。

2. 过程与方法：引导学生通过不同形式、不同要求及个性化的朗读来感悟语言文字蕴含的情感，培养学生在语言环境中识字。

3. 正确、流利、有感情地朗读课文。

教学重点、难点：识字，正确、流利、有感情地朗读课文。

教学过程：

一、谈话揭题

1. 师：同学们，你们喜欢猜谜语吗？今天，老师就给大家带来了一条谜语？（课件出示谜语）谁来读一读。

生：读谜语。

师：你是通过哪些词语猜出来是风筝的呢？（生汇报，多媒体出示风筝图）

2. 师：词语的用处可真大呀！今天就让我们徜徉在语文的殿堂，感受词语的魅力。（板书课题，齐读）

二、初读课文，学习生字词

1. 轻声读课文，把不认识的字画出来，连词多读几遍。

(1)自读，互读。

(2)不理解的词语查字典。

2. 检查字词掌握情况。我来考考你。

(1)课件出示生字，让学生读出读音，然后再组词，请学生用上这些词再说一句话。

A. 同学积极地举手说出自己选出的词语。

B. 课件出示词语。同学们用词语说话。

(2)出示带有生词的句子。找学生读。

A. 我们精心做着，心中充满了憧憬和希望。

B. 我们快活地喊叫着，在田野里拼命地奔跑。

C. 那里是我们村的水磨坊。

(3)课件出示一段带有本课生字的文章，请同学读。

星期天，我们精神抖擞地来到野外，希望度过一个开心的周末。可是天公不作美，下起了大雨。我们拼命地向附近的村里奔跑，衣服还是被淋湿了。抖了抖浑身的雨水，我们一个个看上去有些垂头丧气。呵呵，不过也算是一个难忘的星期天吧。

(4)一字长龙读生字。学生自己自由组词。

(5)我来说你来猜。

课件出示词语：

精心　憧憬　依然　踪影　似乎　凌空　飞起

大惊失色　千呼万唤　垂头丧气　半沉半浮　翩翩飞舞

一学生说出词语的大概意思(或做一些动作)，其余学生根据他的话或动作，从上列词语中找出该词语。

三、再读课文，说说课文主要内容

1. 选用自己喜欢的读书方式，读课文。

读后回答，课文主要写了什么？

2. 纠正朗读中“拔”和“拨”的读音。

课件出示图片及词语。

学生说出意思(用一句话概括)，教师出示相关词语。

拔河　　拔萝卜　拔草

拨打电话　拨弄　拨浪鼓

3. 指名读课文。说说自己都看到了哪些风筝？

四、拓展想象

用自己的话说说，五颜六色的风筝在天上飞是怎样的情景，想象空中还会有什么风筝？

课例 2：阅读教学。(课例见“多媒体组合教学”小学语文课例)

课例3：作文教学。

《"扳手腕"对抗赛——比赛场面描写》课堂实录

——禹　华

习作要求：选取一个场景，按时间的顺序写下来，写的时候要把场景写具体写清楚。

设计理念：《语文新课程标准》明确指出：写作要感情真挚，力求表达自己的独特感受和真切体验。本课就是本着这样的理念，利用多媒体的音像效果和实地游戏为学生创设了一种激趣的写作方法，在游戏过程中引导观察，指导写法，使学生自觉融入其中，提高其写作兴趣，愉快作文。

教学目标：

知识目标：学会写场面描写的方法。

能力训练目标：1. 进一步提高观察能力。

2. 能用准确生动的语言，按一定顺序描述比赛场面，表达自己的独特感受和真切体验。

情感态度目标：培养学生对作文的兴趣，使其乐于把自己的真情实感以写作的形式表达出来。

教学过程：

一、直接引题，词语积累

师：今天的作文课我们要进行一次比赛场面描写训练。昨天布置同学们积累了相关的词语，让我们来交流一下。你认为哪个词好，可以记下来。(媒体出示：比赛场面描写)

生：紧追不舍、出乎意料、大惊小怪、出其不意、哄堂大笑、欢呼雀跃……

多媒体随机出现描写场面描写的相关词语。

(设计意图：为后面的习作提供语言资源)

二、营造气氛，激发兴趣

师：我们来看一段视频，注意观察：图片中人物的神态、动作。

多媒体出示视频：各种"扳手腕"比赛图片交替播放；背景音乐是雄壮的运动员进行曲。(设计意图：运用多媒体的音像效果，调动学生参与游戏，参与课堂教学的积极性)

师：视频中，人们在干什么？(生：扳手腕)

师："扳手腕"是一项非常普及的群众体育运动，它有很强的竞技性和娱乐性，今天我们就进行一场"扳手腕"对抗赛。(板书："扳手腕"对抗赛——比赛场面描写训练)

三、明确目标，指导观察

师：通过这节课的训练我们要达到两个目标。(多媒体出示"训练目标"：1. 能用准确生动的语言描述比赛场面，表达自己的独特感受和真切体验。2. 激发同学们的写作兴趣。)

(设计意图：使学生的学习更具针对性)

师：我一直希望同学们能把写作当成一种享受，通过本节课的训练，希望大家能进一步体会到写作的快乐，并且以此为点，掌握其他比赛场面的描写方法。

师：刚才，同学们分成了两队，我听说各队都起了一个非常“酷”的名字，分别是……

生：飞龙队！

生：猛虎队！

师：希望今天的“龙虎相争”精彩迭出，更希望每个同学都能写出“生龙活虎”的好文章来。

师：请两队队长将本队参赛队员的名字写在黑板上，其他同学一起看比赛规则。(多媒体出示“比赛规则”)

师：我想问问大家，在选手比赛的时候，我们要干什么？

生：为队员加油，鼓舞队员士气，看哪队能取胜。

生：注意观察。

师：今天的比赛是为了写作文，我们除了为队员加油，看比赛结果，更重要的要注意观察，观察参赛队员的面部表情和动作，猜测他们的心理，听大家的议论和参赛队员的感想；(板书：神态、动作、心理)并认真组织语言，把自己看到的、听到的、想到的用准确生动的语言描述出来。作为参赛选手，要注意一个“感”字，将自己赛前、赛中、赛后的感受真实地记录下来。(多媒体出示“感悟点拨”：1. 观众：看、听、想 2. 队员：感——赛前、赛中、赛后)

(设计意图：指导观察，为写作做准备)

四、参与比赛，渗透写法

(一)师：下面，就要正式进行比赛，请两队第一位参赛选手入场。(飞龙队李祯和猛虎队姚东亮来到赛桌前)

师：先请大家预测一下谁能赢？为什么？

生：我认为李祯能赢，因为他看起来更强壮。

生：我认为姚东亮能赢，因为他看起来信心更足一些。

生：……

师：到底谁能赢呢？我们来听听两位选手的想法。

李：我相信这场比赛的胜利者一定是我。

姚：我很紧张，觉得自己会输，但我会尽力。

师：比赛就要开始，请大家按要求注意看、听、想。(多媒体出示“场面描写点拨一：注意比赛过程中人物的语言、动作和神态”)

(设计意图：使学生观察更具针对性)

师：请两位选手准备好(教师扳平两位选手的手腕)，预备——开始。(多媒体播放运动员进行曲，烘托气氛)

(比赛队员情绪高涨，全力对抗；两队拉拉队队员情绪激昂，加油声此起彼伏，比赛气氛热烈。最终飞龙队李祯取得了胜利，飞龙队队员一片欢呼声。)

师：刚才两位选手全力以赴，使出了全身的力气，我们先让他们歇一会儿。现在大家先将刚才看到的场面描述一下，看看谁描述得最精彩。

生：姚东亮的眼瞪得大大的，脸涨得通红，牙齿紧紧地咬着。

生：李祯脸上肌肉绷紧，紧闭双眼，连眉头也皱成了一把镰刀，与姚东亮相握的右手青筋都爆出了，左手也紧紧地握成了拳头。

生：李祯胜利了，很得意！

生：他们脸憋得通红，像红苹果。

师：同学们说得都很精彩，我们再来听听两位选手的感受。

姚：比赛前，我虽然说会输，内心却很怕输给对手。比赛开始后，我就想着一定要赢，但对手的实力很强，我用了全身的力气，还是输了，觉得有点惨。不过，我努力了，不后悔了。

师：我觉得姚东亮输在了不自信上，在我们的成长历程中，一定要相信自己，有信心和毅力，才会成功。不过，通过比赛，姚东亮获得了深刻的感悟！其实我们大家都应该这样，日常的学习生活，无论结果如何，只要我们努力了，那就是胜利。

李：比赛前，我就觉得能赢。可姚东亮的实力也很强，比赛时我把全身的力气都用光了，现在还觉得浑身没劲，胳膊酸酸的。我是靠坚持和毅力取胜的。

师：是啊，我们的生活中，有很多时候是需要坚持和毅力的。

师：现在，谁能把这局比赛的整个过程描述给大家听？

生：略。

师：刚才同学们选取了不同的角度来描述，他们的描述正如这局比赛一样精彩。

(二)师：接下来我们继续进行比赛，第二局上场的是两位女将，是飞龙队的阎文博和猛虎队的郝文慧。

(教师点拨指导略。犹如第一局比赛，本局比赛场面气氛热烈，比赛队员情绪高涨，最终飞龙队阎文博取得了胜利，飞龙队队员一片欢呼声。)

师：这局比赛阎文博乘胜追击，又为飞龙队赢得一分。现在给大家几分钟的时间，把看到的比赛场面说给同桌听，描述时注意这局比赛和第一局比赛的不同之处。(生思考之后，同桌之间相互描述，有的在本上列提纲。)

生集体交流第二局片段描写。(过程略)

(三)师：前两局比赛飞龙队都赢了，还比吗？

生：比。

师：那第三局比赛猛虎队有信心扳回一局吗？

生：有。

(第三局比赛，飞龙队又一次获胜：过程略)

生：飞龙队车小瑞犯规了。

师：那再重新比一次(目的是给猛虎队一次获胜机会，好给队员们树立起信心!)

(猛虎队获胜，队员欢呼雀跃。)

师：刚刚我们进行了三局比赛。在写作的时候，是不是要把这三局比赛都详细写下来呢？

生：应详细写人物的神态、动作。

生：应重点写最精彩的赛局。

师：对，写作就应注意详略得当，层次分明。

(板书：详略得当，层次分明)

师：哪些地方该详写呢？请同学们看场面描写点拨(多媒体出示场面描写点拨二：层次分明，详略得当——精彩的赛局要详写，自己的心理活动要详写，代表性的人物要详写。)

五、一气呵成，迅速成文

师：一篇好文章总是要详略得当，层次分明的。请大家在心里打个腹稿或在纸上列提纲，一会我们要在班上交流。(有的同学在凝神思考，有的同学在奋笔疾书，教师巡视指导。)

(设计意图：给孩子们创设游戏情境，可以唤醒他们的情感体验，激发其写作内驱力，从而排除其对作文的畏难情绪，在轻松、愉悦的环境下完成习作。真正做到快乐作文！

在写作方法上进一步指导。用方法引路，启迪孩子们的思维，使他们在不知不觉，完全自然地情况下学会观察、写作，学会描写比赛场面。)

六、习作交流，取长补短

师：同学们好像都是胸有成竹啊，能说说你们的感受吗？

生：我感到写起来很顺手，有很多话要写。

师：其实，在生活中只要大家做个有心人，用心去观察，用心去描述，就会像今天这样“文思泉涌”。那你现在能把这场比赛给大家描述一下吗？

生：略(同学们利用多媒体实物投影在班上交流习作)。

师：你认为他们的习作有哪些地方值得我们学习呢？

生：付雨坤的习作中运用了很多我们积累的词语，使表达更生动。

生：刘淼的习作不仅有对参赛队员的描写，也有对观众和自己的描写。

生：陆文泽的习作层次分明。

师：我想同学们一定还有许多更精彩的描述，那么下节课都写在作文本上。

(设计意图：使孩子们都能体会到成功的喜悦，体会到作文就是要写自己真实的情感和独特的体验，以求做到轻松作文。)

七、以点带面，方法拓展

师：现在大家想一想，今天这场赛局你知道如何来观察，如何来描述，那么其他类似的赛局又将怎样来写呢？比如，拔河比赛、篮球比赛等。(多媒体出示相关场景图片，以拓展学生思维。)

生：我们要注意描述比赛过程中参赛者和拉拉队队员的语言、动作和神态。

生：我们要做到详略得当，层次分明。

师：对，除此之外，我们还要掌握不同赛事的一些专业术语，如篮球比赛中的灌篮、篮板球、三分球……大家一定要在本次写作训练的基础上根据场面的不同各有侧重。

(设计意图：由写比赛场景扩展到其他场景，以求达到触类旁通的效果。)

师：这节课同学们的表现真的很出色，希望在以后的学习中能永远保持这种状态。让我们随时随地用心去观察，用心灵去感悟，你会发现写作原来也是一种享受。

(2)教育技术在数学学科教学中的应用。

中小学数学课，是研究现实世界空间和数量关系的一门学科，是主要的基础学科之一，是学生必须掌握的基本工具。组成数学基础知识的有概念、性质、法则、公式，以及计算、解答应用题、测量、收集数据、绘制统计图表的方法。根据数学的学科特点，数学教学具有培养学生运算能力、空间观念和空间想象能力和逻辑思维能力的功能。

教育技术在数学教学中的运用途径。

教育技术在中小学数学课堂及课外教学中运用比较广泛，这是由数学课本身特点所决定的。主要包括：

在导入新课时运用。在导入新课时，通过音像、演示等手段，将数学教学内容中比较抽象的数学知识，直观、形象地再现给学生，为学生提供具体事物特性和感性经验，让学生通过已有的生活经验，认识新知识，学习新知识，便于学生较快地进入学习境界。

在突出重点、难点时运用。在数学教学过程中，经常会遇到一些学生难以理解的知识点，特别是数学基础知识中的概念、性质、法则、公式等，这是教学中的重点或难点。往往这些重点和难点，比较抽象。教学中，通过运用教育技术的独特功能，如实物演示、学具操作、动画表演、图像变换，使抽象的道理具体化，枯燥的知识趣味化，静止的问题动态化，深奥的算理通俗化，就容易化难为易，突出重点教学内容，突破学生学习的难点。

在安排课堂练习时运用。中小学数学课的课堂练习，是教学的重要环节，是有计划、有目的、有步骤的训练活动。通过练习，学生可以巩固所学知识，发展智力，培养技能。数学课的课堂练习，大体由两部分组成，一是尝试性练习，二是深化性练习。尝试性练习是在学习新知识后，围绕重点、难点内容所进行的练习。这种练习，目的是为了巩固学生掌握所学知识。进行这种练习时，教师可用课前所制作的课件，投影到大屏幕上显示，让学生口答或是在练习本上解答；或者利用计算机教室，通过人机对话的形式，教师在电脑上显示，学生在电脑上解答。深化性练习，是尝试性练习的发展，往往以综合题为主，目的是扩展学生的知识面，培养学生灵活、综合运用所学知识的能力。这样的练习，要依据内容确定形式，判断题、选择题、填空题可用投影或计算机进行，而难度较大且需要逻辑推理的计算题、应用题等还是在练习本上练习较好。

在评价教学效果时运用。数学课堂教学效果的评价，主要通过回答问题、课堂练习等形式进行。其运用方式，可以和课堂教学练习相同。

● 教育技术在数学教学中的主要作用。

在中小学数学教学过程中，培养学生的运算能力、空间观念和空间想象能力、逻辑思维能力，是教学的主要任务。而运算程序、解答应用题的过程和测量以及绘制图表的过程，揭示了数学知识的内在联系，有着很强的逻辑思维过程。在这些教学过程中，充分运用教育技术手段，有着重要作用。

一是运用教育技术手段，展示事物的现象，培养学生观察事物的能力。数学教学的很多内容，是解决生活及人类活动中实际问题的内容。这些常见的事物现象，要真正理解它的内在联系，对于中小学生来说，也并不是一件简单的事情。因而，在教学过程中，有必要让这些事物按照其特有规律再现出来，让学生在观察这些事物变化规律的过程中，认识事物，掌握事物的变化规律，达到认识和掌握数学规律的目的。诸如钟表、圆形、梯形、正负数等等。在教学这些内容时，运用教育技术手段或者使用教具、学具演示，让学生在观察中认识事物，理解和掌握其内在联系及运算法则，不仅可以培养学生的观察能力，而且有助于学生掌握事物的性质、数学的概念、计算公式和计算法则、运算方法。

二是运用教育技术手段，揭示事物的本质，培养学生的逻辑思维能力。培养学生的逻辑思维能力，是数学学科教学的重要任务之一。学生在数学学科的学习过程中，对于运用计算法则公式进行计算，解答应用题，都需要逻辑思维的过程。在这个过程的教学中，课本编排了很多插图，以帮助学生理解教学内容。但是这些插图是静止的，仅仅反映了事物变化的结果，如果运用特制的课件或者教具，将这些插图所反映的事物变化的过程再现出来，不仅直观形象，而且能够准确地显示出事物的变化过程及内在联系，让学生在认识事物变化的过程中产生思维，对启发学生思维必然会有较大帮助，从而达到培养学生逻辑思维能力的目的。

三是运用教育技术手段，再现事物的联系，培养学生的空间想象能力。培养学生的空间观念和空间想象能力，同样是数学学科教学的重要任务之一。空间，是指物质存在的一种客观形式，由长度、宽度、高度表现出来，是物质存在的广延性和伸张性的表现。学生在学习中的空间观念和空间想象能力，对解决数学学科中的实际问题具有很大作用。物质存在的客观形式，有着一定的内在联系。对于这些内在联系的理解，对于中小学生来说，由于生活阅历和所掌握知识的局限，存在着较大难度。因而，在教学中运用教育技术设备，使用动画演示、投影设备、课件操作等手段，把那些客观的物质形式展现出来，培养学生的空间观念，诱导和发展形势的空间想象能力。

● 教育技术在数学教学中的应用方法。

教育技术在数学学科教学中的应用方法，大体上有：教具演示、学具操作、实物操作以及动画演示、投影演示、计算机操作等。具体使用，要根据教材内容、教学需要、学生的接受水平确定，可单独应用，穿插交替，也可相互配合，综合使用。

附：教育技术在数学教学中的课例摘选。

课例 1：小学数学。

《年　月　日》教学设计

——刘利芳

教学目标：

1. 认识时间单位年、月、日，掌握年、月、日之间的关系，了解大月、小月的知识，记住每个月各有多少天。

2. 培养学生认真观察、归纳概括的能力。

3. 通过有趣的数学活动提高学生的学习兴趣，感觉数学学习的乐趣，培养学生认真严谨的学习态度。

教学重点：

认识时间单位年、月、日，掌握它们之间的关系。

教学难点：

大月、小月的记忆。

教学过程：

一、创设情境，引入新课

师：同学们，今天有这么多老师来听我们上课，你们高兴吗？老师和你们一样，也非常高兴！让我们记住这难忘的日子，其实生活中同样有一些值得纪念的日子，下面就有几幅图，请同学们说一说，这些都是什么日子？发生在什么时候？

1. 出示第一张图片：

师：同学们，请看大屏幕，那一天，毛主席在天安门城楼上庄严地宣布中华人民共和国成立了，你知道这发生在什么时候吗？(生回答后电脑在图片的下面显示时间：1949 年 10 月 1 日)

我们伟大的祖国经过多年的发展，正逐步走向繁荣昌盛。

2. 出示第二张图片：

师：那个夏天，灯火辉煌，人山人海，来自世界各国的体育健儿相聚在北京“鸟巢”里(展示图片)。你们知道这里发生了什么事吗？——“奥运会开幕!”是什么时间呢?”(图片下显示时间：2008 年 8 月 8 日晚上 8 时 8 分)让我们永远记住这个时刻吧！

3. 出示第三张图片：

师：春天是植树造林的好时节。谁知道植树节是几月几日？

为了让地球妈妈变得更加健康、更加漂亮，我们应多种花草树木。还要爱护校园的一草一木，从我做起，从现在做起。

4. 出示第四张图片：

师：对了，我们小朋友也有一个节日，是几月几日？一齐说。

像刚才这样，我们在说明一件事情的时候，往往要告诉人们是哪一年(板书：年)哪一月(板书：月)哪一日(板书：日)。年、月、日是比时、分、秒更大的时间单位，和我们每个人的生活都有密切的关系。

二、探究新知

1. 认识年历

(1)如果我们想知道几时，几分，应该看什么？(钟表)如果想知道今天是哪年哪月哪日，就应该查年历了。

(2)观察年历，回答问题。

师：那么，年历究竟隐藏着什么秘密，它能告诉我们什么？在每个小组的课桌上，老师为你们准备了不同年的年历卡片。下面，请同学们以小组为单位，认真观察这些年历卡片，看你们还能发现什么？仔细观察，进行归纳。

(学生回答，相互补充)

师：那么，是不是其他年份也是这样的呢？我们一起验证一下，看 2008 年 2 月的月历和 2002 年的年历，(2008 年的 2 月是 29 天)，人们把有 31 天的月叫大月，有 30 天的叫小月。一年有 12 个月：1 月、3 月、5 月、7 月、8 月、10 月、12 月都是 31 天；

4月、6月、9月、11月都是30天。2月既不是大月也不是小月，2月只有28天或29天。平年的2月有28天，比如2002年是平年，2月有28天；闰年的2月有29天，比如2008年。

2. 识记大月、小月的方法

师：一年中有几个大月？几个小月？想一想有没有记住它的好方法？谁来说一说，自己总结一个记忆的好办法？

(1)出示“拳头记法”，教师指导，学生识记。

(2)歌谣记忆：一、三、五、七、八、十、腊，三十一天永不差。

(3)老师也有一个记大月的方法：“七前单月大，七后双月大”，谁明白它的意思？

师：有这么多方法来记大月、小月，你喜欢哪种？请选择你喜欢的方法来记。比一比谁记得又快又牢固。

师：记好了吗？人们在长期的生产生活中，积累了丰富的经验，使我们学得快，又记得牢。我们也要向他们学习，善于观察，勤于总结，把人类的文明传承下去。那我们来玩一个游戏，游戏的方法是：老师来报月份，若是大月就请男生举手，小月则请女生举手。准备好了吗？下面开始。(教师报月份依次如下：1月、4月、3月、6月、5月、9月、7月、10月、12月、11月、2月。)

三、巩固练习

(多媒体课件出示)

四、总结

1. 通过这节课的学习，你们都学会了哪些知识？

2. 时间对我们非常重要，希望同学们热爱生活，珍惜时间，每日都学会新知识，每月都有大收获，每年都取得很大的进步。

板书设计

年	月	日
一年	12个月	365天
	大月(1、3、5、7、8、10、12)	31天
	小月(4、6、9、11)	30天
	特殊月(2)	28天或29天

课例2：初中数学

等腰三角形(第1课时)教学设计

——周丽琴

教学目标：

知识与技能目标：

1. 了解等腰三角形的概念，掌握等腰三角形的性质；

2. 会运用等腰三角形的性质进行计算和证明。

过程与方法目标：

学生通过实践、操作、观察、猜想、论证，亲历“做数学”的过程，培养学生探究数学问题的能力，发展学生合情的推理的能力。

情感、态度与价值观目标：

通过数学活动，培养学生的实验意识和探索精神，感受数学的严谨性，对数学产生强烈的好奇心和求知欲，建立学习的自信心。

教学重点：

等腰三角形的性质及其应用。

教学难点：

等腰三角形性质的证明。

教学方法：

引导发现法，自主探究法。

教学流程：

活动流程图	活动内容和目的
活动 1　实践操作，创设情境	通过观察、分析得出等腰三角形的概念，从而培养学生总结、归纳的良好习惯。
活动 2　师生互动，探究新知	通过折纸、观察、分析，猜想得出等腰三角形的性质，培养学生的动手、动脑、动口能力。
活动 3　推理论证，形成性质	通过推理、证明等腰三角形的性质，培养学生分析、归纳的能力。
活动 4　应用性质，解决问题	在解题过程中加深对性质的理解，让学生学会性质定理的应用。
活动 5　巩固练习，应用新知	通过练习，加深对本节知识的理解，进一步巩固等腰三角形的性质。
活动 6　评价小结，内化新知	回顾本节知识，并通过课后作业，培养学生解决问题的能力。

教学过程：

问题与情境	师生行为	设计意图
同学们，你们喜欢折纸吗？一页普普通通的纸经过我们灵巧的双手就可以变成飞机、小船和各种有趣的动物等，其实通过折纸我们还可以发现很多数学知识！下面就让我们折一折，剪一剪，看看会有什么发现？ 【活动 1】 问题 1： (1)把一张长方形的纸按图中虚线对折后，剪去阴影部分，再把它展开，你能得到一个什么图形？ (2)得到的△ABC 有什么特点？	教师指导学生折叠、剪纸，学生动手剪纸，观察并发现得到图形的特点。 在本次活动中，教师重点关注： 1. 学生操作过程的主动性与积极性； 2. 学生能否发现三角形的特点	通过实验调动学生的积极性，经历自己去操作、实验、发现，体验成功的喜悦

续表

<table>
<tr><th>问题与情境</th><th>师生行为</th><th>设计意图</th></tr>
<tr><td>问题 2：请在练习本上画一个等腰三角形</td><td>学生作图并指出它的腰、底边、顶角和底角，教师关注学生能否作(画)出等腰三角形，用的是什么方法</td><td>通过本次作(画)图练习，增强学生对等腰三角形的认识，体验原有知识及生活基础在数学中的作用</td></tr>
<tr><td>【活动 2】
问题：
(1)你刚刚剪出的等腰三角形它是轴对称图形吗？
(2)把剪出的等腰△ABC 沿折痕对折，指出其中重合的线段和角，填写表格。
<table><tr><th>重合的线段</th></tr><tr><td></td></tr><tr><td></td></tr><tr><td></td></tr></table>
<table><tr><th>重合的角</th></tr><tr><td></td></tr><tr><td></td></tr><tr><td></td></tr></table>
(3)观察你填写的表格，你能发现等腰三角形的性质吗？说一说你的猜想</td><td>教师逐个出示问题，引导学生自主探究、交流。在教师的引导下，学生通过观察，逐个解决问题。
在本次活动中，教师重点关注：
1. 学生参与的积极性与合作意识；
2. 学生能否用规范清晰的数学语言说出自己的猜想；
3. 学生能否归纳全面</td><td>通过学生观察，教师引导，归纳出等腰三角形的两条性质，从而培养学生归纳、概括能力、语言表达能力，以及自主探究学习的品质</td></tr>
<tr><td>【活动 3】
问题 1：
(1)你能将“猜想 1”写成数学语言表达的形式吗？
(2)如何证明呢？
问题 2：
(1)在猜想 2 中，你是如何理解这三条线段重合的？
(2)完成下面的填空(在△ABC 中)
① 若 AB＝AC，∠BAD＝∠CAD，则__，__；
②若 AB＝AC，BD＝DC，则__，__；
③若 AB＝AC，AD⊥BC，则__，__</td><td>在教师引导下学生画图，写出已知、求证。由问题 2 的提示和前面的活动，师生得出添加辅助线的方法，最后师生共同完成证明。

类比性质 1 的证明，师生完成性质 2 的证明。
本次活动，教师重点关注：
1. 学生语言的规范性；
2. 学生的参与意识和应用意识</td><td>在教师的引导下逐步完成性质的证明，使学生加深对添加辅助线的理解，培养学生完整的推理证明能力。

培养学生的语言转换能力，增强理性认识，体验性质的正确性，提高推理能力</td></tr>
</table>

续表

问题与情境	师生行为	设计意图
【活动 4】 例： 如图，在△ ABC 中，AB＝AC，点 D 在 AC 上，且 BD＝BC＝AD。 (1) 图中有几个等腰三角形？分别是什么？ (2)图中有哪些相等的角？分别是什么？ (3)你能求出△ABC 各角的度数吗？ 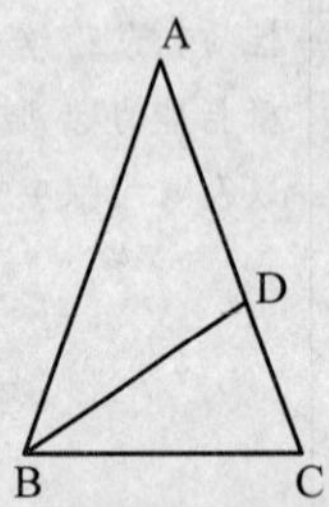	学生认真审题，结合性质进行分析，寻求解决问题途径，教师作适当点拨，如方程思想的运用，教师规范解题过程。 本次活动中，教师要关注：学生能否正确应用等腰三角形的性质解决问题及应用意识	培养学生正确应用所学知识，解决简单问题，巩固所学性质，体现应用意识
【活动 5】 练习： 1.(1)等腰三角形的底角为 72°，则它的顶角为________； (2)等腰三角形的顶角为 120°，则它的底角为________； 2.(1)等腰三角形中有一角为 80°，则其他两角为____________； (2)等腰三角形中有一角为 110°，则其他两角为____________； 3.(1)等腰三角形两边长为 10 和 8，则它的周长是________； (2)等腰三角形两边长为 4 和 2，则它的周长是________； 4. 如图，在△ABC 中，AB＝AD＝DC，∠BAD＝26°。求∠B 和∠C 的度数。 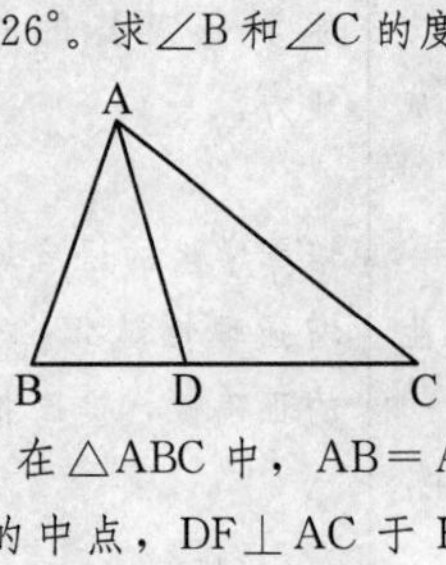 5. 已知：在△ABC 中，AB＝AC，D 是 BC 边上的中点，DF⊥AC 于 F，DE⊥AB 于 E。求证：DE＝DF	学生完成练习，教师指导。本次活动中，教师要关注学生的分类情况，考虑问题是否全面	通过练习，巩固理解等腰三角形“等边对等角”的性质，培养学生思维的开放性与灵活性

续表

问题与情境	师生行为	设计意图
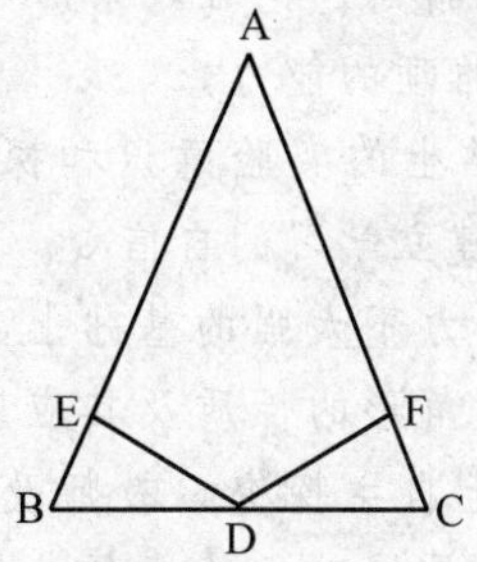		
【活动 6】 (1)小结：通过本节课的学习，你对等腰三角形有哪些新的认识？ (2)布置作业：教科书习题 12.3 第 4、6、12 题	教师引导学生回顾，总结。本次活动中，教师重点关注： (1)学生的归纳总结能力，能否发表自己的意见； (2)学生对等腰三角形性质的应用； (3)不同层次的学生对本节知识的认识程度； (4)学生独立面对困难和克服困难的能力	激发学生主动参与的意识，为每一位学生创造在数学学习活动中获得成功的体验机会，并为程度不同的学生提供充分展示自己的机会。 巩固学生所学知识，加深理解，巩固提高

板书设计：　　　　　　等腰三角形的性质

1. 有两边相等的三角形是等腰三角形　　　　4. 性质论证

2. 等腰三角形是轴对称图形

3. 等腰三角形的性质

①等边对等角

②三线合一

等腰三角形(第 1 课时)说课材料

12.3 等腰三角形是人教版八年级上册第十二章轴对称第三节第一课时的内容。我将从教材分析、教法学法分析、教学过程、布置作业、板书设计等方面来谈谈对课本教材的认识和教学设计。

一、说教材。

等腰三角形是特殊的三角形，它除了具有一般三角形的性质之外，还具有一些特殊的性质。在此之前，学生已初步了解了等腰三角形。教材将等腰三角形性质的探究放在全等三角形、轴对称性质教学之后，学生已经具备一定的探究能力和推理论证能力，同时等腰三角形性质的学习又是进一步研究等边三角形，证明线段相等和角相等的重要依据。因此无论是在本章教学中，还是初中数学教学中都占有非常重要的位置。

依据新课标的要求和八年级学生具有一定的好奇心和求知欲的特点，制定如下目标：

(一)知识与技能目标：1. 了解等腰三角形的概念，掌握等腰三角形的性质；2. 会运用等腰三角形的性质进行计算和证明。

(二)过程与方法目标：学生通过实践、操作、观察、猜想、论证，亲历“做数学”的过程，培养学生探究数学问题的能力，发展学生合情的推理的能力。

(三)情感态度与价值观目标：通过数学活动，培养学生的实验意识和探索精神，感受数学的严谨性，对数学产生强烈的好奇心和求知欲，建立学习的自信心。

在吃透教材，分析八年级学生推理能力和抽象概括能力不太强的基础上，围绕本节教学内容，制定本节教学的重点和难点。重点是等腰三角形的性质及其应用；难点是等腰三角形性质的证明。教学中将通过设计问题让学生自主探究，教师及时引导、点拨并板书重要知识点来突出重点、突破难点，其中关键是辅助线的添加，教师要作强调。

二、说教法。

在教学中以学生参与为主，便于激发学生学习热情，体验成功的喜悦，通过直观的演示和学生自己动手使学生在获得感性知识的同时，为掌握理性知识创造条件，这样更有利于调动学生积极性，激发学生兴趣，使学生变被动学习为积极主动愉快学习，也符合数学教学的直观性和可接受性。

三、说学法。

在教学中，把重点放在学生如何学这一方面，学生通过动口、动手、动脑等活动，主动探索，发现问题；互动合作、解决问题；归纳概括，形成能力。增强数学应用意识，养成及时归纳总结的良好习惯，这样做有利于活跃学生的思维，帮助他们探本求源，让每位学生都学有价值的数学。

四、说教学过程。

本节教学活动，设计了六个基本环节：1. 实践操作，创设情境；2. 师生互动，探究新知；3. 推理论证，形成性质；4. 应用性质，解决问题；5. 巩固练习，应用新知；6. 评价小结，内化新知。鉴于本节课活动性较强的特点，我采用传统与现代相结合的教学手段，利用多媒体呈现问题，板书重点内容，这样既能突出重点，也能突破难点。

(一)实践操作，创设情境。

“教给我我会忘记，做给我看我会记得，让我做我会懂得”，这是一句著名教育名言。此环节通过活动，为学生提供探究的时间和空间，让学生亲手剪纸，得到等腰三角形，在此基础上回顾等腰三角形相关知识，为后继探究等腰三角性质作好了充分的准备，同时点出课题，具有知识学习指向性的作用。

(二)师生互动，探究新知。

教师出示思考题，在学生融入新知的基础上，引导学生自主探究，通过亲手折纸、观察解决问题，找出重合的线段和角，得到猜想。重点设计问题“(3)由这些重合的线段和角，你能联想到什么？譬如：AD是怎样的线段?”教师有意识分化，降低学生抽象概括归纳的难度。同时，采用板书重点结论的方法，突出重点，为进一步论证奠定基础。

(三)推理论证，形成性质。

教师重点引导学生将猜想1转化为数学语言，以前面的“折纸”和“探究”活动为基础，讨论证法，辅助线的获得是水到渠成；而有关性质 2 的证明，通过设置问题，类比性质 1 而完成论证，最后再填空，加深学生对性质 2 的认识。

从本节课开始到性质 2 的证明，教学中呈现了一个动手操作得出概念，观察实验得出性质，推理证明论证性质的过程，充分体现了观察、实验、猜想、论证的研究几何图形问题的全过程，体现了从实验几何到论证几何的过渡，既有利于三维目标的实现，也突破了难点。

（四）应用性质，解决问题。

对于例题，设置了三个层层递进的问题，让学生独立思考，教师适时点拨，体会这是与三角形内角和相配的一类常见题目，体会利用方程思想解决该题的优越性，体会“数形结合”的思想。

（五）巩固练习，应用新知。

通过三个练习题来实现教学目标。教师关注学生性质 1 应用时，是否分类讨论，对性质 1 是否有更深层次认识；“三线合一”性质不容易引起学生的重视，通过练习 3 的解答，学生可能采用的途径有：利用三角形全等、利用轴对称、利用性质 2，通过对比后，学生充分感知性质 2 应用的简洁性，体现“学以致用”的思想。

习题教学是巩固新知，形成技能，发展智力的重要教学手段。教学时，例题和习题设计要有层次，难易程度要适中，教学中除课本习题、例题以外，还补充了变式训练，既巩固了基础知识，方法和技能也得到了提高、升华，同时也起到一定的教学效果检验作用。

（六）评价小结，内化新知。

本环节采用教师与学生共同回顾性质，既关注学生对知识方面的总结，同时关注数学方法，数学思想的渗透和内化情况。

五、说布置作业。

教育要面向全体，同时也要关注学生个性的差异。课堂上如此，课下也应如此，体现因材施教。作业分为基础题（第 4、6 题）和自主探究题（第 12 题）。基础巩固题为全选全做，探究题为学有余力的同学提供了再探究的机会。

六、说板书设计。

本节课采用了传统与现代相结合的教学手段，通过板书重要知识点来突出重点、板演过程来突破难点，使整堂教学知识清晰化，教学程序条理化，同时也便于学生回顾和总结。

课例 3：小学数学课堂教学实录、评析。

《长方体和正方体的体积》教学设计

——李秀莲

教学目标：

知识技能目标：使学生理解掌握长方体和正方体的体积公式及其由来，能正确计算长方体和正方体的体积。

方法策略目标：通过“猜想——验证”的过程，形成发现、创新的过程，从而获得数学活动经验。

能力目标：通过推导公式的实践活动，使学生在具体情境中发现规律，发展学生的空间想象，培养学生动手操作、抽象概括、归纳类比、进行逻辑推理的能力，使学生初步学会运用长方体、正方体体积计算的知识，解决有关的简单的实际问题，发展学生的应用意识，同时培养学生的创新意识和创新能力。

情感目标：激发学生学习数学、发现数学的兴趣，学会与他人合作。

教学重点：使学生理解并掌握长方体和正方体的体积公式，能正确计算。

教学难点：理解长方体和正方体的体积公式的推导过程(即物体包含的体积单位的数量与这个物体的长、宽、高的关系)。

教具：计算机、投影机、多媒体电脑教学课件(自编)。

学具：棱长1厘米的正方体小块30个、橡皮泥、长方体或正方体实物一个、直尺、长方体和正方体体积公式推导过程的实验记录单若干张等。

教学过程：

一、创设情景、复习铺垫：(多媒体课件)

同学们，在我们的数学王国中，由点组成了线，由线组成了面，由面组成了体，这些点、线、面、体是我们五彩斑斓的世界中的一部分，可以说这些点、线、面、体是我们身边很亲密的朋友，今天接着让我们更深入地了解我们的朋友，好吗？

1. 下面的长方形是由边长1厘米的小正方形拼成的，你知道它的面积是多少吗？请你说出理由。

思考：正方形和长方形有什么联系？怎样求它的面积？

小结：可见，求一个基本图形的面积，即可以采用数它包含的面积单位的个数的方法，也可以采用面积公式来计算它的面积。其中数它包含的面积单位的个数的方法是最基本的方法，是推导其他方法的基础。

2. 你们看过动画片《蓝猫淘气三千问》吗？瞧，剧中的几个主要人物又在进行搭小正方体积木的比赛，不过他们在比赛中，各自说各自搭的体积多，让我们来看看是怎么一回事，过一把裁判瘾。好吗？

下面的小正方体的棱长都是1厘米，你知道它们谁搭的体积多吗？说出你的理由。

第一组

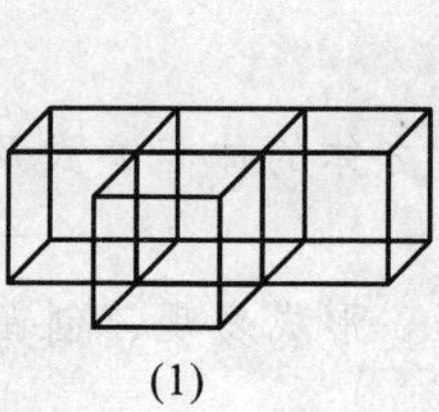

(1)

(2)

第二组

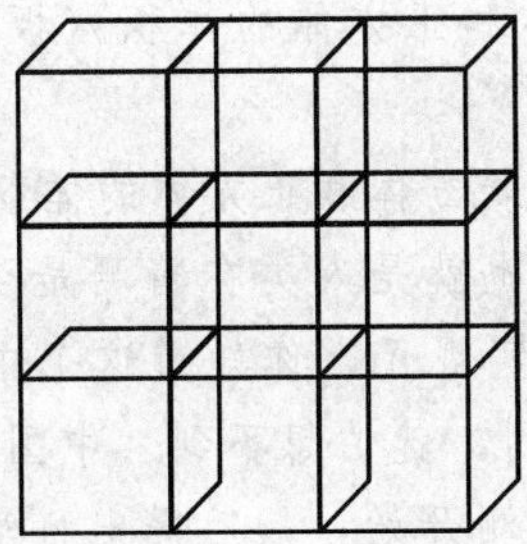

(1)

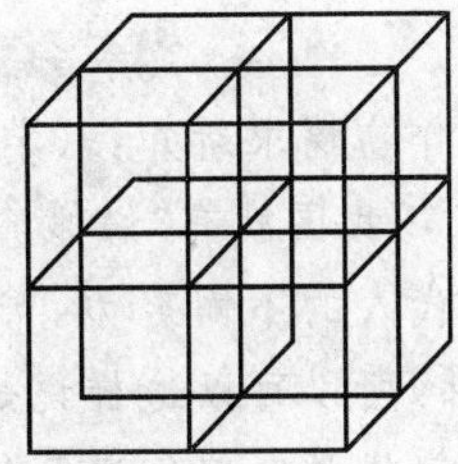

(2)

(现在我是《小学数学报》的记者，你可以告诉我们大家：你是怎样很快地知道第二组形体中的第一个是9个小正方体，而第二个是8个小正方体?)

小结：由以上可以知道，求一个物体的体积，也就是看它包含了多少个体积单位。在数几个体积单位的时候，尽可能有规律地数，即选择简单的办法数：每层每排的个数×排数×层数＝小正方体的总个数。

3. 引入情境：我认识一个叫小明的同学，和你们一样都是五年级的学生，他聪明好学，他爸爸对他的培养教育可以说也是很有趣的。他听说小明学习了体积单位以后，就顺手切了一个长方体的土豆块，考考小明这个土豆块的体积是多少。如果你也参赛，你说该怎么办?

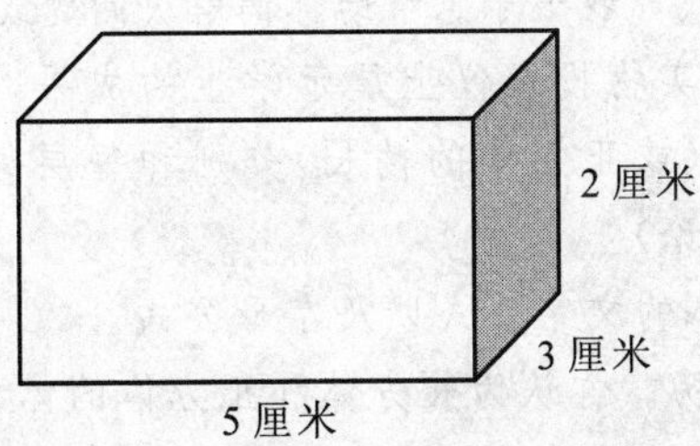

(要求：一边看切的过程一边想：这个长方体土豆块被切成了多少个棱长为1厘米的小正方体，你是怎么样数的，这个长方体土豆块的体积是多少立方厘米?)(媒体课件演示切的过程以及有规律数小正方体个数的过程。)

小结：可见，有些物体，把它切开，看看它所包含的体积单位的个数，从而知道它的体积的方法，是一种可行的方法。

4. 如果是下列物体求体积是多少可以切吗？为什么？

电脑教育软件包装盒

魔方

冰箱

小结：可见，用切开的方法来求一个物体的体积的方法有一定的局限性，我们应该找一个可行的办法。今天我们就来学习《长方体和正方体的体积》(板书课题)的计算公式。

二、动手操作、探求新知：(学具操作)(推导长方体和正方体的体积公式)

1. 千百年来，我国就有“嫦娥奔月”的传说，也就是人类在猜测是否有一天可以飞上太空，经过几代人的不懈努力，这个梦想终于实现了，你知道这个中国航天第一人是谁吗？(杨立伟)所以可以这样说是：不怕做不到，就怕想不到。中国现代物理学家，世界著名火箭专家钱学森曾经说：“科学工作从猜测开始，然后提出科学论证。”我们也要学会大胆猜测，积极论证，然后找到合适的答案。请你猜测一下长方体和正方体的体积分别和什么条件有关，有什么关系？

2. 前面你们作为裁判和参赛的选手表现都不错，现在你们作为一个学者，结合刚才的复习中，你打算采用什么方法来研究长方体和正方体的体积公式。

3. 小组合作(俗话说众人拾柴火焰高，集体的力量和智慧要大于个人的。好多的科学实验都是科学家和他的很多的助手一起完成的。你们也要有分工，比如说是有拼摆的、有说理的、有记录的、有监督的、小组长全面负责等)。

(1)要求：从30块小正方体中任意取几个小正方体拼摆成几个长方体或者是正方体，然后填写记录单，想想有什么发现，可以小组内进行交流讨论。(有解决不了的问题或者是有了结论以后都可以示意我，我很乐意帮助你们解决问题或者倾听你们的结果)

(2)班内交流成果。(在实物投影仪上展示学生的成果，即拼摆的过程)(重点指出拼成的长方体的长、宽和高(或正方体的棱长)分别和每层每排的个数、排数和层数之间的关系，以及推导出的理论)

(3)总结长方体和正方体的文字公式以及字母公式。

(4) 验证猜测内容的真伪。你认为长方体和正方体的体积公式在实质上一样的吗？

(5)记忆公式。想想求长方体的体积必须知道什么条件，正方体呢？

(6)求体积用什么单位，常用的体积单位有哪些？

三、简单练习、记忆公式：(多媒体课件)

1. 基本练习：说出下列各式的结果。

x★x★x　5^3　3x★x★x　　x＋x＋x　3＋x★x　　x★x★x★x　2×3^3

2. 求下列物体的体积(列式并且计算结果)。

20厘米

5厘米

6厘米

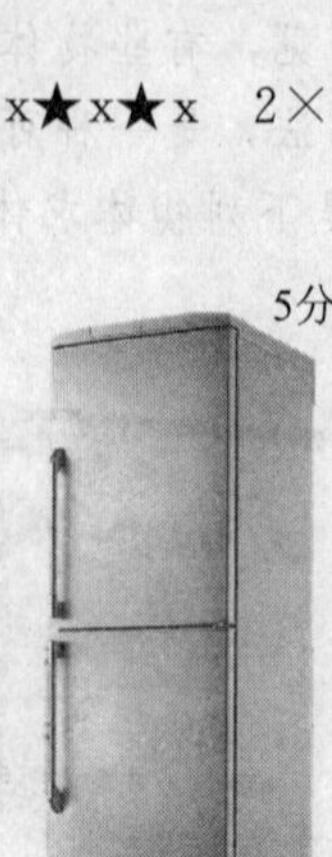

5分米

15分米

6分米

3. 少儿活动中心新建了一个练功房，在这个房间里铺设了1600块长0.5米，宽0.1米，厚0.03米的木质地板。铺设这个练功房至少要木板多少立方米？

四、看书质疑(P32到P34)、总结汇报：你学会了哪些知识，还有什么不明白的地方？

光说不练是嘴把式，真金不怕火来炼，你们愿意接受考验吗？

五、结合实际、巩固练习：

(一)实际应用：(多媒体课件)

1. 2008年奥运会在我国的北京举行，我国设计了几个场馆，在奥林匹克公园内与国家体育场紧邻的国家游泳中心，有着一个迷人的名字“水的立方”。“方”的形状，与“鸟巢”的圆形对应，构成了中国传统文化“天圆地方”的理想境界。同时，蓝色的建筑材料“膜”，又将“水的立方”晶莹剔透的形象巧妙表现出来。2003年年底开始动工，等到2006年建成的时候，就是奥运“飞鱼”角逐的梦幻之地。

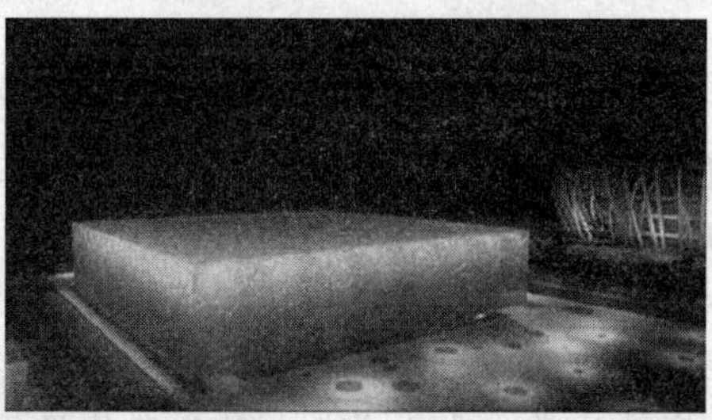

2. 你看了图片和听了我的介绍之后，你有什么感受？(是的，我们作为中国人感到骄傲，无论是我们的父辈还是我们，都要争取利用我们的智慧和我们的“双手”创造美好的世界，使我国屹立于世界强国之林。心动不如行动，让我们来了解点有关奥运会的知识。)

(1)一个标准的竞赛游泳池，长为50米，宽为25米，深度为1.8米。建造这样一个游泳池，你知道至少得挖土多少立方米吗？

(2)泳池内的水要定时换才可以保证卫生，如果现在池内的水深是1.2米，用水泵向外排水，每分钟排水2.5立方米，需要几小时可以排完？

3. 前面提到，小明是个勤奋好学的学生，他学习了长方体和正方体的体积之后，正在做一个实验：一次，小明向一个棱长为2分米的正方体玻璃容器中倒入5立方分米的水，再把一块蛋状的石头放入水中。这时量得容器中的水深1.5分米。你知道小明这样做的目的是什么吗？(利用课件动画演示水面上升)(说明你们和他一样，善于动脑筋，利用转化的思想，可以把没有体积公式的物体的体积利用正方体的体积求出来，学习中，就得这样，综合利用知识、灵活利用知识来解决生活中的实际问题。)

(二)脑筋转转转：

把一个棱长为4分米的正方体切割成棱长为2分米的正方体。然后排成一排，你认为可以排多长？(讲解计算的方法：先算括号里边的——再乘方——然后乘除——最后是加减)

(三)动手操作：—— 玩中学。

其实，学习并不是只有在课堂上才可以进行的，只要你是个有心人，在玩中也是可以学习到很多的知识的。

(1)用你手中的橡皮泥捏一个正方体，你知道它用了多少橡皮泥吗？怎么办？(量一量，算一算)

(2)把这个正方体捏成一个长方体，然后想想你能够只去量得其中的两种数量就可以求得另外的一种数量吗？试着做一下，然后和小组的同学交流一下你的方法和根据。

六、总结评价，课外延伸。

今天我们学习了有关长方体和正方体的体积的计算方法，想一想你现在知道哪些条件，你就可以计算现实生活中的哪些物体的体积了？

数学来源于生活，我们课上学习到的知识就要学会利用到生活中，来解决生活中的实际问题，就像小明一样能够学以致用。

课后实践：利用今天学习到的知识，解决生活中的一个实际问题。下一节课来汇报交流你们的成果。

评析：

计算机辅助教学是一种开放式的教学形式，充分的把学生放在学习的主体地位，它通过电子板书，动态的模拟实验，丰富的静态素材，人机的交互练习，智能辅导等手段，以助于教学知识的内化和深化，以利于提高课堂效率，促进教学质量的大幅度提高。它在客观上克服传统教学手段的局限，使学生在跨跃时空的界限里，充分的发挥他们的想象力和创造性。而传统的教学形式是以书本为中心，以静态板书的形式展开教学，教学手段单一，容易让学生失去兴趣，学生装的思维发展受到严重的约束和局限，严重的影响课堂效率的提高，将不能适应知识经济时代对人才素质的要求，教育形式的改革势在必行。计算机辅助教学形式的优越性与特点，使我们看到了教育改革的趋势和大好方向。

2. 实验教学

理科实验教学是中学物理、化学、生物以及小学科学等学科，以现场实验为基础的教学。可分为：教师演示、学生分组、师生协作三类。

(1)实验教学在教学工作中的位置：

中小学理科实验教学，是中小学教学工作的重要组成部分，有着重要位置：

● 实验教学是理科知识学习的必要环节。

中学理、化、生学科和小学科学学科的教学过程，就是科学实验、科学探究的过程。因此，这些学科的教学，必须建立在实验之上。物理、化学、生物等学科是以实验为基础的学科，在教学中进行随堂探究和分组探究，让学生观察现象，使学生对科学事实获得具体的、明确的认识，这是理解概念和规律的必要的基础。观察和实验对培养学生的观察能力和实验能力，培养实事求是的科学态度，引起学生兴趣，具有不可代替的重要作用。由此可见，没有实验教学，很难达到教学目的。因此，我们可以说，人的认知规律体现了实验教学的必要性。

● 实验教学是任课教师的教学任务。

中小学教学工作中，实验教学同各种教学活动一样，都是任课教师的教学任务。对待实验教学的态度应该和所有学科一样，绝不可以轻视淡化。

● 实验教学是学校工作的重要内容。

中小学实验教学工作，是学校工作的重要组成部分，也是学校工作的重要内容之一，因此，必须要给予足够的重视。学校领导不仅要在思想上给予高度重视，而且要在具体工作中强化对实验教学工作的领导，下大力气搞好实验教学工作。

● 实验教学是培养创新人才的重要手段。

实验教学，是培养创新人才的重要手段之一，主要表现在：一是培养学生创新意识，帮助学生学会发现问题、解决问题。二是培养学生的道德和情感，确立学生的价值取向。因此，中、小学实验(功能)室应按照课程标准和教材的要求，进行随堂探究实验和分组探究实验，完成实验教学任务，并创造条件开放实验室，开展第二课堂和课外科技活动。在完成上述任务后，有条件的实验(功能)室，还可向社会开放，开展科学普及活动，为当地经济建设服务。

● 实验教学是开展实验教学研究、改进和研制仪器及自制教具活动的重要场所。

(2)实验教学的特点：

实验教学法具有以下特点：

一是教学过程生动直观，易引起学生兴趣。

二是可以充分调动学生积极性，学习主动性。

三是学生通过实验，便于理解有关学习内容，加深知识的记忆。

四是现代教育技术下的实验教学要求，要以现代教育理念为指导，在发挥传统实验教学优势的同时，改进传统实验教学中的诸多弊病，将现代教育技术融入实验教学中，提高实验教学的效果，增强学生的实验能力。

五是现代教育技术下的实验教学的软硬件环境包括传统的实验教学器材，如：挂图、各种实验器材、自制教具等；还要包括许多新的媒体工具，如：计算机及网络设备、实物投影、录音、录像设备、DVD 播放器材、其他数字化设备以及与硬件设备相配套的录音、录像资料，多媒体课件等软件资料(常见的有 PPT 课件、Flash 影片等)。

六是实验教学中合理有效地利用现代教育技术，可以实现教育过程的最优化。在传统课堂教学中，可以利用现代教育媒体的再现功能，增强课堂教学的直观性、生动性；利用现代教育媒体的集成功能，把图像的、声音的、文字的教学材料融合在一起，向学生提供多重刺激，使学生获得视听等多种感觉通道的信息；利用现代教育媒体的模拟功能，突破课堂教学重难点；利用现代教育媒体的交互功能，提供双向及时反馈。同时可以利用现代教育技术建构新型课堂教学模式，如网络教学、计算机支持的探究式学习、情境学习等。作为一名教育工作者，必须要思考如何在现代教育思想、理论的指导下，利用现代教育手段和方法，利用现代媒体技术，优化课堂教学，实现教学过程的最优化。

(3)实验教学的基本模式、方法：

常见的现代教育技术下的实验教学模式有：以增强实验可视性效果为主的辅助教学模式；以替代成功率较低实验或展示难以在课堂教学时空范围内展现的宏观、微观实验为目的的虚拟现实技术仿真模拟实验模式；以开发学生综合素质为目的、利用网络资源的任务驱动式的教学模式。

在实验教学过程中，要灵活应用现代教育技术，使传统实验教学与现代教育技术有机结合，发挥各自优势，达到满意的教学效果。常见的现代教育技术运用方法有：

一是利用投影或数字化设备提高演示实验可见度，使每个学生都看得清楚。传统实验教学仪器，如普通温度计等刻度较细的仪器、化学反应现象、植物叶脉等，即使是前几排的学生也很难观察清楚，这给传统实验教学带来很大限制。用实物投影展示在大屏幕上，或用数显设备(如数字测温计、分贝仪等)使实验数据量化，观察效果就会得到明显提高。

二是采用多媒体技术模拟实验，模拟有毒害的或现有条件下难以完成的实验，弥补常规实验的不足，提高实验的演示效果。如：物理课中用到水银的托里拆利实验，化学课中的一氧化碳还原氧化铜实验，比较金刚石和石墨结构等。

三是化静为动、变抽象为直观。如：物理课中的磁体周围磁场分布，化学变化中构成分子的原子相互分离又重新组合成新分子的过程，植物的光合作用等。

四是模拟再现实验。如：各种仪器的正确或错误使用方法，一些重点实验步骤练习等。学生可反复练习，不仅节约实验用品，又可防止错误操作带来的危害。

五是虚拟仿真实验平台实验。可利用网上在线或下载的虚拟仿真实验平台，灵活开放地进行各种仿真实验。这种实验，可以使学生开阔视野、增长阅历。

当然，条件允许的情况下，亲自动手实验是让学生接触“科学事实”的最佳方式。动手能力和创新精神，必须让学生在一次一次的体验中，在一丝不苟的实际操作中才能培养出来。这是全面推进素质教育的一个重要环节。我们既不能抱着陈旧的实验方法不放，也不能用仿真实验全面替代传统实验，把“动手”变成“动眼、动耳”。只有充分发挥传统实验教学和现代教育技术的优势，并使它们各自的优势得到互补，才能不断把实验教学提高到新的层次。

(4)教育技术在实验教学中的应用及优势。

在实验教学中的许多重点、难点，运用传统的教学手段很难突出、突破；一些演示实验的现象不能确保每个学生都能观察到；很多内容的教学往往变得枯燥乏味；教学反馈不够及时和全面。而通过多媒体可以很好地解决这些问题。

一是形象生动的多媒体CAI模拟动画，可以展示物质的微观世界，帮助理解物质的微观变化。将以往只用语言叙述，学生死记硬背的内容用动画形象地展示出来，是深受学生欢迎的。因为这样给出的感性材料生动形象，把枯燥无味的知识变得趣味盎然，充分调动了学生学习的兴趣、积极性和主动性。学生的积极参与不仅活跃了课堂气氛，更重要的是能激活学生的思维，而思维空间的扩展有利于学生分析问题和解决问题的能力的培养。对那些有较大危险性的实验、污染较严重的实验和对身体有害的实验，也可用动画模拟，既达到教学目标又安全无害。

二是应用实物投影仪，可以优化教学效果。化学实验是化学课上的重要环节，也是培养学生科学素质的重要手段。运用多媒体CAI课件，不是削弱这一环节，而是应当更加强化。因而在课堂教学中应该让每一个学生都直接观察到实验的现象，如颜色的变化、气体、沉淀的产生、放热或吸热、爆炸、燃烧等。要让学生闻气味：刺激性气味、果香气味、臭鸡蛋气味、特殊气味或无气味等。有些实验在讲台上演示时，可以达到预期效果，即让每一个学生都可以观察到。有时可以找学生代表来观察，如闻气味及感受反应后热量的变化。但大多数现象坐在后面的学生就看不到了。要想让每个人都观察清楚，教师往往要绕场一周，耽误课堂有限的时间，还未必有理想的效果。这时实物投影仪就可以大显神通了。将这些实验在实物投影仪下做，演示在大屏幕上，就可以收到较好的预期效果。

三是可以扩展当堂的教学反馈信息。在传统教学中只往往能叫少数几名学生在黑板上板演，大多数人只是看在黑板上板演的学生做练习而自己不愿真正动脑动手。用实物投影仪就可以改变这种情况，优化教学效果。教师将本堂课的反馈练习布置给全体学生，待做完后随机抽查若干，并用投影仪将他们的练习展示在大屏幕上，教师点评。一方面调动了全体学生做练习的积极性。另一方面也可以使较多学生的练习得到展示和讲评，做对的有成就感，有错的也会留下深刻的印象。

四是在课件中播放录像，让学生有身临其境的感觉。如在化学课化工生产的教学中，合成氨工业、肥皂的制取、接触法制硫酸等，教师普遍感到学生提不起兴趣。对于工业流程、生产设备等，学生摸不着头脑，只能死记硬背，效果当然不好。这部分内容的教学，如能带学生去实地参观，理论与实践有机的结合，才是理想的。但往往受时间、场地等客观因素的影响、制约，想做到这一点不容易。而如果将有关内容摄制成录像或从一些资料库中摘取相关内容，穿插在课件当中，就可以最大可能地给予学生强烈的感性认识，使枯燥无味变得生动有趣，让学生如同现场参观一样，也让学生更加体会到科技是为生产服务的道理，我们所学的理论是如何转化为生产力，它是多么有价值。这样可以进一步激发学生的学习积极性。

(5)现代信息技术在实验教学中应用的思考。

在使用教学中，由于所演示的课件是一段编好的程序，它的灵活性和交互性都比较差，它也有不可避免的局限性。如果盲目应用，必然会走进误区。如有的教师完全抛弃了黑板和粉笔，叙述也被大段的文字课件代替，整屏整屏地展示课堂内容，让学生目不暇接，无法消化吸收，更谈不上思考。一节课基本上变成了操作计算机，教师只是操作事先设置好的计算机程序，课堂上没有活泼生动的气氛，更没有师生间的良性互动。因此，用现代教育技术完全取代传统教育手段并不是可取的好方法。应当根据教育内容的实际将二者有机地结合起来。若是把教师生动的课堂活动(语言、动作、演示等)都变成课件上冷冰冰的文字，就显得苍白无力，起不到现代教育技术应有的作用，甚至适得其反。还有的教师把一些不需要用多媒体CAI演示的内容也搬上了电子屏幕，把一些像硫酸根离子、氯离子、铁离子的检验这样简单易做、现象明显的实验也做成课件来代替课堂演示，这将妨碍学生各方面能力的发展，反而起了相反的作用。

要恰当地在教学中运用多媒体CAI，应该把握以下两点：

一是课件的作用是辅教、辅学。

在课堂上，教师是组织教学的中心，起主导作用，学生是主体。而课件是辅助教和学的一种工具，它可以在较大程度上帮助教师的教学，帮助学生对知识的理解，进行高效率的训练。但它却不能完全取代教师的作用，因为我们所强调的学生探究学习、自主学习，如果没有教师的辅导是不可能实现的。教师更不能成为一个计算机的操作者，因为课堂教学中教师与学生的情感交流是任何一台机器不能够代替的。

二是课件的运用要适用、适时、适度。

课件要有适用性，应当是课件内容和教材内容的有机融合，而不是生硬地掺合。要从教学实际出发，不能为了用课件而用课件，盲目地随大流。在使用方法和技巧上，适时和适度地穿插课件于课堂教学中，可以激发学生的兴趣，使课堂气氛生动活泼，定能获得良好的教学效果。因此课件不在多，更不能滥，不必节节用课件，而是要精、要巧、要美、要恰到好处。

附：课例摘选。

课例1：物理实验课例。

《变阻器》教学设计

——孙立军

教学目标：

1. 知识与技能

(1)了解变阻器的结构，在电路中的符号，理解变阻器的工作原理。

(2)通过探究怎样用变阻器改变灯泡亮度，知道正确使用变阻器的方法。

2. 过程与方法

在探究变阻器的原理和使用过程中，体验科学探究的方法。

3. 情感、态度与价值观

激发学生运用所学知识解释变阻器改变电阻的道理。

教学重点：

变阻器的原理、结构及使用。

教学难点：

根据要求正确连接和使用变阻器。

教法与学法：

变阻器的教学属于实验仪器的教学。学生对实验仪器的认识过程是：先了解其原理和构造，再学习仪器的使用方法。因此教学上力求通过对变阻器的设计，培养学生的创造思维。本节课力图通过课件与实验，引导学生完成这个设计。本节课采用探究式教学，老师边引导，学生边观察、思考，并通过学生亲自动手实验来归纳总结，最大限度地调动学生积极参与教学活动，充分体现“教师主导，学生主体”的教学原则。

教学设计：

一、引入新课(播放录像)。

采用生活情景引入，现场演示生活中的一种现象：为什么调光灯的亮度会变化？把要研究的物理现象生动地展现在学生面前，使其感到惊奇，产生疑问，引起思维，激发兴趣，从而顺利引入新课。

二、变阻器原理的学习。

(1)教师引导：启发学生猜想，灯泡亮度的变化是由电流引起的，而电流的变化由什么因素引起的？

(2)改变电阻的方法：

方案一(改变导体的材料)；

方案二(改变横截面积)；

方案三(改变长度)；

方案四(改变温度)。

(3)交流评价：

四种不同的方案相互交流，并筛选出这样一个结果：改变导体的长度能较方便地改变小灯泡的亮度。师生共同总结归纳出铅笔芯加上移动的接线夹，就组成一个最简单的变阻器。

变阻器是根据什么原理制成的？

三、变阻器的构造(CAI)。

1. 展示变阻器实物，学生同时观察实物，结构示意图，以及电路符号。

2. 铭牌的含义。

四、变阻器的使用(学生实验)。

活动一：发给每位学生一张表(附后)，要求学生分析出变阻器连入电路的不同方式。

活动二：带着问题探究：六种接线方法是否都可以改变灯泡的亮度？完成表格，总结其使用方法(选择一组表格用实物投影展示，集体分析)。

活动三：变阻器的教学难点还在于电流从哪里流入变阻器，从变阻器的哪个部分流出来，学生不能直接从导线中观察到。教师把接入电路中电阻线的长度随着滑片滑动而发生变化的全过程以CAI的形式播放，并且将有电流通过的部分用彩色显示。这样学生亲眼“看到了”电流的“路径”。

五、练习(CAI)。

六、认识电阻箱。

七、练习(CAI)。

八、联系生产、生活实际，影片展示油量表的原理，前后呼应，体现从物理走向生活。

九、小结。

十、作业：

1. 练习册配套练习。

2. 利用网络了解变阻器在生活中的应用。

3. 有计算机的同学利用虚拟仿真实验平台练习组装带滑动变阻器的电路。

课例分析：

《变阻器》是初中物理电学中非常重要的一节探究实验课，本课设计在各环节都体现了以学生为中心，使传统实验教学与现代教育技术的有机结合，利用多种媒体，发挥各自优势，开阔学生视野，发挥学生学习的主动性，充分利用各种资源为教学服务，是一个较为成功的现代教育技术下的实验教学设计。

滑动变阻器几种接法比较

实物图	滑片向右移动		滑片向左移动	
	阻值变化	电流变化	阻值变化	电流变化
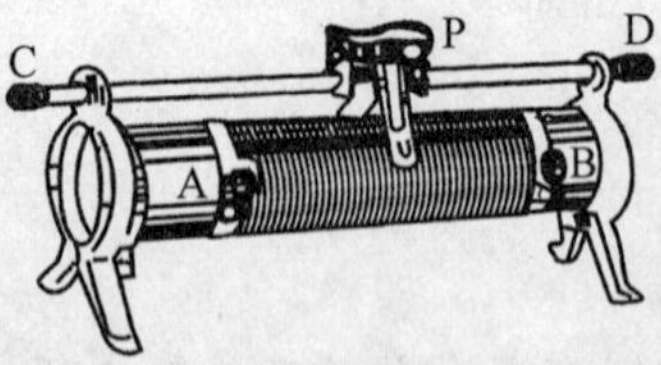				
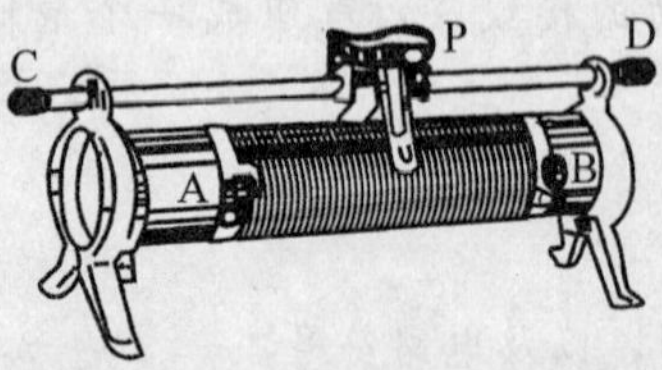				
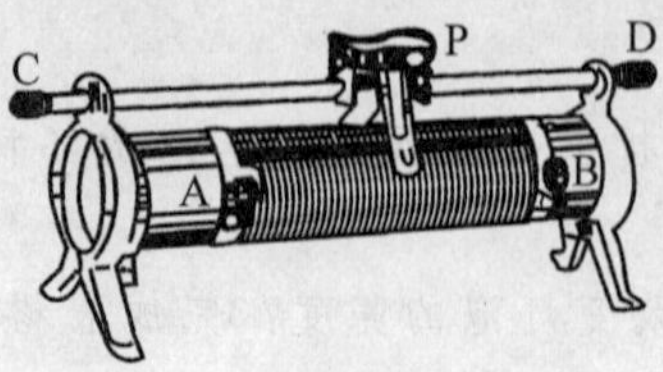				
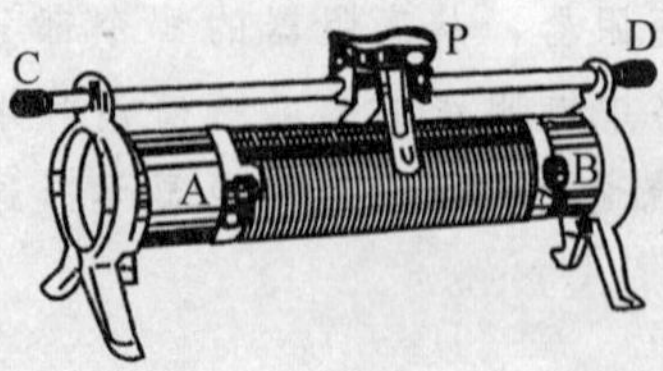				
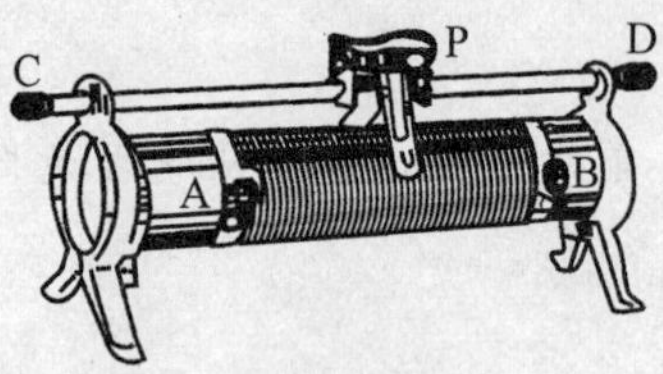				
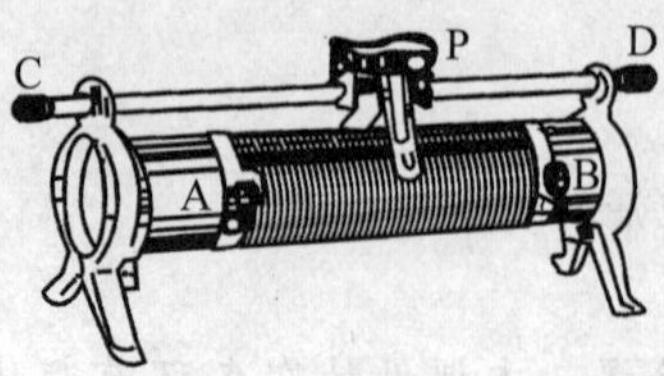				

我发现：________________

课例 2：化学实验课例。

第二节　元素周期律
——选自任志鸿主编《高中优秀教果》

1. 说课材料

本节包括三部分内容：原子核外电子的排布、元素周期律、元素周期表和元素周期律的应用。

原子核外电子的排布规律，是元素周期律的实质。考虑到新课改的要求，本部分内容难度有所降低，只是介绍了电子层的概念，对于排布规律未作介绍，教学时要明确这一点。可以适当地介绍一点排布规律，但不可作太多扩展，不能由此而增加学生的负担。

教学时，可把教材给出的 1～20 号元素的核外电子层排布，以 He、Ne、Ar 为例，让学生推出简单的规律即可。

元素周期律的教学是本节重点。教学时，切忌照本宣科，让学生机械记忆，要引导学生从已学过的碱金属元素、卤族元素等知识入手，根据实验探究，推出元素性质的变化规律。教材中表格比较多，要让学生自己动手归纳填写。重在指导分析、推理过程，从中培养学生的分析能力、归纳能力、自主学习能力。

对于元素周期表、周期律的应用，要让学生自己看书，认真领会教材图中所包含的内容。本节是本章的核心内容，教学时不可盲目求快，要以学生理解、掌握为目标。

2. 课堂教学

三维目标：

知识与技能：

掌握元素的金属性和非金属性随原子序数的递增而呈现周期性变化的规律。

通过实验操作，培养学生实验技能。

过程与方法：

(1)自主学习，自主归纳比较元素周期律。

(2)自主探究，通过实验探究，培养学生的探究能力。

情感、态度和价值观：

培养学生辩证唯物主义观点：理解量变到质变的规律。

要点提示：

教学重点：元素的金属性和非金属性随原子序数的递增而呈现周期性变化的规律。

教学难点：探究能力的培养。

教学准备：多媒体课件、实物投影仪，试管、烧杯、胶头滴管、砂纸、镁带、铝片、试管夹、火柴、酒精灯、酚酞试液、1mol/L 盐酸、1mol/L $AlCl_3$ 溶液、3mol/L NaOH 溶液、3mol/LH_2SO_4 溶液、1mol/L$MgCl_2$ 溶液。

教学过程：

导入新课：

［师］(微笑)请同学们回忆我们上节课所学的内容：

1. 元素原子核外电子排布规律有哪些？

2. 元素的原子半径、主要化合价是如何随原子序数的递增而呈现周期性变化的？

学生回答：

多媒体课件展示：

元素原子核外电子排布规律、原子半径和化合价随原子序数递增而呈现周期性变化的规律。

推进新课：

[师]上节课我们已经知道了元素原子的电子层排布、原子半径和化合价都呈现周期性变化。元素的金属性和非金属性是元素的重要性质，它们是否也随原子序数的递增而呈现周期性变化呢？这节课我们就以第三周期元素为例，通过化学实验来判断元素的金属性强弱。

板书：

1. 第三周期元素性质变化规律

请2～3名学生回答，之后教师总结。

多媒体播放：金属性强弱判断依据。

1. 金属与H_2O或与酸反应的难易程度。

2. 置换反应。

3. 最高价氧化物对应水化物的碱性强弱。

[实验一]Mg、Al和水的反应

分别取一小段镁带、铝条，用砂纸去掉表面的氧化膜，放入2支小试管中，加入2～3ml水，并滴入2滴酚酞溶液。观察现象。

过一会，分别用酒精灯给2支试管加热至沸腾，并移开酒精灯，再观察现象。

[师]（手拿试管）在教学里走动，让每个学生更好地观察实验现象。

[生1]未加热时，Mg、Al和水不反应，没有什么明显现象。

[生2]加热到沸腾之后，Mg带表面有小气泡生成，且镁带表面有红色出现。而Al在加热之后，也没有什么明显变化。

[师]同学们回答得很好，请根据你的观察，填写好下表。

多媒体展示：

表(一)

<table>
<tr><td colspan="2"></td><td>Na</td><td>Mg</td><td>Al</td></tr>
<tr><td rowspan="2">与冷水反应</td><td>现象</td><td></td><td></td><td></td></tr>
<tr><td>化学方程式</td><td></td><td></td><td></td></tr>
<tr><td rowspan="2">与沸水反应</td><td>现象</td><td colspan="3">Mg带表面有气泡；Mg带表面变红</td></tr>
<tr><td>化学方程式</td><td></td><td>$Mg+2H_2O \xlongequal{100℃} Mg(OH)_2+H_2\uparrow$</td><td></td></tr>
<tr><td>结论</td><td colspan="4">Na与冷水剧烈反应，Mg只能与沸水反应，Al与水不反应</td></tr>
</table>

[师]通过上述实验，我们看出Al不与水反应，但是Al可以和稀盐酸反应，那么，Mg和Al与稀盐酸的反应，又有什么联系和区别呢？

[实验二] Mg、Al和酸的反应。

取一小段镁带和一小片铝，用砂纸除去它们表面的氧化膜，把镁带和铝片分别放入2支试管，再各加入2～3ml稀盐酸观察现象。

[生1]镁带与稀盐酸反应很剧烈，镁带上下翻滚有大量的气泡生产。

[生2]铝片也很容易与稀盐酸反应，放出大量的气泡，但是明显没有镁与稀盐酸反应剧烈。

[师]好，同学们观察得很仔细，语言组织得较好。根据刚才两位同学的发言及你自己的观察，请填写好下表。

多媒体展示：

表(二) Mg、Al与稀盐酸反应比较

	Mg	Al
现象		反应迅速，放出大量的H_2
反应方程式		
结论	Mg、Al都很容易与稀盐酸反应，放出H_2，但Mg比Al更剧烈	

[师]不知道同学们注意到没有，在做Mg、Al与稀盐酸反应之前，先用砂纸去掉它们表面的氧化膜，请同学们思考，这是什么原因?

[生1]因为Mg、Al都比较活泼，在空气中存放时，很容易形成一层致密的氧化膜：MgO、Al_2O_3，而这两种氧化物都难溶于H_2O，所以与H_2O反应前要除去，以免干扰实验。

[生2] MgO、Al_2O_3膜难溶于H_2O但易溶于酸，所以在反应前也应除去，防止影响实验。

[师]很好，下面我们就来通过实验比较一下未去氧化膜的镁、铝与酸反应的情况。

知识拓展

表面有氧化膜的Mg、Al与稀盐酸反应比较：截取一段镁带、一小片铝，分别放入2支试管，各滴入2～3ml稀盐酸，观察。

(可以让一学生来完成)。

[生1] Mg放入稀盐酸后，一开始无气泡，后来气泡越来越多，直到Mg带被反应完。

[生2]Al片放入稀盐酸，过一会儿才慢慢产生少量气泡，之后气泡越来越多，直到Al片被反应完。

[师]为什么刚开始都没有立即产生H_2呢?

[生]因为盐酸必须先和MgO、Al_2O_3反应之后，Mg、Al才能与酸反应。

[师]前面我们研究了Na、Mg、Al单质与H_2O、酸反应的情况。下面我们再来研究氢氧化物的性质。

知识拓展

[实验三] $Mg(OH)_2$的性质。

取一支试管，加好2ml 1mol/L $MgCl_2$溶液，再逐滴加入3mol/L NaOH溶液、稀盐酸观察，完成下表：

多媒体展示：

表(三)　$Mg(OH)_2$的性质

	加入 NaOH 溶液	加入稀盐酸
现象		沉淀溶解
反应方程式		$Mg(OH)_2+2HCl=MgCl_2+2H_2O$
结论	$Mg(OH)_2$能溶于盐酸，不能溶于氢氧化钠溶液	

[实验四] $Al(OH)_3$的性质。

取一支试管，加入 1mol/L $AlCl_3$溶液，加入 3mol/L NaOH 溶液至产生大量的$Al(OH)_3$白色絮状沉淀，把$Al(OH)_3$沉淀分别盛放于 2 支试管中，然后向 2 支试管中分别加入 1mol/L 稀盐酸和 6mol/LNaOH 溶液，观察现象。

[生 1]加入稀盐酸时，$Al(OH)_3$逐渐溶解，最终沉淀完全消失，溶液变得澄清。

[生 2]加入 NaOH 溶液时，$Al(OH)_3$絮状沉淀逐渐减少，最终完全消失，溶液变得澄清。

[师](微笑)很好，请同学们讨论：$Al(OH)_3$既能溶于盐酸，又能溶于 NaOH 溶液，说明了什么？

[师]巡视，倾听学生的讨论，并不时加入讨论。

[生 1] $Al(OH)_3$与稀盐酸反应，属酸碱中和反应，$Al(OH)_3$显碱性。

[师](启发)NaOH 是强碱，与$Al(OH)_3$反应生成盐和水。

[生 2] NaOH 属于强碱，而$Al(OH)_3$能溶于 NaOH 溶液，说明$Al(OH)_3$可能显一定的酸性，$Al(OH)_3$是Al_2O_3对应的水化物，若$Al(OH)_3$显酸性，则说明 Al 也可能表现出一定的非金属性。

多媒体展示：

表(四)　$Al(OH)_3$的性质

	加入 NaOH 溶液	加入稀盐酸
现象		
反应方程式	$Al(OH)_3+NaOH=NaAlO_2+2H_2O$	
结论	$Mg(OH)_2$能溶于盐酸，不能溶于氢氧化钠溶液	

[师]从上面几个实验，我们已经了解了 Na、Mg、Al 与 H_2O 或者与酸反应的难易，知道了 NaOH、$Mg(OH)_2$、$Al(OH)_3$的性质，请大家在此基础上完成下表。

	Na	Mg	Al
单质与水(酸)反应			
最高价氧化物对应水化物	NaOH	$Mg(OH)_2$	$Al(OH)_3$
碱性强弱比较	NaOH 强碱	$Mg(OH)_2$中强碱	$Al(OH)_3$弱碱
结论	随着原子序数的递增，金属性 Na＞ Mg＞ Al		

[例]X、Y、Z三种元素的原子具有相同的电子层数，Y的核电荷数比X大2，Z的核电荷数比Y多4，1molX单质跟足量的酸起反应能置换出1g氢气，这时X变为与氖原子的电子层结构相同的离子，根据上述条件，试回答：

(1)X、Y、Z的元素符号依次是______、______、______。

(2)X、Y最高价氧化物对应水化物跟Z的气态氢化物的水溶液反应的离子方程式分别是____________、____________。

[师]请问大家分别如何求解。

[生]由1molX单质跟足量的酸起反应能置换出1g氢气可以知道X显+1价，又由“X变为与氖原子的电子层结构相同的离子”可以知道，X为钠元素，由此可以确定Y为铝、Z为氯。

(多媒体展示2～3位同学的练习)

[师]本题确定X是关键，定量关系：$2X-H_2$不要找错，离子反应方程式写好之后，要注意检查两个守恒：质量守恒、电荷守恒。

答案：(1)Na、Al、Cl

(2)$OH^-+H^+═══H_2O$　　$Al(OH)_3+3H^+═══Al^{3+}+3H_2O$

[师]请同学们回忆一下，如何来判断元素的非金属性强弱？

[生1]非金属元素单质与H_2化合的难易程度。

[生2]气态氢化物的稳定性。

[生3]最高价氧化物对应水化物的酸性。

多媒体展示：

元素非金属性判断依据。

[师]请同学们看教材上科学探究3，之后完成下表：

	Si	P	S	Cl
气态氢化物化学式	SiH_4	PH_3		
单质与H_2化合的条件	高温	磷蒸气与H_2能反应	加热	
对应水化物或最高价氧化物	H_2SiO_3			$HClO_4$
酸性强弱	弱酸	中强酸		最强含氧酸
结论				

[师]从以上对第三周期元素的分析比较中，同学能得出什么结论？

[生]从左到右金属性逐渐减弱，非金属性逐渐增强。

板书：

Na、Mg、Al、Si、P、S、Cl

金属性逐渐减弱，非金属性逐渐增强。→

[师]如果我们对其他周期元素进行研究，我们也可以得出与此相同的结论。

板书：

2. 同周期元素性质递变规律

从左——右

金属性逐渐减弱；非金属性逐渐增强。

3. 元素周期律

(1)定义：元素的性质随原子序数的递增而呈现周期性变化的规律，叫元素周期律。

[师]根据前面的学习，请同学们思考："引起元素性质周期性变化规律的实质是什么?"

[生]讨论

[生 1]原子序数的递增。

[生 2]电子层数排列的变化。

[师]元素周期律的实质既不是原子序数的递增，也不是电子层数的变化，而是"原子核外电子排布的规律性变化"。

板书：

(2)元素周期律的实质：核外电子排布的周期性变化。

[例]运用元素周期律分析下面的推断，其中错误的是(　　)

A. 铍(Be)的氧化物对应的水化物可能具有两性

B. 砹(At)为白色固体，HAt 不稳定，AgAt 感光性强

C. 硫酸锶($SrSO_4$)是难溶于水的白色固体

D. 硒化氢(H_2Se)是无色、有毒，比 H_2S 稳定的气体

[生 1]选 B。虽然砹(At)的性质教材没有介绍，但是它属于卤族元素，根据元素周期律我们可以推出砹应该是白色的，因为从氟到碘，单质都是有色的，且颜色逐渐加深。

[生 2]选 D。S、Se 同主族，气态氢化物的稳定性从上到下逐渐减弱，所以 H_2S 比 H_2Se 稳定。

[师]元素周期律是高考的重点。解题时要充分利用同周期、同主族元素性质的变化规律。A 正确，因为铍的性质类似于铝，氧化物可能有两性。C 正确，Sr 是第ⅡA 族元素，其性质类似于 Ca、Ba，$SrSO_4$ 与 $BaSO_4$ 相似，难溶于水。

答案：BD

课堂小结：

本节课我们重点讨论了第三周期元素性质随原子序数的递增而呈现出周期性变化的规律，并通过大量事实得出了元素周期律。希望同学们能掌握这种分析问题的方法，培养自己的创新能力。

布置作业：

课后习题 7。

附：板书设计。

1. 第三周期元素性质变化规律

Na、Mg、Al、Si、P、S、Cl

$\xrightarrow{\text{金属性逐渐减弱，非金属性逐渐增强}}$

2. 同周期元素性质递变规律

从左——右

金属性逐渐关减弱；非金属性逐渐增强

3. 元素周期律

(1)定义：元素的性质随原子序数的递增而呈现周期性变化的规律，叫元素周期律。

(2)元素周期律的实质：核外电子排布的周期性变化。

活动与探究：

$Al(OH)_3$性质探究

	现象	解释或方程式
1. 通入 CO_2		
2. 加入 KOH 溶液		
3. 加入 $Ba(OH)_2$		
4. 加入稀硫酸		
5. 加入稀硝酸		
结论		

Al 参考练习：

1. 金属还原能力大小主要是由下列哪些因素决定的(　　)。

A. 金属原子失去电子的多少

B. 1mol 金属失去电子的多少

C. 原子失去电子能力的大小

D. 1mol 金属与水反应该放出氢气的多少

2. M、N 两种元素的原子，当它们分别获得两个电子形成稀有气体元素的结构时，放出的能量 M 大于 N，由此可知(　　)。

A. M 的氧化性小于 N　　B. M 的氧化性大于 N

C. N^{2-} 的还原性小于 M^{2-}　　D. N^{2-} 的还原性大于 M^{2-}

3. 甲乙两种非金属(1)甲比乙容易与 H_2化合；(2)甲原子能与乙阴离子发生氧化还原反应；(3)甲的最高价氧化物对应水化物的酸性比乙的最高价氧化物对应水化物的酸性强；(4)与某金属反应时甲原子得电子数目比乙多；(5)甲单质的熔沸点比乙低。能说明甲比乙的非金属性强的是(　　)。

A. 只有(4)　　B. 只(5)

C. (1)(2)(3)　　D. (1)(2)(3)(4)(5)

4. 下列关于元素性质的递变规律的叙述错误的是(　　)。

A. O、F、N 原子半径依次减小

B. P、S、Cl 最高正化合价依次增大

C. Na、Mg、Al 原子最外层电子数依次增大

D. Li、Na、K金属性依次增强

5. 有A、B、C、D四种非金属元素：A、B原子在反应中各结合1个电子，形成稳定的结构，且B^-还原性小于A^-的还原性；氢化物稳定性HD＜HA；原子序数C＜D，且C、D的稳定结构的核外电子数相等。则这四种元素非金属性由强到弱的排列顺序是(　　)。

A. ABCD　　B. BACD　　C. ABDC　　D. BADC

3. 小学科学课教学

(1)小学科学课程性质。

小学科学是以培养科学素养为宗旨的科学启蒙课程。这句话揭示了小学科学课程的性质。应该从两个方面理解：一是科学课程教育的目的是培养学生的科学素养，让学生掌握科学概念，学会科学方法，培养科学态度，懂得如何面对现实生活中的科学与社会有关问题，注重科学精神与人文精神结合，以及知识教育与能力培养的结合。二是小学科学课程的定位是科学启蒙。小学生处于打基础的阶段，知识积累与思维能力的发展都极其有限，因此，科学教育不可能以系统的知识学习与方法训练为主，只能根据小学生的经验，在他们熟悉的周围生活中选取有关的内容，让他们看一看、做一做、玩一玩、想一想，从中学到知识，培养兴趣，练习方法，为后继的科学学习打好基础。

(2)小学科学课程基本理念。

小学科学课教学要面向全体学生，要为每一位学生提供公平的学习科学的机会和有效的指导。要充分考虑到每个学生在性别、天资、兴趣、生活、环境、文化背景、民族、地区等方面存在的差异，在课程、教材、教学、评价等方面鼓励多样性和灵活性。这既体现了义务教育的公平性原则，保证每个学生有平等的接受教育的权利，而且也反映了现代科学教育面向全体的思想。

学生是科学学习的主体。要实现学生在科学学习中的主体地位，关键是要转变教师的学生观，重新定位课堂教学中的师生关系。学生科学素养的形成，不是简单地通过教师的讲授就可以实现的，其中科学方法与能力、科学态度与价值观的培养，往往需要通过学生在参与科学探究活动中体验与感悟。在科学学习中要充分体现学生的主动性，发挥他们的能动作用，让他们在参与科学探究活动中，自己提出问题、设计解决问题的方案，自己动手收集各种资料，开展调查与实验，自己整理信息，做出解释或结论，自己写成研究报告，并进行表达与交流。只有这样，学生才能在学到科学知识的同时，习得开展科学研究的方法，提高科学研究的能力，并培养科学的情感、态度与价值观。

科学学习要以探究为核心。探究既是小学生科学学习要达到的目标，又是小学生科学学习的主要方式。科学学习的目的是培养学生的科学素养。科学素养中的智慧、能力、情感、态度等因素与书本知识不同，不属于陈述性知识，而是程序性知识，或称为经验知识或默会知识。这类目标，学生不可能通过简单地记忆、模仿性操作而达到，而必须是通过亲历某些科学探究活动，在参与的过程中产生体验、感悟，最终内化的结果。

科学课程的内容要满足社会和学生双方面的需要。科学教育既要使学生能自如地融入社会生活，能驾驭和享受科技成果，还要能积极参与各种科学技术与社会有关问题的讨论与行动。同时，还必须考虑小学生的年龄特点，从小学生的现有经验出发，选择他们周围熟悉的现象与事物进行教学。只有这样，才能被儿童理解与接受，才能调动起学生对科学的兴趣与热情。

科学课程应具有开放性。这种开放性表现为：科学课在学习内容、活动组织、作业与练习、评价等方面，应该给教师、学生提供选择的机会和创新的空间，使得课程在最大程度上满足不同地区、不同经验背景的学生学习科学的需要。这种开放性还表现为，要引导学生利用广泛存在于学校、家庭、社会、大自然、网络和各种媒体中的多种资源进行科学学习，将学生的科学学习置于广阔的背景之中，帮助他们不断扩展对周围世界科学现象的体验，并丰富他们的学习经历。

科学课程的评价应能促进科学素养的形成与发展。评价既要关注学生学习的结果，更要关注他们学习的过程。评价指标应该是多元的，要包括科学素养的各个方面；评价方法应该是多样的；评价主体则应包括教师、学生、家长等。

(3)小学科学课程教学。

一要用丰富多彩的亲历活动充实教学过程。

以培养小学生科学素养为宗旨的科学教育强调以学生参与的丰富多彩的活动为主要的教学形式，这些活动应当是学生熟悉的、能直接引起他们学习兴趣的、精心选择和设计的、具有典型科学教育意义的。通过这些活动的教学，可以让学生亲身体验一次科学发现、科学探究、科学创造的过程。

二要让探究成为科学学习的主要方式。

科学探究活动一般应掌握由简单到复杂、由教师扶着走到逐步放开、由模仿到半独立再到独立的过程逐步进行。在教学实施中，科学探究活动可以是全过程的，也可以是部分地进行，如某些课侧重在提出问题，进行猜想、假设和预测的训练，某些课则侧重在制订计划和收集信息的训练，要根据教学内容灵活掌握。

三要树立开放的教学观念。

科学课程的开放性，表现在时间、空间、过程、内容、资源、结论等多方面。不要把学生束缚在教室这个小空间里，教室外才是孩子们学科学用科学大有作为的广阔天地；不要把上下课作为教学的起点和终点，探究科学的活动不是一节课就能完成的；不要拘泥于教科书规定的教学内容，孩子眼中的科学世界永远是妙趣横生的。要让学生知道科学探究的答案有时不是唯一的，要允许学生存有己见，既关注别人的答案又反省自己的答案。

四要悉心地引导学生的科学学习活动。

以探究活动为核心的科学教学过程，不再是教师照本宣读教科书和刻板地执行教案的过程。教学要在一定的情景中展开，学生会提出许多教师意想不到的问题，教学过程中也会出现许多难以预料的情况。这对科学课教师提出了新的更高的要求，需要教师能够根据学生的实际情况、教学活动中实际发生的事件，有效地推动学生的科学探究活动，创造性地驾驭课堂。

五要运用现代教育技术手段，增强科学课教学活力。

在探究过程中，要充分运用现代教育技术手段，帮助学生发现问题、提出问题、进行探究，更好地调动学生的学习积极性。

附：教育技术在小学科学课的课例摘选。

课例1：

《浮与沉》教学案例与评析

——冀人版科学教材三年级上册《水》单元

——胡　博

教材分析与教学设计：

本课教材通过判断物体沉浮、改变物体在水中沉浮状态及找浮力三个活动，使学生感受到浮力的存在，知道物体上浮是受到浮力的作用，初步了解形状、空间、重量的变化会影响物体沉浮状态，并通过船、潜水艇、救生圈了解到沉浮在日常生活中的应用。三年级学生虽未学到过密度，体积等知识，但已从生活中认识到轻的、船形的物体能浮在水面上。根据学生经验，在处理教材时设计了层层深入的探究实验，从问题提出到问题的解决一直是以学生为主体，让学生经历科学探究全过程，教师只起引导，帮助的作用。

教师精心为学生选取了橡皮泥、土豆块、泡沫板等典型材料，这些材料蕴含了本课所设定的知识目标。学生通过操作材料，发现问题、提出假设，激发起学生的探究欲望，让学生紧扣主题，自主研究，步步深入，为学生创新精神与实践能力的培养提供了途径和桥梁。

《浮与沉》教学片断：

一、提出研究问题：

师：你们认为什么样的学生是好学生？

生：上课注意听讲是好学生。

生：学习好是好学生。

生：好学生应该爱帮助同学。

生：全面发展才是好学生。

师：大家说的都有道理，不过老师还发现好学生有一个优点，就是特别爱问为什么，爱提问题，你们爱提问题吗？

生：(齐)爱！

师：是吗？那测一测，如果将橡皮泥、土豆块、泡沫板放入水槽中，你们能根据现象提出什么问题？

(学生将三种材料放入水中，橡皮泥和土豆块沉到水底，泡沫板浮在水面上，学生观察讨论，教师板画这种沉浮现象)

师：你看到这些现象有什么想知道的问题吗？

生：为什么泡沫板就能浮起来，而橡皮泥和土豆块就不能浮？

生：有没有办法让橡皮泥和土豆块浮起来？

生：我想知道有什么办法可以让橡皮泥和土豆块也浮起来。

生：我想怎样做才能让泡沫板沉到水里？

师：(将学生问题归类并板书)

1. 为什么泡沫板为浮？

2. 土豆块和橡皮泥为什么不浮？

3. 怎么样让下沉的物体浮起来？

师：不错，还真是好学生，提了这么多问题，而且问题提的也有研究价值，这节课我们就来研究大家感兴趣的问题。

二、问题探究阶段

师：泡沫板为什么会浮？把它摁下去行不行呢？每个同学都来试试！

(学生试着用手指将泡沫板轻轻向下摁，体会浮力)

师：怎么样？有什么感觉？

生：我把它摁下去，它又浮起来了。

生：很难往下摁，因为水对它有一个浮力。

生：我手往下摁的时候，好像有一只小手在往上顶，不让我往下压。

(板书：在浮着的泡沫板上画一个向上的箭头)

师：我们感受到的这种“向上托的力”就是浮力，泡沫板就是由于受到这个力量才浮起来的。

师：你们有没有办法让土豆块和橡皮泥浮起来呢？我们看哪个组想的办法多，想的办法妙！想出好方法的组可以将方法画到黑板上。

(学生开始动手操作，教室里的探究争论气氛浓，一些学生开始在黑板上画出了能让橡皮泥和土豆块浮起来的实验方法示意图。约15分钟后，黑板上已满是学生设计的图画)

师：我指到哪幅图，画图的同学就来给大家介绍一下实验方法好吗？

生：这图是我画的，就是把橡皮泥放在泡沫板上，它就浮起来了。

生：我的做法是把橡皮泥捏成一个小船那样的形状，它就浮起来了。

生：这幅图的意思是：把土豆块用皮筋绷在泡沫板的下面，也能浮起来。

生：我们是把土豆块中间挖去一部分，土豆块也浮起来了。

生：我画的是一个空铅笔盒上放上土豆块和橡皮泥，它们都能浮在水面上。

生：我是将橡皮泥装到塑料小瓶里，橡皮泥就浮起来了。

……

师：还有其他未介绍到的与众不同的方法吗？

三、创设继续探究的情境：

教师拿出“小潜水艇”(大饮料瓶内装着一个内有小孔的小瓶，并使刚好能浮在饮料瓶的上部，挤压时水入小瓶后，小瓶下沉，停止挤压后，小瓶上升)。

师：老师可以命令小潜艇沉下去和浮起来，你们信吗？

(演示：下沉和上浮)。

生：(惊讶、好奇)。

师：这是怎么回事？这节课我们没有时间研究了，老师可以把这个“潜水艇”送给你们，你们课后继续研究，希望下次上课时，每个同学都能做这么一个“听话的小潜水艇”，每个同学都能说说这是怎么回事。

生：(积极)好！

教学案例评析：

1. 从问题出发，使学生亲历科学探究全过程。

问题是科学探究的起点，培养学生问题意识，是有效进行探究活动的前提。活动成为学生需要不断发展的过程，学生有兴趣，学习的愿望强烈，整个教学活动在学生主动提问题，亲自动手操作，自行探究的实践中学习科学，掌握科学的思维方法，培养对科学的积极态度。

2. 精选材料，结构严谨，线索清晰。

在教学中，紧扣课题，选取了有结构性的材料，如土豆块、橡皮泥，通过这两种材料，让学生探究出使沉在水里的物体浮起来的多种方法，橡皮泥可以通过“捏”的方法改变形状、增大空间；土豆块可以通过“挖”的方法来减轻物体重量。这样，围绕“使橡皮泥、土豆块浮起来”展开，结构严谨，逻辑线索清晰。

3. 设疑激趣，促使学生继续探究。

课堂教学的结束并不意味着探究活动的终止，教师演示的“听话的潜水艇”引起学生认知冲突，使学生产生的强烈探索兴趣，必将激发学生持续探究的热情。

课例 2：

《电铃响丁当》教学实录片断及评析

——胡　博

《科学 3～6 年级》课程标准》的基本理念中指出：“教师是科学学习活动的组织者、引领者和亲密伙伴”。教师在科学教学中，应努力贯彻这一基本理念，促进学生“三维目标”的有效发展。

然而，在实际的教学中，教师的组织引领表现出了三种状况：一是该牵手时不牵手，不该放手就放手；二是不该牵手就牵手，该放手时不放手；三是该牵手时就牵手，该放手时就放手。第一种状况表现为“放任”而不是“自主”；第二种状况表现为“包办”而不是“严谨”；第三种状况表现为“和谐”，不仅现了学生学习的“自主”，而且体现了教师教学的“严谨”。我区组织的科学主题评优课《电铃响丁当》一课，较好的体现了科学教学中师生之间“组织者、引领者和亲体密伙伴”的和谐。我们选其中一些教学实录片断加以评析。

一、教学引入。

(教师出示自制的电磁铁钓鱼竿)

师：同学们认识这是什么吗？

生：是两根细电线吊着一个重物。

生：像鱼竿，只是没有钩。

……

师：今天老师要用这没钩的鱼竿表演一下钓鱼，你们觉得能钓吗？

(教师演示，吸起粉笔盒中插有图钉的塑料鱼，将鱼放在桌上，学生表现出惊讶和

好奇的神情）

师："鱼"是怎么被钓起来，又被放开的呢？是因为鱼嘴上有个图钉，而在鱼竿上有一个"电磁铁"，今天我们就来制作和研究"电磁铁"。

评析：教师用奇妙无钩的鱼竿和谈话，唤起了学生的好奇心和兴趣，直接告诉这个装置叫"电磁铁"，把学生的好奇心和兴趣，转化为动手制作和探究"电磁铁"上来，很自然的组织，引领学生进入下一个环节。

二、制作电磁铁，研究电磁铁的基本性质。

（教师投影"电磁铁"示意图，边讲边示范）

师：制作电磁铁需要一根带皮的长导线，铁芯，将导线顺着一个方向绕在铁芯上，两端各留出一截并除去线头上的漆皮，"电磁铁"就做好了，然后接通电源，用铁芯的一端接近大头针，观察有什么现象发生？断开电源后又有什么现象发生？请同学们把观察到的现象认真记录在书上53页的实验填空上。咱们分组活动互相帮助，派代表汇报。开始！

（学生活动，教师巡视指导。学生边制作边交流着，边实验边记录着。每个学生表现出了自主、认真、快乐，特别是吸起大头针的成功喜悦。）

师：下面咱们开始汇报，哪个小组先来汇报呢？

生：电磁铁通电时有磁性，断电后就没有磁性了。

生：电磁铁是将电能转化为磁能的装置。

……

评析：教师采用图示、实物、示范相结合的方法，不仅使学生清楚地知道了制作电磁铁的方法，而且使学生明确了本阶段观察实验的具体任务，并且强调要做好观察实验记录。教师发挥小组活动的优势，使每个学生在小组中既动手又动脑，既有独立性又有互相间的交流合作与督促。教师对学生这样的组织引领过程，使学生的制作技能、观察和记录能力的训练扎实到位，使学生研究时认真、有序、合作的科学态度的养成落实到位。需要强调的是教师要鼓励学生在完成实验任务的过程中，看谁能有新发现能提出新问题。这样既能促进学生的问题意识，又能让学生很主动的进入电磁铁磁力大小的新研究。

三、研究电磁铁磁力的大小。

师：刚才你们制作的电磁铁吸引了几个大头针？

生：五个。

生：八个。

生：十个。

……

（教师投影：两个"电磁铁"磁力的大小比较演示图，一方面弥补学生实验中没注意观察到的现象；另一方面吸引学生的注意力，以激发学生对"电磁铁"磁力的大小，可能与哪些因素有关问题的积极思考与讨论。）

师：我们制作的电磁铁磁力有大有小，那么你们想想电磁铁磁力的大小与哪些因素有关呢？请同学们小组讨论，并将你的猜想与假设写在书上。

（学生小组讨论活动）

师：请同学们汇报你的猜想与假设。

生：我们觉得电磁铁磁力大小应该与所用电池的节数有关系。

生：我们还认为可能与导线缠绕圈数有关，线圈数多的电磁铁磁力大。

……

师：我们的假设是否正确呢？需要用实验检验一下，老师还为大家准备了一些你们实验中可能要用到的材料，如电池夹、导线、大头针等，一会儿有需要的小组可以到讲台上领。研究哪个题目，需要什么材料，实验怎么设计，在动手之前我们要先做一个实验计划。

请各小组自由选择一个假设进行验证。首先完成书上实验计划表，如果在设计实验计划时遇到困难，可到老师这里申请一张实验提示单。老师检查你们的实验计划完成了，你们就根据自己的实验计划进行实验，注意填写好实验结论。

（学生分组认真制订实验计划，教师巡视指导检查，学生分组实验）

评析：教师采用投影书上的实验计划表和印制提示单的方法，组织引领学生制订实验计划，使学生进一步熟练掌握制订实验计划的方法步骤。对“对比实验”方法的掌握和设计能力进一步提高。更重要的是使学生研究认真、有序、合作的科学态度的养成，自行获取知识的能力进一步提升。由于教师从实验知识与材料上，为学生顺利有效的进行实验打下了扎实的基础，所以获得了良好的教学效果。学生的实验汇报是最好的说明。

以上《电铃响丁当》一课的教学实录片断和评析，不难看出：由于教师在教学中对学生采用了行之有效的组织引领方法，且组织引领落实到位了，才促进了学生“三维目标”扎实有效的发展。可见教师非常重视科学教学中对学生组织引领的思考和设计。在很多科学课的教学中，学生在研究活动中，头脑不清晰，研究没有序，教师埋怨教学时间不够用。其中一个重要的原因是，教师在教学中组织引领学生方法不当，落实不到位造成的。

因此，教师组织引领的作用与学生“三维目标”的发展有什么关系？教师如何组织引领的作用与学生“三维目标”的发展有怎样的关系？教师如何组织引领学生到位？教师如何做到师生之间“组织者、引领者和亲密伙伴”的和谐？是我们科学教师在教学中需要认真思考研究的。

4. 信息技术课教学

自从1946年人类拥有了第一台计算机开始，计算机技术就以突飞猛进的速度高速发展起来。为了跟上这一时代的步伐，20世纪80年代初，各中小学陆续开设了计算机课，主要以讲授计算机技术知识为主。进入20世纪90年代后期，我国中小学计算机课程遭受越来越多的批评，从课程的理念、目标、内容到方法面临着许多问题难以解决。1999年，国家教育部基础教育司发出《关于征求对〈关于加快中小学信息技术课程建设的指导意见（草案）〉修改意见的通知》，明确了由计算机课程向信息技术课程的转变。信息技术课程与计算机课程的根本区别，或者说是分水岭，就在于如何看待计算机。计算机课程把计算机作为课程的学习对象来学习，而且是唯一的学习对象；而信息技术课程则把计算机作为课程的学习工具来学习，而且只是学习的工具之一。计算机课程与信息技术课程不是对立的关系，而是发展的关系。

目前，人类社会步入信息社会，以多媒体技术与网络技术为代表的信息技术，具有将储存记忆、高速运算、逻辑判断、自动运行等功能与信号、语言文字、声音、图形、动画、视频等多种媒体信息集于一体的功能，使人类对知识的学习进入到立体传播阶段。信息技术作为一门基础学科，是学生在今后学习、工作与生活中有效解决问题的基础，是学生在未来学习型社会中自我发展、持续发展的基础。本学科的主要内容既包括信息技术的基础知识，基本操作等技能性知识，也包括培养学生利用信息技术解决问题的习惯和能力。

(1)信息技术课的性质。

随着互联网的普及，信息以爆炸式的增量让置身于其中的人们应接不暇。信息的获取、分析、处理、发布、应用能力将成为现代人最基本的能力和文化水平的标志。信息技术课正是在此环境下应运而生。该课程具有以下特质：

一是基础性。生活在信息时代的每一个人都必须掌握一定的信息技术基础知识与基本能力。该课程应成为全社会成员的必修课程。

二是技术性。该课程内容具有高科技含量与高智力的附加。

三是高速发展。根据摩尔定律，计算机的性能每18个月会提高一倍。信息技术的总体发展也呈这种不断更新态势。该课程因此成为一种同步淘汰与不断更新的课程。

四是实践性。该课程的学习，离不开上机实验与操作实践。“不实践学不会，不实践学了也没用”，因此强调精讲多练。

五是层次性。不同年龄、不同专业的学生，其兴趣爱好、接受能力、学习需求也不相同。该课程强调分层设计、分级教学。

此外，还具有一定的学科性、工具性、综合性等性质。

(2)信息技术课教学的先进理念。

信息技术课的教学，要体现“主导—主体”教学理论，具有两种教学结构的特点：

一是以教师为中心教学结构的特点。

①教师是知识的传授者，是主动的施教者，并且监控整个教学活动的进程；

②学生是知识传授对象，是外部刺激的被动接受者；

③教学媒体是辅助教师教的演示工具；

④教材是学生的唯一学习内容，是学生知识的主要来源。

二是以学生为中心的教学结构特点。

①学生是信息加工的主体，是知识的主动建构者；

②教师是课堂教学的组织者、指导者，是学生建构知识的帮助者、促进者；

③教学媒体是促进学生自主学习的认知工具；

④教材不是学生的主要学习内容，通过自主学习，学生主要从其他途径(例如图书馆、资料室及网络)获取大量知识。

这种结构是20世纪90年代以后随着多媒体和网络技术的日益普及，特别是基于Internet的教育网络的广泛应用，才逐渐发展起来的。

(3)信息技术课的授课规律。

信息技术课一般比较提倡的是任务驱动式教学模式，这种教学模式是建立在建构主义教学理论基础上的教学模式，是建构主义理论在教育教学中的具体应用，它将以往以传授知识为主的传统教学理念，转变为以解决问题、表达情感、完成任务为主的多维、立体、互动式的教学理念。将再呈现式、灌输式教学转变为探究式、实验式学习，使学生处于积极的思维与学习状态，每一位学生都能根据自己对当时问题、情感、任务的理解，运用已有的知识、技能和经验提出设想与方案，最后经过实践解决问题。

新课程倡导任务型的教学模式，教师通过巧妙设计，将要讲授的知识蕴含于任务之中，让学生在教师的指导下，通过感知、体验、参与和合作等方式，实现任务的目标，感受成功。这种授课模式过程如下：

一是创设情境，提出问题。根据教学目的和教学内容的需要，创设一个与学生密切相关的能引起学生兴趣的情境。呈现情境的方式可以多种多样。例如，讲一个故事，放一段录像，听一曲音乐，观察一组调查数据，浏览一个网站，呈现一种现象等。

二是分析问题，组织分工。进一步仔细分析问题情境，可以与临近的同学讨论自己对情节和情形的理解，分析情境背后的问题实现。

三是实施方案，解决问题。实施解决问题方案，探究解决问题的过程，就是从当前状态向目标状态转化所需要的一系列操作。

四是交流讨论，展示成果。展示的结果可以包括小组对解决问题的建议、推论、方案等，也可以鼓励学生简单地阐述自己(或小组)解决问题的过程，教师可以询问学生的某个想法是怎样与事实相联系。

(4)信息课的课堂教学。

信息技术课是一门集知识性和技能性于一体，具有工具性、综合性和实践性等学科特点的新型课程。它作为当前基础教育改革链条中的一个重要环节，注重培养学生的信息素养，是实现创新教育的一块坚实阵地。因此，教学中需要在教育观念、教学内容、教学方法等方面不断地进行改革和创新，这样才能符合时代要求完成好教学任务。

一是确实转变教学观念。

首先，我们要从传统的教育价值、教师角色、教学过程、教学评价等观念中转变过来。我们应该清楚地认识到，现代信息技术的教学不能仅仅停留在训练和灌输这两个层次中，信息技术的教学是发展认知的手段，而应用和创新才是我们的最终目的。在信息技术课堂上，学生是主体，教师是主导。教学过程中，要充分注意发展学生的主体思维，突出学生的主体地位，运用以“自主、合作、探究”为特征的现代教学方式，力求营造一种“宽松、主动、愉悦”的学习氛围，使学生“在快乐中活动，在活动中学习，在学习中创造”，努力让学生体验知识的发生、发展过程，教给学生终生受益的思想、方法、观念、意识、态度、精神，并培养获取和运用知识的能力。

二是准确确定教学内容。

信息技术课的教学内容具有应用性强、更新快等特点，是一个开放式的教学体系。在教学中，不仅要依据课程标准的要求准确确定，而且还应考虑学校现有的计算机设备的实际情况。同时教师要多注意平时知识积累、学习研究，把计算机发展的最新动态反映在平时的课堂教学中。一般情况下，对信息技术课教学内容的确定要做到以下几方面：(1)教学内容的背景化；(2)教学内容的新颖化；(3)教学内容的过程化；(4)教学内容的应用化；(5)教学内容的整合化。教学内容的背景化，指的是在每节课新知识引入时的教学情景的创设，可以从某一问题切入，借助激疑启思的方法引入新内容；也可借助多媒体，通过展示给学生一个感兴趣的情景、事物或话题来引入新内容，目的在于全面激发学生的学习兴趣和探究欲望。教学内容的过程化，是指教学中注重学生对新知识技能的探究过程，信息技术课的教学宗旨是培养学生收集、处理、应用信息的能力，而不是只为了学会某一操作技能。所以我们在教学中应注重引导学生在自主探究的过程，积极建构新知，在探索学习、实践操作和实际运用过程中，体验信息技术活动充满着探索与创造和获得成功的快乐。教学内容的应用化和整合化，是指引导学生把计算机作为一种工具，从课内发展到课外，从校内发展到校外，加强与其他学科的整合与渗透，将计算机巧妙地用于各个学科的教学中。把所学知识用于解决学习生活所面对的实际问题中，加强学科创新能力之间的有效迁移，以提高学生综合运用知识、创新性地解决实际问题的能力。

三是准确设定教学目标。

教学目标是教学的出发点和归宿，它的正确制定和达成，是衡量一节好课的主要尺度。所以在确定了教学内容之后，首先要设定的就是这节课的教学目标。新课改中的信息技术教学目标，已由原来单维的知识技能目标发展为由“知识与技能的掌握”、“多种能力的培养”与“情感、态度和价值观的形成”这三个维度组成的教学目标，充分体现了新课程以“学生发展为本”的价值追求。如果把课堂教学比作一个等边三角形，而这三个目标就恰好是这个三角形的三个顶点，任何一个顶点得不到重视，这个三角形都不能平衡。所以在设定和达成每节课的教学目标时，要从这三方面同时着手，如果缺少了其中任何一个目标的设定和达成，都不是一节完整的课。

四是认真选择教学方法及模式。

教学方法是指教师在教学过程中为完成教学目标而采取的活动方式的总称。它不是教师孤立的单一活动方式，它包括教师“教学”活动方式，还包括学生在教师指导下“学”的方式，是“教”的方法和“学”的方法的统一。教学的成功与否，教学方法的选择和使用得当与否是关键。选择合适的教学方法，将对教师的教、学生的学起到事半功倍的作用。新课改理念下进行信息技术课教学，比较提倡的教学方法和模式有如下几种：(1)任务驱动法教学：在学习过程中，学生在教师的引导帮助下，围绕一个个典型的任务展开教学活动，它要求创建真实的教学环境，使学生带着真实的任务在探索中学习。在完成任务的过程中，培养学生分析问题、解决问题以及用计算机处理信息的能力。(2)自主探究的研究性学习：指学生在老师的引导下，从对某一问题的关注上升为对这一问题研究的兴趣。教师通过对学生兴趣的培养，引导学生自主地运用所学的知识对问题进行研究性学习。突出特征是学生在学习过程中有很多自主探究和自由创造的地方。(3)小组合作形式教学：是指在引导学生进行自主探究学习过程中对学生进行合理分组，把学生从性别、兴趣、能力水平等方面进行搭配，形成合作小组，并选好组长，组长肩负着分配本小组工作、协调小组成员、指导帮助小组成员的任务，合作过程须重视小组间每位成员的力量与智慧。(4)分层次教学：指教学过程中，将学生分为好、中、差三个层次，分别设定符合不同层次学生身心发展需求的学习目标，目的是既让优生吃得饱，又让差生吃得了，充分调动每一位学生的积极性和主动性，让所有学生更好的发挥潜能。这种教学方法有利于学生的全面发展和个性发展。

以上每一种教学方法都不是孤立运用的，教学中我们可以按实际需要将它们融合运用，相辅相成，从而更好地体现以教师为主导、学生为主体的教学思想，提高教学效果。

(5)信息课的教学评价。

对信息课教学的评价，依据其课程特点，更要适合新课标中一再提倡的对过程的评价和在过程中评价。重视学生在学习过程中的自我评价和自我改进，使评价成为学生学会反思、发现自我、欣赏别人的过程；同时，强调评价的激励性，鼓励学生发挥自己的个性特长，施展自己的才能，努力形成激励广大学生积极进取、勇于创新的氛围。评价的方法，可以包括师评、自评、组评、互评、全体参与人员的评价、相关人员的评价等，可以在学习的不同阶段进行，而不是只注重结果的一锤定音式的评价。评价内容应丰富而灵活：从学习态度到学习方法，从创新程度到实践能力，从知识技能掌握情况到学习结果都可以作为评价内容。

在评价过程中，教师要改变过去只注重学生学业成绩的的考试评价方式，要尊重、关爱学生，让后进生树立自信，扭转师生不平等关系。课程的评价要转变评价功能，注重发展性评价，改变评价方式。利用现代教育技术构建多元化多样化的新课程评价体系，如学生在学习"信息的加工与表达"时，学生把创作的电子作品，如电子板报、多媒体作品等上传到学习评价系统中，其他的学生可以进行客观性评价，教师也可以进行评语认定。这样就利于学生学习过程中形成性评价与终结性评价的有机结合，学生可以随时对学习过程进行自我监视和自我反思，能够反映学生学习与发展过程中的重要信息，使学生体验到成功的喜悦，促进学生全面发展，使学生实现"知识与技能、过程与方法、情感态度价值观"的和谐发展。

附：信息技术课教学课例摘选。

课例 1：小学信息技术课教学。

信息技术"用图像装饰幻灯片"教学设计

——张　莉

教材内容：河北省小学信息技术第二册　第七课"用图像装饰幻灯片"

教学目的：①学会插入剪贴画和外部图片文件。

②学会图片的复制、移动和删除。

③理解模板的概念和特点。

④掌握应用设计模板的不同操作方法。

⑤培养学生利用信息技术解决问题的能力及创新能力。

教学重难点：模板的特点及应用。

德育渗透：①培养学生创新的能力。

②培养学生与他人合作学习的团队精神。

教具使用：具有多媒体广播控制系统的网络计算机数台，教师自制课件一份。

教学过程：

流程	教学过程	设计思想	多媒体应用分析
创设情境	[导语设计] 同学们，你们知道我们周围的环境究竟怎么样吗？请大家看一组数据及相关资料？ [播放演示文稿] 介绍有关全世界环境遭到不同程度的破坏以及环境污染给人类带来的危害。	通过这种方式不仅向学生展示了幻灯片的魅力，而且唤起学生们保护地球、保护环境的意识	利用多媒体广播系统发布教师自制的有关环境污染的演示文稿，尽可能地创设出环境保护，刻不容缓的氛围激发学生的兴趣，震撼学生的内心
提出问题	[提问] 看完之后你有什么感受和想法？ 明确：我们的环境亟须保护。 [导引] 你们是否也愿意同老师一起当环保宣传员向大家宣传保护我们的地球，我们的环境？那今天我们一起来做一个宣传演示文稿，让人们了解我们今天的环境，增强大家的环保意识。 [揭示课题] 用图像装饰幻灯片	学生通过谈论自己的感受增强环保意识 教师用语言唤起学生保护环境的意识，并向学生介绍本节课的主题，自然的导入新课	
分析问题	一、自主学习“插入图像” [教师布置学习任务] 1. 插入剪贴画及图片的步骤是什么？共有几种方法？ 2. 复制、粘贴、删除剪贴画及图片有哪几种方法？ 3. 学生以小组为单位，可通过以下四种方式进行自主学习：①看书；②相互讨论；③寻求教师的帮助；④上机尝试	学生通过这四种方式进行自主探究，最终通过自己的努力迅速掌握不同的操作方法	
组织分工	二、教师引导学生分步骤学习“应用设计模板” [教师提出解决的问题] ①应用设计模板与普通的		

续表

流程	教学过程	设计思想	多媒体应用分析
组织分工	背景有什么不同的地方？②应用设计模板的特点是什么？③应用设计模板的操作方法是什么？有几种不同的操作方法？ [教师演示] 教师分别出示以应用设计模板为背景的幻灯片和以普通的背景为背景的幻灯片两份，并做改变应用设计模板背景等相应操作。学生仔细观察，根据自己所观察的现象总结应用设计模板的特点 [组内交流，上机实践] 学生以小组为单位看书自学应用设计模板的操作，并上机实践 [学生演示，总结操作方法]请学生代表上前演示介绍他所发现的应用设计模板的操作方法。大家共同总结操作方法	教师通过演示应用设计模板的不同变化以及将它与普通背景进行对比，让学生通过自己所观察到的现象进行分析后，总结出应用设计模板的特点。借此过程加深对知识的理解	教师通过自制的课件给学生展示了应用设计模板的不同变化，非常直观的将模板的特点展示给学生，使学生有了更感性的认识
实施方案解决问题	[设计演示文稿的要求] 以小组为单位设计一组(一张或多张)以环保为主题的宣传演示文稿 要求：1. 主题鲜明，可从一个方面或几个方面来介绍环保小知识。 2. 各组内成员要团结协作，比一比看哪一组完成的最快最好 [学生以小组为单位进行设计] 1. 学生上机查询有关环保的资料，并研究本组的设计方案。(教师提供给学生一个专门的有关环保的资		

续表

流程	教学过程	设计思想	多媒体应用分析
	源库，学生可从中找到自己所关心的内容）； 2. 分别请部分小组的代表说一说本组的设计方案； 3. 小组代表叙述完设计方案开始制作	有关环保的资料库在方案设计中起了重要的作用，学生通过查询资料库里的内容能够很快将主题选定，从而方案的设计也更加容易	利用网络使学生们共享环保资源库内容，使设计目标更明确，课堂效率更高
交流讨论 展示成果	[交流讨论] 教师运用多媒体广播控制系统向全班学生发布各小组的作品； 学生共同讨论、评价、欣赏他人的作品； 让具有代表性的作品的小组成员谈谈设计思想	将不同层次好的作品展示给全班学生，让他们能从这些不同层次的作品中找出自己的优点与不足，同时对学生今后的设计大有益处	运用多媒体广播控制系统向全班学生展示各小组的作品，学生可从中得到借鉴
评价总结 反思拓展	[课堂小结] 我们通过这节课的学习不仅体会到了幻灯片的各种用途，也加深了对环境保护问题的了解，并感受到环保对于我们每一个人都非常的重要，老师希望大家今后能从日常生活中的每一件小事做起：节约每一滴水，保护我们赖以生存的地球，做一名环保小卫士	学生对信息技术在其他领域的应用有了更深入的理解	

课例 2：初中信息技术课教学。

《信息的搜索与下载》课例分析

——崔继红

一、教材的分析与处理

《第三课 走进因特网》选自河北省教育科学研究所编写的信息技术七年级教材。从内容上看，本课分为 2 个课时来讲授：1. 学习 Internet 网的基本知识、浏览网页及电子邮件收发等操作技能。2. 学习如何在 Internet 上搜索、下载信息。本案例讲授的内容是第 2 课时《信息的搜索与下载》。

教材的教学内容，看似比较简单，如在教学中只让学生单纯掌握知识技能而学，很容易造成学生在网上查找信息、保存信息的盲目性。新教学理念一再提倡"用教材教，而不是教教材"、"兴趣是学生最好的引导教师"。所以，在这节课的实际教学中，在教材原有内容基础上结合学生的兴趣和爱好，设计了"网上游览故宫"这项实践活动，这样就将本课"信息的搜索与下载"的学习过程整合到"如何在网上游览故宫"的实际问题的解决中，既提高了学生学习信息技术知识的兴趣，又培养了学生在网上有目的获取信息、处理信息的能力。

二、教学目标的确定

根据教学内容和学情分析，本课教学目标设定如下：

知识与技能：

1. 掌握如何使用搜索引擎搜索信息的方法；
2. 掌握网页、文字和图片等信息的下载方法；
3. 能熟练运用 PowerPoint 软件处理下载的文字与图片信息。

能力目标：

1. 培养学生自主探究、相互合作、自主表述的能力；
2. 培养学生搜集、存储、处理信息的能力，提高学生的处理信息能力。

情感目标：

通过探索学习、实践操作和实际运用，体验信息技术活动充满着探索与创造的特点，并获得成功的快乐；同时培养学生的合作精神。

三、确定教学重、难点

教学重点：

1. 如何使用搜索引擎搜索信息；
2. 掌握网页、文字和图片等信息的下载方法。

教学难点：

1. 网页、文字和图片等信息下载的不同方法；
2. 如何恰当引导学生主动运用已有知识技能合理的处理信息的能力。

四、教学方法的运用

(一)学情分析

在每节课的教学过程中，将设定怎样的教法与学法，很重要的一个依据就是从实际学情出发。本课教学的对象是七年级的学生，他们具有思维活跃、求知欲强、可塑性强等特点。学生通过平时对网络兴趣性的接触及第一节课内容的学习，对网络的知识技能已有了一定的掌握并获得了一定的操作经验。因此，本节课的教学设计应注重充分利用学生已有的知识经验，逐步引导学生自已去主动探究并积极建构新知，实现知识的迁移。

(二)教法分析

本课的教学过程，主要运用了任务驱动的教学方法和模式。为的是能最大限度地达成预定的教学目标。在本课的任务设定中注重以下三个特点：1. 情境与任务相融合；2. 每一个任务之间前后连贯又循序渐进；3. 每个任务相对独立又融于整体任务中。

本课除了运用任务驱动教法之外，还通过情境的创设，穿插运用自主探究、小组合作、师生互动、直观演示等一些教学方法。

（三）学法分析

通过以上学情分析，结合任务驱动的教法，本课的学法主要运用自主探究、阅读实践、小组合作等学习方法。为更好培养学生自主学习、自主发展的学习精神，本课学法设计注重如下四个特点：一是把问题的权力交给学生；二是把读的过程还给学生；三是把讲的机会让给学生；四是把操作的时间留给学生。

五、教学过程

教学环节	教师引导内容	学生活动内容	设计意图
一、检测技能，巩固旧知	检测内容： 1. 请输入“游览故宫”四个字，并将它作为幻灯片标题进行设置； 2. 插入一张故宫图片（图片存放路径 d：\故宫）； 3. 调整文字与图片的大小、位置，并为它们设置动画； 4. 为幻灯片添加合适的背景； 5. 放映幻灯片。 教师小结检测结果	点一名学生按检测要求展示操作 学生评价操作	引导学生回顾运用 PowerPoint 软件制作幻灯片的操作步骤 通过学生的操作展示和评价巩固 PowerPoint 幻灯片制作中的五块基本操作技能，为本课作品作业的完成奠定基础
二、创设情境，导入新课	给出本节课活动主题——游览故宫： 播放一段《故宫简介》短片， 问：想不想游览故宫？ 说出你想游览的理由。 问：那我们怎样才能以最快的速度游览了故宫。 问：那我们在网上怎样游览故宫？ 展示课题	点 3～4 名学生说出想游览故宫的理由。 回答“上网” 学生思考	从感观激发学生想游览故宫的欲望 从学生感兴趣的实际问题引入课题，激发学生学习兴趣和创作欲望
三、新知识的探索过程	布置任务： 认真阅读教材资料的第一框题“使用搜索引擎搜索信息”，阅读之后实践操作 对学生的操作技能和操作方法作鼓励性评价和总结	学生通过阅读和实践操作，探究掌握新技能。 点一名学生演示并讲述搜索过程 学生找到并打开故宫网页 找出故宫最重要的旅游点	在充分激发起学生学习欲望之后，围绕活动主题布置具体任务驱动学生自主探究新知，完成任务。加深对信息技术的理解和运用的能力

续表

教学环节	教师引导内容	学生活动内容	设计意图
1. 掌握如何在网上搜索信息	借助故宫建筑平面图做最短路程的导游并引导学生找出故宫最重要的旅游点——三大殿。 师：大家游览三大殿的时候有两个任务需要完成。 布置任务：	自主完成 回答：不知如何下载网上的图片与文字内容	保证课上任务完成的可行性
	1. 在你的计算机中建立一个以你的计算机号为名的文件夹； 2. 当浏览到你想要的图片与文字内容之后，请将它们下载并保存到你新建的文件夹中。 问：看到任务你有什么想说的？ 问的好！这正是我们这节课要探究掌握的第二个新操作技能——信息的下载 布置任务： 认真阅读教材资料第二框题信息下载中的前三种方法，阅读之后实践操作，要求三种方法都要用到	自主探究，实践操作 指明学生演示并讲述操作方法和操作过程 思考、实践 指名学生演示操作方法和步骤	为小组合作，完成作品作业做准备 在任务的驱动下，促使学生主动探索、学习相应的知识，并通过主动探索来解决问题。同时培养学生的语言表达能力
2. 掌握如何下载网上的文字与图片信息	教师对学生的操作给予鼓励性评价，并小结图片与文字下载的三种方法 布置任务： 通过小组合作，运用 PowerPoint 幻灯片制作的特色功能，将你们的游览结果作成幻灯片展示给大家； 教师对学生的操作给予鼓励性评价和小结	学生相互展示作品并相互点评； 讨论并说出作品好与不好的一面 1. 学生整理、总结本节课的知识点； 2. 学生谈各自的体会，并讨论发表自己的意见	通过游览故宫作品的制作与展示，一方面提高学生处理信息的能力的同时；另一方面给予学生一定的成就感，从而进一步激发其自主学习的积极性和后续性 通过有代表性的作品展示与学生的点评，引导学生掌握处理信息的方法与技巧。并鼓励学生求异思维
3. 布置作品作业	1. 要求学生小组内相互展示、点评作品；		让学生自己谈谈建构新知的过程和体会，是知识的系统化和梳理的过程，有利于培养学生独立概括知

续表

教学环节	教师引导内容	学生活动内容	设计意图
4. 作品展示	2. 向全体学生展示优秀作品，评价小结	课外时间思考并自主收集相关资料，完善作品作业	识、总结知识的能力，同时也提高了操作技能
四、课堂小结	问：通过这节课对故宫的游览，你都获取了哪些新知识技能？谈一谈在本课新知识获取过程中你有什么感受？ 师生共同归纳总结本课学习内容。		学生通过在课内外对知识的综合运用，既实现了知识的融会贯通，又实现了知识的个性化，同时可进一步提高学生在实践中运用信息技术解决问题的意识和能力
五、扩展作业	布置任务： 故宫那么大，值得游览的地方还有许多，课余同学们可以根据个人的爱好进一步游览故宫其他的旅游点，并完善自己的作品。一周之后将作品发送到老师的邮箱		

六、教学反思

学起于思，思源于疑。我认为本课设计的成功之一，在于通过创设情景，问题引导、激疑启思等教学手段，充分调动了学生的感官和思维，激发起他们的思考，从而能很好地引导学生积极主动地投入学习。第二点就是本课的任务设计，以游览故宫为主题，分层设置了三个小任务，每个任务既能引导学生掌握相应的知识技能，又都融于本课的“如何在网上游览故宫”的整体任务中，并且三个任务前后连贯，循序渐进。这样能更好的引导学生逐步实现知识的迁移。另外本课通过课堂实效体验，发现还存有两点不足有待改进：1. 由于资源和作品创作手段的限制，学生创作的作品没有实现多样化，不利于学生思维的拓展；2. 由于课堂教学容量偏大，对学生的合作学习引导不到位，没有明确效果。

课例3：高中信息技术课教学。

加盟因特网

——“认识IP地址和域名”教学设计

——赵晓东

一、教材、学情分析

1. 教材分析

课题：“加盟因特网—认识IP地址和域名”

△本课选自祝智庭主编的《信息技术》选修3《网络技术应用》(中国地图出版社)。认识IP地址和域名安排在“第二单元加盟因特网”的第一节和第二节，其主要内容是：

(1)IP 地址的格式和分类；

(2)IP 地址的分配与管理；

(3)域名和域名解析。

这部分内容是在第一单元网络通信、网络及组网方案的基础上进行学习的，是本单元将要学习到的“接入因特网”等知识的基础与铺垫，在教学中起着承上启下的作用。

2. 学情分析

学生们在高一学年的第一学期已经学习了信息技术基础，对利用计算机网络学习有了一定的了解，并且学生们思维活跃、积极性高，理解及操作能力也比较强，有很强的概括能力和抽象思维能力。

3. 教学目标

新课标当中，三维目标是一个紧密联系的有机整体，我们在教学中应该以知识技能为主线，渗透情感价值观，并把前两者充分体现在教学过程当中，鉴于此，本节课的教学目标拟定如下：

知识目标：

(1)掌握 IP 地址的格式及转换；

(2)熟悉 IP 地址的分类、分配与管理；

(3)理解域名及域名构成；

(4)了解域名解析。

能力目标：

(1)培养学生利用信息资源进行学习的能力；

(2)培养学生的自主学习能力、自我探讨能力；

(3)提高学生的信息处理能力。

情感目标：

(1)培养学生积极主动地学习和使用信息技术、参与信息活动的态度；

(2)提高学生负责任地、安全、健康地使用信息技术的意识。

4. 教学重点

IP 地址的格式及域名的构成。

二、教法分析

1. 教学方法

探究式教学法与课堂讨论法。

△本节课采用基于任务的探究式教学法和课堂讨论法相结合，这就体现了“以学生为主体，以学生发展为本”的新课程理念。

2. 教学辅助手段

(1)多媒体电子网络教室；

(2) Internet Explorer 浏览器；

(3)多媒体课件。

三、学法分析

自主探索、小组讨论。

△对学生来说，“自主探索、讨论”可以充分发挥他们的主体能动性，以反向思维

和发散思维为特征，通过质疑、探讨，调动学生探索知识的积极性。

四、教学过程设计

现代教学论认为，所谓学科教学，不是灌输作为结果的知识，而是指导受教育者参与新知识的形成过程。正是基于这样的认识，以及学生的实际情况和信息技术学科特点，本节课的教学过程设计如下：

创设情境，温故知新。

(1)问题情境1："因特网上的每台计算机以什么方式进行通信和识别的呢？

让学生在IE浏览器的地址栏中输入如下内容：64.233.189.104(回车) 进入google搜索网站。

(2)问题情境2：平时上课时，我们在计算机教室中通过网上邻居来访问别人的电脑，共享信息，互传文件，这些电脑是通过什么方式进行相互识别的呢？

学生们根据以往的知识经验，很快在"网上邻居"的属性中找到答案，得出结论：因特网上的每台计算机以IP地址的形式唯一标识。

这时，教师推出IP地址由4段十进制数组成。

△让学习在具体生动的情境中探究、学习，给学生自由思考的空间，充分体现学生的主体地位，通过学生实践解决现实生活中的实际问题，引出IP地址的概念。

类比迁移、启发思维。

(1)列出IP地址的格式并分析

如 11010010. 01001001. 10001100. 00000010

便于记忆采用点分十进制法表示为：

210. 73. 140. 2

(2)IP地址格式的转换

十进制数是按10的幂进位的。如十进制210的表示形式：$210=2\times10^2+1\times10^1+0\times10^0$

计算机内部使用的是二进制数，二进制数是按2的幂进位的。如二进制11010010的表示形式：$11010010=1\times2^7+1\times2^6+0\times2^5+1\times2^4+0\times2^3+0\times2^2+1\times2^1+0\times2^0$

△在学生对IP地址组成有一个感性认识的基础上分析其格式，加深学生对IP地址的掌握。通过十进制和二进制表示形式的类比迁移方法使学生了解二进制转换成十进制的方法。

感知问题、自我探究。

活动1：判断下列哪个IP地址是不正确的（　　）。

A. 192.168.0.23　　B. 202.99.68.123

C. 351.175.23.1　　D. 175.23.1.56

学生通过IP地址的格式知道，IP地址的每一段数字的范围是11111111～00000000，即十进制数的255～0，所以判断正确答案是C。

网上学习、培养能力。

活动2：IP地址的分类又是怎样的呢，让学生们通过网络搜索有关IP地址分类的资料(按学习小组归纳)，完成下列表格，然后由教师挑选一、两组统计较好的表格通过多媒体电子网络教室向全班学生展示。

IP 地址的分类

IP 地址类型	各类型 IP 地址的子网掩码	各类型 IP 地址举例	主机标识位数
A			
B			
C			
D			
E			

当今时代是信息爆炸的时代，如何在令人眼花缭乱的信息世界里搜集到可用的信息，并且通过恰当的信息技术进行创造性地再加工为己所用，对学生们来说是非常重要的。

网海拾贝、拓展延伸。

活动 3：连接互联网的计算机所拥有的 IP 地址能不能自己设定呢？如果不能，又是谁来分配呢？引导学生从因特网查找有关 IP 地址分配与管理的资料，让学生了解互联网 IP 地址的获取方式。

由上面所学知识，计算理论上全球最多可拥有多少个 IP 地址呢？先讨论后分析：

最小地址：00000000　00000000　00000000　00000000

最大地址：11111111　11111111　11111111　11111111

得出结论：1　00000000　00000000　00000000　00000000＝2^{32}

然后再讨论：全球的因特网 IP 地址理论上有 2^{32}（约 10 亿个），美国占了将近一半，资源方面分配不均，IP 地址非常紧缺，请问当前采取什么样的措施解决 IP 地址资源短缺的问题呢？

以活动的形式让学生充分利用网络资源，获取 IP 地址的管理方面信息。

自我学习、探索新知。

活动 4：请学生在 IE 浏览器地址栏输入："202.108.22.5"回车，进入"百度"网站，教师说明 IP 地址与域名的关系，让学生利用网络学习，完成下列表格：

常用域名分析

按组织机构类别划分		近地理区域划分	
域代码	组织类别	国家或地区代码	国家或地区
com		cn	
edu		uk	
gov		au	
net		fr	

活动 5：访问因特网上的某个网站通常需要输入该网站的域名，但域名必须转换成 IP 地址才能实现对网站的访问，请学生打开课本 P27，阅读有关章节了解域名解析的知识。

巩固练习、检验成果。

1. C 类 IP 地址的子网掩码是（　　）。

A. 255.0.0.0　　B. 255.0.255.0　　C. 255.255.0.0　　D. 255.255.255.0

2. baidu.com 属于按（　　）划分的（　　）级域名。

3. 下列四项中表示域名的是（　　）。

A. zjwww@china.com　　　　B. www.ctv.com

C. hk@zj. school. com　　　　　　　　D. 202. 96. 68. 123

课例 4：高中信息技术课教学。

“VB 程序设计之循环结构”教学设计

——赵晓东

一、教材、学情分析

1. 课题：VB 程序设计之循环结构

VB 程序设计语言是计算机程序设计的基础语言，它对于学生程序应用思想的形成具有极其重要的基础作用。本节是在选择结构的基础上进一步学习如何将日常生活中常见的、有规律的重复性操作，转化为数学模型，并使用 VB 提供的专门语句来进行程序设计，以培养学生理解循环语句结构，使用循环语句解决实际问题的能力。对教师来说，着重从如何把现实问题转化为数学模型，怎样安排程序结构等方面锻炼、培养学生的逻辑思维能力。

2. 教学目标

因为“循环结构”是程序设计的三大结构之一，其语句格式也比较多，所以这节课，安排的主要教学内容只有计数循环“FOR…NEXT”语句的使用，课型为新授课。其他内容安排在下一节。

涉及内容有：

①画圆命令的格式和使用。

②计数循环“FOR…NEXT”语句的结构及使用方法。

③组合框件和文本框控件的比较。

教学重点是计数循环语句的执行过程。

二、教法、学法分析

1. 教学方法：任务驱动与合作探究学习

在高中阶段，学生的思维能力进一步完善，已初步从“形象型”过渡到“理论型”，思维的抽象性、逻辑性正在飞速提升，这就决定了他们自主学习的成人思维意识，主张在自主探索过程中主动的学习，自己思考问题，解决问题。所以在本节课的教学中，依据“自主学习”的教育理论和学生的思维特点，采用“任务驱动”和“合作探究学习”的教学策略，体现“学生为主体地位”，把教学过程设计成学生的自主学习过程，并实现教师由教学主导者向学生探索活动的合作者的角色转变。

2. 教具

(1)多媒体电子网络教室。

(2)VB6. 0。

三、教学过程

第一环节：布置任务。

教师演示事先做好的“画同心圆”的程序，吸引学生的注意力，然后提出主题任务“让计算机根据用户输入的数值画出相应数量的同心圆”。

这个环节利用学生的好奇心，引出本节课的教学任务。

第二环节：尝试、交流。

在这一环节中，教师引导学生在重复性操作中寻求规律，并初步尝试解决问题的办法。

(1)让学生回忆并且回答，在直角坐标系中画一个圆，应该有几个已知条件？在此基础上，教师板书 VB 语言画圆语句的结构，让学生自己进行程序编写“让计算机画一圆”。

(2)再进一步，提出：画五个、十个甚至上百个同心圆。

· 确定圆心；

· 画第 1 个圆；(最小圆)

· 画第 2 个圆；

……

· 画第 100 个圆。

学生很容易会在“Command1”单击事件代码窗口书写如下命令：

```
Circle(2200, 1800), 100
Circle(2200, 1800), 200
Circle(2200, 1800), 300
……
```

学生很快发现并指出：

1. 画一个圆写一行命令，太麻烦了！

2. 有没有简单的办法？

3.(学过程序设计的同学回答)用循环语句。

4. 是不是和学过的选择结构一样有固定的语句格式？

这时，师生共同分析，这些圆除了半径不同外，其他部分完全相同，其通式为：CIRCLE(X, Y), k＊100，其中(k＝1，2，3，…)，且半径呈一定规律变化，对于这种有规律的重复性操作，VB 提供了专门处理重复操作的语句，即循环语句“FOR…NEXT”

(3)讨论之后，教师以画 5 个同心圆为例，修改“Command1”的单击事件的代码如下：

```
For  k=1 To  5
    Circle(2200, 1800), k*100
Next  k
```

演示程序，让学生有了感性认识。

(4)讲解、分析循环语句的格式。

教师先分析、讲解“循环体”、“循环变量”、“初值”、“终值”和“步长”具体概念和使用方法，然后再提问一二位的学生，师生进行讨论、补充，使学生正确理解在解决实际问题的过程中引用循环结构的意义。

第三环节：操作、应用。

学生以 4～5 人为小组，利用多媒体教学网络进行合作性探究学习，完成任务“让计算机根据用户输入的数值画出相应数量的同心圆”。学生分组过程中，教师应将平时喜欢程序设计的学生分散在各组，做其他同学的“小师傅”。这样在小组活动中，学生们能够互相启发、互相学习，共同进步。同时，教师利用多媒体教学网的监控功能对各个小组的学习情况及时监控，并适当给予辅导和建议。

任务完成后，有代表性的小组进行“作品”展示。被选中的组推举一名代表详细阐述想法、制作过程和遇到的问题，由全班同学进行评析。同时教师对学生编程中出现的问题，如：对组合框控件、文本框控件的使用，“FOR…NEXT”语句的结构及使用方法等进行答疑。

这一阶段，充分利用计算机网络的资源共享的特点和多媒体教学网的分组讨论、学生演示的功能，通过小组讨论，上机操作，目的是突出学生在学习活动中的主体地位，培养学生的自主学习能力、自我探讨能力。

第四环节：变式操作。

在这一环节中，学生每两人为一组继续进行编程练习。内容为“让计算机画一组圆：半径为100，圆心纵坐标2200，横坐标从1800每次增加20到2800”，目的是通过进一步的练习，使学生对“循环变量”、“初值”、“终值”和“步长”更加深刻理解，从而牢固掌握计数据循环的程序设计方法。

第五环节：师生小结。

师生共同总结学习本课的要点：使用程序设计的循环结构处理问题时，关键是发现规律、找出重复执行的内容，即循环体。

四、学法指导

整个教学过程中，教师自始至终将程序设计的方法渗透进去，意在为学生构建“自顶向下、逐步求精”的程序设计思想。力求从学生的思维习惯出发，逐步总结、提炼出用计算机解决问题的方法。同时，学生也经历了”尝试、分析——总结、归纳——理论提升——实践检验”的自我学习，自我探索的的过程，不但学会了知识，而且还掌握了一定的学习方法。

5. 视听教学

(1)视听教学的概念。

视听教学是一种新型的教育方式，它的目的就是为了改进教育信息传递的过程，依据教育理论，借助视听辅助媒体，充分发挥学生视听感官的功能，有目的地传递教育信息，使学生迅速获得信息，以实现最优化的教育活动。具体而言，视听教学是指运用照片、图表、模型、标本、仪器、录音唱片、广播、电视、电影等视听手段进行的教育教学活动，以及直接由视听觉获得知识的教学活动。如参观、旅行、表演、展览、实验、实习等都属于视听教学范围。

(2)视听教学的特点。

视听教学一方面可以为学生提供大量标准并且真实的自然语言，另一方面可以为学生准确地理解语言提供生动的语言情景，能形象、直观地解决一些传统教学中不易解决的难题。它能最大限度地调动学生视、听、触、动等全部感官，极大地激发他们的求知欲望和学习兴趣，可谓寓教于乐。让学生在这种环境中逐渐地捕捉语言信息、处理语言信息，并在此基础上培养学生思维和表达的能力，为学生的进一步学习和发展创造条件。

具体表现在：第一，整体感知；第二，视听并用；第三，情景为主，以情景联系话语，句型只作对话的注释；第四，教材是日常生活中的各个主题。比如，认识、旅行、房屋、宿舍、家庭、问路等。视听法先选词汇，再选情景，根据情景再选结构。而所选词汇又是从实际日常交际中筛出来的。

(3)视听教学的软硬件配备。

视听教学的硬件，可以由以下一些元素组成：一是日常的照片、图表(数学课中)、模型(美术)、标本(生物)、仪器(理化课)、录音唱片(音乐)；二是适当的广播、电视、电影、多媒体教学软件、交互式电子白板、多媒体短焦投影机等相关的视听设备。还可以通过网络进行CAI教学，电脑上机、语音学习，集视听阅览于一体，可以双向传输图像和声音，从而更加激发学生的学习兴趣。

(4)视听教学的总体设计。

第一，要符合实用的原则。在教学中，任务的设计是要为语言本身所服务的，凌驾于语言之上的任务设计是华而不实的。中小学阶段的学生是处于知识认知和接受新事物最快的阶段，他们对周围发生的新鲜事物有着敏锐的触觉，因此教师的教学任务设计也要符合此阶段学生的认知水平和心理情感发展的实际需要，要具有时代感，能最大程度地激发学生参与完成任务的学习渴求，从而达到学习语言的最终目的。

第二，任务的设计要具有梯度性的原则。根据视听课本身的教学特点，学习任务的完成是基于学生对所输入语言信息的理解程度。视听教学主要依赖于听和看来了解其内容。因此教师在任务设计上可遵循多层次、多梯度的原则，逐步增加任务的难度和挑战性。

第三，任务的设计体现促进学生学习能力发展的原则。中小学教学在教授学生知识和技能的同时，还应发展学生的学习能力。学生的学习能力包括想象能力、创新能力、思维能力、合作能力和协调能力等。学生只有具备了这些不同的能力，才能适应社会发展的需要。另外，在教学过程中，教师还要使学生的听、说、读、写四种语言技能得到发展。利用视听教学，能在发展学生的语言技能和提高其学习方法的能力上起到积极的促进作用。

例如，在英语课教学中，先连续三次放映对话片并伴放声音注释。第一次介绍主题；第二次讲解；第三次复习；第四次放映对话片而不伴放声音注释，由学生担任解释。此后即由学生进行简短的对话操练，以应用本课的词汇和语法材料。课的最后阶段是语音练习，内容是对口头言语的体裁、节奏、调型进行操练。操练中要求从独立的语音单位中领会言语的语音，即不脱离语流操练语音。

(5)视听教学运用的作用。

第一，视听教学使课堂活动更具趣味性。由于视听媒体对教学内容的表达有相当的“宽容性”和“自由度”，可依据教学材料的抽象程度制作成不同形象层次的形式，它比教师的口授具有更为广阔而形象的时空，能使学生较长时间地保持集中而旺盛的精力，能够展现激发学生求知动机、吸引注意力、培养技能、提高思维能力、指导思考等多种刺激，并使其贯穿于整个学习过程中。

第二，运用视听教学，便于缩短教学时间、提高教学效率。规范合理的视听媒体，它更多地克服了人为的干扰因素，使呈现的教学信息有很高的“清晰度”。信息的传输是在“导演”了的情况下进行的，这里面融汇了学科专家、教育专家、媒体专家的智慧和心血。在短时间内，大量的信息内容在教师成功的引导下又能被学生很乐意地接受，从而提高了教学效率。

第三，视听教学媒体可以组合使用。各种媒体既有优点，又有局限性。没有一种时时、处处都适用的万能媒体。不论在什么形式的教学中，可以考虑选择多种媒体组合使用，充分发挥各种媒体的优点。

第四，视听教学媒体改变了学习方式，减轻了教师的劳动强度。由于视听教学媒体的存在，教学活动不再局限于教室或课堂之中，可在任意时空进行，打破了时空的限制。尤其是当设计了供个人使用的视听媒体后，学生可在方便的时间和地点学习。这一便捷之处对于那些既担负工作又希望再学习的人来说显得特别重要。而视听媒体特有的重复播放和复制等功能，大大减轻了教师的劳动强度，增加了对个别学生的指导时间等。

如在英语教学中，通过视听教学可以更容易地学习英美文化背景知识，培养跨文化意识。英文影视反映了英语语言国家的社会状况、生活情景、文化教育，提供了地理历史、城市风光、乡村地貌、民族习惯、民俗风情及价值观念等方面的知识。外语教学中，通过观看影片，向学生导入目的语国家相应的文化背景知识，并注意中英文化差异和思维方式的对比，可以增强学生语言使用的跨文化意识，全面提高学生听、说、读、写各方面的能力。

心理学实验提供的资料表明：人的视觉吸收率为 83％，听觉吸收率为 11％，二者结合吸收率可达 94％。视听是语言输入的重要途径，多媒体视听手段所提供的信息输入方式声形并茂、形象生动，使认知主体积极参与认知过程，刺激大脑并做出反应。这有利于学习者消化吸收语言知识并进入大脑长期存储，使之成为真正的语言输入。视听教学中通过形象的画面、鲜明的语言、生动的表演、真实的情景等综合信息输入，能够较好地激发学习者的学习兴趣，提高学习者对语言主体的注意力、吸收率，有利于学习者在轻松愉快的气氛中，按照自己的认知特点、认知能力，实现语言输出。

附：视听教学课例摘选。

课例 1：英语课的课例分析。

圣诞节(Christmas)

——兰润芳

一、教学内容简介(Teaching content)

本课题目是“圣诞节”，是一篇阅读文章。本课围绕庆贺节日的话题展开各项语言活动，其主要交际功能项目为圣诞节和新年的节日问候。英语新课程标准中要求学生掌握的表达祝愿及问答的日常用语大部分在本课都有所体现。本课介绍了西方国家庆祝圣诞活动、圣诞老人的故事以及基督精神。学生通过学习，掌握有关圣诞节的词汇，了解西方国家的“圣诞文化”，加深对基督精神的理解，并能向别人介绍圣诞节。

二、学生分析(Analysis of the students)

初三学生经过两年的初中英语学习，有了初步的阅读能力，能借助于词典正确理解课文，对庆祝圣诞情况也略知一二。他们也有能力通过网络查询有关信息。此阶段的学生还具有较强的“自我”发展意识，对具有一定知识性及历史背景的语言材料表现出浓厚的兴趣。

三、教学目标(Teaching aims)

1. 语言知识目标(Language aim)

学生能够根据音标正确读出、记住 kind-hearted 等 14 个单词，了解它们的词性、语法功能及体现于词汇中特殊的文化含义；掌握 even though 等 15 个词组的用法，会使用这些词汇描述圣诞节庆祝活动，会正确使用近义词。具体如下：from house to house，do sth. for fun，on Christmas Eve，during the night，as well，fill… with，is based on，spirit of generosity，live on，Merry Christmas，no longer，in a single night，Father Christmas，can't wait to do sth.，It is said…

2. 语言技能目标(Skill aims)

听：能听懂本课录音，并回答有关问题。

说：能正确描述有关圣诞活动。

读：能读懂难易程度与课文相当的短文。

写：能以圣诞为题写一篇 100 字的短文。

3. 学习策略(Strategy of study)

最大限度地调动学生视、听、触、动等全部感官，极大地激发他们的求知欲望和学习兴趣，充分发挥各种媒体的优点，让学生在这种环境中不知不觉地捕捉语言信息、处理语言信息，并在此基础上培养学生的思维和表达能力，为学生的进一步学习和发展创造条件。

四、教学重点(Teaching importance)

1. 词汇

from house to house ，do sth. for fun，on Christmas Eve，during the night，as well，fill… with，is based on，It is said…，spirit of generosity，live on，Merry Christmas，no longer，in a single night，Father Christmas，can't wait to do sth.

2. 关于圣诞节的文化知识

五、教学难点(Teaching difficulty)

fill… with / be filled with/ be full of 的区别。

no longer = not… any longer

too 前加 not，never，表示肯定，例：You are never too old to learn.

六、教学方式(Teaching methods)

1. 采用个人阅读、小组讨论、回答问题寻找难点、讨论解决、教师补充讲解的方法。学生在教学过程中始终处于主体地位，是学习的参与者，通过感知、体验、实践、参与合作来实现任务目标；教师是协助者、调控者。

2、教师在教学过程中注意观察学生的表现，是否积极学习，积极参加小组讨论，积极举手发言，参与语言活动。对于积极的学生给予表扬与鼓励，对于性格内向的学生也要为他们创造练习的机会，鼓励他们大胆参与语言实践。

七、教学媒体和教学技术(Teaching media)

为使课堂教学生动活泼，需采用多媒体制作课件，包括图片、重点词组、课文阅读、难点讲解和巩固练习。结合学生的口语交际互动，以视听教学为中心。

八、教学过程

1. 教学准备阶段

A 利用 PowerPoint 制作课件。B 布置学生网上查询圣诞节的由来。

2. 课堂教学

步骤 1 导入：

A 展示预习：请两位小组代表向全班报告“关于圣诞节”。（讲与听）

B 教师提问，学生回答：（口语交际）

When is Christmas Day? How do western people celebrate it?

步骤 2 展示：

A 看图片（课件），回答下面问题：（视频展示）

What can you see in the picture? What does Father Christmas look like?

What is the use of the stocking on his back? What is he doing?

B 学生以“On Christmas Eve”开头接故事。

步骤 3 阅读：（听与读）

A 速读课文，小组讨论并回答问题：

Where did the children think the Christmas presents come from when they were young?

B 细读课文并找出本课词组，教师加以补充并板书。（见重点：词汇）

C 学生练习用下列词组造句，教师纠正错误。

as well，be based on，It is said that…，even though，can't wait to do

步骤 4 朗读（听与读）：学生听录音跟读一遍。

步骤 5 练习：

A 学生讨论并回答 Wb. Ex. 1

B 学生讨论段落大意，两名小组代表在全班交流。

C 讨论难点，教师加以解释，学生造句。

fill… with / be filled with/ be full of

no longer = not any longer

too 前加 not，never 表示肯定。例：You are never too old to learn.

D 突破难点专练。

选词填空：

fill… with，no longer，too…to，be full of，not…any longer，

1. Lucy is ________ a little girl ________.

2. She could ________ go on reading.

3. He ________ the bottle ________ medicine.

4. When I read the good news，I ________ pride.

5. Again she ________ hope and happiness.

6. It's ________ good ________ be true.

步骤 6 讲述圣诞节：（口语运用能力）

四人小组讲述，可采取对话、采访、接故事等多种形式。两个小组在全班交流。

步骤 7 由学生总结所学内容。

步骤 8 写作：

A 以“圣诞节”为题写一篇短文。(80—100 字)

B 教师选读讲解作文两篇。

九、课后反思

通过学生自己上网查阅资料，培养了科研精神，激发了学生的兴趣。课前展示预习，满足了学生展现自我能力的希望。本课的设计主线以 Christmas 为中心。课堂上通过师生共同活动，对圣诞节常识的提问和学生对圣诞老人图片的描述以及归纳总结与圣诞节相关的词语，使学生对圣诞节常识有了更进一步的了解。多媒体视听手段所提供的信息声形并茂、形象生动，使学生积极参与认知过程，刺激大脑并做出反应。学生小组讨论问题及难点，形成互助互动的学习环境，增加了口语练习机会。学生主动参与，大脑处于积极活跃状态，对于接受新知识大有好处。难点讲解之后，配以同义句填空练习，使师生得以及时了解自己的教学情况。各种形式的对话，为学生提供了巩固所学知识、发展语言技能的平台，使所学语言活起来。创设的对话练习，使学生从书本走进现实生活中，在日常交往中有效地进行表达。另外，补充材料使学生增加了阅读兴趣，拓宽了知识面，加深了对基督精神和西方文化的理解我们应该大力推进这种整合，为教育事业的发展做出应有的贡献。

6. 多媒体组合教学

(1)多媒体组合教学概述。

教育教学过程是传播教育信息的过程，是教师借助媒体向学生传送一定的教育信息，从而引起学生思想、行为的变化的过程。随着信息技术的不断发展，多媒体辅助教学进入课堂后，给教学带来了勃勃生机。它通过文本、图像、动画、声音等方式，创设情景，激发情趣，突出重点，突破难点，化静为动，发展了学生的思维，培养了学生的能力，大大提高了课堂教学效率。

多媒体技术具有较强的集成性、交互性和可塑性的特点。它是将文字、图像、动画、视频、声音等多种信息加工组成在一起来呈现知识信息。它可为教与学提供多种多样的可以选择的功能，同时提供随时的学习结果验证，学习信息的及时反馈、可调节的学习进度和可选择性进行的学习路径，从而为学生提供了一个可调节的创造性的集成的学习环境。把学生放在主体的地位，这样可以使学生在学习的过程中，充分调动他们的感官，激发他们的学习兴趣，调动他们学习的积极性，从而使他们的想象力、创造力得以在一个相对较大的空间内发挥。

多媒体技术在师生及学生之间的交互协作学习方面提供了一个可控性和操作性都较强的人机交互、人与人交流沟通的信息传递反馈环境，为师生之间的交流沟通创造了一个良好的界面。同时，多媒体技术在学科实验中的应用更具有实际意义，更能体现其优越性。

信息技术与课程整合的本质与内涵是要求在先进的教育思想、理论指导下，尤其是主导——主体教学理论的指导下，把计算机及网络为核心的信息技术作为促进学生自主学习的认知工具、情感激励工具、丰富的教学环境的创设工具，并将这些工具全面地应用到各学科教学过程中，使各种教学资源、各个教学要素和教学环节，经过整理、组合，相互融合，在整体优化的基础上产生聚集效应，从而促进传统教学方式的根本变革，也就是促进以教师为中心的教学结构与教学模式的变革，从而达到培养学生创新精神与实践能力的目标。

教育技术与学科教学整合是以教育技术为先导，以系统论和教育技术理论为指导，根据学科教学规律而进行的学科教学改革。其宗旨是通过在各学科教学中有效地学习和使用教育技术，促进教学内容呈现方式、学生学习方式、教师教学方式和师生互动方式的变革，为学生的多样化学习创造环境，使教育技术真正成为学生认知、探究和解决问题的工具，培养学生的信息素养及利用信息技术自主探究、解决问题的能力，提高学生学习的层次和效率。多媒体与学科教学的整合，也是现代教育技术的一种手段，是以计算机为工具，运用现代教育理论和现代信息技术，借助声、像、图、文，通过人机交互，对教与学的过程和教与学资源进行设计、开发、利用、管理和评价，以实现教与学优化的理论与实践。

(2)多媒体技术与学科教学整合的特点。

多媒体与学科教学的整合特点表现在以下几种方式的变革：一是多媒体技术与教学内容呈现方式的变革；二是多媒体技术与学生学习方式的变革；三是多媒体技术与教师教学方式的变革；四是多媒体技术与师生互动方式的变革。在课堂教学中把多媒体和课程内容有机结合，目的是要根据学科教学需要，充分发挥计算机的工具性功能，改变教与学的效果，改变传统的教学模式，培养学生的信息意识、信息能力，促进教学改革，提高教与学的效率，从整体上提升教学质量。把多媒体技术运用到学科教学中，要像使用黑板、粉笔一样自然流畅，绝不是“两张皮”。整合绝非是将计算机与所有学科的机械结合，也不是用来解决教学中的所有问题，而是要从实际出发，寻找最佳结合点，把多媒体技术作为学生的认知工具整合到各学科中，突出教学重点、解决难点、探索规律、启发思维的一种有效的现代化的教学途径。

(3)多媒体技术与学科教学整合的理念。

信息时代，效率至关重要。教学的效率在于：怎样使学生在有限的时间内高质量地掌握知识，即以最有效的手段学习最有价值的知识，从而培养不断更新知识和创新知识的能力。随着教育改革的深入和信息技术的支撑，教学模式也在发展变化中。一种新的教学模式——网络教学越来越多的为人们关注。“网上学习型”教学方式就是进入课堂的网络教学。

研究性学习作为一种学习方式和课程形式，过去没有得到应有的重视，国家新课程标准对它重新定位，给予了非常的关注。“网上学习型”的教学方式是研究性学习的一种表现形式，作为信息技术之一的计算机网络是海量信息和双向交流的代表性媒体，正好符合“网上学习型”教学方式对环境提出的要求。所以“网上学习型”信息技术与学科教学的整合成为当前的热点问题。

“网上学习型”的教学方式：从广义上讲，网络教学是指在教学过程中运用了网络技术的教学活动。从狭义上讲，网络教学是指将网络技术作为构成新型学习环境的有机因素，以研究性学习作为主要学习方式的教学活动。它的教学活动组织要在传统的课堂、网络等方面同时展开。网络教学首先是教学活动，而不仅仅是技术活动，它的核心是教学而不是技术。我们关注的网络教学是狭义的网络教学。

目前中小学中正在尝试的“网上学习型”教学方式，正是这种狭义的网络教学，是在课堂上和网络上同时展开的的教学活动。它应具备五个基本前提：

一是要有一个使学生能够大胆想象的相对宽松的研究性学习氛围。

二是要找到并确定研究的问题。这些问题可以是学生在生活中遇到的，也可以是他们在学习中遇到的，还可以是自己在浏览各种资源时感兴趣的。教师要帮助学生找到并将这些问题提炼为课题来开展研究。

三是要有进行研究的多种类型的资源。对于低年级学生，这些资料可以是教师事先准备好的；对于高年级学生，这些资料应当是自己收集到的。教师的作用在于向学生提供资料搜索的方向和途径，帮助学生迅速获取资料。

四是要掌握研究的方法和获得的结果、得出结论的方法。

五是要有不受地域和距离限制的交流、讨论、沟通的渠道。

在五个基本前提中，最重要的是资源和渠道。

“网上学习型”的整合策略：

“网上学习型”信息技术与学科教学的整合策略是通过以下四个方面实现的：

第一、构架获取学习与研究资源的高速公路。

第二、提供丰富有效的学习与研究的资源。

第三、开通交流与沟通的渠道。

第四、搭建展示研究成果的平台。

这一切是为了使学生在应用信息技术进行网上学习的时候，能够通过计算机和网络的应用，树立起信息是资源的意识，学会利用计算机和网络这一工具进行学习，学会自主学习和协作学习，进而培养钻研意识和创新思维的能力和自信。

“网上学习型”教学的一般授课规律：

一是创设情境，观察分析：利用信息化学习环境和资源创设情境(包括自然、社会、文化、各种问题情境以及虚拟实验环境)培养学生观察、思维能力。

二是利用资源，自主探究：利用信息化学习资源，借助其内容丰富，多媒体呈现，具有联想结构的特点，培养学生自主发现、探索学习能力。

三是虚拟实验，科学探索：借助人机交互技术和参数处理技术，建立虚拟实验环境，培养学生积极参与、不断探索的精神和科学研究的方法。

四是网络通信，协商学习：利用网络化学习环境和资源，组织协商活动，培养合作学习精神。

五是语文表述，意义建构：利用信息化学习环境和资源，创造机会让学生运用语言、文字表述观点思想，形成个性化的知识结构。

六是创作实践，知识重构：利用信息化学习环境和资源，借助信息工具平台，尝试创造性实践。培养学生信息加工处理和表达交流能力。

七是网上评测，自我评价：利用信息化学习环境和资源，提供学习者自我评价反馈的机会。通过形成性练习、作品评价方式获得学习反馈，调整学习的起点和路径。

(4)多媒体技术与学科教学整合的途径。

使用多媒体技术与学科整合需要获取多媒体资料。多媒体资料的性质直接影响教学效果。而获取多媒体资料的主要途径有：(1)借鉴、引用别人的优秀作品，收集网上、书籍等经典的资料；(2)自己设计、制作符合个人的多媒体资料。制作多媒体，两种手段必须互相配合，缺一不可。另外在拥有了多媒体资料的基础上，还必须懂得如何应用电脑软件衔接、排版资料。这就需要教师必须掌握一些基本软件的应用知识。例如：如果制作不需要互动的、最普通的多媒体教学课件可以利用 Microsoft 开发制作的 PowerPoint 幻灯片制作软件；如果要使课件达到更好的效果，并且不需要修改，可以利用 Authorware 制作会“动”的课件，该软件制作过程的结构虽然比较复杂，但是它能使静止的画面动起来；如今网页制作的 Frontpage、Dreamweaver 等软件，使各部门内容的连接成了更为简单的线形结构，而且可以开发为互动的课件。这也正是网络时代对我们的要求，是现代教育技术发展的趋势。

(5)多媒体与学科整合的常用模式。

一是多媒体教学示范模式。

在这种教学模式中，教师面向全体学生讲授教学内容，教学仍以教师为中心。教师起主导作用，学生起主体作用，多媒体网络仅是常规媒体的替代物。在这里，多媒体教学网络的作用仅表现在根据教师教学的需要提供所需声像、文字的资料，学生仍然处于被动地位，学习的过程仍然在教师的控制下进行，无论教师的语言多么生动形象，操作多么详细具体，仍是一种低效率、低质量的教学。与传统电教示范课的不同在于，在一节课中教师通过讲一讲、演示演示，学生通过亲手操作来体会，并适时地穿插教师对学生的讲解辅导等多种手段来完成教学，这样的讲、演、练、辅助穿插的课堂结构更能体现以教师为主导、学生为主体的教学原则。

二是多媒体群组协作教学模式。

教师先采用常规教学中的讲授法，将概念、原理等讲述清楚；其次利用计算机出题和反馈及时的功能，提供化难释疑、强化应用的同步练习，让学生自行练习。学生出现疑难问题，可以借助网络寻求帮助，教师可以借助网络监控安排小组讨论，或直接接受学生的咨询，指导学生解疑，提供及时帮助，对学生进行“手把手”的辅导，对典型的错误和有创造性的见解可以在小组或全班广播。这样的群组协作教学对学生来说，可以在较轻松的伙伴环境中学习新知识，避免了在传统教学中个别学生容易产生的自卑心理，促进了学生共同合作的意识。对教师来说，借助多媒体网络的监控功能，可以适时、迅速、有效地收集到学生的学习反馈信息，作出更加符合实际的教学内容的变更和教学方案的调节。

三是多媒体个别辅导教学模式。

多媒体教学网络在教学中的应用，并不排斥其他教学媒体和传统教学方法的应用。能否发挥教师的主导作用和学生主体作用与参与作用，是衡量媒体使用效率的一个指标。个别辅导教学模式是根据教学的需要，或采用现代媒体，或采用传统媒体进行教学，讲演结合，讲清原理、法则、概念等。在巩固阶段充分利用多媒体教学网络人机交互性强、信息传递双向的特点，借助网络监控功能，教师可以实时与学生建立反馈联系，学生可以方便提问，师生信息反馈较好。通过上机操作过程来了解学生当时的思维活动和概念掌握情况，及时辅导释疑，进行个别化教育，充分体现"因材施教"的教学原则，避免了缺少教学网络时的学生上机变成学生自己的活动，使教学处于失控状态，并较好地解决了学生个别的差异性。

四是多媒体自我学习教学模式。

利用宽带技术充分发挥网络资源的优势，使每个学生机都能自如地选择共享资源(包括软件资源和硬件资源)，使有限的设备发挥最大的效率。多媒体能完整呈现学习内容与过程，学生能自主选择学习内容的难易、进度，并随时与教师、同学进行交互，在多媒体教学环境中进行个别学习，使课程教学逐步摆脱传统的教师中心模式，学生由传统的被迫学习变为独立的主动学习，在学习过程中包含更多的主动获取知识、处理信息、促进发展的成分。

五是情境探索课堂教学模式。

这种模式，多采用"情景引入－探究学习－巩固拓展－创新发展"模式。其中"情景引入"旨在为学习创设情景，激发学生学习的兴趣和欲望。利用多媒体的多功能辅助教学，或歌曲，或图片，或动画视频，力求开门见山式吸引学生走进课堂，往往效果甚佳。"探究学习"讲究课堂教学中的自主学习和主动探究，避免教师过多的灌输与管制。通过具有集文字、图像、声音、动画等多种信息载体于一体的特点，可借助多媒体的动画效果演示、情景模拟、反复播放的功能，为学生提供丰富的资源，使教学变成学习者自己主动学习的过程，在愉悦的环境中能获得更多的知识。学生在注意力高度集中和兴趣盎然时，就轻松并出色地完成了课堂学习任务。这种整合为我们的学习开辟了一个广阔的天地，提供了大量丰富的资源，既体现了教学内容的时代性，也加大了课堂教学容量，让全体学生平等地享有了教育资源，便于自主学习、主动探究，促进了学生个性化发展。"巩固拓展，创新发展"是学习的巩固和知识深化的过程。多媒体反复再现，可引经据典深入剖析。总之教师运用现代教育技术优化"教"与"学"的过程，增加课堂教学容量，化解难点，突破重点，激发兴趣，充分体现学生的主体地位，有助于学生创新精神和创新能力的形成。

(6)实现多媒体技术与教学整合的方式。

要实现多媒体与学科的整合，教师必须在以多媒体和网络为基础的信息化环境中实施课程教学活动，要对课程内容进行信息化处理，使之成为学生的学习资源，并提供给学生共享学习，让学生利用信息技术工具，进行文字处理、图像组合、信息集成、科技创作和知识构建。实现多媒体技术与教学的整合方式有：

一是教师可利用教学软件或多媒体素材，编写自己的演示文稿或多媒体课件，以便清楚地说明讲解的结构，形象地演示教学内容；或用图表、动画、影片等展示动态的变化过程和理论模型等。多媒体技术与教学的整合，可以使计算机代替粉笔、黑板等传统教学媒体，实现传统模式所无法实现的教学功能。

二是通过远程教育网、校园网的综合运用，实现师生之间、学生之间的专题质疑、问题研讨、个别辅导和感情交流，以及师生与外校外地外界的链接，达到快速、优质、高效的目的，实现知识获取和能力训练的最大效益。这种整合可以实现个别辅导式的教学，既能代替教师的部分职能，还能较好地实现因材施教，更有效地提高学生学习的趣味性、自觉性。

三是通过不断优化，生成新的丰富多彩的教学资源环境。例如背景材料、实物模型、重要数据、操作过程等。很多材料是课本所容纳不了的，而这类材料却能极大地丰富教学的资源环境。传统教学模式所受局限太大，根本无法全部生成。运用多媒体技术，不仅能极大地丰富教学资源，而且能促进提高学生学习的主动性和创造性。

四是运用多媒体技术，利于开展研究性学习。中小学生的研究性学习，近年来已经突破了课外活动的圈限。在课堂教学过程中，根据学科内容，利用多媒体工具，将需要呈现的课程内容，以多媒体、超文本、友好交互方式进行集成，根据教学需要，创设一定的情景，并让学生在这些情景中探究、发现，这样的方式，非常利于学生对学习内容的理解和学习能力的提高。如几何画板可为学生提供自我动手、探索问题的机会，当面对问题时，学生可以通过思考和合作，提出自己的假设和推理，然后用几何画板进行验证。还可用以发现、总结一些数学规律和数学现象。

(7)多媒体综合运用于教学的教学效果分析。

在课堂教学中，多媒体教学课件的研究与教学研究整合起来，可以达到优势互补。之所以如此，这是由多媒体课件自身的特点决定的。具体而言，它有如下一些鲜明的特点和作用：

一是丰富的表现力。

多媒体课件具有丰富的表现力，不仅可以自然逼真地表现多姿多彩的视听世界，还可以对微观事物进行模拟，对抽象事物进行生动直观的表现，对复杂过程进行简化和再现等。根据不同的教学内容充分利用声音、动画、视频等多媒体手段，可以将静态变为动态，化抽象为形象，充分表现教学内容，突出教学重点和难点。

二是强大的吸引力。

通过多媒体课件，可以根据不同学科特点，不同教学内容，利用多种媒体技术，以其声音、图像、动画和视频等特点强烈地刺激学生，使他们有身临其境的感觉，从而激发学生的学习兴趣和求知欲望，引发学生主动探索，主动学习的积极性。

三是良好的交互性。

在多媒体教学过程中，教师备课可以根据教学的需要来制作教学幻灯片和多媒体课件，也可查阅有关方面的资料来补充教学内容。学生的学习是在和计算机的交流对话中完成的，学生可按自己的学习兴趣来选择自己所要学习的内容，选择适合自己水平的练习。计算机按照学生的要求提供信息，同时对学生的反应做出判断、调整或修改学习内容，提供新的教学信息。这种智能化的交互特征是传统的教育媒体很难做到的。

四是省时高效。

多媒体技术作为一种先进的教学辅助手段，和以前传统的“黑板 ＋ 粉笔”教学模式相比，有着无可比拟的优势，它以其特有的文字、声音、图像、动画等功能，使课堂教学更显直观生动，更加容易突出重点，化解难点，能够取得以前传统教学辅助手段所达不到的效果，使教学内容更加紧凑、形象、直观，扩展每堂课的知识容量，在用到某一板书或板图时，只需要用鼠标轻轻一点即可，不仅省时、省力，而且相当美观，大大提高了课堂教学时间的利用效率。

五是实现资源共享。

计算机网络技术的发展，多媒体信息的自由传输，使多媒体课件可以让学生与学生之间，学生与教师之间及教师与教师之间互相交流，从而使每一个学生或教师能够同时拥有无限的信息来源，以便实现教学信息交流，资源的高度共享。

附：多媒体组合教学课例摘选。

课例1：小学多媒体组合课堂教学。

《“诺曼底”号遇难记》教学设计

——张燕萱

课题：《“诺曼底”号遇难记》

教材分析：

《“诺曼底”号遇难记》是冀教版语文课本五年级下册第四单元第20课。这篇课文是十九世纪法国伟大的文学家雨果的一篇短篇小说。文章讲述了“诺曼底”号在海上遇难，在一片混乱中船长哈尔威沉着冷静地指挥，成功得使全船人获救，而他自己却和轮船一同沉入大海的感人故事。为我们树立了哈尔威船长这样一个临危不惧、沉着冷静、舍己为人的高大形象。虽然本文是一篇外国小说，但学生受《泰坦尼克号》电影的影响，就情节而言，本文是不难理解的，哈尔威船长的人格魅力所在也是不难认识的，但是作品是怎样渲染这一形象的，又该如何让学生从心灵深处去感悟这一形象，领悟作品的内涵，则是该篇文章的难点和重点。

教学思想：

这篇课文篇幅较长，作者运用大量的环境描写和人物语言描写，推动了情节发展，充分展示了人物的高尚品质，因此，引领学生抓住两次混乱描写场景，凭借学生的理解和感悟，读出不同的语气，从而深入体会人物的内心活动，并在课后写下心得笔记。

教学目标：

(一)识记本课生字，理解课文内容，感悟文中所体现的为人处事道理，接受船长伟大人格魅力的熏陶。

(二)将视频片段与文本结合，初步培养学生欣赏文学形象的能力。

(三)通过反复朗读，置疑、讨论等活动，在自主、合作、探究的学习方式下帮助学生感悟形象，领悟内涵。

(四)有感情地朗读课文，积累文中的好词。

教学重难点：

通过多媒体组合教学，引领学生进入情境，反复朗读，置疑、讨论等活动，在自主、合作、探究的学习方式下感悟船长形象，领悟内涵。

教学准备：

音乐，视频片段。

教学时数：

两课时

教学过程

教学环节	学情预设	应对策略

续表

教学环节	学情预设	应对策略
一、情境体验，倾心感受 （播放音乐：船行出海，优美音乐）师诗情口述： 出海啰——阳光下的海面，碧蓝碧蓝的，一望无际的大海，波浪跌宕起伏，烟波浩淼，同远处的蓝天白云连在一起。啊，风的轻弓拉响了波浪的琴弦，海浪在尽情地欢歌，那美妙的音响，飞进了我的心房…… 大海涨潮啦，海浪此起彼伏，无数银白色的浪头从远处滚来…… 天啦，大船撞上了什么吗？“船进水啦！”（音乐声变大） “快逃！”救生艇！能踩到的、圈边的就可逃生！时间不多了，30秒钟！……	学生情境体验。	师：刚才这一幕中，你看到了什么场景？感受到了什么？指名说。
二、初读课文，整体感知 师：“天有不测风云。”生活，并不是一帆风顺的，当我们正被美好的生活所陶醉时，意外的遇难可能会让我们不知所措。一艘“诺曼底”号的大轮船真的遇难了。板书课题。播放课件01。 三、再读课文，全新感受 课文中有哪些语句描写的内容和你刚才看到的、想到的相类似？用“——”线画出来，试着读一读。 四、研读课文，领悟人物形象 1. 师：书读至此，我相信，有一位人物形象肯定给你留下了深刻的印象，请说出他的名字。 指名同学上台板书。 2. 你眼中的船长是个怎样的人？你是从哪些语句看出来的？请用“～～”线画记号→指名用词语板书船长的特点。 3. 朗读汇报，反复品读，领悟人物形象。根据学生板书，随机汇报。	学生打开课本，默读课文，说说这个故事的主要内容，分别写了哪些内容：这篇课文讲的是照例行驶在从南安普敦到格恩西岛船线上的“诺曼底”号的轮船突遭“玛丽”号轮船撞击而遇难的故事。在这面临船沉人亡的危急时刻，“诺曼底”号船长哈尔威的表现和事迹，震撼人心，令人钦佩。 （问题：①船长为什么要用枪威胁逃生的人？②“这尊黑色的雕像”指什么？有什么含义?）	初步印象交流。 (1)读出自己印象最深的部分。 (2)说出给自己印象最深的人物。 (3)说说还读懂了什么？有哪些问题？

续表

教学环节	学情预设	应对策略
4. 引导：综合全文，船长给你留下什么印象？在被救助的人眼里呢？再次播放视频。	学生朗读汇报，感受惊险。品味：惊恐万状，一片混乱…… 播放课件02。 学生板书：哈尔威船长 (1)果断(舍己为人)(关心妇女)…… 对全船人员下达命令：乘客先走，船员断后；乘客中的妇女先走，其他乘客随后；决定救出60个人，忘记了他自己。 (能悟出至少两点：①工作安排得有顺序，有目标；②船长一心为他人着想，丝毫没有考虑自己。) (2)沉着、镇定、精明、指挥有方。("船员赶紧解开	课件配上慌乱场景的音乐，再次指导朗读，帮助突破难点。 师：让我们将镜头对准这群慌乱的人群吧。瞧：那位在奔跑的男人(女人、小孩)……你能再为大家详细描述吗？ 播放视频朗读段 (1)船长开始是怎样指挥救助工作的？ 引导：从这简短有力的语言中，悟出点什么？ 小节：在危难时刻，船长首先想到的是乘客，是弱者，是他人。指名朗读船长的这番话。 (2)船长在怎样的情况下用枪威胁逃生的人？效果怎样？

续表

教学环节	学情预设	应对策略
	救生艇的绳索。大家一窝蜂拥了上去，你推我搡，险些把小船都弄翻了……人们都像疯了似的，乱得不可开交。”在这样的情况下，船长想到用枪帮助维持秩序。“哪个男人胆敢冲在女人前面，我就开枪打死他。”这样一威胁，效果果然不错。“大家立刻不作声了。没有一个人违抗他的意志，救援工作进行得井然有序，几乎没有发生什么争执。”）	可用分角色朗读的方式，朗读船长和机械师、大副的对话，并对大副下了开枪的命令，体味语句的简洁。
	(3)威严、有人情味（关心孩子） 船长直至船沉入海里，始终没有离开船长的岗位，沉船之前，还特意指示救出年幼的见习水手克莱芒。	(3)议一议船长采取用枪威胁逃生的人的做法怎样？
	①在当时的情况下很必要。因为如果乱下去，可能死路一条，谁也救不出去。 ②船长用枪威胁男人，是为了救出更多的人，包括男人在内的船上的所有人。结果证明船长没把自己安排在被救助人员当中。 ③船长采取这种做法反映了他的机智。	对比反复品读、评读。
	生：船长是一个舍己救人、临危不惧的人，在被救助的人的眼里，船长则更加可敬可爱，他的形象与品质将永远留在人们心中。 生：用“这尊黑色的雕像”暗示了船长这一人物的品质与壮举深深刻在人们心中，永不磨灭。	针对“这尊黑色的雕像”，应探究出如下内容： (1)“这尊黑色的雕像”，指随船深入大海的船长的形象在黑夜中像雕像。 (2)把结尾部分用字幕片呈

续表

教学环节	学情预设	应对策略
五、探究质疑，深化认识，实话实说，升华情感 1. 船长用枪威胁争先恐后逃生的人，他这样做对吗？	学生竞相辩论。	现给学生，播放课件02的字幕部分让学生反复读，抓住“钢铁铸成的，纹丝不动”，体会船长临危不惧、大义凛然的形象；再联系前面船长争分夺秒救助他人的情形，充分认识船长的人品。
2. 师：还记得，几年前看《泰坦尼克号》（略谈情节），当影片结束时，我已经热泪盈眶了，我至今也忘不了，女主人公深埋在皱纹里的那双含泪的眼睛和她那段饱含哀怨的诉说：铁达尼号沉没时，有1500人落海，附近有20艘救生艇，只有一艘回头，6人获救，1500人才活了6个，后来，救生艇上的700个人只有等待，等死，等着活命，等着宽恕，可是永远也等不到…… 今天，“诺曼底”号遇难了，船长哈尔威先生在指挥着众人脱险后，自己随船牺牲了，你有什么想说的？	学生“实话实说”，任选一种身份，想像说话 我就是生还者之一，我想对船长说：…… 我就是船长，当我随着船儿慢慢下沉，我想说：…… 我就是这艘在英伦海峡上堪称最漂亮的轮船“诺曼底”号，当我身受创伤，目睹遇难的这一幕，我想说：……	师语言描述：人群一片混乱；持枪喝令；威严指挥…… （再次感受特定情境中人物的特殊言行）
六、总结课堂，完善板书	哈尔威船长 舍己为人 威严 大义凛然 果断 忠于职守……	
七、播放课件02出示作业	1. 假如你和父母所乘的一条木船破了，船已承受不了三个人的重量，你们又都不会游泳，坐等获救也不可能，你该怎么办？试想象并描述当时的情景，设想一个解决问题的方法 2. 假如你是“诺曼底”号上的一员，在这生死存亡的瞬间，你会怎样想，怎样做？	播放课件02最后一张 师：我们敬爱的哈尔威船长用自己舍己救人、忠于职守的伟大人格魅力为我们树起了一座雄伟的丰碑！让我们将无穷的敬意化为美妙的旋律，献给他！命运交响曲响起 师鼓励：爱写作的你，此时的心儿一定很不平静吧，拿笔写下你想说的吧……

点评：

《“诺曼底”号遇难记》是冀教版语文第十册中的一篇感人至深的课文，叙述的是“诺曼底”号轮船遇难的经过。在教学中运用了多媒体组合教学，如：播放视频、演示课件、播放音乐等，再现了真切悲壮、惊心动魄的场面，生动传神的人物，特别是哈尔威船长在海难发生的危急关头，勇于决断、沉着指挥、舍己救人、忠于职守的崇高品质，通过这些手段既实现了培养学生的朗读能力和创新意识的教学目的，又使学生的心灵受到震撼。

多媒体组合教学在课堂上体现了在以下三个特点：

1. 运用多媒体，能激活学生的求知欲

美国著名的教育家布鲁纳说过：“学习的最好刺激，是对所学的知识的兴趣。”而激发学生学习兴趣最好的办法是恰到好处地使用多媒体教学手段，引导学生积极主动参与学习。

在本课的教学当中，不仅十分注重创设读的情境，如：“船长大声吼道”(自由读)，“一个人的声音能盖过嘈杂的声音吗?”(齐读)学生读时兴趣盎然。与此同时，还通过运用多媒体手段，如：播放音乐、烘托灾难来临前的悲剧气氛；展示“诺曼底”号的实景资料，让学生看到一幅幅激动人心的画面；再加上老师深情并貌的解说，学生精神抖擞、兴趣盎然，感受到哈尔威船长在海难发生的危急关头，勇于决断、沉着指挥、舍己救人、忠于职守的崇高品质。

2. 运用多媒体，能培养学生的创新意识

在教学中常常告诉学生：聪明的孩子也会提问题。教师只有善待每个学生的提问，学生才愿意提问。本节课，教师设计了一个观看“诺曼底”号在沉船之前，船长和大副的一翻对话的视频，这个视频资料，旋律悲壮、有视觉冲击感，尤其是船长情感深沉的语言，给了所有学生强有力的震撼。观看视频后，有个孩子谈观后感受的时候，提了一个问题：“船长有没有逃生的机会，他为什么要随着轮船一起沉入大海?”学生提出的问题是即时关注，还是置之不理呢？“疑问”会促进学生去探索，去创新，这不正是当今教育之所需吗？想到这儿，这时视频资料定格在船长沉入海底的一瞬间，又把这个问题抛给了孩子们，一石激起千层浪，学生的发言竟成了这节课最大的亮点，精彩的描述和船长高大的形象也深深的定格在孩子们的心中。学生神奇的创造力，是多媒体教学手段发挥出奇妙的功能。

3. 运用多媒体，能够很好地突破本节课的教学重难点

在本节课中有一些比较复杂抽象，很难讲清楚的内容，而运用视频等多媒体辅助教学，能形象、直观、生动地展现给学生，如在视频中加入了课文的关键内容，学生边看边读边想，然后又播放了一段沉船的视频，使学生更深刻的感受到了海上灾难的残酷性，对哈尔威船长在灾难面前机智果断、镇定自若的崇高形象有了更深刻的理解，这样重点、难点能得到更好突破，使学生在积累大量的感性材料基础上逐渐形成正确的表象，从而取得较好的教学效果。

课例 2：初中地理课堂教学。

《天气与气候》

——闫小玲

《天气与气候》一节是初中七年级地理上册教学内容。教学过程中，利用多媒体技术与地理学科的教学内容进行整合，采用形象生动、形式多样的教学方法，最大限度激发学生兴趣。本节课借助多媒体的功能，导入新课时展示了“神五”发射的画面，把学生带到了特定的情境中，以激发学生的兴趣。而后及时质疑引发思考，顺利导入新课。在讲授新知时，为了区别天气和气候两个概念，利用多媒体出示表格，出示诗句，学生逐个填空，逐个判断，突破重难点。在记忆天气符号时，为便于帮助学生记忆，采用鼠标点击检测法，激发学生积极性。还采用模仿秀的方式，利用多媒体的功能动画显示天气预报画面，学生有身临其境的感觉，使得参与积极性高。总之，这种整合很大的激发了学生的学习兴趣。

学情分析

长期以来，地理受到“副科”的严重冲击，很难使学生端正学习态度。要想上好地理课，首先在于能否调动起学生的积极性，而后才能谈及在地理课上落实新课标对地理课的要求，关键做到两点：1. 教师一定要善于抓住与生活实际相关的素材，让学生确实体会到地理知识的实用性；2. 要想方设法抓住初中生好动、好奇、好表现的特点。因此，利用多媒体技术与地理学科教学进行整合，采用形象生动、形式多样的教学方法，来最大限度激发学生兴趣。

教学目标

知识目标：(1)知道“天气”和“气候”的区别；(2)识别常用天气符号。

能力目标：(1)在生活中能正确使用天气和气候两个术语；(2)能看懂简单的天气预报图和卫星云图；(3)提高学生自学、比较的能力；联系实际的能力，用图的能力。

情感目标：(1)引导学生从现实经历与体验出发，激发学习兴趣，形成主动学习的态度；(2)通过组织竞赛增强学生的竞争意识。通过角色扮演提高学生关注环保的意识；(3)通过师生互动，创建一种民主、平等、交往的新型师生关系。

教学重点

(1)“天气”与“气候”的概念及各自的特点。

(2)认识常用的天气符号，学会看天气预报图。

教学难点

1. 天气与气候的区别。

2. 部分天气符号的辨别及含义解释。

教法

采用愉快教学法，设置一系列学生参与程度高的活动、并借助多媒体的音频、视频功能以及多次列举实例走进生活来激发学生兴趣，落实教学目标。

学法

从生活中学地理（收听、收看、记录、描述、谈感受、举实例、收集民间谚语）；在游戏中学地理（辨一辨、画一画、比一比、仿一仿、议一议）。

教学过程

(1)课前布置

收听、收看近三天的天气预报，记录预报内容，谈收听、收看意义。

此环节重在让学生自己体验地理知识与生活的关系，感受知识的有用性，培养学生联系实际、自学、分析的能力，并为课上学习奠定基础。

(2) 创设情景　导入本课

利用多媒体，以中国神舟五号的发射画面创设情景，对发射日期提出疑问：当时神州5号飞船的发射并没有决定仅仅设在10月15日发射，而是说在14至17日之间候机发射，为什么要进行候机发射呢？这样诱导学生关注天气与人们生产、生活的密切关系，从而了解学习天气知识的必要性。并紧接着联系实际生活展示一系列图片，抓住初一学生喜欢看图片这一特点，使学生进入到兴奋状态，顺利完成导入。

(3)学习新知

天气与气候：辨一辨

天气与气候概念的区别是本节重点，为了调动学生积极性，我采用帮忙辨一辨的方式。我假装辨不清，抓住初一学生爱表现的特点，鼓励他们看书，举实例，完成两者区别列表，最后让学生对一系列中国古代诗词中描写天气或气候属性的句子进行判断，进一步加深学生对天气与气候的区别理解。利用多媒体进行总结。本环节培养了学生自学、总结、比较的学习能力。而且兴趣高涨的突破了重难点。

接下来过渡到收看天气预报，学会看天气图，为提高用图能力，熟悉天气符号。

识别天气符号：画一画、比一比

在天气符号的对比识别中，天气符号较多且难记，为了让学生更快更好地记忆，我设计了以游戏为主的符号竞赛。首先是让学生每人在课前准备好的白纸上画自己喜欢的任意两个符号，提醒边画边记。然后采取学生结对互考和老师点击鼠标学生抢答的方式检测记忆效果。在识记天气符号时，游戏法的设置主要是考虑到初一学生的心理年龄特征，在游戏中掌握知识会起到事半功倍的效果，有易于在课堂中形成生动活泼、主动学习的气氛，激发学生的学习兴趣。而且用学生喜闻乐见的“PK”游戏方式，引发竞争意识，让学生在“PK”中得到自我表现的机会，这样能使学生增强自信心，激发学习热情。同时通过课堂练习，启发学生从书本知识回到社会实践，联系实际，学以致用，落实教学目标，学到有用的地理知识。

记忆天气符号：仿一仿

根据新课改要求的“以学生为主体，以教师为主导”这一原则，采用“模仿秀”的活动方式让学生扮演天气预报员预报各地天气，并评选最佳预报员。这样又一次直接调动了学生的积极性，激发学生对地理知识的兴趣。而且加强了记忆，巩固了重点知识，也提高了用图能力。

借助阅读：议一议

指导学生读“大气环境监测”的阅读材料，结合当地天气状况进行讨论，让学生们关注家乡的大气环境。

讨论题：你认为我市大气环境怎么样？造成这种状况的原因有哪些？假如你是我市环保局长，你将采取哪些措施改善我市的大气环境？(学生们交流后，老师小结)角色扮演，关注环保，情感教育，落实情感、态度、价值观目标。

(4)小结本课、阐释板书、布置作业

用简洁语言点出重点，图释板书，符合学生年龄特点，便于直观易记。另外根据学生求知欲强的特点，在结束本课的同时鼓励学生去掌握更多的地理知识，进一步激发学生的学习兴趣，留下课后作业。

作业：收集民间有关天气的谚语。

课例3：高中物理课教学。

高中物理多媒体综合运用于教学《曲线运动》课例分析

——杨晓华

新课程标准强调新课程标准的培养目标，应该体现时代要求，尤其要促进学习者努力发展创新精神和实践能力，其目标至少包括知识与技能、过程与方法、情感与价值观三个方面，这在一定程度上改变了过去注重知识传授的倾向，突出了学习者的学习态度，让学生亲身感受学习过程的重要性和学习的自主性。

学生在高一的前一段及初中的学习中学的一直是直线运动，曲线运动对学生来说是一种全新的知识。面对这一全新的运动方式的学习，必须要培养学生新的学习方法。曲线运动的第一节作为本章和以后章节的学习的基础，该节是全章的基础，所涉及的两大部分内容——曲线运动的特点以及物体做曲线运动的条件，对学生下面的学习以至对动力学的理解都有很大的帮助。

教学课例

一、导入新课

1.[设问]

师：所有物体的运动从轨迹的不同可以分为两大类，是哪两类?

生：直线运动、曲线两种运动。

(这是对旧知识的回顾，课后知，这个问题是由C层次同学答出，这样的选择提问，增加了C层次同学的学习兴趣。肯定了他过去的成绩。对学生是一种鼓励)

2.[过渡导入]

师：直线运动已经学过，但实际生活中普遍发生的却是曲线运动。请大家看录像片。

教师播放录像片：立交桥上运行的车辆、弯道上的赛车、导弹的运动、投出的篮球的运动、天体的运动。

(教师从学生最常见的、最贴近的生活和实践入手，让学生去感受身边的曲线运动。让学生更容易接受、更觉亲切。)

二、新课教学

1. 汽车在平直的路面上做直线运动；

2. 投出去的篮球球做曲线运动；

3. 转动的雨伞上雨滴的运动。

师：请大家讨论：刚才的三种运动的区别，并归纳其特点。

(学生讨论得非常热烈，所有同学都参与了，学生的热情很高涨。)

师：谁来说一说，它们的区别与特点?

生 1：第一个运动是前面讲过的直线运动。后面两个运动是曲线运动。直线运动的速度是不变的，曲线运动的方向是斜着出去的。

生 2：不对，直线运动的速度不一定不变，是指直线运动的速度方向是不变的。

生 1：我意思就是方向不变，不是大小不变。

师：那么曲线运动的速度方向是怎样的？

生 2：是斜着出去的。

(这是一个非常热烈的讨论过程，第二个学生没等教师叫，直接就起来纠正第一个学生的答案。由此可以看到，在课堂中，学生的学习积极性被全部调动起来了。)

师：刚才，他们俩说，曲线运动的速度是斜着出去的，那么，请问，物体在曲线上任何一点都是向一个方向斜的吗？在不同的位置，速度的方向一样吗？

生：不一样。(学生一起回答)

生：是不是可以说：做曲线运动时，运动方向老是在改变。

师：非常棒！运动方向“老是”在改变，也可以说是时刻在改变。

师：那么，物体做曲线运动的运动方向在具体问题中该如何确定呢？我在这儿所说的运动方向，也就是物体在这一点的瞬时速度方向，请看大屏幕。

教师播放结合生活实践的 CAI 课件。

a：在砂轮上磨刀具时，刀具与砂轮接触处有火星沿砂轮的切线方向飞出。

b：撑开的带着水的伞绕伞柄旋转时，伞面上的水滴沿伞边各点的切线飞出。

学生分组讨论：火星、水滴由于惯性，以离开物体时的速度作为初速度运动。因此，火星、水滴沿切线方向飞出也就说明飞出点的速度方向在该点的切线方向上。

师：物体做曲线运动时，某一位置的速度方向在这一点的切线方向上，这就是确定曲线运动速度方向的方法。

强化训练：曲线滑梯如图所示，试标出人从滑梯上滑下时在 A、B、C、D 各点的速度方向。

师：曲线运动是匀速运动还是变速运动？

生：有时是匀速运动，有时是变速运动。

师：我们要判断曲线运动是匀速运动还是变速运动，必须要结合已有的知识体系来判定曲线运动是匀速运动还是变速运动。

师：请大家要考虑，速度是矢量还是标量。

生：曲线运动是变速运动。

师：为什么呢？

生：由于速度是矢量，速度的变化不仅指速度大小的变化，也包括速度方向的变化。由于曲线运动的速度方向在其所处位置的切线上，一直在变化，所以曲线运动是变速运动。

师：如果曲线运动是变速运动，那么曲线运动必定有加速度，又由于力是产生加速度的原因，所以说，做曲线运动的物体所受到的合外力一定不为 0。那么什么情况下物体才会做曲线运动呢？现在请大家用手中的器材研究一下物体做曲线运动的条件。

学生运用手中的器材(玻璃板、钢球、斜面、磁铁)开始研究学习。

教师板书：物体做曲线运动的条件。

（首先模拟：(1)一小钢球在水平光滑面正在做匀速直线运动。先将磁铁放在小球运动的前面，小球运动得更快。(2)放在一侧。小球向放磁铁的一方弯曲。在教师的引导下得出了结论。）

师生互动归纳：

①直线加速：F的方向与v的方向一致；

②直线减速：F的方向与v的方向相反；

③曲线运动：F的方向与v成一角度。

结论：当物体所受的合力的方向与它的速度方向在同一直线时，物体做直线运动；当物体所受合力的方向与它的速度方向不在同一直线上时，物体就做曲线运动。

（通过对物体做曲线运动的条件的分析，培养学生的观察能力、想象能力和分析推理能力。）

课堂练习：

师：沿水平桌面向前滚动的钢球经过磁铁时，为什么转了弯？

生：磁铁对钢球产生了力的作用，而且这个力与速度不在一条直线上。

师：很好。

师：再提一个问题：从枪口射出的子弹的运动是直线运动还是曲线运动？

生：曲线运动。

师：为什么？

生：因为子弹受到重力作用，重力的方向是向下的，与它的运动方向不在一条直线上。

师：请大家再找一些曲线运动的例子，并分析其原因。

课堂练习：（投影）

如图所示是标枪运动路线的示意图，请回答下面问题。

①画出它在各点的速度方向；

②画出标枪在各点的受力方向（不计空气阻力）；

③说明标枪的运动轨迹为什么是曲线；

④从作出的图中可看出，力的方向总是指向轨迹弯曲的内侧，这是否可作为一条规律。

题后总结：

做曲线运动的物体，合外力的方向总是指向曲线的内侧，是一条规律。

课例4：高中英语多媒体综合运用于教学。

Unit 4 Body language 课例分析

——彭英峰

一、课程分析

教学“Body language”这一课，我根据新课标提出的教学理念，对课文内容进行拓展与补充，采用“任务型”教学模式，进行了探索。本课的中心话题是“身势语”。身势语是非语言交际手段中非常重要的一个方面，它通过无声的语言表达一个人的内心世界。了解身势语的不同文化内涵并正确的加以运用，经常会在交际场合起到意想不到的效果。我在教授本课时，提醒、引导学生注意自己和他人在日常交际中的体态、姿势、面部表情等，使学生正确理解和运用身势语。

二、学情分析

学生们英语层次差异较大，一部分学生英语基础较差，但是大部分学生的思维活动、学习热情、表现欲望和合作精神在平时的教学中表现很好。同时，他们基本具备一定的电脑操作知识和网上搜索和查阅知识的能力。教学前，指导、鼓励学生利用网络资源或图书馆查找有关资料，对身势语进行了解，使师生、生生实现资源共享。根据这些特点，采用与新课标要求相一致的新的教学方式，即活动式的教学法，调动全班学生的积极性，在师生互动、生生互动中实现教学任务和目标。

三、学习目标

1. 了解文化差异和身势语的变化；2. 培养学生掌握一定的阅读技巧，学习使用有关预测、猜测的技巧；3. 培养学生用英语表达身势语，达到用英语交流、培养实际运用英语能力的目的。

四、设计理念

1. "Body language"一课是尝试英语新课标理念下利用多媒体综合运用于教学，并在教学中体现合作学习、自主探究。

《英语新课程标准》明确指出高中英语教学要"侧重提高阅读能力，特别注重开发和利用课程资源，创造机会，使学生积极、主动的用英语去思维，去交流。"在高中英语教学中，阅读课占的课时最多，但效果并不是很好。本学期我进行了合作学习与自主探究新课程理念的探索，教材处理从学生的学习兴趣和认知水平出发，倡导学生体验参与、合作与交流的学习方式和"任务型"的教学模式，由学生共同努力来实现教学目标。引导学生利用所学语言来完成任务，培养学生用英语来思维、交流，真正地体现了"学中用，做中学"的原则。

2. 指导、鼓励学生课前利用网络资源或图书馆查找有关资料，对身势语有初步的了解，使师生实现资源共享。培养学生搜集和处理信息的能力，获取新知识的能力、分析和解决问题的能力以及合作与交流的能力，拓展学生学习的渠道。课上指导学生将信息技术与英语学习相整合。

五、具体教学设计

本节课采用了"自主，互动，探究"的教学方式，辅助以多媒体，达到较好的教学效果。

1. Warming-up 引入

采用影像资料导入，让学生欣赏卓别林的《城市之光》。学生会不时地爆发出笑声，课堂气氛异常热烈。此时趁热打铁，提出问题，导入主题。

(1) Do you understand the film, how?

(2) What kind of ways can you use to communicate with others?

(3) What do you think"Body Language"means?

学生讨论后回答：

(Body Language is a form of non-verbal communication. It uses movements or positions of our body to show other people what we are thinking or feeling. It includes body movements, facial expressions, gestures, posture , speaking distance and other non-verbal signals.)

在本课的教学实践中，教学的第一环节引起了学生极大的兴趣，学生们在轻松的气氛中，感受着身势语给人们带来的欢乐。这也是教师期盼中的效果。

2. Act out

为了启发学生对身势语进一步了解的兴趣，带领大家做游戏。如我用大拇指和食指捏成一个圈，其余三个手指分开向上伸直，问学生这个手势表示的意义。(答案：In America it means OK. In Japan it's the sign for money)然后，咬紧牙关，告诉学生 I'm an Arabian. 看看学生有没有知道这表示什么意思。(答案：In Arab, it means dislike.)然后，让学生根据所给的陈述，做动作。

Read the following statements. Choose a phrase and act it out without speaking. Can your partner guess what you are trying to communicate?

"Hello!" "Goodbye!" "OK!" "Come here!" "I'm upset!" "I'm puzzled." "Good Luck!" "You are great!" "Wave hand" "Shake hands" "Expensive!" "I'm full!"…

让学生就给出的意思做出相应的动作，我发现有许多的学生在下面做着各种动作。就让学生到讲台前充分展示一下自己。接着采用游戏的形式，找学生用自己的身势语让大家猜其所想表达的意思或据同学的描述表演动作，看哪个能胜出。我特意照顾那些学困生，因为他们在语言表述上可能有困难，但他们可以很好地展示身势语。此举激发了学生强烈的参与意识，调动起不同层次学生的积极性。这样多种感官协调动作，学生学到了除了语言交际以外的体态交际语言。在游戏的过程中，顺便教学了表示动作的单词。学生们的学习兴致很高。

3. Reading

在学生学习身势语同时，理解身势语的不同文化涵义并正确加以运用。

(1) 让学生解释文章的 title(communication: No problem?)；

(2) 谈论图片，根据标题和所给的图片预测文章的内容对学生进行学习策略指导；

(3)阅读后学生完成表格(大部分学生能找到答案)；

(4) 在了解细节的基础上，再次阅读(skimming)。概括段落的大意，而且要求使用不超过3个单词来概括，既降低了难度又提高了学生归纳能力。

(5) 阅读课文，回答问题。(小组活动)

a. Is the author of this passage male or female? How do you know?

b. What were the two mistakes that the author noticed?

c. "When in Rome, do as the Romans do." What do you think this famous saying means?

d. Do you agree with the author's statement that body language is not good or bad? Why or why not?

"阅读"部分以机场接客人为场景，讲述了来自几个不同国家的学生由于文化背景的差异，在初次见面时互相问候的方式迥然不同，而造成一些小误会，形象地表明了身势语与文化背景的密切关系。

"理解"部分设计了三个练习。1. 要求学生根据阅读课文填写表格。表格的内容主要是课文中提到的不同国家、不同身份和性别的人在初次见面时互相问候的情景，特别是身势语的使用细节。2. 要求学生阅读概括文章大意，培养学生的归纳能力。3. 学生回答4个问题，引导学生思考课文主题所隐含的跨文化交际的问题，如要求学生运用细节推断作者的性别，对“入乡随俗”的认识等，引发学生对身势语的文化差异进行积极的、深入的思考，如身势语无优劣的观点。

布置作业：

1. 阅读课文，完成课后第3题。2. 小组活动：利用网络或图书查找一些国家的身势语和习俗，并用英语表达。

六、课后反思

明确任务目标，站在学生角度，精心设计教学任务，提高学生英语学习的积极性，为学生创设英语交际环境。学生显得乐学、善学，提高了他们自主探究的兴趣，积极开展英语思维活动。在这堂课中，注重以人为本，发挥学生的主动性，充分体现以学生为中心的教学理念。

整堂课教学中，师生、生生互动性强，在自主、互动、探究的方式中展开课堂教学。以任务型为教学原则，本课例的每一个任务都是围绕学习者“学”的角度设计的。通过小组活动，培养合作探究能力。注重学生学习策略的培养，如：预测、读图、如何归纳段意等。教授本课时，注重联系实际生活中的身势语，体现了英语学习中的“学中用、做中学”的原则。在阅读后回答问题这一环节，设计的问题有2个是半开放的，培养学生的创新能力和发散思维。

7. 高中通用技术教学

(1)对通用技术课程的基本认识。

通用技术是新课程改革中在普通高中开设的一门技术必修课程，是新课程改革的亮点也是难点。《普通高中通用技术课程标准》明确指出：普通高中通用技术课程是一门立足实践的课程。每个学习者通过观察、调查、设计、制作、试验等活动获得丰富的“操作”体验，进而获得情感、态度、价值观以及技术能力的发展。要上好通用技术课，必须认识和理解通用技术课程的目标与理念。通用技术课程是以提高学生的技术素养、促进学生全面发展为基本目标，发展学生的信息交流与处理、技术的设计与应用为基础的技术实践能力，努力培养学生的创新精神和一定的人生规划能力。该课程不仅注重学生对符合时代需要、与学生生活紧密联系的基础知识与基本操作技能的学习，而且注重学生对技术的思想和方法的领悟与运用，注重学生对技术的人文因素的感悟与理解，注重学生技术学习中的探究、试验与创造，注重学生情感、态度、价值观以及共通能力的发展，为学生应对未来挑战、实现终身发展奠定基础。

通用技术课程是一门新课程，正因为其新，许多学生一开始对其充满好奇。但是，由于通用技术课仅是考查科目，再加上教材、教师等诸多因素，学生的学习积极性会迅速减退。如果说学生对这门课程还保留部分兴趣的话，那只是因为它没有学习压力，只是把上通用技术课当成是有别于高考科目课程的一种调剂品，只是把通用技术课当作是一个放松的机会，而对于课程本身的内容则并不关心。如果教师本身对通用技术课的重要性缺乏认识，在教学中又不能采用恰当的方式方法来引导学生，甚至是照本宜科，教学效果会大打折扣，甚或无法进行下去。因此为了有效地开展课堂教学，调动学生学习的积极性，提高课堂教学效果，实现新课程的目标和要求，对学生的现在和未来产生真正的积极影响，运用目标激励、任务驱动方法，是上好通用技术的重要基础。

(2)任务驱动型课堂教学的理论分析。

任务驱动是著名认知心理学家奥苏贝尔人本主义教育思想指导的具体教学原则之一。作为一种建立在建构主义学习理论基础上的教学方法，任务驱动将再现式教学转变为探究式、实验式学习。在通用技术的教学中合理运用任务驱动法教学，可以在限定的时间内促使学生运用头脑风暴法对给定的任务进行积极的思维与学习，根据自己对当时问题、情感、任务的理解，运用已有技术知识、技能和自己特有的技术体验提出设想与方案，从而在完成给定任务的过程中，对技术有了更深入的思考并逐步形成技术思维。相比再现式教学，任务驱动可以让教师更明确地贯彻自己的教学目的。

任务驱动型教学的理论基础是基于人们对技术以及技术获得的研究成果。课堂中师生和生生的互动和交际有助于学生运用所学的知识，学生在完成任务的过程中产生对技术的理解和感受，并最终达到掌握这种技术的目的。Skehen (1998) 对“任务”定义有如下论述：意义优先，任务完成为主，评估基于任务完成与否。Nunan (1989) 认为，“任务型教学”作为一种教学法，具有结构性，它由教学目标、信息输入、活动方式、师生角色、教学环境等要素组成。因此，可以认为，任务驱动型教学不但是一种教学思想、教学方法，而且是一种教学模式。任务驱动型教学法与传统教学法之间的差异在于前者注意信息沟通，活动具有真实性而且活动量大。正由于任务驱动型教学模式具有上述性质和特点，在新的课程改革不断深化的背景下，倡导选择和运用任务驱动型教学，以期更好地完成课程目标，就成为一种历史的必然了。

任务驱动型教学也是多元智能理论在通用技术中的应用。美国哈佛大学教育研究院的心理发展学家霍华德·加德纳(Howard Gardner)在1983年首次提出了多元智能理论。Gardner从研究脑部受创伤的病人发觉到他们在学习能力上的差异，从而提出本理论。传统上，学校一直只强调学生在逻辑——数学和语文(主要是读和写)两方面的发展。但这并不是人类智能的全部。不同的人会有不同的智能组合，例如：建筑师及雕塑家的空间感(空间智能)比较强，运动员和芭蕾舞演员的肢体运作智能较强，公关人员的人际智能较强，作家的内省智能较强等。可以认为支撑多元理论的是个体身上相对独立存在着的、与特定的认知领域或知识范畴相联系的多种智能，如：语言智能、逻辑数学智能、空间智能、肢体运作智能、音乐智能、人际智能、内省智能、自然探索智能等。而技术学习是融观察、试验、设计、制作、交流、评价于一体的过程。通用技术课堂教学应具有“变化性互动”的各项活动，即任务。学生在完成任务过程中进行实践性互动，进而产生对技术的理解和掌握。

(3)任务驱动型课堂教学的软硬件设置。

一是学生以学习小组为单位，课堂教学内容以任务形式下发到每个学习小组。

二是为便于活动小组的试验、设计、制作、交流，应将通用技术活动室建成以小组为单位活动平台。

三是设计制作需要有比较全面的可供学生自由选择的常用制作工具，包括木工、金工、电工的常用工具。必要时还需要有加工精度较高的车床、铣床等工具与制作平台。

四是要求教师能熟练使用各种常用的工具并能对学生做好正确的指导。

五是一般的多媒体教学的软硬件设置，如微机、投影仪、幻灯等多媒体硬件设施和Office办公软件、Flash动画制作软件、3Dmax三维动画软件等。

(4)任务驱动型教学的教学模式。

任务驱动型课堂教学本身就是一种教学模式，这种教学模式采用四段式教学体系，即目标激励、任务驱动、学做合一、及时评价。

目标激励。预知是学好的先决条件。当学生对所要学的内容和所要达到的目标有明确的指向时，学习的动机才能被激发。在教学中首先要让学生明确通过努力而达到的目标，并且明白目标的达成对个人的学习和成长的重要意义。目标的设定和策划应在了解学生的现有认知水平的基础上进行，也可以有选择地吸收学生参与设定自己的目标、策划自己的学习活动，这样更能发挥学生的主体地位，较大程度激发学生学习的积极性和创造性，教学效果往往更会出人意料。

任务驱动。这是创设情境提出任务的环节。任务的产生不是简单的由教师制定，而是来源于学生真实的需要，在教学过程中自然生成，并且是真实的、可行的和有吸引力的。教师在教学过程中应根据教学的内容和学习的目标任务，通过现象、事实、需求等创设问题情境，提出一系列具有挑战性的学习或活动的任务。当学生承担的任务具有系列的挑战性，即成功看来不是唾手可得时，方可激发学生的学习动机。

确定任务，分布征服。根据教学的目标和要求，结合学生的差异性，确定不同的相近的目标任务。学习任务尽可能安排成台阶型，让学生分步去征服。目标任务既不能太高也不能太低，太高会让学生失去信心，太低会失去挑战性。

学做合一。通用技术课程是一门立足实践的课程，而技术课程又立足于学生的直接经验和亲身经历，立足于“在做中学”和“在学中做”。通用技术课程以学生的亲手操作、亲历情境、亲身体验为基础，强调学生的全员参与和全程参与。

及时评价。成就感是激发学习动机的强大动力。在教学活动中，教师应对学生的行为和活动成果及时有效地进行评价，既能使学生明白无误，又能得到肯定和激励。通过实时的评价也会对学生的学习有一个清晰的、直接的反馈。评价要做到多样性和实效性。可以是自我评价、学生互评、活动小组整体评价、教师评价等多种形式。

(5)任务驱动型课堂教学的教学过程与安排。

任务驱动型课堂教学的基本过程与安排包括：①引入介绍课程并给以学习目标和任务；②呈现和学习完成任务所需的知识，介绍任务的要求和实施任务的步骤；③设计任务，或构成任务链，学生以个人伙伴或小组形式完成各项任务；④各小组向全班展示任务结果，验证结果；⑤学生自评，小组互评，教师总评；⑥课后作业。

任务驱动型课堂教学过程中的各个环节的基本要求包括：在动手实践的过程中，教师应多引导，让学生充分发挥自己的创造力、想象力，而不应将自己的意见强加给学生。在学生遇到困难时，教师应尽量提供条件协助其解决困难，而不是亲自帮他解决。在学生完成任务后，让学生在全班同学前展示自己的活动成果。让学生对自己的作品做出评价，归纳在这次活动中运用到了那些知识，并总结得失成败，也让其他小组的学生发表意见。最后教师对这次任务完成的情况作总结。

通过对学生活动过程与成果的评价来评定学生的一部分成绩。通过学生的自评，小组的互评，教师的总评作为学生的另一部分成绩。

(6)任务驱动型课堂教学教学手段的应用。

一要积极使用数字信息化教学手段，结合教材随附光盘内的教学软件、视频与网络上的多媒体资源，使课堂教学生动直观、形式多样。在课程教学中采用电视录像片、电子教案、电子书、CAI课件、模拟软件、网络课件及CAD辅助设计等，集视频、音频、三维动画模拟等多种方式于一体。

二要充分挖掘现有资源，创造性地开展实物教学手段。通用技术毕竟是一门技术实践课程，在注重多媒体教学的同时更要积极采用实物教学，通过学生的触摸、把玩、拿捏、观察、感受、堆积，进而进行创造、迁移。让学生亲眼看见、亲身体验、亲手实践，并在亲身经历的过程中体会、掌握、丰富，在亲手实践中发现问题、分析问题、解决问题，在亲自设计中去构思、去想象、去创新。

三要在具体的教学过程中积极选用多种教学方法：如引导式、启发式、讨论式、探究式等，也可以在教学过程中积极采用多种教学手段：如多媒体、实物展示与投影、实景参观、情景模拟等。

(7)任务驱动型课堂教学效果分析。

任务驱动型通用技术课堂教学在实践中是行之有效的。任务驱动型教学属于以学习为中心的教学。从平时课堂的观察来看，学生的思维活跃，勇于发表自己的见解，课堂参与的积极性高，合作意识较强，表达能力较强。而且学生都能够发挥自己的创造力、想象力，充分体现了学生的创新精神。其原因体现在四个方面：

一是在任务驱动型教学中，教师从学生“学”的角度来设计教学活动，学生的活动具有明确的目标指向和具体的操作要求。在教学活动中，学生大脑始终处于一种激活状态，他们获得的不仅是技术和设计的知识，还获得了运用技术的能力。随着学习任务的不断深化，学生技术和设计的能力不断提高，整个学习的过程越趋自动化和自主化，学生乐于能创造性地表达自己的思想。

二是由于有意义的任务活动贴近学生的生活、学习经历和社会实际，能引起学生的共鸣，并能激发学生的积极参与的欲望，使学生有话可说，有事可做。

三是小组讨论不仅给学生提供了大量和同伴交流的机会，而且是一个集思广益和互相学习的过程，有助于培养学生分析问题和解决问题的能力，有助于发展学生的个性，提高其智力水平。

四是任务完成的结果为学生提供了自我评价标准，并使其产生成就感，可转化为后续学习的动力。

8. 活动课教学

(1)综合实践活动课程的界定与性质

2001年教育部颁布的《基础教育课程改革实施纲要(试行)》中就规定将综合实践活动课程作为一门必修课程，进入学校课程设置，并且体现了三级课程管理的特征和功能，即由国家统一制定课程标准或指导纲要，地方教育管理部门根据地方差异加以管理与指导，学校进行校本开发和实施的课程。

《教育部综合实践活动实施纲要》指出：综合实践活动课程是基于学生直接经验，密切联系学生自身生活和社会生活，注重对知识技能的综合运用，体现经验和生活对学生发展价值的实践性课程，主要包括四大指定领域：研究性学习、社区服务与社会实践、劳动与技术教育以及信息技术教育等。

由此，我们一般将它界定为：经验性课程、综合性课程和实践性课程。

● 综合实践活动课程是一种经验性课程。

作为一种基本的课程形态，综合实践活动课程超越具有严密的知识体系和技能体系的学科界限，强调以学生的经验、社会实际、社会需要和问题为核心，以主题的形式对课程资源进行整合的课程，以有效地培养和发展学生解决问题的能力、探究精神和综合实践能力。

● 综合实践活动课程是一种实践性课程。

作为一种基本的课程形态，综合实践活动课程尤其注重学生多样性的实践性学习方式，转变那种单一的以知识传授为基本方式、以知识结果的获得为直接目的的学习活动，强调多样化的实践性学习，如探究、调查、访问、考察、操作、服务、劳动实践和技术实践等。因而，综合实践活动课程比其他任何课程都更强调学生对实际的活动过程的亲历和体验。

● 综合实践活动是一种面向学生生活领域延伸的综合性课程。

作为一种基本的课程形态，综合实践活动课程强调超越教材、课堂和学校的局限，在活动时空上向自然环境、学生的生活领域和社会生活领域延伸，密切学生与自然、与社会、与生活的联系。

从以上几点可以看出，综合实践活动不是教学层面的一种教学活动方式，而是课程层面的一种具有独立形态的课程。它为学生的发展开辟了面向生活、面向自然、面向社会的广阔时空。

(2)综合实践活动课程的先进理念

综合实践活动是一类不以学科概念为核心，而以现实生活中的问题为中心，以实践活动这些问题的探索解决为线索的学生自己生成的课程。其课程理念体现在以下四方面：

一是突出学生主体。

综合实践活动是充分发挥学生主体性的课程，它要求学生积极参与、自主实践，同时要求教师有针对性地加以引导、指导。

二是面向学生生活。

综合实践活动课程超越书本，超越体系化的教材，超越封闭的课堂，面向自然、面向社会、面向学生的生活和已有的经验，在开放的时空中促进学生生动活泼地发展，增长学生对自然、对社会、对自我的实际体验，发展综合的实践能力。

三是注重学生实践。

综合实践活动的实施不能停留在纸上谈兵的状况，不能把学生关在教室里进行综合实践活动，不能把综合实践活动当作一门具有系统的书本知识的课程，一个单元一个单元、一课一课地来教。要引导学生在具体的自然情境和社会情境，或特定的活动场所(如劳动基地、劳动教室等)中开展调查、考察、参观、访问、实验、测量、劳动、服务等实际的活动。

四是强调活动综合。

综合实践活动面向学生的各种生活领域，注重对学生经验的整合。它不是以知识点的方式来组织内容的，它的活动内容是开放的，面向学生生活世界的学生感兴趣的各种话题、主题或问题。因此，综合实践活动的实施强调通过活动来综合运用学生已有的知识，以及开展综合活动。

(3)综合实践活动课程的实施

第一，综合实践活动实施的一般过程：

确立活动主题——制订活动方案——开展实践活动——活动的总结、交流与评价——活动延伸等过程和环节。

第二，常见课型及操作规律：

根据综合实践活动的实施过程及指导活动，其常见课型大体有：选题指导课，阶段交流指导课，成果展示指导课等。

选题指导课：(1)它是指在教师引导下，学生通过观察与思考生活背景中的现象与问题，搜集与分析材料，通过讨论与交流，逐步提出自己感兴趣或关注的问题，然后由小组或班级集体汇总、归纳、整理后确立活动主题，学生围绕主题进行主题分解、组建实践活动小组、制定活动计划或方案的课型。一般是一到两课时。计划的好坏将直接影响综合实践主题活动的整个过程能否安全、有效地开展；(2)教学过程一般是：创设情景、生成主题——主题分解，产生小课题——成立研究小组，明确分工——讨论、制订——交流、完善研究方案。

阶段交流指导课：(1)它是指教师根据学生开展活动情况，有针对性地进行指导、点拨与督促，进行阶段性研讨和交流，促进学生实践活动不断持续、深入开展的指导课型；(2)教学过程一般是：教师对前期活动开展作阶段性回顾；学生分组汇报活动过程；教师组织生生之间的互动交流，提出活动过程中遇到的困难(师生、生生相互帮扶建议，解决)；引导学生发现新的问题，生成新的活动内容；学生调整下一阶段的活动计划。

成果展示指导课：(1)它是指教师组织、指导学生围绕主题进行实践活动成果展示与评价的课型；(2)教学过程一般是：全程活动整体回顾；小组展示部分创作成果；师生评价、交流产生问题；师生互动指导成果展示；小组完善加工成果创作。

附：教育技术在活动课教学中的课例摘选。

课例1：小学活动课。

“校服与我”

——五年级上综合实践活动选题指导设计

——乔桂玉

一、活动目标

1. 通过影像回顾，引发学生对校服的关注，并能结合生活实际，从多个角度谈出对校服的想法与质疑，引导学生学会关注自己的生活，并能对校服现实问题畅所欲言，培养学生质疑的能力。

2. 在教师的指导下，学生通过小组讨论，整理归纳出有关校服研究的小主题，由学生自主选择主题，激发学生参与实践活动的兴趣，并培养学生分析归类的能力。

3. 指导学生学会制订小组活动计划，培养学生能周密、详尽、合理地安排活动的能力，增强学生学会计划学习与生活的意识，促进学生之间的交际，并能团结协作解决问题。

二、活动重难点

1. 根据主题提出有价值问题，并能整理归类；

2. 学会制订活动计划。

三、课时安排

一课时

四、教学过程

(一)游戏分组，引发主题

1. 做“找朋友”游戏，巧妙结合小组。

2.(课件播放)“校服”的自述：

亲爱的同学们，你们认识我吗？我是你们最亲密的朋友，可你们瞧，我的遭遇：

被同学搁置一旁，挤压在柜壳；被人遗落在操场上；到处污迹斑斑(像个小花猫)；同学穿上我不是小得像坎肩，就是大得像袍子……

看到好朋友的遭遇，你们一定想说的有许多。

师：那今天就让我们的综合实践活动课一起来走进“校服与我”的研究中。(板书课题)

(二)小组合作，确定活动子课题

1. 师：那现在请大家想想有关校服的哪些内容是你想研究的？

如你在日常生活中发现了什么，可以是你对校服感兴趣的内容，也可以是你发现了一些什么问题……(学生畅所欲言)

2. 教师可根据学生的发言内容，引导学生梳理归纳提出的问题和想法，确定学生活动的主题。大致有以下几个方面：

(1)有关于校服的历史和知识、特点等；

(2)有关于对现今校服的满意与否的态度问题；

(3)有对于校服的提议和创意。

3. 那现在选择一方面作为你们小组的研究主题，随后商讨一下我们该做什么了。

五、小组合作，拟订小组活动计划

大家知道吗，要想研究成功，可不是光靠响亮别致的名字与口号就行的，还必须要有一份详实、周密的计划。

1. 什么是计划，根据你的生活经验和所学知识，计划应包含哪些内容？(活动主题，组长，副组长，以及活动过程与内容的安排，活动地点，人员的分工，研究方法，活动准备，预计成果等)。

2. 在制订计划时，你们还有什么困难吗？(教师辅以课件帮助解决)。

以什么方式写？(表格，文字叙述，按时间顺序或内容分类等)。

什么叫研究方法，有哪些？(网络查询，采访询问，问卷调查，观察记录等)。

人多怎么讨论形成共识？(可由副组长分散组织小组员先试制定，然后大组长汇总，共同商讨，取长补短完善成形)。

3. 现在就请大家以小组为单位，拟订小组研究活动计划(教师巡视指导)。

4. 小组指名展示，其他同学评价，之后再来完善计划。

经过这一节课我们充实的准备，我相信大家的研究活动绝不是“纸上谈兵”，一定会收获到很多的惊喜与意外，所以大家也要做有心人，随时搜集材料，同时保存好资料，为下一步研究注入更鲜活的血液。

评析：

选题指导课中，主题的确立与活动方案的指导至关重要，在本次课例设计中体现了：

1. 走近学生生活，遵循主题确立的原则，关注主题产生的实践意义

(1)源于生活的主题确立，为主题实践活动奠定了基础

从本次主题的产生，我们可以看出它源自学生的生活，因为对于学生来说，一年365天中，有将近200多天与校服亲密接触，而且校服又是学生与学校风貌的充分表现，是学生和学校的一个标志，所以校服已经成为了学生学习生活中必不可少的一部分。但是随着时间推移，人们的生活条件在逐步提高，儿童、学生的服装样式也日益多样化，可校服依旧是一成不变，所以学生对待校服越来越漫不经心：校园内经常看到随便乱扔、丢弃的校服，以及校服上污迹斑斑等现象，而且穿校服俨然成为了学校的强行规定，给孩子们带来了很多不便。可见本次主题的选择注重引导学生从学生个体的学习生活、家庭生活、社会生活提出具有生命力的鲜活的活动主题，体现了主题的实践意义。

(2)尊重学生主体性的可行性主题的确立，为主题实践活动提供了保障

综合实践活动主题的确立应考虑活动的现实指向性、可行性，应该努力向儿童的生活和经验回归，应该选择一些切口较小、容易操作，内容积极，对学生的成长有利的主题。所以教师结合冀教版《综合实践与创新活动》五年级下册《快乐的服装设计师》，将范围宽泛的“服装”直接选定为学生经验与生活经历更丰富的“校服”，而且将原教材的一些活动进行了改变，在单元主题的指导下把本次的活动主题设定为“校服与我”，让学生直面自己的校服问题，提升自我社会人的意识和思考，才可以让主题成为学生自我要解决的实效问题。

2. 尊重学生主体地位，关注学生活动难点，凸显教师指导作用

我们知道综合实践活动虽然是一类不以学科概念为核心，而以现实生活中的问题为中心，以实践活动这些问题的探索解决为线索的学生自己生成的课程，它要求教师角色转变，但并不意味着指导作用因此而可削弱，所以教师对学情的预设和指导的准备更是至关重要。

在本课例中，教师关注了活动计划制订的指导，因为计划的细致和周密是提高活动实效性的保障，而在其他学科中学生对这方面的学习和经验明显不足，所以为了帮助学生将活动计划做得较规范，在起始阶段，教师给予了一定的方法指导。如，提供撰写活动计划的表格范例，研究活动方法的提示等。这样让学生在操作中学习，在学习中实践，既培养了他们良好的思维习惯，又让学生降低了畏难情绪，为后期的活动铺设了道路，使学生体验到综合实践活动课程与众不同的快乐。

总之，综合实践活动课程不是“可教的”课程，而是“可做的”的课程。学生就是课程实施的主体，从活动主题或课题的提出，到活动方案的制订，再到活动的实施，以及活动的总结、交流和评价，都应该尽可能地让学生自主活动。指导教师只对其进行必要的指导，不包揽学生的活动。忽视学生的主体性，使课程变成教师“讲”综合实践，或者学生“演”综合实践，都是需要纠正的错误倾向。

课例 2：综合实践课题。

高中研究性学习课例

活动课题：塑料垃圾有多少

活动目的：

通过调查日常生活垃圾的组成和产生量，计算废旧塑料在生活垃圾中所占的比重，为废旧塑料的处理和利用提供帮助。

活动准备：

秤、包装袋、记录表；

观察本地生活环境中废旧塑料的分布情况；

选择居住区附近有代表性的生活垃圾倾倒点 5 处左右；

调查使用各垃圾点的居民人数；

向环保部门咨询本市垃圾处理的情况；

向民政部门咨询本市常住人口的情况；

分组，每组负责一个垃圾点的垃圾称量。

活动内容：

1. 分类称量。

在各垃圾点将废旧塑料拣出，装入包装袋，称量。将剩余的垃圾装袋，称量。连测 3 天，将结果填入表 1-3。

活动时间应尽量安排在垃圾被运走或被他人拣拾之前，以保证结果的准确。

表 1-3　城市生活垃圾中废旧塑料所占比重调查

垃圾点编号__________使用该垃圾点的居民人数

日　期	垃圾总质量(kg)	废旧塑料质量(kg)	废旧塑料所占质量百分比(%)
月　日			
月　日			
月　日			
日平均			

2. 计算当地人均废旧塑料产生量。

根据各垃圾点的废旧塑料日均总量与使用人数，计算当地人均日废旧塑料产生量，将结果填入表 1-4。

表 1-4　城市废旧塑料人均日产生量

调查点编号	地点	日均产生量（kg/d）	使用人数	人均日产生量[kg/(d·人)]
1				
2				
3				
4				
5				
当地平均值				

3. 问题。

(1)你认为本地是否存在白色污染？依据是什么？

(2)本地有多少居民？一年共产生多少吨生活垃圾？其中废旧塑料占多少？

(3)本地废旧塑料的主要来源是什么？

(4)本地如何处理生活垃圾？你认为是否科学合理？

(5)如果本地存在白色污染，原因是什么？如何治理？

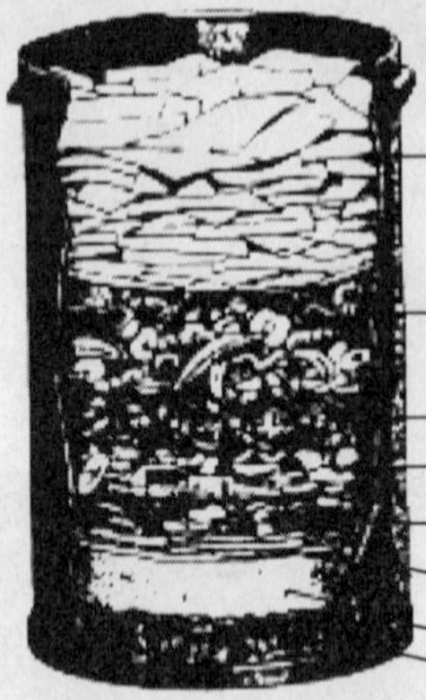

4. 根据研究分析，通过网络查找有关材料，写一篇有关治理“白色污染”的宣传材料。

9. 小学英语语音教学

“英语语音实验室教学”在传统意义上教师们大多会认为：就是让学生在英语语音实验室里的语言学习系统下戴着耳机进行英语学习。开始，只是让学生戴着耳机听英语，学生刚接触语音室，有一种新鲜感，对语音课颇感兴趣。但不久，他们对这种单调的语音课就失去了兴趣，甚至产生厌烦心理，尤其是基础差的学生，只是坐在位子上玩耳机及按键。因此，教学效果不尽人意，而且设备的损坏率较高。久而久之，语音室的使用率逐步下降。但是充分利用各种现代教学设备在语音实验室进行英语课堂教学所产生的教学效果，是传统教学手段无法比拟和实现的，不仅学生的听、说能力能得到显著提高，语言综合运用能力和语言交际能力也都会得到同步提高，不仅如此，学生的观察、记忆、想像能力和创新精神都同时能得到培养。英语语音实验室应该成为全面提高英语教学质量的主战场之一。

(1)运用语音实验室的原声功能，创设纯正的听觉环境。

传统的小学英语教学模式是一种简单的文字和声音的“复制”以及单一的声音信息的反馈。在这种“复制”和反馈的过程中，因教师、学生及课堂教学环境等因素的限制，信息的传递会产生“变形”、“错位”。语音实验室能产生一种纯正的、近乎没有人为修正的语言环境，这种语言环境能帮助学生增强语感、纠正发音、积累英语语境体验、增强在口语环境中的自我调整能力。

在我们日常的英语发音教学中，最大的缺陷就是教师的准确发音不能很好地传递到学生的听觉神经中，传递中各种因素的影响导致学生形成“中国英语”。而语音室相对封闭的听觉环境及语音贮存功能，能很好地解决这个问题。通过语音实验室，学生们得到的是经过语音设备复制的纯正声音元素。比如在进行一堂有关车站的阅读课教学时，我们先用语音设备去掉听力材料中的背景噪音，让学生用耳麦完整地听一遍这段录音；接着让学生单独跟着录音复读一遍。由于相对封闭的听力环境和语音纯正的听力材料，学生能够区分本身发音与原声的差别，自主进行修正，并有针对性地去感悟语句中的单词所能够运用的语言环境。这相当于有一位专职的英语教师在不断地帮他修正，学生的听力及语言修正能力在语音纯正的“陪读”材料中得到了加强。最后还可对每个学生的跟读过程进行录音，选择部分典型的录音，让全体同学听并指出其中的优点和不足。这样，不仅朗读者得到帮助，其他同学也得到提高。

(2)利用语音室进行英语教学，培养学生的语音素质。

语音是语言的物质外壳，也是语言赖以生存的基本形式，要想学好语言就得有较高的听、辨音能力和模仿能力。只有听清了，才能分辨、才能模仿、也才能为说打好牢固基础。语音室作为语言训练的专门教室，对培养与提高学生的语音素质有着其他手段无法替代的优势。学生在充分听的过程中，形成读、说能力的必要环节。模仿能力的形成不在于学生能跟随耳机传来的声音“随声附和”或“鹦鹉学舌”，而是要求学生能用最快速度把握所听材料的音、调、语气，并用声音形式准确表达出来。一般安排两类训练，一类是练习反应速度方面的。首先准备适当集中的材料，材料内容不能过少；其次最好以集体模仿的形式(可集中用 A 机放音)，便于学生在竞争气氛中提高模仿速度，教师则可通过监听特别是自动监听功能掌握整体的模仿情况。另一类则为练习模仿的准确性，一般来讲从单音入手，再向较为复杂的句子过渡。应该注意的问题是：一是重点性。语音材料，特别是句子的模仿，有许多需注意的地方，就一次训练而言，若面面俱到效果反而不好，因此要确定每次训练的模仿重点(如语调、重音、音素等)而兼顾其他。二是针对性。教师应监听学生的模仿情况，并利用对讲功能予以必要指导，这是学生准确模仿必不可少的。同时在初步形成“声音形象”的基础上，进行区别性语音练习，是提高语音水平的重要途径。而辨音能力的高低，也恰恰是衡量一个人语音素质高低的重要标志，可采取以下方式进行训练：其一是直接对比。以单词为例，如 man—men，right—light，这类对比适合于学生知其一而不知其二时的练习，可采取先听后跟读再区分的步骤来进行；其二是间接对比，即把需对比的词(或音或项目)置于不同句子中，让学生找出或写出其中的对比词，在对比的过程中，发现差别。此类练习难度较大，综合性强，适于初二年级下学期以后运用。还有一种甄别性辨音练习，即把一个词置于具有相同音的几个词中，通过易混音的比较，选出发音不同的词，这是最经济有效的辨音练习。

(3)组合运用多种教育技术手段，激发学生学习英语的兴趣。

在语音室进行英语教学，应用电教媒体的关键在于充分发挥其工具性和交互性。线性和非线性地呈现教学材料，让语言、图像和声音同时作用于学生的多种感官，让他们左右脑并用，充分发挥学习积极性，从而进一步提高听、说、读、写、译的综合能力。但在小学英语教学中，纯听觉的教学模式往往难以激发学生本身的语言感悟能力。人类有天生的语言感悟能力，但这种感悟需要依托于一定的听觉和视觉环境，特别是真实可感的视觉环境更能培养学生的语感，使他们觉得有话想说、有话要说、有话能说。真实的语境能够对学生个体语言系统自然地起到组织、引导的作用。所以我们要充分运用多种媒体手段，在语音室实现视听说充分结合。下面以听说课型为例说明基本教学思路：①投影片打出 Prewatching Questions，让学生带着问题去观看电视节目，把握材料主旨，以激发深入探讨的兴趣；②音像设备与语音室主控台连接后，运用语音室 TV 键，使音像同时作用于学生的感知器官(材料一般放 1—2 遍)；③学生利用双讲键讲座问题，教师利用全体键解疑，然后各组通过示范功能回答问题；④利用双讲键让学生做 Pair work，做有意义的说的练习；⑤关闭电视机音量，学生对画面模仿配音(可以沿用 Pair work，也可以用任意编组)，使全体同学融于情景，充当角色；⑥根据录像材料，安排类似的说的情景。如在讲练“Working hard on the farm”一单元结束后，可结合“问路”这一功能，安排“Going shopping on sunday”，让学生进行真实演练，并运用 Is it far? how far is it? 及其应答。这样的编组练习，学生学有所用，兴趣浓厚。

欣赏、学、唱、配制英语歌曲也是利用语音室进行英语教学的一种有益尝试。小学生正处于心理的迅速提高期，外部表现为活泼好动，其听觉的灵敏度甚至高于成人。而学习英语歌曲是提高学生语感和听力的有效途径，并且小学阶段是一生中对音乐的感受力最强的阶段。所以无论是对英语学习的推动，还是对学生兴趣的激发都有重大作用。语音室具有较好的音响效果，并有其他媒体配合，又少有外界干扰，因此是较为理想的场所。做法是：①欣赏。选适合的、学生熟悉的名曲，利用上课前几分钟或临下课时进行欣赏，以渲染课堂气氛，培养学生愉快心境。欣赏曲目一般用语音室专用音箱播放，并利用投影打出疑难句词的解释。《音乐之声》中的插曲、《红河谷》等很受学生喜爱；②学、唱。结合教学内容安排歌曲的学、唱，如字母歌等。教唱时我们采用整体欣赏(音箱)——歌词明意读练(录音伴奏)——分解学唱(用暂停或教师领唱)几个步骤。这样既巩固所学知识，又能训练学生的节奏感，寓教于乐。学生会唱后，运用合唱、对唱等方式进行巩固。重要的是把英语歌曲融于英语课堂，如在值日环节，游戏“失败者”的“惩罚”方式，调节气氛时均可运用。③填词。为调动学生积极性，增加大多数人的成就感，尝试“旧曲填新词”的运用英语歌曲的形式。具体做法是，某课或某单元学完后，在学生对内容较熟悉的基础上，利用放音设备播放一首学生已会的英语歌曲填新词(其中教师可利用对讲掌握情况)，然后进行课堂录音。播放学生的作品时，课堂气氛异常热烈。在自谱自唱中，学生开发了智力，提高了参与意识。④开发功能，开展竞争。适当的竞争气氛能激发学生的学习兴趣，提高学习效率。语音室中的现代化视听设备、视频系统(有的兼有测试系统)，为开展英语竞赛提供了较理想的场地和抢答器(利用呼叫键)。语音室进行竞赛，形式灵活，可以以小组身份参加，也可以以个体为单位参加。内容可涉及听、说、读、演讲各方面。竞赛过程广泛运用各种媒体手段，使题目新颖，富于趣味性。班级竞赛作法是：定期进行，以利学生在教师指导下熟悉竞赛形式及语音室各项设备操作；恰当分组，以造成势均力敌的竞争；听说读写综合考察，增加交际运用的项目。在开发功能方面，主要有如下几项：呼叫键抢答；对讲键师问生答；双讲键用于两个同学对抗竞争(与师生问答同)；监听寻错。这些开发的功能，操作简便，形式多样，学生乐于接受，效果很好。

(4)结合计算机网络技术，延伸课程资源，拓展学用渠道，探求整合新思路。

计算机网络的飞速发展为语音实验室的教学提供了全新的教学手段和课程资源。教学中可以组织英语论坛的教学活动。英语论坛主要通过分组的方式进行，教师有针对性地在校内信息平台上设置不同主题的讨论专区，并提供有关素材，要求学生课外上网阅读。在语音实验室上课时，让学生根据论坛上所提供的素材进行有声会话，教师进行实时巡听和监控，纠正学生错误的发音和词句，对偏离主题的论题进行引导，并对同学们的发言作实时录音，以作为课后的演示回放素材。这一全新的教学模式不但能激发学生学习英语的兴趣，有效地弥补传统英语课堂教学的缺陷，同时也能为学生提供一个学以致用的场所，极大地提高教学效率和教学质量，从质上增强学生的口语会话能力和听力感知能力。

尽管语音室在很多方面有着其他媒体无法比拟的优点，但它不是万能的，它仅是各类媒体中的一种，它本身也还有很多不很适合英语教学之处，如对话表演的局限性，师生之间面对面情感交流减少，还有很多种内容不适合于在语音室进行(如语法等)。因此我们应该充分发挥其利用语言训练的优势，挖掘开发其潜在的功能，在教学中予以最充分的运用，真正实现教学的飞跃，使外语语音室成为英语教学的另一种完美实践形式。

附：英语语音实验室教学课例。

冀教版《小学英语》六年级第7册 Lesson 4《 In the Bathroom》

——张 莉

本课是冀教版教材《小学英语》第7册第一单元第四课，本单元围绕所居住的房子及里面的房间开展教学活动，而本课则是介绍卫生间里的对应设施及相应的活动。本节课是本单元的重点，不仅要通过课文重点单词、词组、句型的学习，听懂、会读、会说、会读课文，会唱歌曲，更要进一步提高学生听、说、读、写的综合能力。

本课教学的主要对象尽管是小学六年级的学生，但是由于他们的年龄特征，生性好动，他们感觉的情绪性和无意性很明显，对自己感兴趣的知识能记得很牢，反之则很快忘记。因此在课堂教学过程中，必须注意有意注意与无意注意交叉进行；注意课堂教学形式的多样化和有效性；注意多给学生成功的体验，以促进他们内在潜能的发挥，从而使整个教学过程具有双向性和互动性，让学生在学习中获得乐趣，在游戏中

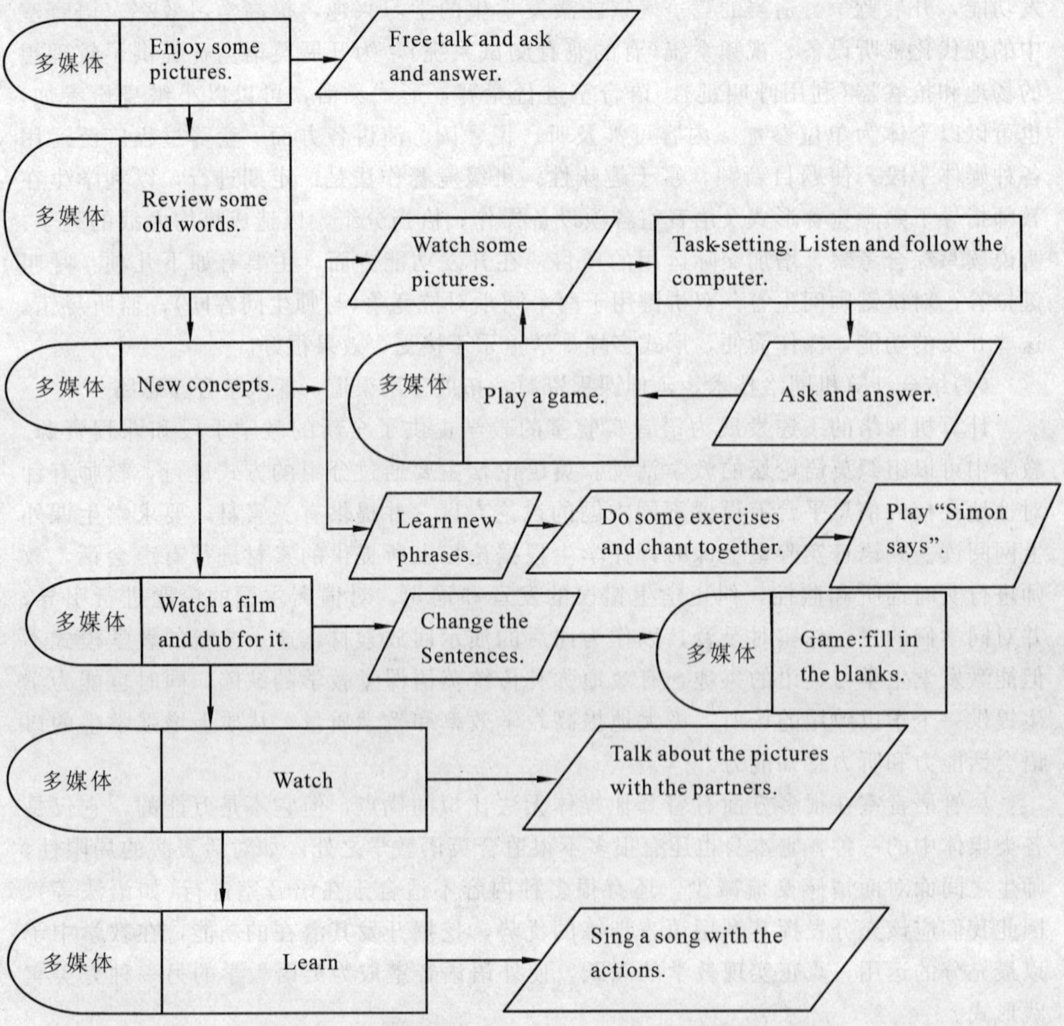

教学过程结构流程

获得知识。总之，要让学生在英语课上乐一乐，学一学，玩一玩，以促使他们主动地参与教学活动。

教学过程：

Step1. Class opening and review。

(1) Greeting。

(2)上网观赏图片，激发学生学习本课的兴趣，并引出课题。

课前教师将在网上搜集的关于卫生间的图片链接进网页，一上课就让学生欣赏，给学生创造浓厚的网络氛围，并引起学生学习本课的兴趣。

(3)Free talk 师生、生生对话。复习学过的旧单词 soap、combtoothbrush、brush、towel 等，并引出新知。

soap、comb、toothbrush、brush、towel 这几个单词是三年级时学过的，教师引导学生归纳总结，把单词归类，并利用浴室图画把单词归位，复习旧单词。

Step2. (New concepts) 导入新课。

(1)提问引出 bathroom。

(2)通过网络自学 bathroom、bathtub、shower、toilet、sink 并复习 soap、comb、toothbrush、brush、towel。

整体感受新知，要求学生上网复习旧单词，学习新单词，点击鼠标，随电脑认读。根据多媒体具有大容量、多信息、多趣味和高效率的特征，要求学生上网查询，了解并认读单词，学生在动手操作的过程中能形象地了解记忆，并随机跟读，把每个单词甚至很难读的单词读音掌握，这样就做到了省时高效，并且有效地激发学生学习英语的兴趣和求知欲，能有效地促进学生在优化的课堂环境中主动参与学习。

(3)Ask and answer. 学生自主领读生词。

师生角色互换，把学生学习的主动权真正交还给学生，老师也参与到学生的学习中去，在检验学生的自学效果时，注意不准确的地方，并在合适的时候给予纠正。

(4)电脑游戏：听音拖单词。

把学生刚刚学习到的新单词作成网络游戏。要求学生听音填空，可以最快地了解学生掌握情况，也可以弥补集体学习反馈时无法逐个兼顾个体的遗憾。

(5)Let's learn new phrases. 作动作学动词词组，并说出简单的句子。要求学生看着形象的动画，利用全身运动法边做动作边记忆动词词组，以增加兴趣，形象直观地记忆。

(6)Let's chant.

把动词词组编成朗朗上口的儿歌，再配上学生喜欢的音乐，帮助学生进一步记忆。

(7)Play"I say , you do"and"Simon says".

利用学生喜闻乐见的游戏帮助记忆，增加学英语的趣味性。

(8)看网页，熟悉"mine , yours"的读音及用法，并选择角色配音对话。采用声像结合的方式制作对话，让学生在对话中感受这两个物主代词，人机对话，更好地帮助学生理解。

(9)教师辅导，同意句转换。及时了解反馈，通过老师进一步讲解，学生更好地了解其用法。

(10)在线测一测：填词游戏。联系实际把本课要掌握的物主代词做一个小测验，教师及时了解学生掌握情况。

(11)小组合作，选择图片，用今天所学的单词和词组，结合以前学过的语言知识，介绍选择的浴室。通过 BBS 平台发布自己写的文章，师生交流。锻炼学生的英语写作能力和表达能力。

(12)学生挑选代表展示小组合作的文章，教师总结。培养学生的小组合作意识。

Step3. Class closing：看电脑学唱"This is the way we wash our hands"。由于这首歌曲学生在三年级时学习过，旋律很熟，只是歌词有所不同。所以再学唱时采取只听唱第一段，其余由学生自己填词完成。

课后反思：

1. 这是一节英语和现代技术整合课，充分利用了现代信息技术大容量、直观、形象、学生感兴趣的特点，充分弥补了我们目前英语课中受教学生人数多，教师无法逐个兼顾，教育资源有限的弱点，充分开发多媒体技术的主动性和互动性功能，让学生在语言实践中学习和掌握语言。并形成了师生之间，生生之间的多层互动，整体感觉是寓教于乐的。

2. 从教材整合的角度来看，注意了教学内容的螺旋上升，把低年级学过的有关语言知识和新知识有机地结合，注意语言学习的规律，从词到词组再到句型，最后形成一小段文章。并且把学到的语言材料都让学生形成了可利用的句子。

3. 在本节课的教学中，由于对教材深度和挖掘的广度和深度不够，出现了就语言讲语言，而在语言的有效利用中还有欠缺。

4. 在讲语言的同时如何让学生在学习中感受语言，尤其是一些难懂的语法项目，如何让学生在学中用，而不是机械的操练。这是今后综合教学中面临的一个新课题。

10. 课外阅读教学指导

(1)课外阅读教学概述。

现代阅读教学观认为，阅读是收集处理信息、认识世界、发展思维、获得美感的重要途径。阅读教学，是连接课内外阅读的桥梁，是精读、略读的延续与扩展，是向广泛阅读打开的窗口，是文本走向生活的通道。课文篇幅虽短，但信息量大，图文并茂，又围绕着一定的文化主题。因此，在阅读教学的课堂教学环境中，同样要运用教育技术手段，引导学生学习。但是课堂教学之后，应启示学生产生“链接的链接”，一方面可以浏览更多的与文化主题相关的内容作为阅读积累；另一方面可以调动学生在实际生活中进行积累，作为表达的素材。这也是扩大学生的阅读量，使学生的阅读视野更加广阔，激发学生的阅读兴趣，培养学生的阅读习惯的重要途径。

阅读教学的教材，丰富多彩。每一堂阅读课是独立的，学生在阅读教学中需要了解相关的历史背景，作者简历，以及文章所描写的事情的前因后果。然而，阅读的方法是多样的，阅读的内容也非一本薄薄的教材所能包括，这就特别需要阅读链接。阅读链接是在头脑中有了一定的阅读积累之后，为了使学生的阅读视野更加广阔，激发学生的阅读兴趣，培养学生的阅读习惯，扩大学生的阅读量而设计的，要以此为窗口打开学生的课外阅读。所以在学习阅读链接时更不能只学习书中的内容，这就必须借助图书馆的资料，查找自己所需的资料，构建一本更为广阔的教材。同时这需要学生对图书馆中的资料进行搜集、筛选、整理。

(2)课外阅读教学途径。

当今信息技术发展迅速的时代，中小学课外阅读教学的途径也越来越广泛，概括起来大致为图书馆阅读和电子网络阅读两个类别。

学校图书馆的重要任务之一，是为学生提供更多的阅读资源。是学生丰富知识、开阔视野、接受教育、培养能力的重要场所。美国著名的图书馆学者杜威说：“学校教育与图书馆教育是大众教育的两个组成部分，只有学校教育，而没有图书馆教育，一个人的教育是不完整的。”教师虽不是图书馆专业管理人员，但为了充分利用图书馆资源为教学服务，应该知道图书馆有哪些资料，哪些资料可以作为本课程资源，同时还要调动一切可能因素，让学生能够上图书馆，愿意上图书馆。阅读课从认识图书馆开始，引领学生走出教室，走进图书馆，感受知识的无尽魅力，激发学生的阅读激情。

充分利用网络资源进行阅读，已经越来越被人们重视。因此，鼓励学生利用家庭电脑、学校计算机教室的设备进行阅读，更是一种可以选择的好方法。在计算机网络阅读中，资源更丰富，链接渠道更广泛，音像、图文、视频应有尽有，对于激发学生的阅读积极性更有好处。

总之，在阅读教学中，不仅要充分运用教育技术手段，而且要合理利用学校的教育技术装备。学校图书馆环境下的阅读教学，也必将成为学生学习的重要手段和途径。利用图书馆可以构建学生的学习渠道，丰富学生的学习生活，使学习变得生动有趣，提高学习效率，锻炼学生的学习能力。因此，在语文阅读教学中，要充分发挥学校图书馆的职能，使学校图书馆在新课程改革的进程中发挥更重要的作用。

(3)课外阅读教学的基本要求。

课外阅读教学的基本要求，原则上是从数量和方法两个方面提出的。《语文课程标准》对中小学生课外阅读数量的要求是：第一学段不少于5万字，第二学段不少于40万字，第三学段不少于100万字，第四学段不仅增加了阅读量，而且扩大了阅读范围。九年累计可达到400万字以上。在阅读方法上，不仅按照学段提出了具体要求，还提出“利用图书馆、网络等信息渠道尝试进行探究性阅读”。探究性阅读，是开放性阅读，它的阅读渠道不仅在课堂，而且也在课外；探究性阅读，是自主性阅读，确定阅读主题、选择阅读途径、确定阅读方法、进行阅读总结等都要由学生独立完成；探究性阅读也是挑战性阅读，它要求学生将所学到的知识、方法进行综合运用，来完成阅读任务。

(4)课外阅读教学的指导。

一是要很好应用与课堂教学相链接的方法，拓宽、延伸阅读内容。

图书馆种类繁多的各种书籍和资料，许多学生不知所措，教师首先要教会学生如何有目的地查找资料，搜集整理资料。如小学语文六年级上册最后一个单元的阅读链接是“柳文化集锦”。因为这个单元介绍的都是中国的传统文化，有茶文化、戏曲和曲艺文化、民间文化、传统节日文化，那么作为对“传统文化吐幽香”这样一个单元主题的拓展和延伸，阅读链接内容安排了“柳文化”。在预习时，安排学生进图书馆上一节阅读课，目的是了解中国“柳文化”的不同方面，如各地方关于柳的习俗，关于柳的诗词等。阅读课上分小组查阅资料，整理学习材料，通过分工，学生们很快就能找到所需书籍，再按照小组各自任务筛选、整理资料，小组资源共享，便形成了班级共同的预习材料。而后再进行这个阅读链接的教学，学生的学习积极性很高，对我国柳文化有了更深的认识和体会。可见，作为教育教学资源宝库的图书馆无疑为学习阅读链接提供了广泛的资源空间，成为学生思想的跑马场，智慧碰撞的舞台。

新课程下的课堂教学活动应是充满生机、充满活力的，它不应拘泥于传统的教学模式，而应以提高学生的读、写能力为目标，采用灵活多样的教学方法，减轻学生的心理负担，增加学习效果。不仅教学中要开拓教学空间，尽可能地打破原先的课堂教学模式，还要树立“得法于课内，增益于课外”的开放性教学观，开拓学生的视野，扩大学生的接触面和知识面。这就更需要引导、指导学生进入图书馆，根据教师的推荐和阅读链接的内容，进行有选择性地阅读。教师还可以相机指导学生，在图书馆浩如烟海的阅读宝库中“只取一瓢饮”的鉴别能力、赏析眼光。再如，仍是在教学小学六年级上册最后一个单元的阅读链接是“柳文化集锦”时，课后在学生阅读理解“柳文化”的基础上，安排学生再次走进图书馆，阅读自己感兴趣的有关中国的传统文化的书籍或文章，如："山文化""水文化"之类进行基础上的链接。在大量的信息面前，引导学生逐步筛选、分类、整理资料，随后让学生围绕自己的研究专题做了一个图文并茂的专题汇报。这样，课内的学习自然延伸到课外，课外的拓展很好地加深了对文章内涵的理解，起到了课内课外有机融合，互为补充的学习效果，学生的素养得到了极大的提高，这其中图书馆发挥了极其重要的作用。

二是通过课堂教学，指导学生掌握必要的阅读方法。

第一，是阅读方法，主要包括朗读、默读、精读、略读、浏览等，在阅读中都有着重要作用。让学生明确根据阅读的目的选择不同的阅读方法。第二是使用媒体的方法。第三是图书馆资料的检索方法。第四是选择阅读内容的方法。第五是阅读记录的方法。第六是阅读资料存储的方法。

附：课外阅读教学指导课例。

课例 1：

《走近黄河》教学设计

<table>
<tr><td>教师</td><td>杜 婷</td><td>科目</td><td>地理</td><td>课题</td><td>走进黄河</td></tr>
<tr><td>学校</td><td></td><td>类型</td><td>阅读指导</td><td>课时</td><td>1 课时</td></tr>
<tr><td>设计思路</td><td colspan="5">通过播放关于黄河的视频，激发学生的兴趣。利用图书馆的资源可以分类查找有关黄河的知识，具体从以下四个方面进行了解：1. 黄河概况：通过读图，从黄河所处的地理环境简单分析，就是在这片流域，孕育了我们伟大的中华民族，我们的祖先在这里繁衍生息，所以我们称其为"母亲河"；2. 黄河历史：通过阅读课外书籍，从历史渊源进一步了解黄河，无论是在古代还是现在，她都见证了中华民族的发展；3. 黄河文化：黄河有壮丽的景观、辉煌的历史，无数文人墨客都来赞美她、歌颂她，学生平时积累的诗句有哪些可以用来描述；4. 黄河治理：黄河，我们伟大的母亲河，用她的身躯养育了我们，现在却遍体鳞伤，作为新一代的中学生，我们应该如何用实际行动，去保护我们的母亲河？最后推荐有关黄河的书籍，把图书馆的资源利用起来，使学生能够阅读到更多的好书。</td></tr>
<tr><td rowspan="3">教学目标</td><td>知识与技能</td><td colspan="4">1. 感受黄河文明，体会黄河作为"母亲河"是怎样深入全面地积淀在中国文化之中的(黄河的发源、流经的省区，黄河灿烂的文化以及它的现状等)。
2. 学会根据主题收集、整理、筛选资料的方法。</td></tr>
<tr><td>过程与方法</td><td colspan="4">通过各种途径搜集关于黄河的语言、文化、历史和环境等资料，经过整理、筛选，加深自己对黄河及其文化的了解。</td></tr>
<tr><td>情感、态度与价值观</td><td colspan="4">关注"母亲河"，加强环保意识，激发学生的爱国热情。</td></tr>
<tr><td>教学重点与难点</td><td colspan="5">教学重点：1. 黄河的地理概况。2. 黄河的治理。
教学难点：黄河的治理。</td></tr>
</table>

续表

<table>
<tr><th>教学内容</th><th colspan="2">教师行为</th><th>学生行为</th><th>设计意图</th></tr>
<tr><td>引入新课</td><td colspan="2">同学们今天我们的地理课走出课堂，走进阅览室，上一节不同以往的地理课。大家先来看一个视频，在看的过程中，思考一下，有哪些词语可以描述你心中的感觉？</td><td>观察，描述。</td><td>创设情境，激发兴趣</td></tr>
<tr><td>过渡</td><td colspan="4">如此雄伟壮丽的景观，它到底描述的是谁呢？同学们想不想到黄河边上去看一看？想不想更多的了解黄河呢？今天我们就一起走近黄河。
走近黄河，我们不能到黄河边上亲眼目睹她的雄伟壮阔，那么我们可以从我们的知识宝库——图书馆中了解她。</td></tr>
<tr><td>介绍图书馆及查阅资料方法</td><td colspan="2">我们的图书馆有210平方米，藏书近3万册。种类有工具书、社会科学、自然科学等总共十五、六种。可以说是馆藏丰富、种类繁多，为师生的学习提供了良好的保障。在偌大的图书馆中，你该如何快速的查找自己所需要的内容呢？</td><td>分析，回答。</td><td>学生能够利用身边的资源，查找自己所需要的内容。</td></tr>
<tr><td>过渡</td><td colspan="4">我们可以将其分类，从不同角度来查阅书籍。比如黄河，我们可以从以下四方面进行了解。(黄河概况，黄河历史，黄河文化，黄河治理)</td></tr>
<tr><td rowspan="4">黄河概况</td><td rowspan="2">地理位置</td><td>出示中国政区图。了解一条河流，先要看她所处的地理位置。(位置、发源地、流向、注入地、流经省区等)</td><td>观察，读图。
上前指图说出答案。</td><td>掌握读图的方法，锻炼读图的能力。</td></tr>
<tr><td colspan="3">分析：
1. 黄河位于我国的北部地区。
2. 从图中可以很直观的看到两条河流，如果目测一下的话，从长度来看，黄河排第二位。她的总长度为5464公里，在我国仅次于长江，如果从世界来看，排第五位。
3. 她流经9个省区(全国为31个省区)，占我国近三分之一的国土。可以看出，城市的选择离不开水源，大家择水而居，就是在这片流域，孕育了我们伟大的中华民族，我们的祖先在这里繁衍生息，所以黄河被称为“母亲河”。</td></tr>
<tr><td>自然景观</td><td>如果从黄河的发源地到注入地，都能看到哪些自然景观呢？如果想看到更多关于黄河的图片，该从哪里下手？</td><td>根据所查找到的资料阅读。</td><td>锻炼学生筛选信息的能力。</td></tr>
<tr><td colspan="4">小结：我们从黄河所处的地理环境对她进行了初步了解，这里孕育了我们伟大的中华民族，所以称其为“母亲河”。</td></tr>
</table>

续表

<table>
<tr><th>教学内容</th><th>教师行为</th><th>学生行为</th><th>设计意图</th></tr>
<tr><td>过渡</td><td colspan="3">那从历史角度看，你又知道哪些知识呢？</td></tr>
<tr><td rowspan="2">黄河历史</td><td>提示：可以从历史故事、神话故事、成语等方面，进行描述。
(举例：炎帝与皇帝、大禹治水)</td><td>描述。</td><td>锻炼学生整理信息的能力，培养学生口头表达能力。</td></tr>
<tr><td colspan="3">小结：从历史渊源更加深对黄河的了解，黄河养育了中华民族，无论是在古代还是现在，她都见证了历史的发展。</td></tr>
<tr><td>过渡</td><td colspan="3">黄河有波涛汹涌的壶口瀑布，有美丽传奇的神话故事，为我们留下了宝贵的财富，无数的文人墨客赞美她，歌颂她。同学们平时积累到的有关黄河文化的知识有哪些呢？</td></tr>
<tr><td rowspan="2">黄河文化</td><td>提示：古诗(“君不见，黄河之水天上来，奔流到海不复回。”李白《将进酒》)、俗语(“不到黄河不死心”)、诗歌(《黄河颂》光未然)等。</td><td>回答。</td><td>加深对黄河文化的了解。</td></tr>
<tr><td colspan="3">小结：从文化内涵进一步感悟黄河，从而更加了解到，黄河孕育了灿烂的文化，是中华文明的发祥地。</td></tr>
<tr><td>过渡</td><td>同学们，听了前面的介绍，现在黄河在你心目中是什么样子的，你可以描述一下吗？
黄河出创造了灿烂的文明，在同学们心中是如此美丽，你知道黄河的现状吗？</td><td>描述。</td><td></td></tr>
<tr><td rowspan="2">黄河治理</td><td>出示有关黄河断流和污染的图片。黄河现在是什么状况？产生的原因是什么？如果不治理，后果会怎么样？我们可以采取哪些措施？</td><td>观察图片，描述图中所显示的内容。</td><td>关注“母亲河”，加强环保意识，激发学生的爱国热情。</td></tr>
<tr><td colspan="3">分析：
1. 断流。
原因：①工业和城市用水量不断增加。②雨水补给逐年减少。
后果：人类将会失去赖以生存的水源。
措施：保护黄河流域植被、喷灌、滴灌(科学治理)。
2. 污染。
原因：工业和农业污染。
后果：伤害人类健康。
措施：加强污水的净化处理、加大打击力度。</td></tr>
</table>

续表

<table>
<tr><td>教学内容</td><td>教师行为</td><td>学生行为</td><td>设计意图</td></tr>
<tr><td>黄河治理</td><td colspan="3">小结：黄河，我们的“母亲河”，不仅用自己的身躯，孕育了伟大的中华民族，还创造了灿烂的文明，现在却遍体鳞伤，让我们行动起来，用爱心和双手保护“母亲河”，让她美丽的风采永远存在于我们的版图之上。</td></tr>
<tr><td>推荐书籍</td><td colspan="3">今天，我们看到的、听到的、想到的，知识关于黄河的“冰山一角“，待会可以在图书馆里查阅更多有关黄河的书籍。老师给大家推荐几本书籍。《黄河万里行》、《黄河传》、《中国历史地理学》、《历史时期黄河中游的森林》。</td></tr>
<tr><td>课堂小结</td><td colspan="3">我们从黄河的地理位置、历史渊源、文化内涵以及治理四个方面对其进行了了解。最后，就让我们在光未然所写的另一首歌中结束这节课吧！播放《保卫黄河》。生齐唱。</td></tr>
<tr><td colspan="4">板书设计
走近黄河 { 地理、历史、文化、治理 } ⟹ “母亲河”保护</td></tr>
</table>

课例 2：

绘本《我爸爸》教案设计

——刘素芳

一、教学内容

阅读绘本《我爸爸》。

二、教学目标

知识与技能——阅读理解绘本，进行语言文字训练，拓展学生想像力，培养学生的创造力。

过程与方法——在赏读过程中，引导学生了解绘本的特点，教给学生绘本的阅读方法。

情感、态度与价值观——通过读故事，对学生进行人文教育，感悟父爱的温暖，唤起学生内心的体验。激发学生阅读兴趣。

三、教学重难点

了解绘本特点，学会绘本阅读方法。

四、教学过程

教学过程	教学说明
一、导入。 1. 点击课件，出示国王图片，问：同学们，你们还记得他吗？（国王）他是哪本书中的主人公？（《吃噩梦的小精灵》）你们读了这个故事后，体会到了什么的？（父爱的伟大）	以学生熟悉的故事人物引入，活跃气氛，激发兴趣。

续表

教学过程	教学说明
教师：国王历经千辛万苦，踏遍世界各地为女儿寻找灵丹妙药，那份伟大而厚重的父爱震撼了我们每一个人。今天老师又给大家带来一位爸爸，认识一下。 2. 点击课件，出示爸爸图。 教师：有同学笑了，你笑什么？ 学生自由发言。 3. 教师引题：这是我爸爸，嗯什么？噢！这是安东尼布朗的爸爸，他想对你们说：这是我爸爸，他真的很棒！（点击文字）想了解他吗？今天我们就走进安东尼布朗的《我爸爸》（点出书封面）。 二、讲故事，总结绘本阅读方法。	回顾故事主要内容，为体验情感做好铺垫。
1. 出示第一幅图 问：你看到了什么？ 师：你观察得真细致！小红帽、三只小猪都怕的大灰狼，而我爸爸不怕，胆子大不大？ 2. 出示第二幅图 教师直接讲解。 3. 教师引出第三幅图 教师着重强调：你们再仔细看图，你又有什么发现？学生描述自己的发现。	教师逐图讲解故事，结合故事内容对学生相机进行想象力的培养，语言表达能力、观察能力的训练；并边引导学生阅读故事，边总结绘本阅读方法。
教师总结阅读方法：同学们，我们知道绘本是生动的图画和简洁的语言相结合的一种儿童文学，它重要的一个特点就是图和文同时说话，而且图画中往往有些细节是作者精心安排的。因此，我们阅读绘本，一定要用心读图，品味细节。板书：读图画　品细节 教师：我们接着讲故事，大家，在下面读故事时注意运用这两种方法。 4. 出示第四幅图，教师直接讲故事 5. 出示第五幅图，教师直接讲故事，介绍刘易斯 师：爸爸的本领不止这些，精彩的还在后面呢？我们继续看书。 6. 出示马图 师：这是谁？你是怎么知道的？那么，作者这幅图是在告诉我们什么？你读读，发现这个句子有什么特点？ 7. 出示鱼图 教师：你能像作者那样说说这幅图吗？	板书总结，方便学生总结所学知识。
学生描述，教师评价，引导。 8. 出示猩猩、河马图 教师：谁能说说这两幅图？想说哪幅就说那幅？ 学生描述，教师评价、引导。	鼓励学生使用不同的语言来描述图画，学会扩散思维。
出示文字，体会“也”的用法。 9. 出示房子、小熊图 学生模仿描述，追问：你还能用哪个词把两幅图联系起来说？	这类开放性的问题，开启了学生的思维，引导学生探索，激发学生的创新活

续表

教学过程	教学说明
教师：孩子们你真聪明，不仅读懂了故事，还学会了表达。板书：学表达。 出示文字，齐读。理解“柔软”的用法。 10. 出示猫头鹰图，指名读文字 11. 出示跳舞图，学生齐读文字 12. 出示足球图，教师讲解	力。体现了“以学生为主体”的思想。
教师：这就是安东尼布朗的爸爸，故事读到这儿，你想说点什么？ 学生概括爸爸特点。	启发学生学会运用不同的连词。
教师：他的爸爸这么了不起！你能不能用这种方法来夸夸自己的爸爸？ 三、学生创作，赞美自己的爸爸。 出示练习，指名读，明确创作要求： 请你用下面的句式夸夸自己的爸爸，如果配上生动的画面就更棒了！	引导学生总结人物品格，渲染情感。
1. ________像________一样________。 2. ________像________一样________， 也像________一样________。 四、展示学生作品，教师评价鼓励。 教师总结：同学们，你们的作品让老师感受到了我们的父亲原来也是如此的伟大，如此的优秀。如果把这些作品装订起来，老师要说这是一本了不起的图画书！因为它飞扬着你们的想象，传递着你们对父爱的解读。好，我们现在回到书中来，大家想一想，作者的爸爸真得有房子那么高大吗？真的一跳，能跳过月亮吗？那么，作者为什么这样写？ 学生回答。 五、感悟父爱，升华情感。 教师：对，这样写是为了充分表达我对爸爸的爱。 出示图片 教师：我爱爸爸，当我张开双手投入爸爸的怀抱时，我感到了温暖。你又发现了什么？ 学生回答，发现了小太阳。 教师：对，爸爸的纽扣变成了小太阳，这就告诉我们，爸爸在我心中是什么？ 教师：爸爸像太阳一样给予我们温暖，给予我们力量。此刻，我们才明白，原来，爸爸的歌是唱给我们听的；爸爸的舞是跳给我看的；爸爸所做的一切都是为了我！ 出示最后一幅图 教师：此刻，我们才明白，爸爸爱我！同学们，你们认真观察这幅图的背景，你想到了什么？在表达什么？ 学生想象，感悟。 教师：爸爸永远爱我，孩子们，你们真了不起！在不知不觉中，已学	联系学生生活实际，让学生大胆想象，深情创作，培养了学生的创新意识，并进一步体味父爱的伟大。对学生的作品加以肯定，提升学生的自信，激发创新意识。

续表

教学过程	教学说明
会了边读书，边体会作者的思想感情。板书：悟情感 教师：那么让我们带着这份暖暖的爱，再一次读一读这个故事。请同学们进入北小绘本乐园，自己阅读这本书，然后，把你的读书感受留在留言板上。 六、学生自读故事，留言。（配乐）	此处通过学生大胆的想象，感悟父爱的温暖，升华情感。
七、展示学生留言。 八、推荐其他书籍。 教师：老师读了你们的留言，十分感动！其实，像这样感人的故事，在我们的绘本乐园里，还有很多。比如：《我妈妈》是讲述母爱的；《爷爷一定有办法》是讲述长辈的爱……可以说这是一个爱的天地。老师希望你今天晚上进入北小绘本乐园，把这个故事读给爸爸听，把你的留言大声地读给爸爸听。能完成这个特殊的作业吗？老师相信，今天晚上，你的爸爸将是世界上最幸福的人！	使学生敢于发表自己独到的见解，提高表达能力，并引导合理使用现代信息技术。利用网络推荐图书，能有效利用图书资源，使学生积极读书，激发学生阅读兴趣，使学生有机会接触到更多优秀的绘本读物。发挥阅读指导课主要作用。为学生打开一扇窗，窗外的风景需要学生在课后去慢慢领略。

五、板书设计

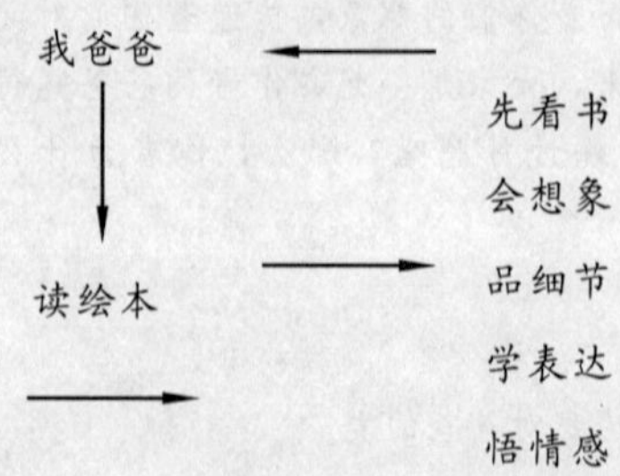

六、教学过程流程图

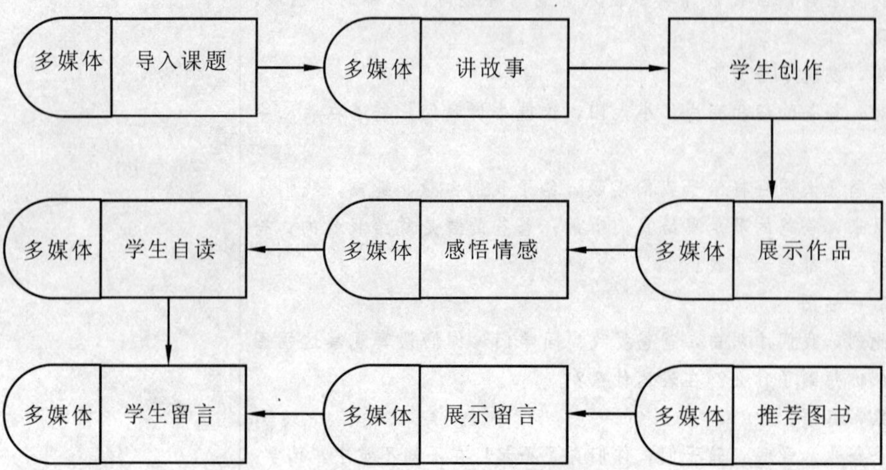

课例3：

小学三年级课外阅读指导课《小猪变形记》

——宋云霞

设计理念：

1. 绘本是对学生阅读文字和阅读图画的双重训练，教师通过带着孩子很自由地围坐在一起，以讲故事的方式，用声音和肢体语言来表达故事内容，学生会从中学到对文字的理解，因此，体会到故事中所表达的情感。

2. 图画书最主要的特点就是那些充满童趣的图画，因此，在老师带领孩子一起阅读时，把图画展示给孩子看，让孩子通过阅读图画，注意书中那些细微的、幽默的、有趣的细节变化，感受隐藏在图画背后的内容。在情节发展的关键地方适当停顿，让孩子们猜测一下故事接下来会怎样发展。这样就可以在阅读的同时，渗透读书方法，培养孩子的想象力，丰富孩子解决问题的开放性思维，让孩子学会在故事的发展过程中发现更多的价值，体会画家的巧妙设计。

3. 绘本与习作相结合。整个看图说话的过程中，教师一边总结故事内容，一边激活学生思维，使学生在阅读中想象，在阅读中创作。老师结合绘本内容和学生年龄特点，进行了开放性的创编活动，真正实现"图文并茂"。

教学目标：

1. 师生共读，感受图画和语言文字的魅力，让每一个学生喜爱阅读，享受阅读的乐趣。

2. 培养学生读图、读书的能力，学会用读一读、猜一猜、说一说、画一画、写一写、讲一讲等多种形式阅读，养成良好的阅读习惯。

3. 阅读与写作相结合，通过阅读，培养学生的想象能力，激发学生的创作欲望。

4. 通过阅读，体会小猪认识自我的思想历程，让学生懂得做自己最快乐。

导读活动：

课前准备活动：

师：小朋友，你们喜欢动物吗？你喜欢什么小动物？说说它有什么特点？

第一版块：了解书的封页，猜想故事内容

认识书的封页：

1. 师：今天，老师向大家隆重推出一只小猪，你们看，想认识它吗？（贴图）

师：其实这只小猪是一个童话故事中的人物，在它身上发生了许多有趣的事情。这节课老师就把它的故事讲给你们听。

2.（出示封页）这就是老师要给你们讲的故事书。

师：仔细看看这本书的封面，你们知道了什么？

预设：(1)书名。

(2)把图和题目结合起来，猜想一下，故事讲了什么？

(3)出版社的名称。

(4)文字作者和图画作者。

(5)金波审译。

(6)“聪明豆绘本系列”标志。

师：从故事的封页我们就了解这么多的内容，大家的收获可真不小。

第二版块：听老师讲故事，学生创编故事

1. 师：下面我们赶快看看小猪怎么变形的。

(翻第 2 页图)师：看，小猪在干什么呢？从表情上看，它怎么了？

我们听听书上是怎么写的？(师讲故事)

2.(翻第 3 页)师：小猪看到了谁？长颈鹿在干什么？(师读故事)

师：小猪想到了什么绝妙的好主意？

师小结：我们在读图的时候，不仅要看美丽的画面，还要看到懂画面告诉我们什么。也就是说，我们读图要思考，也要想象。

3.(翻第 4 页)师：让我们看看小猪想出什么绝妙的主意？

4.(翻第 5 页)师：我们接着往下看。(师读故事)

师：“……但是没走多远……”发生什么事儿了？

5.(出图：砰!)师：砰！小猪真的摔倒了，怎么摔倒的？摔得怎么样？从哪儿看出来的？

(师继续讲故事)

师：这回小猪想到什么好主意。

6.(翻第 8 页图)师：看图，我们读图的时候要像读文字一样的仔细，睁大小眼睛看看，这幅图的奇妙之处在哪儿？

7. 师：小猪跑着向谁去炫耀？

(出图)师：小猪怎么和大象炫耀的？

出示书上小猪说的话，指名读一读。

师：大象的话的没说完，只听“哗啦——”一声。

8.(出示第 10 页图)图：小猪在水中挣扎。

师读故事，小猪怎么叫的？

师：其实，图画中虽然没有大家说的这些文字，它也包含着丰富的语言，小朋友把自己当作书中的小猪，和它一起烦恼，一起快乐，这才是真正的会读书呢！

9. 师：这次它又想到了一个什么好主意呢？

(同时出现三幅图)让学生看图自己往下讲故事。

学生在小组讲，再指名讲。

师：“嗯—”小猪哼哼着，“当大象一点都不好玩儿！不过，当____一定很有趣。”它马上又想到了一个好主意。

引导学生创编故事。

10. 学生创编。

11. 展示学生作品，学生讲故事。

12. 师总结。

第三板块：学生读原著，体会故事中的道理

1. 师组织学生发书，让学生静心读书；

2. 总结故事内容，说说懂得了什么。

第四板块：推荐新书架

师：像《小猪变形记》这样有趣的故事，聪明豆绘本系列中还有另外8本(出图介绍)，希望大家下去读一读。

课例4：

图书阅读指导课《大好河山张家口》

——刘慧君

教学目的：

1. 通过教学，激发学生阅读反映地域特色及家乡文化类书籍的兴趣，拓宽学生阅读范围，促进学生全面发展；

2. 教会学生阅读方法，培养学生良好的阅读习惯；

3. 通过师生对话、生生对话，加深学生对家乡的了解和认识，激发学生热爱家乡、建设家乡的热情。

教学重、难点：

培养学生掌握阅读此类书籍的方法。

教学过程

一、课堂引入

师：同学们，无论谁来到图书馆，都会被图书馆中这种浓浓的书香所吸引，想在其中畅游一番，你们有这种感受吗？今天就让我们共同在图书馆中上一节图书阅读指导课，高兴吗？孩子们，图书馆中有一类书中反映了地方的地域特色，历史文化，今天我们就来走近它。先让我们来看一组图片。(课件播放)

师：图片中哪些景物是你熟悉的？说说你对它有什么了解？

师：是呀！仅仅从图片中我们就能感受到家乡有着悠久的历史，秀丽的风光和丰富的资源。其实昨天老师给大家推荐的这本书更加详尽的介绍了我们的家乡。请同学们齐读书名。(板书课题)

二、读封面

1. 师：同学们，拿到一本书我们最先看到的是什么？让我们仔细看看封面，你了解到什么？生交流。

2. 师：其实我们除了读封面，还可以看书脊和封底。你有什么新发现？

师讲述：在图书馆中图书管理员都会按照《中国图书分类法》也简称中图法，把书籍分成五大部类，二十二大类。像这种描写一个地方的地域特色、风俗民情、历史文化的书籍，就被分为K类，而我们熟悉的童话、小说等文学类的书则是I类，男孩子喜欢的科学探索类的书籍是Z类。

3. 看看图书馆中还有哪些类别的书籍，是描写什么的？(交流)老师相信以后你们再来图书馆查阅图书会直接按类去找。

三、读插图

1. 师：你们发现这本书与我们平时读的文学类书籍相比有什么特点？

2.(课件)你知道怎么看这种图吗？

师：那就用先读图例后读图的方法仔细阅读这幅图，看看你从中了解到什么？（生交流）

3. 同学们再看看这些插图与我们平时在小说童话中看到的插图有什么不同？这些插图中哪一幅最吸引你，为什么？

那就让我们赶快看看书中怎样描述这个地方的？（放音乐）（生交流）

4. 孩子们，刚才你们先读图，又读与图相关的内容，这种方法就是图文结合的方法。（板书：图文结合）在这类书籍中编入插图既能直观的为我们呈现有地域特色的风俗景物，又能激发我们读书的兴趣。今后我们再阅读这类书，一定要用这种图文结合的方法读插图。

四、读目录

1. 师：刚才我们在运用图文结合的方法读书时，有一个环节是很重要的。板书：目录。

2. 你们对目录有什么了解吗？你都见过什么样的目录？（播课件）

3. 其实尽管目录的形式不同，但一本书的目录就是全书内容的缩影。如果把这本书比作一座房子，那目录就是窗户，读者不用进门就可以看清屋内的陈设。下面就让我们走进这本书的目录，看看能否从中了解家乡的大好河山？

4. 从目录中看到什么？作者这样编排的好处是什么？（板书）

5. 你对哪类感兴趣？看看了解到什么？

（学生交流）

6. 小结：看来从目录中真的可以看到家乡的历史文化，优美景色，风俗民情。播课件，学生感受家乡的美景。

五、创编书目

1. 师：同学们，这本书只是向我们呈现了张家口的历史文化，旅游资源，风俗民情，而现在的家乡张家口正在发生日新月异的变化，那么假如你是编者，你还会在这本书中加入哪些篇章向别人介绍我们的家乡？交流。

2. 为了让我们的目录编的更充实，你们可以几人为小组，根据平时的积累一起讨论在篇章下面加入哪些具体的内容，可以从图书馆中再查阅一些相关书籍来帮助你们拓宽思路。（学生编目录）

（交流汇报）

3. 师总结：孩子们，有了你们的想象，相信这本书的内容会更丰富厚重，能吸引更多读者来看，而我们张家口未来的编者群中一定会有你们的身影。

六、小结

同学们，这节课我们阅读了反映地方地域特色历史文化的书，你有什么收获？其实这节课我们只是初步的了解这本书，希望课下你们能静静地走入书中更详尽的了解我们的家乡。

七、板书设计

大好河山张家口

读封面

看插图　　　　图文结合

读目录　　　　兴趣选读

课例 5：

阅读指导课《剪纸文化》教案

——雷　杰

教学设计意图：

借助网络通过电子阅读的方式进行课外阅读，针对高手学生阅读特点，结合本地文化资源，由蔚县剪纸去了解中国的剪纸文化，继而对民族传统技艺产生浓厚的兴趣进行探索研究。在网络环境下，利用自制网站对学生进行有的放失的阅读指导，让学生在充分阅读后，采用论坛发贴的方式来发表感受，并通过视频学习剪纸，多种形式的读书交流活动，增强学生的读书兴趣，增加学生的文化底蕴。

教学要求：

1. 学会运用网络采用电子阅读的方式，进行课外阅读。进一步提高课外阅读的兴趣。

2. 通过对蔚县剪纸的了解，激发发学生去了解我国的剪纸文化。

教学重点：

了解剪纸这一传统民间工艺，动手动脑，激发阅读欲望。

教学过程：

一、谈话导入

师：孩子们，见过窗花吗？在哪见过？生答追问：什么时候见过？生答　师：剪纸透着喜庆吉祥，深受人们的喜爱。这节课，雷老师和大家一起来了解一些剪纸文化。

二、课件演示，欣赏剪纸

1. 出示课件：师：这就是我们中华民族源远流长的一种名间工艺，早在汉代司马迁的《史记》中就有记载。

2. 师：看了这些不同内容，不同颜色，不同含义的剪纸，你最想了解什么？生答

三、初步看，交流发现

师：今天雷老师就带你们到我制作的有关剪纸的网站去访问一下，打开电脑看主页，有几个版块？生答

四、进入话题，开始阅读，边读边聊，汲取营养

1. 师：说到剪纸，做为一名张家口人你们一定知道我们家乡有一个县剪纸特别有名，响誉世界。生答

师：好！请点击打开第四版块，蔚县剪纸。

2. 学生读书，边读边思考

师：孩子们你们在看这部分时想一想，这蔚县自然条件不十分优越，为什么会诞生这么有名的剪纸？

学生根据所看内容从地理位置、当地名俗、剪纸题材几方面回答。

3. 深入读书，了解文化

师：这蔚县剪纸不是用剪子剪出来的，而是许多能工巧匠一刀一刀刻出来的，请同学们点击剪纸方法。

学生读书教师继续指导。

师：像这样只有红色一种颜色的剪纸，叫单色剪纸，刚才我们欣赏的那些色彩斑斓的剪纸叫复色剪纸。请同学们点击剪纸种类，进一步了解一下复色剪纸。

学生看书后，师生做游戏，检查阅读结果。

4. 再次拿出蔚县剪纸，师：谁来辨析一下咱们蔚县剪纸，属于哪种方法，哪个种类的剪纸？生答后教师小结（这蔚县剪纸是全国唯一以阴刻为主的点彩剪纸，工艺精湛，色彩鲜艳，深受推宠。）

再看课件，认识新的染色方法，了解蔚县剪纸的不断推陈出新

五、延伸讨论

师：这蔚县剪纸发展不过一百多年，而中华剪纸可以追溯到汉代。这剪纸文化为何如长春藤一样古老而长青，让我们到剪纸历史这一版块中去寻找答案吧。

学生读书，教师指导。

六、后续活动，深化效果

1. 师：关于剪纸我们就先聊到这儿，孩子们，网页上还有许多有趣的内容，你可以继续浏览；也可以在论坛上发表你对剪纸文化的感触；还可以在论坛上读读已发表的帖子；也可以看剪纸视频教程学一两招简单的剪纸方法，一会儿我们来分享这节课上你们的收获。

2. 交流成果，分享感受

学生或者读诗，或者展示剪纸作品，或者谈阅读感受。

结束语：

孩子们，今天我们运用网络采用电子阅读的方式了解剪纸文化，我们的祖国是一个历史悠久的文明古国，许多省市区都有自己丰富的文化资源，咱们河北唐山的皮影戏，衡水的内画，山东潍坊的风筝，淄博的五音戏，浙江宜兴的紫砂……这节课我们只是从剪纸这个小小的窗口重温了五千年的文化史，今后我们还可以通过读书或上网阅读的方式去了解更多的文化遗产。

课例6：

《妙语连珠》教学设计

——温　慧

教学目标：

1. 从学生已知入手，帮助学生回顾所学妙语，丰富学生的积累；

2. 调动学生的生活积累，引导学生认识、学习来自生活中、书本中的妙语，为学生打开视野，激发学习语文的兴趣；

3. 引导学生在一定情境中恰当运用古诗佳句，提高学生鉴赏妙语、运用妙语的能力。

电教手段：教学课件

教学过程：

教学环节	学情预设	应对策略
一、谈话导入，揭示课题 1. 师：同学们，我们中华民族有着五千年的悠久历史，可谓是源远流长，而我们祖国的语言文字更是民族文化中的瑰宝，精妙的语言记载着历史，也影响着我们的生活。今天我们就共同走进妙语连珠的世界，感受语言文字带给我们的精彩。 2. 课件出示课题。		
二、回顾“妙语”，丰富积累 1. 师：通过学习阅读链接二，同学们一定积累了不少妙语，谁来给大家展示一条自己最欣赏的谚语或歇后语。 2. 师：确实，谚语和歇后语在我们民间广为流传，为许多人所喜爱并运用。可不只我们中国有谚语，世界上许多国家也有谚语，大家感兴趣，下课可以找一找，积累下来。今天我们主要就是来学习我们民族的精妙的语言。 3. 师：通过刚才的展示，我发现大家的积累真不少，老师想考考大家，我们来进行一次“头脑风暴”，看看谁的反应最快，积累最广。 4. 教师出示课件。 （三组课外谚语、歇后语连线及填空） 5. 师：惯用语简明生动，通俗有趣，被广泛运用于我们的生活中，谁来说说，你积累的惯用语？ 6. 师：老师也找到一些有意思的惯用语，我们来读一读。（出示课件）	学生背诵谚语或歇后语。	教师相机归纳，总结。
三、拓展“妙语”，打开视野 1. 师：刚刚我们积累展示的只是妙语的一部分，仔细想想，除了我们上面提到的谚语、歇后语和惯用语，还有哪些可以被称为妙语？ 2. 全班交流。	学生根据自己的积累完成连线、填空。	每完成一组，让学生放开声音，读一读，选择自己最喜欢的记一记。 师：同学们所提到的成语、对联、古诗佳句、名人名言都是长久以来被人们认可、使用，意蕴很丰富，可以被称为妙语。但老师个人认为，

续表

教学环节	学情预设	应对策略
四、运用"妙语"，提高能力 1. 师：大家说了这么多妙语，在这当中，最富有我们中国特色，最具有文化底蕴，表情达意最令人回味的，要首推我们的古诗佳句了，大家一定也积累了不少吧，谁来展示自己的积累，只背诵佳句即可，不必背全诗。 2. 师：古人吟诵的诗句堪称妙语，几千年以来，这样精彩的语言深深影响着我们，如果我们把这样的妙语运用到我们的习作中，生活中，那该多好啊！大家看：(出示课件，运用古诗的习作片段)放开声音读读。 3. 师：读了这运用古诗后的这两段话，你们有什么感受？ 4. 师：正如大家所说，一用上了恰当的古诗佳句，可以增加文章丰富的表现力，提升文章的品位，其实我们也可以试试，请大家看大屏幕。(课件出示：古诗情境填空) 5. 师：人家用的这么巧妙，我们也可以尝试着用用，老师这里有几句很经典的诗句，看你能不能自己写一段话，用上其中的一句。 (课件出示诗句) 6. 全班交流。 五、推荐"妙语"，学会鉴赏 1. 师：古人吟诵出这样的妙语，现代人一样能写出精彩的语言，我们学习的课文中就有许多佳句，看老师找到其中的一句，你们来读读。 (课件出示) 2. 师：你能不能像老师这样从你所学的课文中找到你最欣赏的一句佳句妙语，推荐给大家，并简单说说你的推荐理由。	学生展示所积累的惯用语。 学生自读课件中惯用语。 生：成语、对联。 …… 学生背诵古诗佳句。 学生自读运用古诗的习作片段。 生：语言更精彩了。 让人有耳目一新的感觉。 古诗运用的很恰当。	当今的广告语、标语和歌词中，有一部分确实是蕴涵着思想，语言精妙生动，可以称为妙语，但不是全部。希望同学们在今后的生活中，在成长的道路上，提高鉴赏能力，积累更多的妙语。 师相机评价，提醒学生注意背诵的语速与情感。 师：是呀，我们生活在诗的国度里，从咿呀学语时，就开始背诵唐诗宋词。 当春天来临时，我们会吟诵…… 当中秋赏月时，我们会吟诵…… 当登上雄伟的泰山时，我们会吟诵…… 师相机评价。

续表

教学环节	学情预设	应对策略
3. 全班交流。 4. 师引导学生交流身边的妙语。 六、创作"妙语"，总结认识 1. 师：今天老师和大家从书本到生活，认识了许多妙语，学会了用妙语给自己的习作增色。你们发现没有，妙语其实就是用浓缩的语言传递丰富的意蕴，它是智慧的，更是富有思想的。现在，你能用你自己创作的妙语来结束今天这节课吗，通过学习，你认为，妙语是…… 2. 学生独立创作，交流。	学生完成填空。 学生尝试动笔写话。 学生读教师出示的佳句例子。 学生思考，从课本中寻找佳句。	师引导学生反复朗读，体会古诗佳句运用的精妙。 师提示：也可以用其他的诗句编写一段话。如果有困难，可以利用身边的资源，和同桌讨论讨论。 教师评价，帮助学生修改。 教师灵活处理，对于不会说理由的学生，让其读读所找佳句。

三、教育技术与多媒体辅助教学课件

1. 多媒体辅助教学基本构成

MMCAI 一般可分为系统硬件、系统软件和课程软件三部分。

(1)系统硬件

一是计算机主体：计算机主体与个人多媒体计算机相似，能提供声音和动态图像，硬盘空间比较大，运行的速度也较快。

二是学生终端：学生终端是学生与计算机直接进行通信的媒介。学生终端由输入和输出设备部分组成，输出设备向学生呈现教学信息，输入设备用于输入学生的反应信息。理想的学生终端包括多种信息媒体，能够传送多种形式的信息，如文字、图像、声音、视频和动画等。

(2)系统软件：包括操作系统、语言处理系统、各种工具软件和写作系统。

工具软件是指为了帮助和支持 MMCAI 课件的开发，提高 MMCAI 课件的质量，完成某种特定功能的专用软件，如文字处理工具、表格处理工具、图像处理工具和动画制作工具等。

课件写作系统是一种为了免除教师学习程序设计语言而设计的应用软件。教元之间的连接关系、问题与答案等，系统就能自动生成课件。这种课件写作系统大大减轻了教师编程的负担，有利于 CAI 的推广。我们推荐 PowerPoint、Authorware 两种软件，简便实用。

(3)课程软件：它是教师或程序设计人员根据教学要求，用计算机语言或课件写作系统编制的教学应用软件。课件反映了教学内容、教学目标、教学策略和教学经验。课件的开发要依靠教师，如果教师在硬件和技术上有困难，可以向电教中心提出。电教中心可以承担技术方面的工作，与教师共同完成 CAI 课件的编制工作。

2. 计算机辅助教学应用环境

进行多媒体计算机辅助教学，重要的是要构建与之相适应的教学环境。

(1)计算机辅助教学的制作环境。

一是硬件环境。

计算机辅助教学系统中所有的设备装置称为硬件(hardware)。硬件是 CAI 系统的基础，在 CAI 活动中它们呈现具体的教学内容、接受学生的反应，并执行各种具体的教学信息的处理、分析，进行决策判断和控制等。除了常规的硬件如主机、内存、硬盘、显示器、网卡之外，还有音频信息处理硬件、视频信息处理硬件及光盘驱动器等部分。

二是软件环境。

在计算机辅助教学系统中，计算机的软件大致可分为以下三类：

操作系统软件：如 Windows 2000、Windows XP 等；

素材制作软件：如绘图软件、图像处理软件、声音编辑软件、视频编辑软件以及动画制作软件等，用来完成图像扫描输入与处理、声音录制与编辑、视频采集与压缩编码、动画制作与生成等；

多媒体创作软件：是处理和统一管理文本、图像、声音、静态图像、视频图像和动画等多种媒体信息的创作工具，用来编制与生成各种多媒体课件。

(2)多媒体计算机辅助教学的实施环境。

一是多媒体教室系统。

多媒体教室的功能主要是利用教室内配备的多媒体计算机和大屏幕投影等设备向学生呈现多媒体课件，辅助教师进行课堂教学。如果接入校园网，还可以登录到各种教学网站和各种教学资源库，点播所需要的多媒体课件或者下载所需的多媒体课件并在本地进行呈现。

多媒体教室的硬件设备主要包括一台由主讲教师控制的多媒体计算机和相应的投影设备，以及教师所利用的各种教学资源。

二是交互式多媒体教室系统。

交互式多媒体教室不仅能实现对多媒体课件的点播功能，而且教师和学生之间可以通过多媒体教室内各自的多媒体计算机进行交流。在交互式多媒体教室中，教师通过自己控制多媒体计算机播放所需的多媒体教学课件，每台学生用机能同时显示教师用主控机上所播放的教学内容，主讲教师还可以通过主控计算机的控制平台监视每一台学生用机的具体情况。更重要的是每个学生可以通过学生机根据自己实际的学习情况与教师进行必要的交流。

交互式多媒体教室的设备主要包括教师主控的多媒体计算机、学生用的多媒体计算机、多媒体教学控制设备等。

3. 多媒体辅助教学课件的主要内涵

多媒体辅助教学课件，作为教育技术的软件教学资源，作为中小学课堂教学必备的辅助设备，已经广泛运用到了教学之中。制作课件，已经成为中小学教学工作的重要任务。

多媒体辅助教学课件的内涵包括：一是多媒体辅助教学课件的制作，CAI系统工程核心是课件。由课件设计者根据教学要求用CAI写作工具或计算机语言编制而成。二是多媒体辅助教学写作工具与环境，CAI写作工具是提供给课程教师编制课件的写作环境。良好的写作系统和开发工具是提高CAI课件开发效率的关键。

(1)多媒体CAI的基本概念。

多媒体CAI，是指利用多媒体计算机综合处理和控制各种多媒体信息，把多媒体的各个要素按教学要求进行有机组合，在屏幕上呈现，并能进行人机交互操作教学。多媒体CAI可看做“CAI＋多媒体”，即多媒体技术在CAI中的应用。

多媒体CAI技术：多媒体CAI技术是现代教育技术中最有活力、最具前景的新兴技术。它代表了教育领域中计算机应用技术的发展方向，是教育信息化的重要手段。多媒体CAI技术是一门综合性的技术，既涉及教育教学理论，又涉及多媒体计算机技术。应用多媒体CAI技术已经成为广大教育工作者改革教学方法、改进教学手段、提高教学质量的首选途径。

(2)多媒体CAI的基本模式。

CAI向学生提供各种各样的教学环境，控制着各种各样的教学活动，CAI的模式也就是CAI实施过程中的教学策略，它体现了利用计算机进行教学的交互方式。教学目的不同，采用的教学方式也就不同，按照CAI所进行的教学活动的特点，通常将CAI课件分为以下基本模式：个别指导、操练与练习、模拟、游戏、问题求解、发现学习等。尽管可以按教学活动的方式将课件的类型作如上的划分，但实际上各种类型之间是相互交叉、相互联系的。

(3)多媒体CAI课件的结构特性。

多媒体CAI课件是集教育性、科学性、艺术性于一体的高质量的教学媒体。虽然CAI软件的范围很广，但目前我国应用最为普遍的还是针对具体学科的学习内容而开发设计的教学软件，即课件。课件的形式丰富多彩，规模大小不同，应用对象也不一样，如何开发更多更好的课件是大多数CAI工作者最为关心的问题，也是CAI能否普及的关键，因此，有必要进一步了解这些课件的基本特性。

一是课件的知识结构。

课件的教学内容构成一个信息空间，其表示形态可分为表象层次和抽象层次，表象层次涉及教学内容的媒体化表示，抽象层次涉及教学内容的结构化表示。根据在抽象层次的表示结构的不同，可对课件进行如下分类。

帧面型课件：教学信息被划分为许多能在屏幕上做一次呈现的段落，按其内容性质可分为介绍帧、问答帧、提示帧、测试帧、反馈帧、连接帧等。早期的程序式CAI大多数都采用这种知识表示技术。

生成型课件：利用算法生成习题和试题以及问题的解答，其分为参数生成法和结构生成法。前者用随机生成或选取参数填入预设的结构模板中，利用一个模板可产生大量难度相当但不重复的同类问题；后者利用文法来生成大量难度和结构类型都不同的问题。

信息结构型课件：教学内容按概念结构被划分为单元，并按某种关系建立单元间的联系，从而形成一个由许多单元结点构成的信息网。在CAI领域，基本上面两类性质不同的信息网——语义网和语境网。语义网强调信息单元间的意义关联，如类属关系、空间关系、时态关系、因果关系等；语境网强调信息单元间的上下文关联，超文本/超媒体就是一种典型的语境网。

数据库型课件：教学内容被划分为离散的信息单元存入数据库，每一单元带有若干属性标识作为被检索和使用的依据，测试型课件和教学查询型课件通常属于此类结构类型。

模型化课件：此类课件利用模型来模拟现实世界中的各种现象。下面是常用的模型。

数学模型——用数学公式刻画系统的特性或发展过程；

物理模型——用形象方法演示物理装置的结构和工作原理；

任务模型——用面向对象的操作序列来描述过程性行为；

情景模式——用形象方法再现人物的社会经历和特别遭遇；

规则模式——用规则系统来刻画多个活动对象之间的交互反应。

二是课件的控制结构。

课件的教学算法体现一定的教学策略，在用户可感知的程度上则表现为对信息空间的可控制性。基本上有如下五种控制方式。

计算机控制：学习路径与教学内容的选择完全由计算机决定，学生只能对呈现的刺激作被动反应。程序式CAI大多采用此控制方式。

学生控制：学习路径与教学内容的选择完全由学习者决定，计算机根据学生的选择去检索并呈现信息。教学查询和超文本/超媒体课件都采取这种控制方式。

混合控制：计算机与学生都有对信息空间主动施控的权力。智能导师系统(ITS)通常采用此控制方法。

教师控制：教师以计算机为媒介对教学信息施加控制并传播给学生，多媒体课堂教学系统采用这种控制方式。

协同控制：学生与学生之间以及学生与教师之间按照某种约定的规则来选择教学信息和控制信息流向。

多媒体技术与计算机辅助教学相结合的产物称为MMCAI(Multimedia Computer Assisted Instruction)，它是一种全新的现代化教学系统。随着多媒体技术的日益成熟，多媒体技术在教育与培训中的应用也越来越普遍，多媒体计算机辅助教学是当前国内外教育技术发展的新趋势。

4. 多媒体课件制作的过程

随着多媒体CAI的逐渐推广和应用，多媒体课件的制作越来越成为广大教师所应掌握的一种技术。但是，多媒体课件由于它自身的特点，决定了其制作过程的特殊性。

一般来说，多媒体课件制作的过程可分为以下几个阶段：

(1)选择教学课题，确定教学目标阶段。

这一阶段是课件制作的起步阶段，也是课件制作能否成功的关键之所在。因为在这一阶段既表明了制作的必要性，又为点明了制作的方向。对于那些用常规教学方法就能达到教学目的的教学内容，如果要使用计算机来进行辅助教学，只能造成人力、财力的浪费。相反的，课程内容比较抽象、难以理解、教师用语言不易描述、某些规律难以捕捉、需要学习者反复练习的内容等，在条件允许的情况下都有必要实施计算机辅助教学。但要根据教学目标，作好系统分析与设计。

(2) 研究教材内容，创作设计脚本阶段。

选择好课题后，应根据教学目标，仔细分析和研究教材的教学内容，理解重点、难点问题，确定课件的内容结构、表现形式及教学顺序并以此来进行脚本设计。

多媒体课件脚本的创作通常分为两步进行。第一步是文字稿本的创作，文字稿本是由教师自行编写而成的。编写文字稿本时，应根据主题的需要，按照教学内容的联系和教育对象的学习规律，对有关画面和声音材料分出轻重主次，合理地进行安排和组织，以完善教学内容。第二步是编辑稿本的编写，编辑稿本是在文字稿本的基础上创作的。它不是直接地、简单地将文字稿本形象化，而是要在吃透了文字稿本的基础上，进一步的引申和发展，根据多媒体表现语言的特点反复构思而成。

(3)搜集媒体素材，制作合成课件阶段。

多媒体素材是指多媒体课件中用到的各种听觉的和视觉的材料。也就是多媒体课件中用于表达一定思想的各种元素，它包括图像、动画、图像、文本和声音等。搜集素材应根据脚本的需要来进行，素材的取得可以通过多种途径，如利用扫描仪采集图像，利用动画制作软件生成动画，用话筒输入语音，或从各种多媒体素材光盘中取得。

多媒体课件最核心的环节是制作合成。其主要任务是根据脚本的要求和意图设计教学过程，将各种多媒体素材编辑起来，制作成交互性强、操作灵活、视听效果好的CAI课件。

(4)修改、调试及实施阶段。

应用课件制作完成后，要经过多次调试、试用、修改、完善，才能趋于成熟。尤其是对于那些有复杂计算和多种软件调用的课件，更要反复调试才行。

5. 多媒体课件制作技术

多媒体课件制作的技术，主要包括文字处理技术，图像处理技术，课件合成技术等。

(1)文字处理技术。

文字处理技术主要是指文字的输入方式。

一是手写输入。

手写输入可用一支感应笔在与计算机相连的一块书写板上写字，其原理是用压敏或电磁感应等方式将笔头在运动中的坐标输入计算机，识别软件将根据采集到的手写笔迹之间的位置关系和时间关系来识别字的内容，并将结果显示在屏幕上。对于中文手写联机系统，目前主要的产品有：汉王、方正如意等。

二是语音输入。

语音输入技术目前应用最为广泛，也比较成熟。很多好的系统已具备人工智能学习机理，对每个人的发音特点采用识记学习方式，不同的人建立不同的语音档案。

三是扫描输入。

文字扫描输入是最快、最省力的一种输入方式，它是通过扫描仪将纸上的文字变成微机可处理的信息，其过程类似复印机。

(2)动画美术字制作软件。

目前动画美术字制作软件有很多种，其中包括 Microsoft WordArt 和 Macromediar 公司的 Director 和 Authorware，以及 Adobe Photoshop，Corel DRAW 等制作软件。这些软件具有以下特点：

一是采用二维专业级制作标准。

二是具有外部各种资源的引入及建立链接功能。

三是字体动画自动生成功能。

四是具有丰富的人机交互方式。

五是支持多种媒体文字格式。

(3)图像处理技术。

图像一般指用计算机绘制的画面，如直线、圆、矩形、任意曲线和图表等。图像则是指由输入设备捕捉的实际场景画面或以数字化形式存储的任意画面，是真实物体重现的影像。它们的共性之一是：二者都是静态的，和时序无关。它们之间的重要差别是：图像是用一组命令来描述的，这些命令用来描述画面的直线、圆、曲线等的形状、位置、颜色等各种属性和参数；而图像是通过画面上的每一个像素的亮度或颜色来表示画面的；图像可以容易地分解成不同成分单元，分解后的成分间有明显的界限，而要将图像分解成不同的成分则较难，各个成分间的分界往往有模糊之处，有些区间很难区分该属于哪个成分，它们彼此平滑地连接在一起。

● 图形/图像的获取与输入。

一是用图形工具软件生成。利用 Photoshop 等图形软件去创作所需要的图形，它们都具有大致相同的功能，能用鼠标(或数字化仪)描绘各种形状的图形，并可填色、填图案、变形、剪切、粘贴，也可标注各种文字符号。用这种方法可以很方便地生成一些小型简单的画面，如图案、标志等，设计修改都很方便，成本较低。

二是图像扫描。图像扫描仪主要应用在图纸之类平面的图像采集的场合，根据其外形和产生图像的方式通常将其分为手持式、平板式和滚筒式等三种类型，根据其对颜色的辨别能力又分为单色、灰度和彩色三种。滚筒式扫描仪多用于输入较大尺寸的图像。平板式扫描仪带有感应窗的自动移动装置，只需将扫描对象平放在扫描面板上即可，是投资较低并能获得较高质量图像的较理想的选择。手持式扫描仪造价低廉，可直接对书本杂志上的图像进行扫描，而不必将图像裁剪下来，因而在 MPC 中使用较多。

三是数字摄像输入。利用电视摄像机或数字式照相机，可把照片、艺术作品甚至实际场景输入计算机来产生一幅数字图像。这种方式与普通照相机、录像机相比，省去了胶片及冲洗过程，可以直接将采集的数字图像信息保存在内部存储器中。摄像机与扫描仪的差别是：扫描仪只能输入平面的图像，而摄像机可以捕获三维空间的景物，即使是输入平面的图像，速度也比扫描仪快。扫描仪只能输入静止的图像，而摄像机既可输入静止图像，也能输入活动图像。

四是利用录像机和电视机捕获图像。可以对录像机和电视机的视频输出进行采集，通过视频卡和有关软件生成数字图像。

五是视频抓帧。打开“超级解霸五”播放器，播放 VCD 影碟。如果播放到某一精彩画面，立即按下暂停键，让画面静止，然后再点击有照相机外形的按钮，出现一个对话框，提示将此时的图像画面存盘，我们可以在对话框中指明存储文件名及存盘路径，按“OK”即可，将这一精彩镜头抓取存盘，此图像文件以后可让你随时调用。

六是从图片库中获取。现有的图片大多都以光盘形式保存，收集了世界上各地著名摄影师所拍摄的各类图片，主要包括：自然风光、花鸟鱼虫、风土人情、城市景观、边框水纹、装饰按钮等，可供教学中根据不同场合选择使用。

● 图像的处理和加工。

以 Photoshop 为例，主要方式有：

一是图像的显示控制。① 图像的缩放；② 查看图像的每个部分；③ 布置图像窗口；④ 全屏显示图像。

二是校正图像的色彩。扫描或用其他方法得到的图像不可能做到尽善尽美，有时需要调整图像的亮度、对比度和色彩平衡，以达到比较好的色彩效果。这时我们可以用“Brightness/Contrast(亮度和对比度)”命令和“Color Balance(色彩平衡)”命令校正图像。

三是改变图像的尺寸。如果经过扫描后得到的图像太大，无法使用，这就需要改变图像的尺寸以适应需要。可以用两种方法来完成改变图像尺寸的工作：工具箱中的剪裁工具和菜单“Image(图像)”中的“Image Size(图像尺寸)”命令。

四是旋转和翻动图像。当一幅图像在 Photoshop 中显示出来时，有时图像会有一点倾斜，此时需要旋转图像，在 Photoshop 中可以以任意角度旋转图像，还可以以固定角度旋转图像，有时为达到某种特殊效果，还可以对图像以垂直轴或水平轴为主中心进行翻转操作。

五是图像的变形操作。图像的变形可以分为：缩放变形、旋转变形、任意变形、斜变形等。利用菜单“Layerer(层)”中的“Transform(变形)”命令即可完成图像的变形操作。

六是工具箱中编辑工具。工具箱中的编辑工具主要包括印章工具、手指工具、柔化/锐化工具和加光/遮光/海绵工具。

七是不同类型的图像文件间的转换。在 Photoshop 中可以很方便地把一种类型的图像文件转换成另一类型的图像文件。

● 图像的存储与输出。

存储器是保存图像数据和处理过程中的有关数据的装置。由于一般图像的数据量是很大的，所以作为图像处理系统的辅助存储器既要求容量足够大，也要求有相当快的速度磁盘作为图像文件的存储器在速度和容量方面大都能基本满足要求。采用大容量的硬盘作为图像处理系统的存储装置是很适合的。光盘存储容量可达 600 多兆字节，它在可保存性方面极其优越，是保存图像数据的理想介质，特别适用于一些具有容量大、保存期长等特点的用途，例如图像数据库等。

图像输出设备是指在图像处理系统中将已输入计算机的数字化图像(处理过或未处理过的)输出为清晰逼真的图像的设备。这些输出图像可以供分析、识别、保存和使用。输出设备可分为在胶片基纸面等介质上记录输出的硬拷贝装置和仅仅显示输出的软拷贝装置。常用的输出设备有打印机，绘图仪等。

● Windows 对视频的支持。

如果我们想在计算机上播放一个 AVI 视频文件，可以通过 Windows 的媒体播放机来实现。具体操作步骤如下：(1) 单击桌面上的“开始”按钮，选择“程序”；打开“附件”并选择“娱乐”；单击“媒体播放机”(Media Player)，Windows 将运行“媒体播放机”程序，出现媒体播放机窗口。(2) 打开“设备”(Device)菜单。菜单中有五个选项，其中第二个是“Windows 视频”(Video for Windows)。(3) 选择“Windows 视频”选项，媒体播放机将显示“打开文件”(Open File)对话框。(4) 通过对话框进行交互操作，查找所要播放的视频文件，例如 Greatwall. AVI。(5) 选中该文件，双击之，媒体播放机程序将显示视频电影的第一帧。(6) 在“媒体播放机”界面上单击 Play 播放按钮，“媒体播放机”程序将播放 Greatwall. AVI。

若要停止播放，可点击方形的“Stop”按钮。

若要改变屏幕显示大小，可以通过拖动鼠标将窗口调整为适当的大小。具体方法是将鼠标放在电影窗体的边框，按下左键，将边框拖动到适当大小；也可以在媒体播放机界面的“设备”菜单上选择“属性”，改变视频属性，将屏幕设置为原始大小、原始大小的两倍、1/16 屏、1/4 屏、1/2 屏或全屏。

若要重复播放某个 AVI 视频文件，可做如下操作：首先选择编辑菜单中的“选项”，出现“选项”对话框，然后在“选项”对话框中选择“自动重复”项，单击“OK”确定。这样，这个 AVI 文件将会不间断地一次一次循环播放，直至用户按“Stop”按钮为止。

如果只想播放视频文件中的某一个片断，则首先要设置需要播放的片断。设置方法是：将界面中的滑杆拖动到播放片断的开始，单击“开始选择”按钮，确定起始位置。再将滑杆拖动到播放片断的结束处，单击“结束选择”按钮，确定结束位置。设置完毕后，在媒体播放机的窗口可以观察到设置的片断已作蓝色状标记。

6. 多媒体素材编辑工具

(1)音频编辑。

声音是携带信息的极其重要的媒体，而多媒体技术的一个主要分支便是多媒体音频技术。数字化音频包括语音、声响和音乐。在多媒体应用系统中，可以通过声音直接表达或传递信息，制造某种效果和气氛以及演奏音乐等。音频处理软件是录制、编辑、播放声音或音乐媒体的工具软件。音频主要包括波形文件和 Midi 文件两种。常用的音频编辑软件有 WaveStudio、GlodWave 等。

(2)图形与图像编辑。

图形与图像编辑是多媒体的基本处理技术。通过扫描仪或视频卡获得的图像信息一般都需要进行处理，有时还要制作一些数字化的特技效果，这些工作就要用图像编辑软件来完成。常用的图像编辑软件有 Corel DRAW、Photoshop、Photostyler 和 Illustrator 等。

(3)动画制作。

动画通常分为二维动画和三维动画。二维动画可以实现平面上的一些简单造型、位块移动及调色板循环等，常见的二维动画制作软件有 Animator Studio 和 AXA 2D 等。三维动画可以实现三维造型、各种具有三维真实感物体的模拟等，常见的三维动画制作软件有 3D Studio MAX 和 3D F/X 等。

(4)视频编辑。

视频信息的产生，通常要经过使用视频采集卡从录像机或电视等模拟视频源上捕获视频信号，然后将采集到的数字视频信息和其他有关素材一起，输入到视频编辑软件中进行编辑或处理，最后生成高质量的视频文件。常用的视频编辑软件有 Premiere、Video For Windows (VFW) 和 Digital Video Producer (DVP)等。

7. 多媒体著作工具

(1)多媒体著作工具的类型。

一是以页式或卡片为基础的多媒体著作工具。

提供一种可以将对象连接于页面或卡片的工作环境。一页或一张卡片便是数据结构中的一个节点，它类似于教科书中的一页或数据袋内的一张卡片。只是这种页面或卡片的数据比教科书上的一页或数据袋内一张卡片的数据多样化罢了。在多媒体著作工具中，可以将这些页面或卡片连接成有序的序列。这类多媒体著作工具以面向对象的方式来处理多媒体元素。这些元素用属性来定义，用剧本来规范，允许播放声音元素以及动画和数字化视频节目。在结构化的导航模型中，可以根据命令跳至所需的任何一页。

二是以图标为基础的多媒体著作工具。

以图标为基础的多媒体著作工具提供了一种组织和展示多媒体的可视化程序设计环境。首先，通过将适当的图标从库中拖出，构造事件、分支和处理的流程图。这些图标可以包括菜单选项、图形、图像、声音及运算等。流程图形象地刻画了整个节目的逻辑蓝图，在复杂的导航结构中这种流程图是十分有用的。用户在构造结构时，可以加入自己的内容，如文本、图形、图像、动画、视频和音频等，然后可以通过重新安排和微调图标及其属性来编辑逻辑结构。这类多媒体著作工具的典型产品有：Authorware 等。

三是以时间为基础的多媒体著作工具。

以时间为基础的多媒体著作工具所制作出来的节目最像电影或卡通片。它们是以可视的时间轴来决定事件的顺序和对象显示上演的时段的。这种时间轴包括许多通道或频道，以便安排多种对象同时呈现。它还可以用来编程控制转向一个序列中的任何位置的节目，从而增加了导航和交互控制。通常这类多媒体著作工具中都会有一个控制播放的面板，它与一般录音机的控制面板类似。

四是典型的多媒体著作工具。

Authorware 是美国 Macromedia 公司开发的一种多媒体制作软件，在 Windows 环境下有专业版(Authorware Professional)与学习版(Authorware Star)。Authorware 是一个图标导向式的多媒体制作工具，使非专业人员快速开发多媒体软件成为现实。它无须传统的计算机语言编程，只通过对图标的调用来编辑一些控制程序走向的活动流程图，将文字、图形、声音、动画、视频等各种多媒体项目数据汇在一起，就可达到多媒体软件制作的目的。Authorware 程序开始时，新建一个“流程图”，通过直观的流程图来表示用户程序的结构。用户可以增加并管理文本、图形、动画、声音以及视频，还可以开发各种交互，以及起导航作用的各种链接、按钮、菜单。Authorware 这种通过图标的调用来编辑流程图用以替代传统的计算机语言编程的设计思想，是它的主要特点。

主要功能有：(1)编制的软件具有强大的交互功能，可任意控制程序流程；(2)在人机对话中，它提供了按键，按鼠标，限时等多种应答方式；(3)它还提供了许多系统变量和函数以根据用户响应的情况，执行特定功能；(4)编制的软件除了能在其集成环境下运行外，还可以编译成扩展名为 .EXE 的文件，在 Windows 系统下脱离 Authorware 制作环境运行。

(2)Authorware7.0 的工作界面简介。

同其他 Windows 应用程序一样，使用 Authorware 必须先安装，安装程序都带有向导提示，按照提示安装好后。选择菜单命令“开始｜程序｜Macromedia Authorware7.0”或双击桌面上的快捷方式图标，就可进入图所示的 Authorware7.0 工作界面。

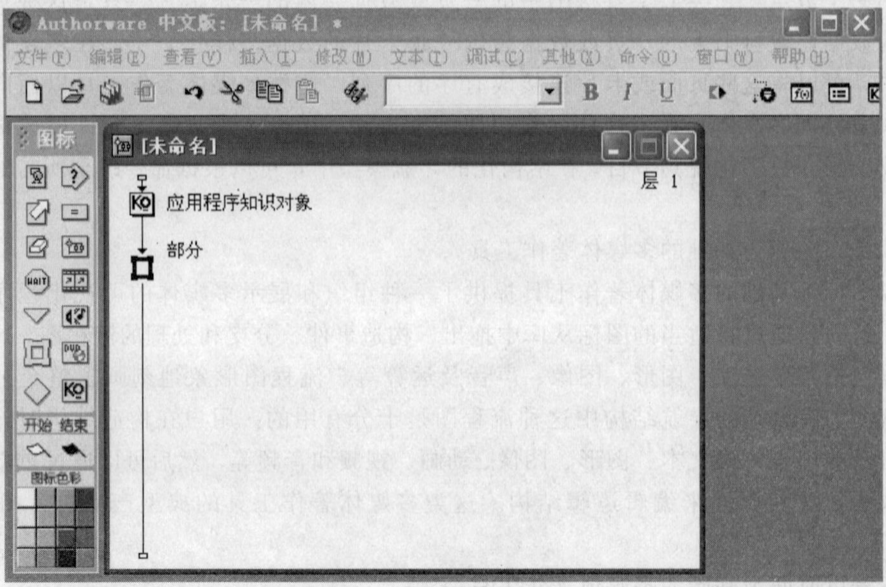

Authorware7.0 工作界面主要由标题栏、菜单栏、工具栏、图标选择板、设计窗口、演示窗口、属性面板和知识对象面板八大部分组成。

● 菜单栏：

菜单栏有 11 组菜单，包含文件操作、图标属性的修改与编辑、窗口设置、运行控制等一系列的命令，其中一些菜单的功能同 Windows 其他应用程序类似，这里主要介绍 Authorware7.0 所特有的几种菜单命令。

修改菜单：不仅可修改图标、图像、文件等的属性，还可对演示窗口中的对象进行设置。

文本菜单：可设置文字的字体、大小、颜色和样式。

调试菜单：用来调试或运行程序。

其他菜单：提供了一些附加功能，如查看库链接情况、声音文件格式转换、拼写检查等功能。

命令菜单：收集了 Authorware 中的扩展命令，如 RTF 编辑器、查找 Xtras 等功能。

● 工具栏：

工具栏如图所示，共有 18 种工具按钮，是菜单命令的快捷方式。单击按钮即可进行。其中一些按钮的功能同 Windows 其他应用程序类似，这里主要介绍 Authorware7.0 所特有的几个按钮。

导入按钮 ：用于直接向流程线、显示图标或交互图标中导入文本、图形、音频及视频文件等。

文本风格下拉列表框 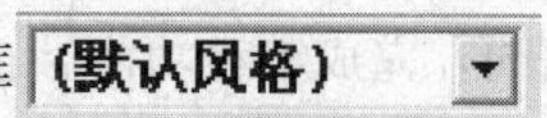：用于选择文本样式。

运行按钮 ：用于运行当前所打开的程序。

控制面板按钮 ：可控制程序的运行和跟踪程序的执行。

函数面板按钮 ：列出了所有系统函数，自定义函数及其描述。

变量面板按钮 ：列出了所有系统变量、自定义变量及其描述。

知识对象按钮 ：打开知识对象面板。

● 图标选择板：

图标选择板一般位于 Authorware 窗口的左侧，是制作多媒体作品的主要工具，如图所示。其中有：

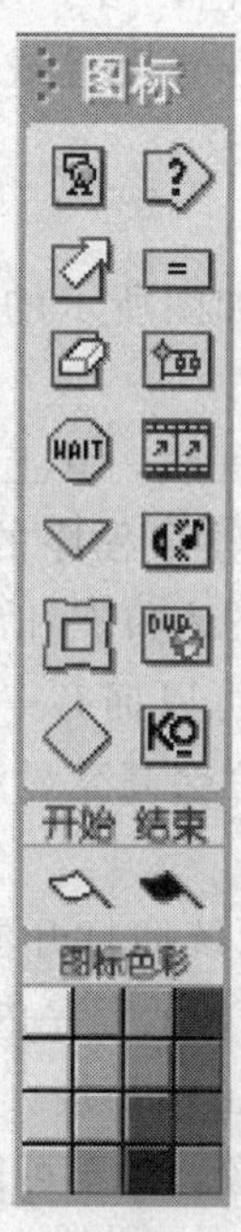

显示图标：用于显示文字及图形图像信息。

移动图标：用来制作对象(文本、图形、图像、数字化电影等)的简单运动，能控制其运动速度、路线和时间，产生动画效果。

擦除图标：用于擦除屏幕上所显对象，达到切换显示画面的目的，并能够实现各种擦除效果，如渐隐效果，关闭百叶窗效果、淡出效果等。

等待图标：用于在程序运行过程中产生等待时间间隔。

导航图标：用于制作超文本和处理超文本链接，以实现到程序内任意一页的跳转，其作用类似于 GoTo 语句。

框架图标：包含了一组导航图标，提供了各页之间跳转的方法。

判断图标：设置一种决策手段，利用它能够建立程序的分支、循环结构，并实现多种分支或循环功能；能够决定分支路径被执行的顺序和次数。

交互图标：用于设置交互程序。

计算图标：用来输入和执行程序语句，完成某种功能。它既可以独立使用，也可与任何图标结合使用，以扩展图标的功能。

群组图标：将其他图标组合在一起，形成程序模块，使程序流程简洁、清晰，便于阅读、组织和维护程序。

数字电影图标：用于导入 AVI、FLI、MOV、DIR、FLC 等格式的数字电影文件，可控制数字化电影文件的播放及播放方式。

声音图标：用于导入 WAV、MP3。

Sound、AIFF、PCM、VOX、SWA 等格式的声音文件，可控制声音文件的播放及播放方式。

DVD 图标：用于导入 DVD 视频，可控制 DVD 视频文件的播放及播放方式。

起始标志和停止标志：分别用于设置程序的起始点和结束点，主要用于调试程序。

图标调色板：提供了 16 种图标颜色，用于对上述图标进行上色，使它们以各种颜色显示在流程线上，以区分其层次性、重要性或特殊性，它的存在不影响程序的正常执行。

● 设计窗口：

启动 Authorware7.0 后，将出现如图所示的设计窗口(也称为流程线窗口)。它是程序设计的主要工作区域。

在设计窗口区域的左侧是一条流程线，其上、下端的小方块分别是流程的入口点和出口点。在流程线上，入口点表示整个程序的开始，出口点代表整个程序的结束。程序中的所有图标都要添加到流程线的入口点和出口点之间。

在设计过程中，一个打开的程序可以拥有一个或多个设计窗口。在任何时刻，当前活动的设计窗口只有一个，其标题栏会高亮显示。

● 演示窗口：

在 Authorware 中运行程序时，系统即打开演示窗口。此外，还可以通过双击【显示】图标打开演示窗口。该窗口是用于显示程序内容的窗口，是程序中各种对象进行表演的舞台。提供了一个所见即所得的工作环境，打开该窗口后，用户就可以在上面输入文字、绘制图形，也可导入外部图像，甚至可以放映一段电影。

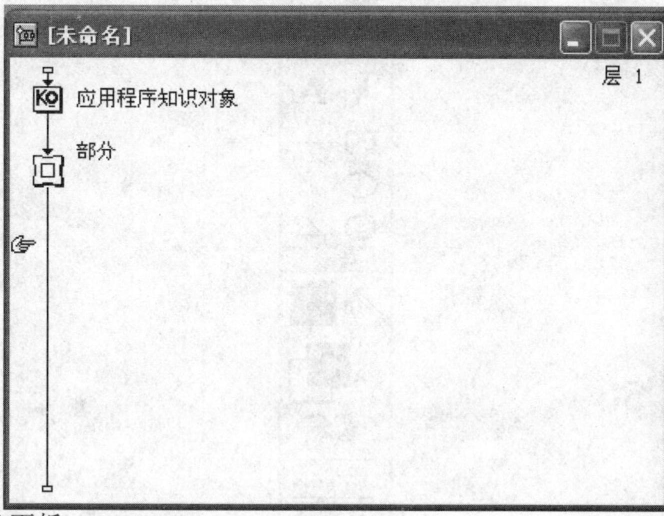

● 知识对象面板：

单击工具栏上【知识对象】按钮或选择菜单命令【窗口｜知识对象】，打开知识对象面板，该面板列出 Authorware 中提供的所有知识对象。

在 Authorware7.0 中共有 10 种类型的知识对象，分别为 Internet、LMS、RTF 对象、界面构成、评估、轻松工具箱、文件、新建、指南。用户可以根据需要将知识对象添加到流程线上，不仅简化设计的步骤，同时也使程序更加完美。

(3)Authorware 程序的基本调试步骤。

在对 Authorware 的集成环境有了初步了解后，就可以制作最简单的多媒体课件。

例：设计一个程序显示一幅背景图和“现代教育技术”的文字。

操作步骤如下：

①选择菜单命令“文件｜新建｜文件”，建立一个新文件。

②将两个【显示】图标分别从图标选择板拖到主流线上，并分别将“未命名”改为“背景”和“文本”，如图所示。

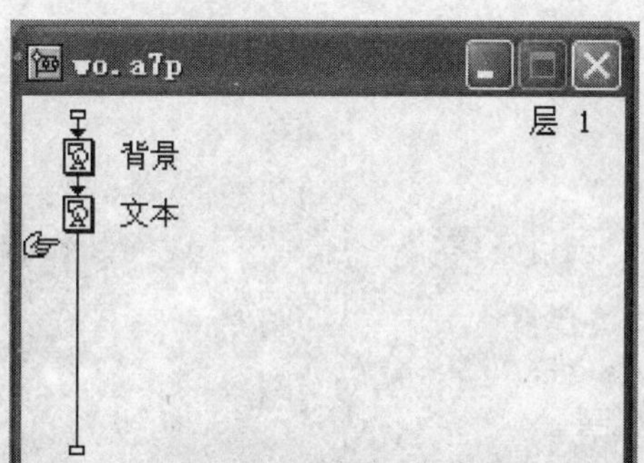

③双击“背景”图标，选择菜单命令“文件｜导入和导出｜导入媒体”，在弹出的对话框中选择一幅背景图片，并使其大小和演示窗口一样。

④双击“文本”图标，屏幕上会弹出一个演示窗口，在演示窗口中出现如图所示的工具盒，选择工具盒中的文字工具【A】，屏幕上弹出一个标尺，在光标处输入文字“现代教育技术”。

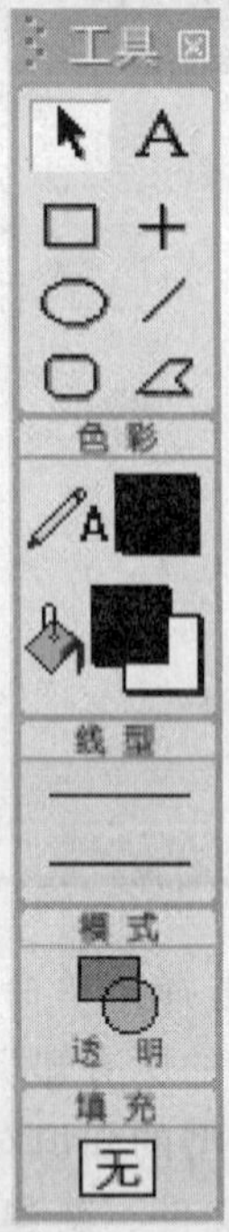

⑤单击工具盒中的工具，选中文本，选择菜单命令“文本｜大小｜其他”，将文字设置为合适的大小；选择菜单命令“文本｜字体｜其他”，将字体设置为合适的字体。

⑥选中文本，将文本移动到合适位置。

⑥保存文件，将其命名为“a1”。

⑦单击【运行】按钮，运行程序即得到所示的效果。

注意：如果文字有一部分覆盖背景图片，可单击工具盒中【模式】工具，将其设置为“透明”即可。

四、教育技术与科技活动

1. 课外科技活动的特点

近年来，随着各中小学校学生课外科技活动向纵深的发展，人们对学生课外活动的三大功能(即出人才、出成果和导向功能)的认识逐渐清晰。科技制作与发明、社会调查报告等成果日益增多，学习风气进一步好转，学生课外科技活动在校园文化建设中的地位已为许多学校所认同。

课外科技活动泛指科技制作、学科竞赛、实习实践、科研助手、发表论文、科学调研等。它具有以下几个特点：一是实践性。与课堂教学相比，课外科技活动更侧重于实践性，学生必须把学到的知识创造性地运用于实践中，使活动产生预期的绩效。二是主体性。课外科技活动是以学生为主体、教师为指导的学生主体性行动。在活动中，学生有足够的空间充分发挥和展示个人的爱好特长。三是灵活性。课外科技创新活动，是学生根据自己的兴趣、爱好、特长来选择，因此它可以是跨学科的。四是社会性。服务社会是学生科技活动发展的必然产物，而社会支持又会有力地促使科技成果社会化。

因地制宜地开展课外科技活动，是实施全面发展教育的重要途径，是中小学教学的重要任务，旨在启发青少年认识科学与人类生活和生产的关系，学习科学研究方法，掌握一两项实用技术。将教育技术运用到中小学科技活动中，让学生通过现代教育技术手段进行科技活动，必将对科技活动产生较大变革。

2. 课外科技活动的作用

课外科技活动是在课余时间根据学生特点、学校师资和物质条件，为学生开展的有目的、有计划和有组织的教育教学活动。其作用在于：

第一，扩大视野，激发兴趣，增强学习的积极性和主动性。

丰富多彩的课外科技活动，符合学生的生理和心理成长规律，能够促进学生扩大知识视野，激发求知兴趣，增强学习生物学的积极性和主动性。

第二，提供机会，培养特长，利于因材施教和培养人才。

每个学生都有自己的兴趣、爱好和专长，课外科技活动为他们发展自己的爱好和特长提供了机会。通过发现、探索和解决一些问题，有助于学生的兴趣、爱好升华为理想和志向，有利于因材施教和培养科学的后备人才。

第三，丰富感知，促进课堂教学，提高教学质量。

学生在课外活动中所观察、体验到的科学知识，是课堂学习新知识的基础，有助于对新知识的理解掌握。同时也可以把课堂中学到的知识技能用于实践，促进课堂教学与课外活动的相互渗透、补充，有利于提高教学质量。

第四，开发智力，培养能力，提高智能水平。

课外科技活动具有很强的社会性和实践性，能提供科学实验的机会，有利于培养学生的观察能力、想象能力、思维能力、实验操作能力和创造能力。

第五，有利于思想教育，促进学生身心健康和全面发展。

课外科技活动是丰富学生精神生活、进行身体锻炼的有效途径，也能够使学生得到辩证唯物主义、集体主义思想的教育，陶冶他们爱自然、爱科学、爱祖国、爱劳动的思想情操，促进学生全面发展和个性培养。

3. 课外科技活动的基本形式

课外活动的形式灵活多样，可以是个别的、小组的，也可以是全班的，甚至是全校的。教育技术与科技活动进行整合，在形式上有怎样的体现，下面介绍几种基本形式。

根据本地经济建设、学生特点和学校师资及物质条件等，活动的内容主要有：

(1)直接运用教育技术手段进行活动。

一是在开展科普读书活动中整合。由教师指定或者由学生自己选择适合阅读的科普图书，可以是独立阅读，也可以是集体听读，还可以组织科普图书读书节。这种形式，可以利用图书馆的书籍，也可以利用计算机在网络中搜索适合阅读的图书。

二是在开展科技小论文写作中整合。组织学生将看到的科技知识或者所开展的科技活动、科技实验等方面获得的科普知识，利用计算机写成小论文，不但可以运用计算机制作动画、图片，涂上颜色，让作品更形象直观，还可以在网络上互相交流阅读，丰富学生的科普知识。

三是在开展小制作活动中整合。科技小制作，可以是手工制作，也可以是电脑制作。利用电脑设计、制作科技作品，更有利于培养学生的想象力。

四是在知识讲座、图片展览、知识竞赛等活动中整合。知识讲座、图片展览、知识竞赛活动，这是在课外面向全体学生的活动，有助于丰富知识、开阔眼界、激发兴趣、提高生物学素质，利用爱鸟周、环境日、地球日、无烟日、计划生育宣传月、野生动物保护宣传月等活动，举办知识讲座和利用黑板报、壁报、图片展览以及知识竞赛，扩大知识视野，提高生物学素质。诸如生物科学与人类生存发展的关系、乡土生物资源的保护开发利用、人口与计划生育等知识讲座、珍稀动植物图片展览、生物知识竞赛等。开展这些活动时，要充分利用多媒体技术的动画、音像、色彩等多方面技术，丰富活动内容，提高活动效果。

(2)间接运用教育技术手段，辅助科技活动。

间接运用教育技术手段，是指在进行科技活动中，通过录像、摄影等手段，将活动的过程、形式、结果记录下来，然后存储在电脑中，并进行编排，使其成为系统资料，不仅便于长期保存，而且易于在网上交流。

一是在开展科技活动中运用。通过开展科技活动，培养学生对工农业生产、现实生活、科技手段等多方面的兴趣，掌握一些工农业生产的技术，使他们具有一定的实际工作的技能。诸如作物栽培、蔬菜栽培、果树栽培、林木栽培、花卉栽培、食用菌栽培、畜禽养殖、水产养殖、特种动物养殖、农产品加工、动植物驯化、生物防治等。

二是在结合课堂教学开展小实验中运用。培养学生进行简单生物实验的科研能力，严谨的科学态度和独立工作的能力，诸如种子萌发率的测定、生长素在扦插中的作用、花粉萌发观察、蛙胚胎发育观察、涡虫再生实验、胃液消化作用、结合动物个体发育进行蛙个体发育过程的观察等。

三是在结合劳动技术课教学开展生物科技活动时运用，使学生掌握一些实用技术，培养劳动观点、习惯、技能，如花木栽培、作物栽培、蔬菜栽培、果树栽培、林木栽培、食用菌栽培的教学及实践，畜禽养殖、水产养殖的教学与实践，农副产品加工技术等。

四是在进行生物资源和生态环境调查时运用。掌握生物资源和生态环境调查的方法，了解家乡生物资源和生态环境及发展经济的资源优势。诸如动植物标本采集制作、生物形态结构和生理机能及对环境适应的观察、生物资源和生态环境调查、害虫害兽的防治、益虫益鸟益兽的保护、生物资源综合开发利用以及科技小论文的撰写等。

五是在调查、访问、参观、远足等社会实践活动中运用。帮助学生了解乡情，增进热爱家乡的情感，诸如人口问题调查、粮食问题调查、耕地问题调查、农业专业户和生态村参观、自然保护区参观和调查等。

4. 课外科技活动的组织原则

课外科技活动不同于课堂教学，其基本特点是学生有参加活动的自主性和选择性；活动内容有广泛性、伸缩性和趣味性；活动方式有多样性和灵活性；活动的进行有开发性和实践性。这些特点决定了课外活动组织的原则是：

一是坚持学生自愿参加的原则。

学生可以根据个人的兴趣、爱好和特长，自愿选择参加活动，这样有利于调动学生参加课外科技活动的自觉性、积极性和主动性，有助于因材施教。

二是坚持全面发展的原则。

在课外科技活动中，既要发展学生的兴趣和特长，增长知识和智能，又要使学生在德、智、体、美、劳各方面都得到发展，同时还要特别注意教育学生立志为祖国献身、养成高尚的道德品质，锻炼坚毅、顽强的意志与性格。

三是坚持培养学生科学素质和创造才能的原则。

通过课外科技活动培养学生实事求是的科学态度，严谨细致的科学作风和百折不挠勇攀高峰的科学精神，培养学生观察能力、想象能力、思维能力、创造能力等。

5. 课外科技活动的实施措施

一是加强组织管理，各任课老师要提前将开放时间、开放班级、开放内容告之学生，并做好相关准备，按时到位。

二是指导老师应提前做好相关准备(含所需的各种物品)，提前开门，按照到位，进行指导。

三是在开放过程中，指导教师要按所到人数的多少，合理分组，耐心巡视，发现问题及时纠正。

四是注意仪器的保管、使用，严禁学生盗偷，若有损坏，照价赔偿。

五是鼓励学生积极参与，大胆探究，不断创新，对表现较好的学生，期末进行评奖。

六是实验室对学生开放时间宜每周下午选一固定时间。开放实验的周由教师当周提前通知学生具体实验内容和实验时间，时间如有变动，应及时与实验教师联系。

科研培训篇

一、教育技术科研工作的定位

科学研究，是指人们有目的、有计划地采取严密的方法，探索自然界、人类社会和思维变化及其活动规律的过程。那么，中小学教育技术科研工作，就是运用科学研究的手段，采取严密的方法，探索中小学教育技术发展变化及其活动规律的过程。

中小学教育技术科研工作，作为一种创造性的活动，其目的在于探索、研究中小学教育技术工作的政策法规、理论依据、管理运作、装备配置、技术应用、设备开发等方面的规律及其相互间的关系，以促进现代教育技术工作的政策得到落实，教育技术理论水平得到提高，教育技术管理运作有序进行，教育技术装备配置科学合理，教育技术应用规范有效，教育技术设备开发科学创新，在中小学教育教学工作中发挥较大作用。

中小学教育技术工作研究的意义在于：

一是推进理论建设。中小学教育技术工作在整个教育领域而言，起步较迟但发展较快，属于教育研究的新范畴。因而，中小学教育技术的理论建设亟待加快步伐，理论水平亟待提高。对它的研究，不仅在于揭示教育技术在教育教学中的地位、作用及其一般规律，更重要的是在于提炼教育技术工作的基础原理、特殊规律、重要作用，以推进中小学教育技术的理论建设。

二是改善教育实践。教育技术自走进中小学教育教学工作实践环节之后，就对推进中小学教育教学工作改革发挥了重要作用：推进教育教学观念得到更新，促进教育教学模式得到改革，促使教育教学手段得到优化，促进教育教学方法得到改进，促使教育教学结构得到调整，促进教育教学工作从整体上发生了巨大变化。所有这些，都体现出教育技术科研对改善教育实践的实际意义。

三是拓宽教育资源。中小学教育技术研究催化了中小学教育资源建设的步伐。中小学教育技术资源建设的快速发展，为中小学校资源建设提供了优质条件，硬件建设得以加强，不仅是学生教室、理化生实验室的建设更具标准，而且科技室、图书室、阅览室、多媒体教室、语音教学室、计算机教室、多功能教室等教育技术专用教室的建设得到重视，应运而生。现代教育技术各种装备同时被提到议事日程，装备速度日渐加快，装备项目逐渐完善，设备质量得以提高，为现代教育技术在中小学教育教学应用奠定了良好基础。

四是提高教师素质。随着教育技术装备设施水平的不断提高，对教师掌握现代教育技术手段的要求也越来越高。因此，促使教师为适应事业发展的更高需求，必须要掌握使用教育技术设备的方法。多媒体教室的使用，计算机程序的编辑，多媒体课件的制作，各种设备的操作，各种技术的运用，都成了教师进行教育教学工作必须具有的技能。这就促使教师在教育技术所涉及的诸多方面进行进修，在教育教学诸多方面考虑教育技术设备的应用，不仅促进教师围绕素质教育转变教育观念，改进教学方法，而且从多方面提高了教师的整体素质。

五是完善学校功能。教育技术应用研究的加强和发展，教育装备设施的应用和普及，促进学校的功能得到完善，它不仅是授业解惑的场所，而且是育人的阵地，破解了素质教育的瓶颈。

教育技术的研究，虽然同学科教学研究有很大相似性，但是也有它的独特性。对教育技术的研究，应该把握住以下特点：

一是政策方向。对于教育技术工作，国家以及地方政府和教育行政部门，制定了相应的政策法规，提出了具体要求，这是进行教育技术科研的依据，也是教育技术研究的方向。研究过程中，应始终把握这个方向，不可偏离。随着教育形势的不断发展，教育改革的不断深入，对于教育技术工作的政策法规还会不断更新完善，这就需要教育技术的科研工作不断深入进行，以完善教育技术政策执行过程中的方法措施，使政策法规不折不扣地落到实处。因此，教育技术科研工作，必须严格按照政策法规所确定的方向进行。

二是科学态度。教育技术工作的研究，要以科学的态度，运用科学的方法进行。所谓科学态度，是指科研人员的思想要符合科学规范的要求，要以先进的理论作指导，实事求是的精神搞探索，面向未来求发展。所谓科学方法，应该包含两层含义：一是研究的方法具有科学性。研究方法的科学性，就决定了研究过程的科学性，从而使科研工作成为一种理性的探索。这就决定，确定研究内容要从实际出发，研究过程坚持以事实为依据，研究方法做到科学合理。二是研究成果的科学性。这就要求，科研资料来源是客观的、真实的，分析整理过程是系统的、科学的，科研成果是可信的、可用的。因此，我们可以说，科学态度是搞好教育技术科研的重要保证。

三是发展趋势。教育技术的发展趋势，随着科学技术的发展速度，在不断且迅速发展。那么，就要求教育技术科研工作不断创新。首先，研究者必须要有创新意识和创新能力，不仅敢于向已有的先例挑战，而且能够依据教育教学的所需勇于提出创新性的设想，向未来挑战。其次，进行教育技术研究，要敢于冲破已有理论、模式的束缚，勇于进行新的实践、新的探索。再次，敢于承认经过实践检验而且实用的成果，并勇于运用到教育教学工作中。

四是实用原则。教育技术科研工作，必须要考虑到研究成果的实用性。所谓实用，是指研究成果能够很好地运用到教育教学之中，为转变教育思想、提高教学质量服务。这就需要，研制的设备、器械要有实用性，研发的课件要有实用性，制作的教具、学具要有实用性，探索的方法要有实用性。

五是注重实效。任何一项工作都应该注重其实际效果，教育技术科研也不例外。注重实效，是指在确定研究课题时要考虑到研究成果的实际效果，在研究过程中要体现实际效果，在总结提高时要强调实用效果，在成果推广时要突出实用效果。这个实用，就是能够服务于教育教学工作；这个效果，就是能够为提高教育教学质量创造新的价值，能够推动素质教育健康发展。

六是系统有序。教育技术装备的配置，教学软件的研发，都是按照学校教育教学需求进行的，这是一个系统工程。因此，对教育技术的研究，也应该围绕这个系统的所需而进行。对装备的配置研究，要从一个学校的整体出发，按照学校的规模和规定要求配备设备的种类，在掌握学校设备的现状前提下，考虑到长远需求，系统有序地逐渐完善；对教学软件的开发研究，要依据教学实际需要研究开发，应该充分研究每个学科应该配置软件的需求，系统性地有序进行，使其得以系统配套。

二、教育技术科研工作的内容

教育技术科研工作，确定其研究内容至关重要。研究的内容准确与否，直接关系到研究的质量和所产生的效益。就目前而言，教育技术科研工作应该涉及的内容有：教育技术法规的研究；教育技术装备的研究；教育技术管理的研究；教育技术应用的研究；教育技术开发的研究。

1. 教育技术法规的研究

教育技术法规，是教育技术工作的政策、原则、标准和依据，对于指导教育技术各项工作有着重要意义。目前，对教育技术法规的研究，应该体现以下内容：一是对现有法规的研究，包括教育技术装备政策，教育技术管理政策，教育技术应用政策，教育技术开发政策，教育经费使用政策等。通过研究，理解教育技术工作的目的、意义、方向、标准，掌握教育技术管理的方法措施，明确教育技术应用的具体要求，了解教育技术开发的动态，用以指导教育技术各项工作。二是对发展方向的研究，了解教育技术工作的发展方向和政策趋向，为谋划教育技术工作发展奠定基础。

2. 教育技术装备的研究

教育技术装备工作，是教育技术职能部门的主要工作之一。装备质量决定装备效益。因此，对这项工作的研究，就显得格外重要。

(1)装备标准的研究。教育装备，是指学校教育教学工作所需的物质设备。从广义讲，应该包括教育教学所需的各种设备，包括教学用房、办公用房、学生活动场所、教育教学仪器、图书以及活动器械等；装备标准，即是这些设备配置的基本数量要求和质量要求。对于教育技术装备标准研究，是一项具有宏观意义的综合性研究，一般由国家及省级政府和教育行政部门研究并制定标准，这样的标准要求，具有政策性和强制性，是中小学校办学条件的基本要求。市、县教育技术职能部门对教育技术装备研究的内容，主要是依据国家、省级政府和教育行政部门制定的标准，依据本地的经济条件、教育技术装备现状以及教育发展规划，研究制定实施的措施以及需要提高标准的具体目标，达到最优化的程度。

具体到市、县教育技术职能部门和中小学校，对于教育技术装备的研究，主要内容则是应用研究。主要包括：教育技术设备配置的数量和质量，选购设备的渠道和所需仪器、图书、器械的价位，研发软件、制作课件、自制教具的方法措施等。

(2)装备质量和价位的研究。教育技术装备的质量，直接关系到教育技术设备的应用安全和效益。对装备质量的研究程度，直接关系到教育技术装备的质量好坏优劣。因此，教育技术职能部门以及中小学校，都应该把教育技术装备质量的研究作为重要的研究内容。一是在选购设备之前，要进行调查研究，分析设备生产厂家的资质、规模、能力以及产品质量及其价位，通过多家产品的对比分析研究，本着少花钱多办事、花同样的钱办更多的事的原则，确定中标厂家。二是对所选产品的性能、结构、安全系数进行研究，确保质量和使用安全。

(3)装备数量和渠道的研究。按照本地经济状况和学校规模，依照国家规定的数量标准，进行具体研究，逐校确定设备配备数量标准，既要保证资源充足，又要防止浪费，杜绝资产外流。特别是要控制选购渠道，禁止选购非中标厂家产品。

(4)装备方法措施的研究。教育技术装备的方法和措施，既关系到装备工作的质量，也关系到装备工作的效益。因此，有必要作为教育技术装备研究的重要内容之一。

3. 教育技术管理的研究

教育技术管理，应该包括装备管理和应用管理。对教育技术管理的研究，应该把握住以下几点：

(1)研究教育技术装备、应用管理的目的、意义、作用及任务要求，揭示教育技术装备、应用管理的内涵，理解其目的、意义、作用，明确其具体任务要求。

(2)研究教育技术装备、应用管理的方法措施，掌握教育技术装备、应用的方法措施，使教育技术装备和应用得以不断完善。

(3)研究教育技术设备管理的规章制度，包括各种规章制度的制定、实施要求、奖惩办法等，以规范教育技术设备的管理。

(4)研究教育技术设备应用管理的规则及制度，包括教育技术应用的基本要求、实施办法、作用效果等，以提高教育技术设备应用的效益和质量。

(5)研究教育技术工作其他管理方面的任务要求及方法措施。

4. 教育技术应用的研究

教育技术应用，应该包括教育技术在教育领域的应用和教学领域应用两个方面。

(1)教育技术在中小学教育领域的应用。研究教育技术在中小学教育领域的应用，应该包括五个方面的内容。一是应用的范围。主要是研究解决教育技术手段适应于中小学教育活动中应用范畴问题。如主题班会、少先队活动、团组织活动等。二是应用的目的。主要指应用教育技术手段后，中小学的教育活动应该并且能够达到的教育目的，研究、解决、优化学校的教育方向、目标等问题。三是应用的方法。指应用教育技术的具体确方法、措施，解决教育技术手段怎样运用对问题。四是应用的效果。主要是通过数据、实例的分析对比，研究教育技术手段在教育中所起到的作用，所产生的良好结果。五是监控的措施。主要研究学校对在教育过程中实施教育技术的监测、控制手段，及应该采取的措施。

(2)教育技术在中小学教学领域的应用。研究教育技术在中小学教学领域的应用，同样应该包括五个方面的内容。一是应用的范围。主要包括学校各种教育技术设备所适用的学科范围、活动范围、课型范围及其他教学场合，以及这些范围的各个环节。以解决教育技术在中小学教学领域的适用性。二是应用的目的。主要包括教学的各个环节运用教育技术手段需要解决的问题，达到的目的，产生的效果。三是应用的方法。主要解决怎样用、什么时候用的问题。内容包括：教育技术专用教室的使用方法，教学课件的使用方法，实验仪器的使用方法，多媒体设备及计算机设备的使用方法等。四是应用的效果。主要包括激发学生兴趣的效果，优化课堂教学结构的效果，培养学生提出问题、分析问题、解决问题能力的效果，提高教学质量的效果，以及实施素质教育的效果等。五是监控的措施。是学校对教师、教师对学生运用教育技术设备督查过程。主要包括：教育技术设备的使用效率，教育技术应用的实际效果，教育技术手段的重要作用等。

5. 教育技术开发的研究

教育技术的开发，主要包括适用软件的开发。适用软件的开发，是学校及教师充实教育技术设备的重要手段。因此，对教学软件的开发进行适用性研究，应该作为教育技术科研的重要内容。适用软件开发的研究，应该包括：课件内容的研究，制作方法的研究，激励措施的研究，经费资助的研究，资源共享的研究等。

(1)课件内容的研究。课件，是根据教学的需要，经过教学目标确定、教学内容和任务分析、教学活动结构及界面设置等环节，制作的课程软件。作为与教育现代媒体配套使用的软件，是教学工作必备的教学软件之一。从类型上分，主要有：课堂演示型、学生自学型、模拟实验型、训练复习型、教学游戏型、资料工具型；从形式上分，主要有：文本类、图形类、静态图像类、动画类、音频视频类；从功能上分，主要有：体现知识内容关系的，体现学科教学规律的，体现知识结构功能的。在研究、开发过程中，要依据教学内容和应用软件需要功能，确定课件类型，选择课件形式。

(2)制作方法的研究。教育部于 1998 年 2 月发布了“计算机辅助教学软件制作规范”，规定了课件制作的具体要求，这是制作课件方法、程序的主要依据。但是，随着计算机功能的不断升级，课件制作的水平也相应得到了提高，这就需要根据计算机发展的功能，不断研究课件的制作方法，以优化制作手段，提升课件质量，提高制作效率，降低制作成本。

(3)激励措施的研究。制作课件，有一定的程序，教师需要耗费一定的时间、精力。有的教师甚至是利用休息时间，利用家用电脑具体操作。因此，有必要运用激励措施，鼓励教师适时、经常制作课件。这就需要对激励的措施进行研究。研究激励措施，要考虑科学性、实用性、常规性，做到科学合理、实用可行、坚持经常，真正起到激励的作用，充分调动教师的积极性。

(4)经费资助的研究。教师制作课件，有的需要耗费一定的资金，这就需要学校在资金上给予补贴。补贴的范围、标准，应该通过调查研究，制定实施办法。做到既不可使资金随便浪费，又要保证经费充足够用。

(5)资源共享的研究。教师制作的课件，是学校教学软件设施的重要组成部分，学校应该研究制定课件制作、收集、存储管理办法，指定专人负责收集、整理，形成自己的资源库。一方面可以避免重复制作，浪费不必要的精力、财力；另一方面可以使课件资源得以共享，充分发挥其作用。

三、教育技术科研工作的方法

在教育科研工作中，经过长期实践的总结，已经有很多方法被认同，作为教育科研的基本方法。教育技术科研工作，作为教育科研工作其中的一个方面，应该选择教育科研的基本方法，结合教育技术工作的实际运作。

进行教育技术科研工作，应该选择调查法、实验法、观察法、比较法和课题专项研究法。这些方法，在运用过程中，可单独运用，也可综合运用。

1. 调查法

调查法是教育科研中最常用的方法之一，在科研工作中占有重要地位，也是教育技术科研工作应该运用的主要方法。运用调查法进行教育技术科研，是指通过有目的、有计划、有系统地收集、整理、分析教育技术工作的有关材料，了解教育技术发展的现象，发现教育技术工作在教育整体工作中的地位、作用以及与教育整体工作的内在联系，认识并探索其自身发展规律以及在教育教学中的应用规律。调查，往往要与研究融合在一起进行。调查是收集情况，了解事实，占有材料。研究是从现象中寻求本质，找出规律，推导理论。调查是研究的前提，研究是调查的目的，因此，调查和研究密不可分，人们已习惯地把调查研究相提并论。

(1)调查法的基本类型及作用。

一是按照调查、收集材料的基本方式和依据所采用的方法，可分为访问调查法、问卷调查法、列表调查法、测验调查法等。

访问调查法，就是根据所调查的内容，预先设定的问题，通过直接谈话的形式，收集材料。它的作用及优势在于，对所调查的内容，可以随机引导，可以多方了解，可以反复进行，从不同方面、不同角度进行验证，能够比较全面地了解所调查的问题，能较好地体现问题的真实性。在教育技术科研中，访问调查法一般适用于以下方面的调查运用：征求对教育技术设备配置、应用意见；调查设备质量的优劣；调查设备使用的状况；调查应用研究的动向；调查设备使用的效果；调查科研、教研状况等，以了解、掌握区域内教育技术工作的现状，进行有针对性的研究。

问卷调查法，是用书面形式进行调查的一种方法。问卷调查，需要把所调查的内容设计成标准统一的问卷，通过被调查对象以书面形式回答问卷，然后进行统计，收集有关数据、资料。这种调查方法，适用于对教育技术工作意见的调查统计，且省时、省力、省钱，一次性调查内容多，调查范围大，其数据资料适宜量化处理，便于统计分析。在教育技术科研中，问卷调查法一般适用于广泛征求对教育技术各方面工作的意见，便于选择区域内教育技术工作的重点问题，确定科研目标，确立科研课题，以解决教育技术工作的实际问题。

列表调查法，是用列表形式，将调查内容涵盖进去，通过被调查对象按照表内所列项目要求逐一填写，然后逐项进行统计。列表调查法，主要适用于对数据的调查统计。在教育技术科研中，列表调查法适用于对教育技术各方面数据的统计收集，为教育技术科研提供数据依据。

测验调查法，是从心理学与教育的角度，编制标准化的测试题，按照规定程序测定所研究问题的实际情况。与问卷调查法不同的是，它是一种更加标准的问卷形式，且测验形式多样，同时可采用文字形式、非文字形式、操作形式进行调查。在教育技术科研中，测验调查法可用于对设备使用质量、技术应用质量以及它们所产生的效果的调查，便于总结教育技术研究、应用的经验。

二是按照调查对象的选择范围，可分为普遍调查、抽样调查、个案调查等多种类型。

普遍调查。普遍调查又称全面调查，简称普查。是就某一问题或事项进行全面调查，以达到准确无误地了解总体情况的目的。就教育技术科研而言，普遍调查适用于教育技术的各项工作，调查范围涉及区域内所有中小学校。目的是为教育技术科研中的某一项研究提供基础资料。

抽样调查。抽样调查是从总体中合理地抽取一部分对象组成样本，用样本的特征值来估计总体。这样的调查，虽然有一定误差，但在一个值信区间，对被调查的事物可以作出比较可靠的估计。运用抽样调查法，在选取样本对象时，应注意其合理性。如果要了解一个区域的大体情况，应注意按不同层次选取样本；如果要验证某一项工作的最好或者最坏的特殊情况，可分别选取对应层次的单位。在教育技术科研中，这种方法适用于各种调查，只要是以了解现实状况为基础的课题，都要选择样本进行调查。

个案调查。个案调查是针对某一种现象或者某一个对象进行分析时，有意识地从其中选择出具体对象，对其进行调查研究。个案调查的意义在于：能够深入实际，通过调查分析，对某一现象进行具体、细致的分析研究，可以详细地观察事物的发展状况，具体了解事物的因果关系，准确判断事物的发展趋势，便于较好地解决问题。在教育技术科研中，适用于总结、推广教育技术工作综合或者单项经验的研究。

三是按照调查内容需要，可分为综合调查、重点调查、专题调查等各种类型。

综合调查。综合调查是指对某一问题或者现象进行全方位的调查，调查的内容涉及该问题或者现象的各个方面、各个层次。在教育技术科研中，若涉及对教育技术装备、管理、应用、效果等很多方面的调查，一般应该运用综合调查的方法，以便于对教育技术整体工作进行分析，总结经验，发现问题，确定科研课题。

重点调查。重点调查是指从调查范围内所有的对象中，选取一部分重点单位进行调查。这种方法适用于深层次了解情况、发现问题、分析问题、解决问题。

专题调查。专题调查是指由于调查内容较窄，或是就某一个事物现象中的某一个方面进行的调查。在教育技术科研中，专题调查的方法运用比较常见，任何一项具体的工作研究，都可以用专题调查的方法进行。

(2)调查法的基本步骤方法。

一是前期准备。前期准备，主要包括：按照现实性、可行性、科学性、创新性的原则，确定调查内容，拟定调查提纲，编辑调查工具，选取调查对象，选择调查方法。一般应该形成文字材料。必要的情况下，要印发至被调查单位，便于被调查对象提前做好准备。

二是具体实施。实施过程中，收集材料要广泛、全面、具体、系统。并注意资料的典型性、客观性、真实性。实施过程中，应该根据需要，选择相应的调查方法，注意各种方法交替使用，力争全方位、多层次体现调查结果。

三是归纳整理。对通过调查获取的资料、数据、实例等材料进行归纳整理。归纳整理时，对于叙述性内容，可用文字表述；对于数据性内容，可用列表或图示方法整理。

四是研究分析。对调查中获取的资料，结合观察到的情况，进行分析。通过分析，总结成绩、发现问题。并撰写调查研究报告。

(3)调查结果的处理应用。

在教育技术工作中，调查结果应该根据不同情况，分别处理：对于调查中总结的经验，要及时进行总结推广；对于调查中发现的问题，要归纳梳理，作为今后科研的主要内容，列为课题，组织研究；对于政策性、方向性的问题，要及时向有关部门反映，以便及时解决。

2. 实验法

实验法是根据所设定的科研内容，通过实验的手段，取得相关事实数据，从中找出现象与条件之间的因果关系的研究方法。教育技术科研运用实验法进行研究，就要根据教育技术装备、运用的具体内容，设定为科研内容，通过实验的手段，依据相关的教育理论，进行有计划、有组织的研究实践，在对实验的数据和效果比较分析之后，得出科学的结论。

(1)实验法的基本类型及作用。

一是按照实验的目的，可分为探索性实验、确认性实验、推广性实验等类型。

探索性实验，是以某种现象、规律为目标，通过探索、研究目标的因果关系，尝试构建某种理论体系。这类实验，有科学的理论假设，严格的条件控制，规范的实验程序，系统的数据处理方法，具有较强的创新性。它的作用在于研究教育理论体系中的根本问题，有重要的理论意义。教育技术科研工作，运用探索性实验的方法进行研究，就是要对教育设备的配置、应用及其所产生的效果，通过实验的方法，探索其之间的因果关系，构建教育技术领域的理论，解决教育技术工作的根本问题。

确认性实验，这类实验的研究问题来源于实际，主要是通过实验收集事实材料，来确定所研究的对象是否具有研究假说内容的基本特征，从而在丰富事实的基础上概况总结经验型规律，以此推动实践的发展。在教育技术科研中运用这种实验方法，就是要将中小学教育技术装备、应用中的实际问题，在教育理论指导下，通过实验，来验证假说理论的特征，概括、总结教育技术实践的经验和规律，以推动教育技术工作的发展。

推广性实验，是以已经取得的实验成果为目标，对已经取得的成果用再实践的方法进行检验、修订和完善。这类实验具有明显的的重复性，可以在不同环境条件下进行，不仅对实验条件有明确分析，而且实验方案具有可操作性。在教育技术科研中运用这种实验方法，就是要将教育技术工作中已经取得的成果，进行推广型研究。通过实验，对其的可行性进行检验，修订、完善、发展其原有理论。

二是按照实验的场所，可分为实验室实验、现场实验等类型。

实验室实验，是在专门特色且高度控制的实验室内模拟现实环境而进行的实验。现场实验，则是在自然真实的情景中进行的实验。这种实验，能够按照研究目的，适当控制客观条件，使研究对象发生变化。教育技术科研工作，一般选用现场实验的方法进行。因为这种实验是在教育技术实际情况下进行的，能够比较真实地反映教育技术工作的各种问题，便于找出规律，加以解决。

三是按照实验的配组，可分为单组实验、等组实验、循环组实验等类型。

单组实验，是以一个群体为实验对象，在其他各种条件保持不变的情况下，施加某一项实验内容，然后观察其实验效果，并将实验前后的效果进行比对，从而证实实验内容的效果。

等组实验则是利用两个或者两个以上的研究对象，其中一个接受某个实验因素的影响；另一个却无实验因素，或者是两个对象同时接受不同的实验因素影响，其他各种条件保持不变，通过实验后比较有实验因素影响和无实验因素影响的不同效果，或者两个不同实验因素的不同效果，从而证实实验因素的效果。

循环组实验，是以选择两个或两个以上实验对象，将两个实验因素分别在两个实验对象中循环进行实验，然后分析、求证两个实验因素的不同效果，最后将两个不同实验对象的两个不同的实验因素的效果相加，进行比较，来证明两个实验因素的优劣。

这三种方法，是教育技术科研中经常运用的方法，特别是对教育技术手段运用前后教育教学效果的比较性研究，更为适用。

(2)实验法的基本步骤方法。

在中小学教育技术科研中，运用实验法的基本步骤可分为准备、实施、总结三个阶段。准备阶段包括：选择实验课题；提出实验假说；设计实验环节；确定实验变量等。实施阶段包括：对变量的控制、操纵、测量等。总结阶段包括：分析研究资料、数据，撰写实验报告。

(3)实验结果的处理应用。

实验完成之后，应该将实验报告、实验的相关资料和数据，及时向有关部门报告，为行政部门或职能部门决策提供依据。

3. 观察法

观察法是有目的、有计划地对研究对象的活动过程以及客观表现，运用观察的手段掌握信息、收集材料，然后进行分析研究的一种研究方法。其主要特点是具有明确的目的性，按照系统的计划，在自然状态下进行。它的作用在于，通过对某一事物现象及变化过程进行全面、细致和深入观察，获取该事物的客观材料，检验科学事实的真实性，有助于科研课题的选择和形成。

观察法的主要类型有：自然观察法、实验观察法、直接观察法、间接观察法、系统观察法、抽样观察法等。

自然观察法，是在自然的状态下，对观察环境不加任何改变和控制的前提下进行的观察。这种方法，又可分为隐蔽观察和公开观察，前者的效果优于后者。由于被观察者不知道自己的行为已经被人观察，其行为不会隐蔽，所观察到的效果更为真实、具体。

实验观察法，是在人工控制的环境中进行的系统观察。其特点是：观察目的明确，实施计划周密，具有控制因素，获取事实真实，效果价值较大。

直接观察法，是在现场直接对观察对象进行观察，其特点是利于调整观察形式、内容，获取信息直接、具体、真实，便于抓住重要细节。

在教育技术科研中，以上三种观察方法运用比较普遍。

在教育技术科研工作中，运用观察法要体现五个基本步骤：一是明确观察目的，确定观察对象、时间、地点、内容和方法；二是搜索相关资料，进行研究分析，初步了解观察对象的基本情况；三是编制观察提纲，确定主要方向；四是进行有目的、有计划、有步骤、全面而系统的观察活动，记录观察内容、数据，特别是典型事实；五是整理分析资料得出结论。

在教育技术科研以及调查研究中，观察法是常用的方法之一。在运用过程中，要根据不同目的，选择不同观察方法，以达到较好效果。

4. 比较法

比较法是根据一定的标准，对某些现象在不同时期、不同地点、不同情况下的不同表现、发展、效果进行比较研究，找出其普遍规律和特殊本质的研究方法。运用比较法进行研究，可以更好地揭示普遍规律，帮助人们获得新的发现与发明，促进人们通过比较，得出结论，认识自我，以便采取措施，完善自我。

运用比较法，必须具备三个条件：一是必须存在两个以上事物；二是这些事物必须有共同基础；三是这些事物必须有不同特征。

比较法可分为纵向比较、横向比较、同类比较、相异比较、定性比较、定量比较等多种类型。

纵向比较，就是对同一事物在不同阶段的发展状况进行比较，便于从发展变化的状况下对事物进行研究。

横向比较，是对同时并存的事物进行比较，便于对同一事物在同一时期内，不同地区、单位的工作进行比较研究。

同类比较，是将两个或两类相同的事物具有的特征进行比较，便于在这些相同的事物中寻找其共同点。

异类比较，是对两个或两类性质相反的事物或一个事物的正反两个方面进行比较，这样的比较，就其思维过程来说与同类比较相同，也是从个别到个别的推理。但是，它说明的不是两个事物的相同点，而是两个事物的不同点。

定性比较，是对两类事物所具有的属性、本质进行比较，从而确定事物的性质，便于从性质的角度判断事物。

定量比较，是对事物的属性进行数量上的比较，便于准确判断事物的变化程度。

运用比较法，其步骤主要有：一是明确比较的主题，确定要比较的问题；二是确定比较的标准，把比较对象的材料按可能比较的形式排列起来，依据比较标准进行准确比较；三是解析比较的内容，对所比较的事实、数据进行充分分析，并说明事实的原因、理由和因素；四是作出比较的结论，认定事物的优劣。

5. 课题专项研究法

课题专项研究，是指以课题的形式，对教育技术装备、实施等内容进行专题研究的方法。课题专项研究，主要包括：基础课题研究、应用课题研究、开发课题研究、宏观课题研究、微观课题研究等很多方面。进行课题专项研究，必须依据一定的程序，申报课题立项，组织研究实施，总结研究成果，进行鉴定评价。（下节将专题介绍）

四、教育技术科研课题的管理

加强和规范教育技术装备及应用科研课题管理，使之走向科学化、规范化、制度化，提高教育技术装备和应用的科研研究水平和效益，使教育技术科研真正成为推动学校发展的有效途径，充分发挥教育技术科研在教育改革和发展中的先导作用，建立并完善学校教育科研课题的管理制度尤为重要。

1. 教育技术科研课题管理的目的

科研项目管理是指课题从项目申请、立项论证、组织实施、检查评估、验收鉴定、成果申报、成果推广、档案入卷的全程管理。其目的是使科研项目实行制度化和科学化的管理，保证科研计划出成果、出效益，提高竞争力。

2. 教育技术科研课题管理的原则

对教育技术科研课题的管理，应该遵循以下原则：

(1)指导性原则。

教育技术科研课题管理的指导性，主要表现在引导课题研究的正确方向和引导课题研究的规范实施两个方面。这就要求教育技术课题研究，必须为教育改革和发展服务，为提高教育质量和办学效益服务，为提高装备标准和设备水平服务，为强化设备应用和提高应用质量服务。研究的方法，必须科学、规范。产生的价值，必须具有一定的理论高度，且适用于教育技术及教学工作，具有效益价值。

(2)服务性原则。

服务是管理过程的主要内容之一。教育技术科研管理过程中，要为科研工作提供必要的设备，相关的资料，必要的资金，适用的场所，以及有益于科研工作的各项服务，并进行程序、方法等方面的指导，以促进科研工作顺利进行。

(3)从实际出发的原则。

教育技术科研课题管理必须从学校教育技术装备科研实际以及学校教育改革和发展需要出发，确立适应本校教育技术科研发展需要的管理模式。

(4)全过程管理的原则。

要把教育技术科研课题研究的选题、论证、立项、检查、验收及成果认定等各环节纳入到科研课题的管理范畴，加强对教育技术科研课题全过程的检查、指导和管理。

(5)激励性原则。

科研活动是一项特殊劳动，需要付出大量心血，其成果对于促进事业的发展有着重要作用。因此，对这样的特殊劳动，应该给予精神和物质的奖励，以促进教育技术科研工作向广度和深度发展。

3. 教育技术科研课题管理的内容

教育技术科研课题管理的内容，应该包括：课题规划的管理，课题立项的管理，课题研究的管理，经费使用的管理等方面。

教育技术课题规划，是在一定时期内设定的科研工作的主要内容和科研目标，是对未来区域内教育技术科研工作任务的具体体现。因此，制定好科研课题规划，对一个地区教育技术科研工作有着重要意义。科研课题规划，应该包括：指导思想、总体目标、课题类型、课题内容、实施途径、保障措施等方面内容。

课题立项、课题研究，是教育技术科研课题研究的重要组成部分。对于这两个方面的管理，应着重抓住科学论证和指导实施两个环节，以保证课题立项的科学性，运行程序的合理性。

课题经费是为保证科研工作顺利进行设置的专用资金，管理过程中，要对经费进行统筹计划，合理使用，认真监督，以保证科研经费合理地使用到科研工作中。

4. 教育技术科研课题管理程序

根据教育技术装科研课题的研究特点，课题管理工作分为前期管理，中期管理和后期管理三个阶段。各阶段的管理内容如下：

前期管理：指课题申报、审批、立项、经费发放等；

中期管理：指实施与论证、指导与检查、经费管理、工作汇报等；

后期管理：指结题与成果鉴定、评价及奖励等。

(1)申报立项。

申报立项必须遵循以下原则：

一要符合国家教育方针和法规、体现教育技术改革和发展的方向；

二要密切结合学校教育教学实际，有较高的理论意义和实践价值；

三要有针对性、前瞻性和实效性。

课题组成员要有一定的研究能力，课题组长必须具有较高的专业技术职称，有能力统筹安排和把握整个课题研究工作，掌握本课题研究国内外研究的动态，保证课题研究方向正确，内容有创新，成果对教育技术工作的改革和创新有重要促进作用。

由多人参加的课题必须注明主持人。主持人仅限填报一人，申请书必须由主持人签名报出。课题申报，应向县、市、省、国家逐级申报。

课题组成员变更时，必须报上级主管部门备案，课题组长变更时必须报立项部门批准。

因故中止课题研究，需提交申请报告，经审批立项主管部门同意，报上级主管部门备案。

依据课题立项指南，申报部门和个人必须按要求填写《教育技术装研课题立项申请表》。

申报课题立项必须有申请书和课题实验方案。各课题必须有明确的研究目的和研究方向，课题组成员间必须有明确分工。

省、市教育技术科研课题申报要履行逐级申报程序，不得越级申报。

申报人所在单位须对申报表进行全面审核，对申请人的政治表现、业务能力、科研条件等签署明确意见，并在时间、经费方面给予支持、保证。

(2)组织实施。

所报课题一经立项，要认真组织实施，包括成立课题组、自筹实验经费、制订研究方案。课题研究方案一般包括问题的提出、指导思想、研究目标、研究内容、实验方法、研究步骤和时间、课题研究组织机构、课题参研单位或个人、研究预期成果、课题研究保证措施等。课题研究工作应列入学校年度工作计划统一安排，并做好总结、记录及档案资料管理工作。

课题资料一般包括基础性资料、过程性资料和成果性资料。基础性资料主要包括：课题申报表、课题研究方案、调查报告、实验班级和对比班登记表册、各种量化表等；过程性资料主要包括：课题研究开题会材料、实施阶段计划、实施阶段总结、实验班成绩跟踪分析调查报告、结题阶段计划、结题阶段总结及其他过程性资料；成果性资料主要包括：课题进展情况汇报、结题报告、专著、论文、教材、音像制品、软件等。

(3)指导与检查。

为加强教育技术科研课题的指导与管理，保证教育技术科研课题的研究进度与质量，以发现、总结、调整改进课题研究过程中的问题，市、县教育技术职能部门和学校在每学期都要对课题研究情况进行定期检查。

检查的主要内容有阶段研究计划、课题研究进度、阶段成果、课题材料档案、课题研究中的主要困难与存在的问题等。

检查的方式是由有关部门定期组织进行，并召开课题进展情况通报会进行通报。

每学期末对所有课题进行期末检查，对完成情况良好的要予以奖励；完成情况不好的，要限期整改。

(4)成果交流汇报。

教育技术科研课题成果的汇报分为学期阶段成果的汇报交流和课题终结阶段的汇报交流。

教育技术科研课题科研成果交流汇报的具体程序是：陈述课题研究基本情况、展示课题研究成果、专家评定组或与会者提问、课题组成员答辩。

教育技术科研课题研究成果交流汇报，由课题立项审批部门组织进行，也可委托下一级职能部门组织进行。

(5)结题与成果鉴定。

凡立项课题，结题时对课题进展情况和成果进行总结，写出结题报告。内容包括：立项依据、研究内容、研究方法、研究情况、研究成果、有待深入研究的问题等。课题成果包括在研究过程中公开发表的调研报告、论文、专著、音像制品、典型经验，以及实验研究对教育教学工作的促进作用。结题时要首先提出结题申请，申请书需注明结题理由、结题时间，逐级上报至课题立项审批部门。由课题立项审批部门组织专家组鉴定。

(6)评价及奖励。

课题结束时，对单位及个人报送的结题报告进行评选，评出一批优秀教育技术科研课题成果和优秀课题研究工作者，予以表彰奖励，并将成果择优推荐有关报刊发表。并由职能部门向学校推广，积极促进优秀教育技术科研课题成果的转化。

五、教育技术科研工作的评价

1. 教育技术科研评价的目的

评价，是通过收集、运用有关的信息，对一个过程的效能或一个结果的质量进行分析、判断、评定。在教育技术科研中，评价是不可缺少的一个重要环节。教育技术科研工作的评价，既要对科研的过程进行评价，也要对科研的成果进行评价。其目的在于：一是对科研内容的价值作出判断。科研内容的效能和质量，决定了科研的价值。判断其效能程度、质量高低，只有通过评价的手段进行判断才能得出。二是对科研过程的信息得到反馈。科研过程中，需要按照良好的科研标准，对研究的目标任务、方法措施进行及时调整，调整的依据就是评价所得出的结论。通过评价，及时总结成绩，提出问题，便于更好地把握方向，以保证研究目的的实现。三是对研究过程的相关资料进行收集。科研过程所产生的相关材料，是验证研究成果的可靠依据。及时收集其相关资料，并通过对资料的分析、研究、判断，推断研究方法的可行性和研究效果的可信性，为及时指导提供依据，避免其出现盲目性。四是对研究过程的行为进行规范。

通过评价，及时掌握研究动态，及时分析研究过程的规范程度，对其进行指导。

2. 教育技术科研评价的内容

教育技术科研的评价，包括四个方面的内容，即：目标评价、过程评价、条件评价、结果评价。

(1)目标评价。教育技术科研的目标，集中体现在研究所追求的理论建树上。因此，对研究目标的评价，实质上是对研究理论思路和构建的理论体系的评价。对研究目标的评价，要重点考虑研究课题的价值以及选题的基础性和创新性；所要构建的理论体系、概念系统的完整性、可靠性；研究内容的针对性、实用性。

(2)过程评价。研究的过程评价可包括两个方面，一是在研究的整体过程结束后，对研究过程进行全面系统的评价。评价的内容包括，研究内容整体设计的评价，研究课题准备阶段的评价，研究过程方法措施的评价，研究效果质量的评价。这种评价方式，从研究问题的确定、研究的方法步骤、收集整理资料的过程、所产生的理论价值、对实际工作的指导作用等各个环节及其效果，都进行了评价，便于总结经验教训，用以指导今后工作，有较好的运用价值。二是在研究过程中，随时进行审视，分析、预测、发现实施过程中潜在的问题，以便及时反思，调整研究思路，改进研究方法，保证研究工作健康进行。

(3)条件评价。条件评价，实质是条件效益的评价，包括人力条件、物力条件。对于人力条件评价，主要包括：研究人员的基本素质、实际能力、研究成果的积累程度，研究人员的构成范围、结构比例、具体分工，研究队伍整体素质判断。对于物力条件评价，主要包括：可利用的研究资源，研究经费的保障程度，研究对象的实际情况。

(4)成果评价。成果评价，是对科研效益的整体评价。科研成果，一种是理论性科研成果；一种是实用性科研成果。但是在一般情况下，多数研究成果都体现了理论性和实用性的统一。进行科研成果评价，首先要鉴定其资格，看其是否是科研成果。作为科研成果，其应具有理论性、学术性、创新性、实践性和效益性。不具备这些条件，就不能称之为科研成果。其次要注意评价的侧重点。不同类型的研究，其成果的结果就不同。理论性研究成果的评价，其侧重点应该在于：提出新的科学概念，补充、发展新的理论依据，创建新的理论体系，具有新的科学思想。应用性研究成果的评价，其侧重点应该在于：成果的价值取向，成果的效益价值，成果的适用范围，成果的指导意义。

3. 教育技术科研评价的指标体系及原则

对教育技术科研的评价，应该坚持的原则一般包括客观性原则、可行性原则、指导性原则，主要体现在制定评价指标体系上。

评价体系，是从教育技术科研的共性出发，根据评价的基本目标和基本内容确定的。主要包括科研目标、科研条件、科研过程、科研成果。评价体系指标，可分为三个级别：一级指标包括：科研目标、科研条件、科研过程、科研成果。二级指标是一级指标的细化。在科研目标中含有：理论依据的科学性水平，研究课题的科学性水平，实验设计的科学性水平。在科研条件中含有：教师水平，学生状况，研究设备，研究环境，研究经费。在科研过程中含有：研究准备工作的水平，研究过程的控制水平，观察和比较的分析水平，资料收集的质量水平，研究的规范化水平。在研究成果中包含：研究的理论成果，研究的应用成果，对工作的指导作用，对成果的应用效益。三级指标，是对二级指标的细化。确定的三级指标，都要给出具体的解释和说明，以保证评价指标的客观性、实用性。

制定评价指标体系应该遵循的原则：

(1)客观性原则。评价指标体系必须反映目标的整体，与研究目标相一致。在确定评价指标体系时，就应该研究课题的整体目标，考虑该评什么，不该评什么，重视哪些方面，忽略哪些方面，以达到客观、准确、真实，反映研究成果实际要达到的目标。

(2)可行性原则。所制定的评价指标体系，涵盖目标要基本全面、完整，但是要考虑其可行性，不可庞杂巨细，面面俱到，力求简化指标体系，剔除那些信息量少、区分度不高且操作困难的指标，使具体操作简便易行。

(3)指导性原则。评价体系指标，要突出指导性，为研究人员提供自我评价的范例，以指导研究人员在研究过程中进行自我评价。

4. 教育技术科研评价的程序

(1)前期准备：一是建立评价组织，包括领导机构和设立专家评审组。二是研究评价对象，包括查阅课题计划，了解研究的方向、目标、任务，掌握研究的具体情况。三是设计评价方案，包括评价的目的要求，评价方法、程序，评价时间安排。四是制定评价指标体系。五是准备评价工具和材料，包括评价用表、调查工具、相关文件材料等。

(2)评价实施：一是收集评价信息，依据评价指标体系，逐项收集数据、信息，全面、客观、真实地掌握评价对象的情况。二是整理评价信息，包括：对评价信息资料的来源、获取信息的方法、信息资料适用的评价指标逐一登记；对量化的原始数据资料进行统计或者标准化处理，对定性的资料进行逻辑分析和论证；对评价的信息资料进行斟酌，去粗取精、去伪存真、查漏补缺，以保证完整；对核实认定的资料按照评价指标的类别归类、分档、立卷。三是计量评价结果。依据评价的信息资料，比对评价指标标准，判断每项指标的达标等级，并计算单项指标的评价值和所有指标的综合评价值。四是撰写评价报告，即以书面的形式，对整个评价工作进行概括和总结。

(3)结果处理。对评价结果的处理，要根据实际情况酌情而定。但是，必须包括：一是对评价自身进行质量分析，包括评价方案的检验、修改，对评价过程和结果进行信度、效度的检验，对发现的问题、出现的偏差及时修正。二是向课题研究者通报评价结果。三是将评价文件和资料分类、编号建档。

5. 教育技术科研评价的方式方法

(1)评价的方式。教育技术科研评价的方式多种多样，大致可概括为自我评价、专家评价和行政评价。这三种方式各有其价值和局限性。最好的评价方式是三种方式相互结合，取长补短。

自我评价是课题研究人员自己对客体研究的评价。由于课题研究人员自己设计了研究课题，亲身参与了课题研究的整个过程，掌握了大量翔实的具体材料，亲身体会到了研究成果，因此是最重要的评价手段，最基本的评价方式。但是，这必定是主观评价，往往受到主观制约，不可能做到客观科学。

专家评价是通过相关有知识、有资历、有水平的专业人员对研究课题进行的评价。

这种形式的评价，是从理论研究的高度，对研究的理论目标、研究价值、研究过程的科学性水平作论证性鉴定，侧重于对研究的科学性的评价，有一定的权威性。评价结果比较客观、科学，是教育技术科研评价不可缺少的环节。

行政评价是教育技术工作管理职能部门根据国家的政策法规，对科研课题与研究目标达到的程度的评价。行政评价往往偏重于科研项目给实际运用带来的实际效果，侧重于研究成果的推广价值，而较少注意研究的形成性。

(2)评价的方法。教育技术科研的评价，不管运用那种方式，总要运用一定的方法。方法是一个系统，主要包括：评价指标体系的设计方法；选择或制作评价工具的方法；采集和分析数据资料的方法；对评价结果检验与解释的方法；对评价误差的分析与矫正。

评价的方法，一般采用定性与定量相结合的方法进行。因为，定性评价是按照评价标准对研究活动及其成果作出评语式的鉴定。在评价过程中，要阅读、分析、研究所有资料，并进行实地调查，深入了解研究状况，将过程和结果综合起来分析考证，在文字表述上力求准确、具体、翔实，条理清楚，在肯定成绩的同时，指出不足。而定量评价，是通过数量化的评价方法判断研究成果的质量和价值。这种方法准确、具体，具有一定的可信性。但是，单独用它评价科研成果，还不足以说明研究成果的质量。所以，较为有效的评价方法是定性与定量有机结合起来，能够较好评价科研的目标、过程、结果，有利于科研成果的推广应用。

六、教育技术科研成果的总结推广

1. 教育技术科研成果的总结

教育技术科研成果的总结，一般情况要经过发现经验、归纳总结、分析论证、形成成果四个环节。

(1)发现经验。发现经验，是在全面、系统掌握教育技术研究资料的基础上，发现其具有相关的教育技术理论价值，具有先进的教育技术运用方法，具有对教育技术工作指导的意义。这些，都可以认定为需要总结的教育技术科研成果。

(2)归纳总结。归纳总结的过程，是收集、整理、归纳的过程。主要包括：围绕研究目标和所发现的经验，广泛收集与之相关的资料、数据。这些资料，可以是研究实践前后形成的、具有鲜明对比的资料，可以是能够反映研究成果概貌的资料，可以是能够反映研究成果质量的定性资料和量化资料。这些资料，用以验证研究成果的有效性、理论性、指导性。

(3)分析论证。分析是研究成果总结中由具体事实上升到理论观点的重要环节，论证是将理论观点运用于实践环节中进行验证的必要过程，二者是对研究成果进行分析论证的必然步骤。

分析，是在充分占有大量客观事实的基础上，运用分析、综合的逻辑方法，根据总结的目的要求，对事实材料去伪存真、去粗取精，使事实材料条理化、系统化，以保证事实材料能够真实、准确地反映所总结的研究成果。在分析的过程中，要认真分析材料本身所提供的普遍意义和社会价值，分析成果本身哪些有创新，哪些待研究，为材料的概括提供可靠的依据。同时要运用判断、推理、抽象、概括等方法，并对教育环境的整体进行全面分析，从大量事实资料中提炼出正确的结论。

论证，是将已经形成的研究成果，聘请相关领导、专家、教育工作者进行研究鉴定，判断研究成果的理论程度、应用价值。或者是将已经形成的研究成果，运用到实践中进行验证。论证结束后，要慎重对待论证结论，对于被认可的内容，要根据论证情况进行修改补充，完善成果总结；对于被否定的内容，要进行认真分析研究，深刻反思，从中找出原因。

(4)形成成果。经过以上三个环节之后，对已形成的材料进行反复推敲，加工修改，写成符合要求的科研成果总结报告。

2. 教育技术科研成果的总结方法

教育技术科研成果的总结方法，总体上说，就是以科研过程收集的材料为基础，运用科学思维的方法，进行加工整理、分析处理，以揭示其蕴含的本质规律。一般情况，对这些材料的分析处理，既要从质的角度进行定性分析，又要从量的角度进行定量分析。

定性分析，是对研究对象进行质的方面的分析。具体说，就是运用归纳和演绎、分析和综合、抽象和概括等方法，对获得的各种材料，通过去粗取精、去伪存真、由此及彼、由表及里的思维加工，达到认识事物本质、揭示内在规律的目的。它的特点是：分析的过程注重整体的发展，分析的对象注重质的描述，分析的程序具有一定的弹性，分析的意向倾向于对质的归纳。定性分析的意义在于：它是定量分析的前提和基础，能够克服定量分析的局限性，有助于保证定量分析的科学性。定性分析经常采用比较和分类的方法、分析和综合的方法、归纳和演绎的方法、系统和抽象的方法进行。

定量分析，便于更科学地揭示规律、把握本质、梳理关系、预测事物的发展趋势，可以使人们进一步精确地认识研究对象。定量分析主要是运用统计分析的方法进行。

3. 教育技术科研成果的表述

教育技术科研成果的表述，要形成文字材料，即教育技术科研课题结题报告。其内容结构大体包括以下五个方面：

(1)导言。导言是科研报告的开始部分，应该简明扼要，开门见山。其表述要显示出研究项目的实践意义和研究价值。包括：课题研究的目的，课题研究的内容，课题研究的意义，课题研究的背景，计划解决的问题。

(2)研究对象、方法的阐述。研究对象，主要是介绍课题研究要解决的问题，及其原因、意义。研究方法，主要介绍：研究设计的组织形式；研究对象的取样和选择；研究因素的实施与控制；研究资料收集处理方法。这部分内容要条理清楚、详略得当。

(3)研究结果的分析、讨论。主要是根据研究的客观事实，结合对教育理论的理解，对实践结果的认识，通过分析论述，对研究成果及其理论发展提出新的认识、建议、设想，并推断出理论价值和效益价值。

(4)结论。结论部分主要阐述总体观点，对研究成果的价值精要概括，并且说明尚需研究的问题。

(5)附录。一是附录引文注释，包括：按照顺序编号标明引文作者、文献标题、书刊名称等；二是介绍原始资料。

4. 教育技术科研成果的推广

教育技术科研成果的推广应用，是指有组织、有计划、有步骤地将教育技术科研成果的思想、内容、方法在一定范围内应用，使其更广泛地转化为教育效益。其中包括形式：一是在一定范围内交流传播；二是在一定范围内自发应用；三是有组织地传播应用。

(1)教育技术科研成果推广应用的主要内容。教育技术科研成果推广应用的主要内容包括：科研成果中体现的先进教育思想和理念；科研成果中揭示和总结的科学规律和原则；科研成果中提供的先进方法和技术；科研成果中体现的思维方式。

(2)教育技术科研成果推广应用的主要方法。推广应用科研成果，大致分八个阶段运行：一是确定要推广的项目；二是制订推广应用计划；三是制定推广应用措施；四是组织培训、现场展示、实地指导；五是组织学习相关理论；六是应用具体操作，相互交流经验体会；七是挖掘内涵，发展创新；八是研讨总结，分析得失。

七、教育技术与教师能力培训

中小学教育技术的应用，主要是指教师在教育教学实践中，运用现代教育技术手段，提高教育教学效益的过程。那么，提高教师的现代教育思想理念，提高教师的应用现代教育技术能力，就显得尤为重要。要使教师具有现代教育理念，具有应用现代教育技术的能力，这就需要对教师进行全方位的培训。

1. 培训的意义与作用

对中小学教师进行教育技术培训，其意义和作用在于：

(1)建设一支具有现代教育教学思想理念的师资队伍，使教师具有现代教育思想意识，具有先进的教育理念，具有不断开拓创新的精神。提高教师主动适应教育技术发展水平的思想意识，养成主动运用教育技术手段的意识，优化教学功能，提高教育教学效益，提高学生素质，树立创新精神。

(2)建设一支技能过硬的教师队伍，使教师具有应用教育技术的能力，具有应用教育技术手段的基本素质。使教师养成主动应用教育技术的习惯，准确掌握教育技术的基本概念、基本内容、理论基础，准确掌握先进的教学设备的基本原理、基本功能、适用范围、操作要领、作用效能，并能够熟练地运用媒体分析教学内容，进行教学设计，服务教育教学实践。

(3)建设一支教育技术软件研发队伍，使教师具有研究制作教育技术应用软件的能力和技术。能够按照教育教学实际需要，了解信息检索、信息加工、信息利用的方法，媒体选择与开发的基本方法，制作与教育教学内容相配套的教学软件，并发挥其作用，以提高教育教学效益。

(4)建设一支教育技术工作科研队伍，使教师具有教育技术科研工作的基本功，具有一定的教育技术科研能力。使教师掌握教育技术科研的基本方法，能够独立或者参与教育技术科研系统研究，运用科研工作的基本方法，探索、研究教育技术工作实践中需要解决的问题，总结教育技术工作的基本理论、一般规律、先进经验，为提高教育教学质量服务。

(5)建设一支教育技术工作管理队伍，使各类管理人员具有对教育技术装备建设的管理能力，具有教育技术应用的指导能力和教育技术科研的组织能力。使各级教育技术工作职能部门工作人员、中小学校相关管理人员能够很好地了解、运用相关政策法规，熟练掌握教育技术装备、应用工作的技能技巧，管理好装备设施，服务于教学工作。并能够按照教育科研的基本规律，组织教育技术科研活动，推广先进技术，指导中小学的教育技术科研和教育技术应用工作，使教育技术工作质量得到不断提高。

2. 培训的对象及内容

中小学教育技术培训，其对象应该包括教育技术管理职能部门的所有人员、中小学校教育技术工作相关领导和各类管理人员、中小学校所有任课教师。培训的内容大体包括：

一是政策法规。政策法规的培训，主要包括国家及地方政府、教育行政部门对教育技术工作的基本政策、具体要求，对教育技术工作提出的发展目标、具体任务，对教育技术装备的配置标准、质量标准，对教育技术应用的行为规范、实施意见，对教育技术科研的任务要求、实施规范，对教育技术工作管理的规章制度、评价策略。

二是思想理念。思想理念的培训，主要包括现代教育技术的基本理论、基本原理，教育技术在教育教学中的地位、作用、功能及其所能够产生的效果，教育技术与课程整合、优化教学结结构的意义和作用，主动的教育技术应用意识能够产生的实际效果。

三是应用技术。应用技术的培训，主要包括基本知识和基本技能两个部分。基本知识有：教育技术的基本概念、基本内容、理论基础、研究方法。基本技能有：信息检索、加工、利用的方法，媒体选择、开发、运用的方法，资源采集、管理、运用的方法，应用效果检测、评价、总结的方法，指导学生规范使用媒体的方法。

四是科研能力。科研能力的培训，主要内容包括教育技术科研工作的目标、任务、方法；科研课题选题、立项、实施、总结的基本能力；制定教育技术科研课题计划和进行课题实验研究的能力；主动应用教育技术科研成果的思想意识、行为习惯、基本方法的能力；能够根据教育技术工作的实际，提出问题、分析问题、解决问题的能力；对教育技术应用成果进行概括、归纳、分析、判断、总结的能力。

五是研发技术。研发技术的培训，主要包括：根据教育教学内容需要，对图片、动画、音像等多媒体课件的研究方法、制作方法、应用方法；光盘刻录、存储制作方法；电视教材制作方法。

对教育技术工作职能部门工作人员和学校管理人员的培训，还应该包括教育技术设备管理、维护、检修的技能和方法，指导教师应用技术设备的方法，指导教师进行课题研究的方法等。

中小学教师及教育技术管理人员的教育技术能力培训，应该严格按照教育部《中小学教师教育技术能力标准》要求进行。

3. 培训的方法和措施

进行教育技术培训，必须要有科学的方法和措施予以保证。

一要制订计划，确定内容、标准。按照上级有关教育技术培训的具体要求，结合本单位教师的实际水平和能力、发展前景，对培训内容、标准要求进行具体安排，并认真组织实施。

二要采取措施，规范培训程序。结合培训的标准，对各类教师提出不同要求，确定达到标准的时间限度，促使培训工作达到预期效果。并且有必要制定培训工作的奖惩制度，促进教师认真参与培训，尽快达到培训内容提出的具体要求。

三要注重投入，创造培训条件。教育技术培训，既有知识内容，又有操作要求，应该采用知识传授与实践操作相结合的办法，在学习理论的同时进行操作能力训练。这就需要学校根据实际需求，配备相应设备，创造培训条件，保证培训工作顺利进行。同时要鼓励教师利用课余时间，利用自己家庭已有的计算机，进行操作练习，巩固培训效果。

四要多措并举，拓宽培训渠道。充分利用校园网、远程教育、教师继续教育等多种手段，拓宽培训渠道，进行深层次培训。

附：教育部关于中小学教师信息技术培训指导意见。

中小学教师信息技术培训指导意见(试行)*

以计算机技术、微电子技术和通信技术为特点的信息技术已经在教育领域产生深刻的影响，它对于转变传统教育思想和观念，提高师资队伍整体素质，促进教学模式的转变起到了较好的推动作用。《中共中央、国务院关于深化教育改革全面推进素质教育的决定》指出，要“大力提高教育技术手段的现代化水平和教育信息化程度”，对中小学教师进行信息技术培训是我国中小学教育信息化发展的关键，是提高教师实施素质教育的能力和水平的重要措施之一。根据《中小学教师继续教育规定》和对培训内容的有关要求，为实现《中小学教师继续教育工程》培训对象和对全体中小学教师开展计算机培训的目标，特制定“中小学教师信息技术培训指导意见”(以下简称“指导意见”)。

一、培训对象

本“指导意见”所指的培训对象是《中小学教师继续教育规定》所列的全体中小学教师(注：不含中小学计算机专任教师)。

二、总体培训目标和要求

了解信息技术在现代社会特别是教育领域中的地位与作用，树立应用信息技术进行教学改革的意识。

掌握信息技术应用的基础知识和操作技能，初步具备将信息技术和信息资源用于教育教学中的能力。

建立科学的、基于信息技术的现代教育思想和观念，初步掌握信息技术新知识的能力。

三、培训具体目标与内容

中小学教师信息技术培训分为初级培训和高级培训。

初级培训包括信息技术基础知识、操作系统、文字处理、信息技术在教学中的应用、因特网基础五个培训模块。参考课时32～53课时。

高级培训包括文稿演示、电子表格、网页制作、多媒体作品制作四个培训模块。参考课时为40～56课时。

一般地区中小学教师要接受初级培训，有条件地区的中小学教师和中青年骨干教师要接受高级培训。

(一)具体培训目标

1. 了解信息技术的基础知识，了解信息技术在现代社会特别是教育领域中的地位与作用，了解信息技术在教育中的应用与实践，建立在学科教学中应用信息技术的意识；

2. 掌握计算机操作系统的一般操作与使用，具有使用教学软件的能力；

3. 掌握文字处理软件的使用，能编排教案、试卷、论文等；

4. 了解信息技术在教学中应用的模式、基本理论和实践经验，能选择与评估教学信息资源，具有比较先进的与信息技术相适应的教育思想和观念，初步掌握如何将信息技术应用于学科教学之中的方法；

5. 了解因特网的信息服务，能利用因特网获取、交流、处理与运用信息，初步掌握因特网的信息服务应用于教学工作中的方法；

6. 掌握文稿演示软件的应用，能编排和演示教学内容；

7. 能够应用电子表格软件进行教学信息综合处理，如统计、数据的图形显示、排序等；

8. 掌握网页制作的基本方法，了解如何利用网络进行教学和学术交流；

9. 掌握文字、图形、图像、动画、声音、影像等素材的编辑与制作的基本方法，能制作简单的教学素材与教学软件，具备有初步的教学素材与教学软件开发能力。

(二)具体培训内容

初级培训模块

模块一　技术基础知识(参考课时：4～8)

1. 信息技术的发展及应用；

2. 微型计算机系统的结构与组成；

3. 常用微型计算机系统的主要技术指标、型号及配置；

4. 微型计算机的基本操作；

5. 与信息技术有关的版权保护、信息安全和计算机病毒的防治；

6. 信息及信息处理技术简介；

7. 多媒体技术常识。

模块二　操作系统(参考课时：4～8)

1. 操作系统的功能，启动与退出；

2. 图标、窗口、菜单、对话框的概念与操作；

3. 文件、文件夹、驱动器的概念与操作；

4. 资源管理器的基本功能与使用；

5. 复制与粘贴；

6. 画图软件及其他附件的使用；

7. 一些常用应用程序的安装、启动与删除；

8. 帮助信息的使用；

9. 计算机软硬件资源的管理与维护；

10. 操作系统的设置。

模块三　文字处理（参考课时：8～12）

1. 学会一种汉字输入方法，建议采用拼音输入法；
2. 文档的建立、打开、保存、关闭等；
3. 文档的基本编辑：文字的输入、插入、删除和修改；文本块操作；
4. 文档的排版：文字、字型、字号、字间距、行间距、段落格式的设置；
5. 文档的页面设置与打印输出；
6. 表格制作、公式编辑、绘图、图文混排等；
7. 帮助信息的使用。

模块四　信息技术在教学中的应用（参考课时：8～12）

1. 信息技术在教学中应用的优势、特点与基本理论；
2. 基于信息技术的教学资源的评价、选择和利用；
3. 国内外信息技术在教学中应用的模式、案例与实践经验。

模块五　因特网基础（参考课时：8～12）

1. 网络的基本知识；
2. 因特网的发展与信息服务；
3. E-mail(电子邮件)的使用；
4. 信息的浏览、搜索、查询与利用；
5. 文件传送与远程登录；
6. 国内外一些主要教育网站的介绍；
7. 因特网的接入；
8. 局域网(教学网、校园网)的使用。

高级培训模块

模块六　文稿演示（参考课时：8～12）

1. 文稿演示软件的功能、特点及应用；
2. 创建幻灯片或利用模版建立演示文稿；
3. 输入编辑文字、图片、表格、语音、动画、视频或其他对象等；
4. 编辑与修饰幻灯片及使用超链接；
5. 设置放映方式和效果，放映与打印幻灯片；
6. 组织与整理幻灯片。

模块七　电子表格（参考课时：8～12）

1. 电子表格的基本知识；
2. 表格数据(常量和公式)的输入和编辑；
3. 常用函数及其应用；
4. 表格的格式化；
5. 表格中图表的创建和编辑；
6. 表格数据的管理；
7. 工作簿的简单操作。

模块八　网页制作(参考课时：12～16)

1. 网页的概念；

2. 网页的建立和修饰；

3. 网页中文字、表格、图像、语音、动画、视频的使用；

4. 网页的链接；

5. 网页的组织与发布；

6. 交互网页制作。

模块九　多媒体软件制作(参考课时：12～16)

1. 多媒体技术的发展与应用；

2. 多媒体信息的采集和压缩技术简介；

3. 图像、语音、动画和视频的简单处理；

4. 多媒体制作工具的使用；

5. 多媒体课件质量评估。

四、培训的组织管理

(一)各地教育行政部门要提高对中小学教师进行信息技术培训的重要性、必要性和紧迫性的认识，高度重视此项工作。实施《中小学教师继续教育工程》，要把信息技术作为全员培训的主要内容，要根据"指导意见"制订适合本地实际的培训计划和方案。

(二)各地教育行政部门要因地制宜，充分利用多种渠道，鼓励各级师范院校、综合性大学参与中小学教师信息技术培训，要调动教研、科研、电教、企业等各方面的力量，特别是要注重运用远程手段，采取多种形式对中小学教师进行培训。中小学校要配合做好组织和安排，确保本校教师能够接受不同层次的信息技术培训。

(三)要积极筹措专项资金，加大对各培训点和学校信息技术培训设备的投入，有条件的地区要逐步探索远程教学模式，扩大受训规模，提高培训效率。

(四)要利用信息技术培训，使中小学教师了解掌握先进的、与信息技术相适应的教育科学理论，促进他们更新教育思想和观念，改变传统的教学模式和方法。

(五)培训内容要注重针对性、实效性、实践性和先进性，坚持按需施教，学以致用。应根据不同对象组织教学活动，采取讲授、操作与研讨相结合进行；以上机操作为主，讲授为辅，讲练结合。上机操作时间原则上应不少于信息技术培训总课时的三分之二。

(六)中小学教师信息技术培训的考核要以技能考核和应用考核为主，要注重培训的实效，可采取"作品式"、"论文式"、"项目或任务式"等方式，取消"死记硬背"式的考核内容。各地可参照本"指导意见"的要求，制定具体考核内容与方式。为避免重复培训，不加重教师负担，对于已参加过计算机培训的教师，经当地教育主管部门认定，可免修相应的培训模块。

(七)各地应定期对信息技术培训机构进行检查，通过现场观摩、研讨等形式，总结交流培训经验。

八、教育技术与自制教具学具

1. 自制教具、学具的涵义

自制教具、学具，顾名思义，是指教师、学生共同参与，利用身边的废旧材料，运用简单易行的方法，自己动手研制教具、学具、标本、模型等。对学生进行素质教育的媒体、工具、模型及实验训练器材，供学生学习科学技术知识所需的教具(科技作品)和生产、生活用具，社会实践活动中的工具和材料等，都可以自己动手制作成简单的教具学具。自制教具、学具，必须与教材相匹配，应根据教材的需要，教学方法改革的需要，教学对象的不同，选取合适的材料，精心制作，使之美观、适用。

2. 自制教具、学具的意义

自制教具、学具，有其独特的意义。主要表现在：

一是可以培养师生艰苦奋斗的精神。自制教具、学具，所选材料大部分是废旧物品。通过师生精心制作，使废旧物品变成有用的教学设备，使师生感悟到艰苦奋斗的意义，有利于培养师生的艰苦奋斗精神。

二是可以弥补教育教学设备的不足。现阶段，随着教育技术水平的不断提高，学校用于教育教学的软、硬件建设不断加强，教育技术配置、设施得以不断完善，但是，也很难完全满足教育教学实际需要。特别是一些造价低廉却非常适用的教具，仍有很多方面是空白，这就需要师生自己动手，进行制作，以弥补教学之用。

三是可以培养学生的思维能力和动手能力。学生参与自制教具、学具过程，是思维的过程，也是动手的过程。因此，自制教具、学具，一方面可以培养思维能力；另一方面可以培养动手能力，有利于学生身心健康发展。

四是可以节约教育经费。自制教具、学具，大都选用废旧物品，即使有的需要花钱，但很有限。这样便可节约很多教育经费。

3. 自制教具、学具的作用

自制教具、学具有利于在实验教学中对学生实施素质教育。实践告诉我们，很多教学用具学生是可以参与制作的，或在教师的指导下制作，或与教师一起共同制作。学生通过参与自制教具活动，可以激发学习兴趣，巩固基础知识，启迪思维，培养动手能力，陶冶爱科学、爱劳动的情操，提高学生的思想道德素质。在自制教具、学具的过程中，学生首先是要弄懂教材内容，“消化”课本知识，方能设想出教具的雏形，进行具体的设计、试制。在具体制作中，学生还要经受动手技能的锻炼，更重要的是在思想上要经受多次失败的考验，从而使学生的某些个性得到充分发展，身心得到良好的陶冶，各种素质得到培养和提高。师生制作的教具、学具，既弥补了教学仪器的不足，又解决了一定的经费困难问题，也给学校实施素质教育提供了条件。师生共同参与的自制教具活动，可以培养广大师生的思维能力、研究设计能力、动手能力、创造能力和实验操作能力等。

自制教具、学具与实验教学紧密结合。师生用自己研制的教具、学具做实验，得心应手，激发了师生们的创新思想、创新意识和创造精神，并且发挥了自制教具、学具在实验教学中的作用。师生动手自制教具有很强的参与性和实践性，培养了克服困难和科学探索精神。

自制教具、学具活动使师生学会了使用简单工具的方法，提高了师生的动手能力。实验教学需要教师和学生都能动手组装实验器材，维修实验器材，自制教具为师生维修废旧器材提供了锻炼机会。

自制教具、学具活动可以促使学生更加珍爱自己的作品，养成精心使用教学仪器的好习惯，形成尊重他人劳动成果的优良品质。

师生用自己身边的废旧材料研制教具、学具，培养了师生艰苦奋斗，勤俭节约的好品质。

总之，自制教具、学具符合新课程标准要求，师生共同自制出的教具、学具、标本、模型、科技创新作品等也是素质教育成果的展示。

4. 自制教具、学具的常用材料和工具

自制教具、学具的材料，一是成材；二是取材于社会生活遗弃物和工厂下脚料，大体可分为主要材料、辅助材料和其他废旧材料等类。

(1)自制教具、学具的主要材料。

自制教具、学具的主要材料大体有金属材料、木质材料、玻璃材料、纸质材料和塑料材料等。金属材料分板材、管材、型材和丝材。木材料可分为天然木材，胶合板材和人造板材等。塑料材料具有可塑性，密度小，强度大，耐油、耐磨、绝缘、抗腐易塑成型等优点。

(2)自制教具、学具的辅助材料。

自制教具、学具都是由不同材料、不同方法加工而成。因此自制教具、学具的辅助材料也十分广泛，主要有粘接、焊接、电器材料和其他辅助材料。粘接材料，能把各种材料紧密粘合在一起的物质叫做黏合剂，粘接是采用黏合剂来进行连接的。焊接一般指的是用焊锡焊接各种器件。焊锡是由锡和铅熔合而成的合金。一般含有60%的锡和40%的铅，这种焊锡常用于焊接薄金属。报废的半导体收音机、录音机、石英钟、计算机和电视机等是取之不尽、用之不竭的电子元件的源泉。这些电器虽然报废了，但不等于所有的零部件都已损坏。把其中完好的电子元件充分利用起来，能够使自制教具的科技含量大幅度提高。

(3)自制教具、学具的其他废旧材料。

购买原材料能够开展自制教具、学具活动，通过广泛收集废品，也能开展自制教具、学具活动。用于自制教具、学具的废旧材料很多，归纳起来大体可分为金属材料、木质材料、玻璃材料、纸质材料、塑料材料和其他可借鉴的材料等。平常只要注意收集，分类存放，自制教具、学具时就会有得心应手的各种材料。

金属废旧材料随处可见，主要包括黑白铁板材料，如铁皮包装盒、盖，包装用金属片、金属条等；铝合金材料，如薄铝合金，包括易拉罐、电视废天线、铝合金门窗下脚料等；铜材、钢材，如工具钢、合金钢、不锈钢、弹簧钢的下脚料等。这些废旧材料通过加工，精心制作，可具有精度高、导电性好、牢固性强等特点。

木质材料主要包括废旧的天然木材，如各种包装箱、木材加工余下的边脚料，人造板材等。这些材料易加工成型，拼装组合性好，是自制教具的好材料。

玻璃材料主要包括普通平板玻璃的下脚料、生活用玻璃瓶、药用输液瓶、青霉素小药瓶等。这些材料光学性能好，可切割，也可粘合。只要精心研究，这些器皿可用来完成小学自然、中学化学中的多种实验。

纸质材料到处可见，有白板纸，黄板纸，挂历纸等。用纸做教具，具有取材容易、制作简单、容易推广等特点。

塑料材料主要包括塑料板材，各种包装瓶、盒、带、塑料袋、薄膜等日常生活废物，医用输液管、一次性注射器，各种塑料包装泡沫等。这些材料可塑性强，造型丰富，能加工成各种教具和学具。

5. 自制教具、学具活动的评价标准

自制教具、学具的评价标准，可以从教育性、科学性、趣味性、创新性、实用性、经济性、安全性等多个方面考虑。

教育性原则：体现教具使用的适用性和实用性，符合教学的需要，适合在教学中运用，能够起到引导学生热爱科学、激发学习兴趣、调动他们的积极性、主动性和创造性的作用。

科学性原则：自制的教具、学具，作为科学探究的实物和工具，自然要做到对所涉及学科知识或技能，作出合乎科学性的显示。

趣味性原则：自制的教具、学具，构思巧妙，能够诱发学生的好奇心理，激发他们的学习兴趣。

创新性原则：自制的教具、学具，是否涵盖着创造因素，在设计、取材、局部结构等方面是否具有创造性和创新性。

实用性原则：作而致用，显然是自制教具、学具的最实际的要求之一。所自制的教具必须具有结构简明、操作灵活便利、现象显示清晰明确、坚实耐用等特点。否则只能是中看不中用的花架子，徒劳而无益。

经济性原则：任何耗工耗时、用费大的教具自制都是不现实的。一则学校难以承受经济负担；二来也不便推广使用。师生制作教具时不可能也不允许耗工耗时过多，师生的本职毕竟是在教学方面，不可能有很多时间花费在自制教具上。

普遍性原则：尽量地采用学生常见的、手边常有的东西来做教具器材，虽然所制作的教具面目简陋，但亲和力强，易于学生接受，更重要的是为学生课外自行探究提供了选择实验器材的一种可行方法。也对学生主动观察周围事物中的物理现象，起着促进作用。

安全性原则：应当参照国家关于教具的安全、卫生标准，确保在材料的使用、操作方法等方面不会对学生造成伤害。选用的材料、外形结构设计、制作和使用方法等不会对学生身心造成伤害。具体包括：其一，自制教具、学具所用的材料不应含有有毒物质，不应使用受过污染的材料。自制教具、学具往往使用较多废旧材料，在使用前应当采用适宜的方法对这些材料进行消毒，确保不会对学生的身体健康和安全造成不良影响。其二，自制教具、学具所用的材料和制成品不应有可能割伤或刺伤学生皮肤或眼睛的尖锐的角、锋利的边缘。其三，自制教具、学具如果采用电动或机械装置，要防止漏电，机械部分应牢固地安置于教具、学具的腔体中，在任何时候或位置都不会因打开而掉出来。其四，选用的材料应当有利于环境保护和可持续发展。